北京市社会科学基金项目"法律修辞的能动性研究"
（15FXB010）

法律修辞能动性研究的理论与实践

A Study on the Active Role of Legal Rhetorics
in Theory and Practice

张 清 等著

撰稿人（按姓氏笔画排序）：

史红丽 刘 艳 张 清 郝瑞丽
赵洪芳 赵永平 钟林燕

中国政法大学出版社

2021·北京

图书在版编目（ＣＩＰ）数据

法律修辞能动性研究的理论与实践/张清等著. —北京：中国政法大学出版社，2021.6
ISBN 978-7-5620-9154-7

Ⅰ.①法… Ⅱ.①张… Ⅲ.①法律语言学－修辞学－研究 Ⅳ.①D90-055

中国版本图书馆 CIP 数据核字 (2019) 第 200176 号

出　版　者　中国政法大学出版社
地　　　址　北京市海淀区西土城路 25 号
邮寄地址　北京 100088 信箱 8034 分箱　邮编 100088
网　　　址　http://www.cuplpress.com (网络实名：中国政法大学出版社)
电　　　话　010-58908285(总编室) 58908433（编辑部）58908334(邮购部)
承　　　印　固安华明印业有限公司
开　　　本　720mm×960mm　1/16
印　　　张　21.25
字　　　数　350 千字
版　　　次　2021 年 6 月第 1 版
印　　　次　2021 年 6 月第 1 次印刷
定　　　价　109.00 元

前　言

　　修辞学是有关使用语言技艺的学问。修辞的含义包括两个层面：一是将修辞看作语言技巧，即在特定的语言环境中，为加强语言表达效果，所运用的一定的语言手段或非语言手段；二是认为修辞是说服的艺术。亚里士多德在《修辞学》中指出，修辞术是论辩术的对应物体，因为二者的目的都是论证在某种程度上人们可以认识或接受的事理，且二者都不属于任何学科。与之相对应，法律修辞也有两个层面的含义：一是微观层面，侧重语言技巧和技艺层面，即在司法或法治宣传过程中，对语言进行加工、修饰和调整以达到最佳司法目标和法治宣传效果；二是宏观层面，突出方法论的因素，即将法律修辞作为法律方法系统的组成部分，把法律作为修辞以之进行说服。有学者认为法律修辞是一种不同于道德修辞、文学修辞、政治修辞等其他修辞类型的特殊修辞。[1]

　　作为北京市社会科学基金项目《法律修辞的能动性研究》的结项成果，本书的研究涵盖法律修辞的宏观和微观两个层面：贯穿了法律专业人员的司法实践和面对普通民众的法治宣传；全面而具体地介绍了法律修辞在各个层面的能动性作用，论证了法律修辞对于我国现阶段法治思维培养的重要性。本书分为三个部分。第一部分为理论探索部分，从理论的层面论述法律修辞对司法实践的积极意义。第二部分和第三部分为实证研究，运用具体实例探讨法律修辞的特点及其作用。第二部分专注司法实践领域的法律修辞研究，研究范围纵向包括庭审语言与判决书语言，横向涵盖公诉人和法官等不同司法人员的语言研究。判决书语言部分分别对我国和美国的判决书语言做了研

---

〔1〕　参见张西恒："论法律修辞及其特性"，载《西北师大学报（社会科学版）》2019 年第 1 期。

究，便于对比和发现两种法律制度下判决书语言的特色。第三部分是对第二部分研究的拓展，从司法专业领域扩展到面对广大民众的法治宣传领域，研究对象囊括了以视听为媒介的电视法治新闻和以文字为媒介的法治新闻报道。在理论的运用上，本书综合运用了法学理论和语言学理论，从法学理论、方法论和语言学三个层面对法律修辞的作用进行了全面的论述。

依法治国、建立法治国家是我国的基本国策，让法治成为治理国家的主要方式是我们的最终目标。作为法律方法体系的组成部分，法律修辞应该成为构建法治意识形态的重要方式。注重语言技巧的司法实践和法治宣传，必定比纯粹的说理要有效得多；同时，把法律作为修辞，与逻辑推理、论辩论证、实质法治与形式法治等法律方法结合起来，更加有利于塑造完整的法治思维模式，做到法律和道德兼顾、法规与情理并容，从而使得法律意义能够在不同的层面和不同的领域得到完美阐释。

本书的写作是课题组团队分工合作的结果。课题负责人是张清教授，对课题的研究给予了大方向的把握及指导。全书可以分为三个大的篇章，三个篇章之间各自独立又相互关联，充分体现了团队成员之间既有独立的研究与思考又有团结与合作的精神。具体分工如下：本书第一篇章总论法律修辞与司法实践，由赵永平主笔；第二篇章论述法律修辞在庭审话语中的作用和影响，由赵洪芳主笔，其中我国裁判文书的规范化研究，由刘艳主笔，美国判决书的说理研究以及对我国裁判文书改革的启示，由钟林燕主笔；第三篇章主要关注修辞在法治新闻报道中的作用和影响，其中英汉法治新闻比较研究由史红丽主笔，修辞在我国法治新闻报道节目的体现由郝瑞丽主笔；张清负责本书的前言、导论和结语部分的写作，确定本书的框架结构，同时负责整本书的规划、统稿、审稿和补充修改工作。

本书的写作虽然于2019年初就已完稿，但作为项目的结项成果，最终的出版要等到鉴定结果下来。然而，突如其来的疫情打乱了很多事情的节奏，导致本书的出版也一再推迟延后。这也为我们再次审核本书的写作提供了机会。虽然我们竭尽全力保证本书不出错、少出错，但是因为作者的水平有限错误还是在所难免。所有的错误归结于笔者。在这里我们也非常感谢中国政法大学出版社的编辑们，对此书给予了我们很大的帮助，特别钦佩编辑们对本书的每个字、每句话，甚至是脚注的来源都进行了严格的校对和把关。非常感谢法大出版社编辑们的敬业精神。没有你们，此书是见不了世面的。但愿此书出版之时，全世界人民已经摆脱了疫情之苦。希望我们的共同努力，能够为法律修辞的理论研究和我国培养民众法治思维、建立法治社会的理想贡献微薄的力量。

目　录

第三篇　法律修辞与法治新闻

第一篇

法律修辞与司法实践

　　修辞是一种语言技巧，是说服的艺术。法律修辞作为一种法治思维和以论辩说服为目的的法律方法，在司法实践中被广泛应用且对于提高司法裁决的可接受性及提升司法公信力具有重要的意义。

一、司法实践的特性

　　传统的司法[1]理念认为，司法过程（法庭审判）是一个法官根据认定的法律事实（小前提）选取适当的法律规范（大前提），推导出确定的合法性判决的过程。这也是一种典型的演绎型司法三段论推理模式，从确定的事实小前提出发，将其涵摄于明确的法律大前提之下。这也的确曾是科学主义和理性主义思潮之下的概念法学试图追寻的梦想，试图制订出完备的法律，通过法律的确定性与自足性，借助理性逻辑思维和确定的演绎推理，带来法庭裁决的客观性、可预测性和稳定性。

　　但这种企图过于理想化，只能是不可企及的幻想。因为随着人们理性认识水平的提升，发现司法实践中充满了不确定性、开放性和建构性。从裁决过程来看，一方面，事实的认定充满不确定因素，我们无法再现客观事实发生的真相，而法律事实的认定只能基于当事人的陈述，借助证据并通过沟通协商而进行主观建构；另一方面，寻找法律依据的过程也是充满变数的过程，由于法律语言本身的模糊性及法律规范的概括性，法官难以找到完全适合当下案件事实的法律依据。此外，最后裁决结论也不是明确而毫无争议的，由于裁决依据的大小前提都充满了变数，存在不可避免的争议。因此，最后的结论也必然具有可辩驳性（defeasibility）和似真性（plausibility）。而从审判过程来看，一方面，整个法庭审判不是法官一人主导完成的独裁式决定的过程，而是跟当事人及其代理律师、公诉人（刑事案件）、证人等不同庭审主体问答互动，进行言语交流的过程。另一方面，庭审中无论是法律事实的确定，还是法律规范的适用，都要基于动态的问答互动的具体情境做出。因此，法

　　[1]　司法又称法的适用，是指国家司法机关及其司法人员依照法定职权和法定程序，具体运用法律处理案件的专门活动。狭义的司法即法院的审判。司法机关在中国主要指人民法院和人民检察院。因此，广义的司法包括法院的审判和检察机关的检察。在此我们取其狭义，专指法院审判，即人民法院依法定程序对民事案件、刑事案件、行政案件进行审理并判决的活动。

庭审判又具有主体间性和语境化特征。

（一）法律事实建构的开放性

调查案情，查明案件事实真相，从而确定司法裁决的小前提是法庭审判的逻辑起点。但法庭上最后判决认可的裁判事实不同于客观事实。庭审中要查明的事实是发生在庭审前的，是一种历史的事实，不可重现，也不可客观还原。裁决依据的法律事实是庭审不同主体基于证据，通过法庭调查和情境化的论辩，在沟通和商谈的基础上共同建构的事实，是经过法庭裁剪和主观认定的事实。这种法庭建构的事实具有开放性、不确定性和可辩驳性。

事实本身可以从多维度来认识。事实在本体论、认识论和语言哲学三种情境下具有不同的特性。[1]从本体论而言，事实是对应于观念、理论、价值等主体性存在的一种客观存在。俗话说"事实就是事实"，事实是不以人的主观意志为转移的客观存在。无论喜欢与否，只要是发生了的事情便构成事实。从认识论视角来看，事实是作为认识对象而自为的存在，是认识的主体感受到的、觉察到的对象事实，具有主体性。从语言哲学来看，事实是作为命题陈述的内容而存在，具有语言依赖性，且事实命题具有真值性，从而具有论证性，即事实命题可真可假，我们可以通过论证来证实其真假。从这三个维度来看，未经加工的案件事实是客观的事实，而庭审中需要认定的法律事实明显不是客观事实，而是一种认识论视角的事实，最后判决根据的裁判事实需要用明确语言来表述，因而又是命题的事实，具有可论证性。无论是各个庭审主体认定的法律事实，还是最后经法庭认定的裁判事实，显然已不再是客观的事实，而是基于经验和特定目的主观建构的结果。

就法律事实形成的过程而言，裁判事实总是基于经验判断、逻辑判断和价值判断形成的。作为社会化的人，总会根据社会经验作出判断。在司法裁决中，事实的认定缺乏客观依据，作为前见的各种经验必定会对其产生影响。无论是一般的社会经验，还是法律共同体的职业经验，或是法官个人的直觉，都会潜意识地影响最终的判决事实。裁判事实的形成也不可缺少基于证据的逻辑推论的过程，包括必然性的演绎逻辑（三段论推理）和或然性的归纳逻

---

[1] 参见舒国滢等：《法学方法论问题研究》，中国政法大学出版社2007年版，第282～286页。

辑（回溯推理、归纳推理、类比推理和概率推理等）。经验的判定和逻辑的推理为裁判事实的形成提供了可靠的基础，但是如果基于经验和逻辑无法做出事实的判定，则需要价值判断的介入。[1]无论是经验判断、逻辑判断还是价值判断，都是主观建构的过程，必然充满或然性和不确定性。

此外，庭审当事人之间具有对立的利益诉求，庭审是具有明显目的指向的活动。由于角色的不同，诉辩双方具有不同的目的：原告及其代理律师的目的是要证明其权益受到被告的侵害，从而获得相应的赔偿；被告及其辩护律师的目的是要证明其无罪或罪轻，从而免受或减轻惩罚。陈述事实时，在特定目的驱使下，当事人必定会根据自己的利益诉求给出对自己有利的事实版本，强调、夸大对自己有利的事实细节，而设法掩盖、模糊或隐藏对自己不利的事实细节，而且控辩双方最终向法庭呈现的事实版本往往是不一致的，甚至是相反的。在这种情况下，法官对事实的认定充满难度，需要仔细甄别，借助经验判断、逻辑判断和价值判断形成尽可能接近客观事实的裁定。

总之，法律事实不是客观事实，判决事实的形成是基于经验和特定目的主观建构的结果，其中必然充满或然性和不确定性，其认定的事实也具有可辩驳性。因此，"在司法实践中，当面对案情复杂多变，证据真伪难辨又无法通过技术手段加以鉴别的情形下，称职的司法官往往利用其丰富的经验与智识，从细微处入手，从中寻找线索，进而发现事实真相"。[2]

（二）确立法律依据的不确定性

有了作为推理小前提的法律事实，接下来的事情是要寻找适合当前法律事实的法律依据，即确定作为推理大前提的法律规范。旨在建立西方现代法治的理性主义法律观认为，法律规范具有确定性和密闭自足性。哈特维克勋爵在18世纪的时候曾断言："确定性是和谐之母，因而法律的目的就在于确定性。"[3]离开了法律的确定性，就没有真正意义上的规则治理。然而，20世

---

〔1〕　参见舒国滢等：《法学方法论问题研究》，中国政法大学出版社2007年版，第295～312页。

〔2〕　管伟："略论中国传统司法裁判中的事实判断及其方法"，载《政法论丛》2010年第1期。

〔3〕　［美］博登海默：《法理学——法律哲学和方法》，张智仁译，上海人民出版社1992年版，第293页，转引自李琦："法的确定性及其相对性——从人类生活的基本事实出发"，载《法学研究》2002年第5期。

纪以来，随着各种社会危机尤其是两次世界大战的爆发，人们开始反思科学理性主义，理性主义法律观遭到了猛烈的抨击，人们逐渐从强调法律的确定性和密闭自足性转向强调法律的不确定性、开放性和建构性。

法律之所以具有开放性和不确定性，主要是由于法律本身的抽象性和法律语言本身的模糊性造成的。一方面，法律规则是对现实生活的抽象概括，社会生活是无限的，而法律规则是有限的，有限的法律规范无法涵盖现实生活的方方面面。因此，法律概念与其所描述的客观世界的关系并非是严格地一一对应的。另一方面，法律总是由语言表述的，语言是法律的存在形式，而语言本身具有模糊性，从而导致法律规则本身的开放性。正是法律的开放性才导致法律漏洞的出现，才有了所谓的疑难案件，也有了法律解释的必要。

对裁决案件的法官而言，经常会出现法官释法的过程。作为以判例法为主的英美法系国家，法官释法本来就是司法的应有之义。而在追求法的确定性的大陆法系国家，法官实际上也要经常进行法律解释。究其实质，司法实践中法律解释具有必然性。首先，由于语言表达本身的模糊性和人类认识社会的限制性，法律概念具有不确定性。其次，法律规则形成过程中会不可避免地出现法律漏洞及立法的滞后性。再其次，法律规范的庞杂会导致不同法律规范之间的冲突，如上位法与下位法、一般法与特别法、新法与旧法之间的矛盾。最后，法律的适用绝不是法律条文的使用，而是法律精神和法律价值的适用。因此，对法律规范的认定往往蕴含着价值，法律解释的过程离不开对法律规范背后的价值挖掘与评价。[1]

除此之外，庭审的过程也是多主体互动的过程，控辩双方出于自己的利益诉求和特定的庭审目的，也会对法律适用提出自己的见解（且往往是不一致的），对法官最后确定判决大前提的法律依据造成难度。

总之，无论是法律规则本身的局限，还是适用法律的主体的价值判断，亦或是庭审当事人对法律适用的不同见解，均会对法官确立法律依据产生影响，从而表明法律规则的适用存在不确定性，因而也是可辩驳的。

（三）裁决结论的可辩驳性

根据理性主义法学的设想，有了事实构建的客观小前提和准确适用法律

---

〔1〕 参见舒国滢等：《法学方法论问题研究》，中国政法大学出版社 2007 年版，第 340～351 页。

的大前提，最后就是将小前提涵摄于大前提之下，得出确定性的判决。但是，如上所述，法律事实的构建充满了不确定因素，法律依据的确立也没有那么明确，大小前提都充满了变数，且司法过程也不仅仅是法律的简单逻辑推理，因此，得出确定性的裁判结论必定是不现实的。

这是由得出判决所依赖的大小前提本身的不确定性决定的。一方面，构建小前提的法律事实并非客观事实，而是根据法律要求经过裁剪的法律事实，是基于证据经由庭审不同主体共同讨论、对话和商谈得出的结果，无论在证据认定过程中形成了多么完善的证据链，也只能是对当时客观情境的模拟，而不是真正的再现。另一方面，判决所依据的法律规范也不是直接拿来适用的，而是需要法官根据案件事实进行解释，并经由主体间对话、商讨，在得到认可的基础上确立的。因而，裁决达成的过程并不同于演绎逻辑的三段论推理，也并不是一个涵摄的过程，而是在特定语境下，主体间商谈和论辩的过程，必然存在着不确定性。[1]

在司法裁决中，法官并不是被动地适用法律，不是"如孟德斯鸠所描述的——'法律话语的传声筒，只是消极被动之人'"，[2]充当法律的"喉舌"或"自动售货机"的角色。司法审判的过程也不仅仅是简单的三段论式的法律逻辑推理，法官的裁决必然受到诸如司法前见、一般推理、事实解释、图式加工、事实剪裁、经验参与、结果导向、观念辐射等其他"隐性知识"的潜在影响。[3]此外，作为社会人的法官，其最终的裁决也会受到大的社会环境的影响。从外在整体来看，影响判决最终形成的因素也是多样的，既有法律上的规范因素、经济上的利益因素，也有文化上的观念因素、当事人之间的关系因素。[4]解决实际案件时，法官往往不得已不断往返于各项路线、党政方针、政法政策、法律规范和外部事实之间，进而预先形成自己对案件的判断，同时还会考虑各种影响最终判决形成的因素、判决的社会效果以及将

---

〔1〕　参见齐建英：《语用学视域中的法律推理研究》，中国政法大学出版社2015年版，第3页。

〔2〕　［比利时］Ch.佩雷尔曼："法律与修辞学"，朱庆育译，载陈金钊、谢晖主编：《法律方法》（第2卷），山东人民出版社2003年版，第147页。

〔3〕　参见胡学军、涂书田："司法裁判中的隐性知识论纲"，载《现代法学》2010年第5期。

〔4〕　参见侯学勇："司法修辞方法在社会正义实现中的作用"，载《法律科学》（西北政法大学学报）2012年第1期。

来的可能影响，并协调好各种庞杂的利益关系，从而不断修正自己已有的判断，最终使得结案判决基于当下的社会文化情境以及对未来可能走向的合情合理的预测，并体现出合法性与正当性的统一。[1]

可见，具体的司法审判过程并非如概念法学所认为的那样，像自动售货机般地机械进行，裁判的作出是在特定语境下，基于呈现和认定的证据，经由不同主体间的讨论、对话和论辩而最终得出的。此外，裁决也会受到各种"隐性知识"和外在社会因素的影响，从而必然充满不确定性。法官审判不是基于确定的大小前提进行逻辑推导的过程，而"毋宁是以价值评判为核心，同时考虑判断结果的形式合法性和实质合理性的一个过程"。[2]在这种情况下所作出的裁决具有相对性和似真性，因而是可辩驳的或可废止的，这也是上诉之所以产生的现实理据。

（四）庭审活动的主体间性

以上论述的三个方面是从司法三段论（即司法裁决的大小前提及结论）的角度，从司法裁判的三个要素（即法律事实、法律规范、司法裁决）视角来讨论的。从庭审本身运行的过程来看，一切的庭审活动都是不同主体间协商进行的，也都是在具体的语境下展开的，庭审具有主体间性和语境依赖性。这是语用学视角，因为语言是法律的载体，法律的适用就是语言的使用，语言的使用总是离不开使用的主体，离不开使用的具体环境。从语用视角来看，立法、司法乃至执法以及法学家们的一切活动，都是法律的言语行为活动；法律实践活动是一种由法官、当事人、律师等法律交往主体参与的交往行为活动，是一种多种有效性要求而构成的交往行为活动。语用学的方法提供了一种兼具多主体性、动态性和关联性（辩证性）、非必然性（非因果逻辑）的"综合性"方法。[3]接下来我们将从语用学视角讨论庭审的主体间性和语境依赖性。

---

〔1〕 参见方乐："超越'东西方'法律文化的司法——法制现代性中的中国司法"，载《政法论坛》（中国政法大学学报）2007年第3期。

〔2〕 侯学勇、杨颖："法律修辞在中国兴起的背景及其在司法审判中的作用"，载《政法论丛》2012年第4期。

〔3〕 参见张斌峰：《法律的语用分析：法学方法论的语用学转向》，中国政法大学出版社2014年版，第181页。

主体间性是相对于主客观二分法而言的，是在对主客二元论进行批判和反思的基础上提出的。自笛卡尔提出主客二分的思想后，二元论思想就成为西方哲学的主导原则和思维方式。这种二元论强调人与物、人与他人、人与自身的分离，造就了西方人严密的逻辑思维能力、冷峻的批判意识和不带感情色彩的理性精神，但也引发了"唯我论"和"人类中心主义"思想。[1] 随着社会的发展，尤其是两次世界大战，以及各种自然灾害的频繁发生，威胁到了人类自身的生存，使人们开始反思这种思维方式的弊端，寻求一种超越主客观对立的思维模式，以解决人类的生存与发展问题。在这种背景下，胡塞尔的现象学、伽达默尔的诠释学、哈贝马斯的交往理性和普遍语用学思想是反思这种主客二元论思想的结果。尤其是哈贝马斯的研究，有力地推动了主体间性思维的形成与发展。哈贝马斯的"普遍语用学"关注以真实性、真诚性和恰当性为基础的交往理性，研究人们以理解为目的的交往行为，旨在确立和重建关于理解成为可能的普遍条件，指导人们实现交往行为的合理化。哈贝马斯认为，交往行为是两个以上的主体之间产生的涉及人与人的行为；而人与人之间的交往首先是以符号或语言为媒介并以之为建立和改善人际关系服务的根本手段。普遍语用学强调交往的主体间性和交往实现的语境因素，为现代人文社会科学（尤其是法律、道德、制度）的语用转向提供了全新的研究视角和资源。[2]

简单解释，主体间性（intersubjectivity）是指"主体与同样作为主体的他者之间的关联性和相关性"，[3] 有时也被称为主体际性或交互主体性。主体间性是一种关系范畴，强调主体与主体之间的共在性、平等性、互动性和共识性。[4] 主体间性建立在交往理性的基础之上，通过语言交往来实现，强调平等主体之间通过理性交流互动达成共识。这种主体间性思想对于法学具有主要的方法论意义。

---

〔1〕 参见齐建英：《语用学视域中的法律推理研究》，中国政法大学出版社 2015 年版，第 66 页。

〔2〕 参见张斌峰：《法律的语用分析：法学方法论的语用学转向》，中国政法大学出版社 2014 年版，第 103 ~ 107 页。

〔3〕 张斌峰等：《法律推理新探：语用学与语用逻辑的视角》，中国政法大学出版社 2014 年版，第 284 页。

〔4〕 参见齐建英：《语用学视域中的法律推理研究》，中国政法大学出版社 2015 年版，第 68 页。

从语用学视角来看，庭审具有典型的主体间性。一方面，庭审的各个参与者都是平等的诉讼主体，拥有自身的尊严和各项权利。庭审中法官不能将当事人，尤其是刑事犯罪嫌疑人当成单纯的诉讼客体，随意剥夺其权利，而应该充分尊重每个庭审主体，保障其应有的权利，保证程序正义的实现。另一方面，庭审裁决是各个庭审参与者之间在沟通、交流、协商等基础上达成可接受性结论的过程。从内在视角看，参与庭审的各个主体之间要进行广泛的交流与沟通，尤其是听取当事人的看法，得出共识性的结论；从外在视角看，庭审裁决还需要就自己得出的结论与社会主体进行沟通，接受社会的监督与批评。[1]

总之，庭审是不同主体间经由理性交流与协商最终达成共识的过程。这种共识是由具有平等地位的主体共同动态地构建的，具有似真性和可辩驳性。这种裁决没有绝对的真假或对错之分，只有可接受性和适切性的程度之分。

（五）庭审过程的语境化

语用学视角的另一个重要概念是语境。人类的交往具有主体间性，而任何交流的言语行为总是在特定的情境中发生的，脱离了语境，语言将难以理解与把握，因而也将失去其本来的意义。庭审本身就是一个由一系列言语行为构成的交往行为活动，而每一个言语行为又是在独特的语境下由法官、当事人、律师等交往主体共同协商建构的。庭审是一个典型的语境化的活动。

语境，简言之，即语言使用的环境，但对其进行一个精确的定义确有难度。总体而言，人们对语境的理解有一个从语义到语用的过程，亦即从静态到动态的过程。最初对语境的理解是在语义层面，即语言的上下文。后来，人们对语境的理解跳出了语言本身的限制，更关注语言使用的认知语境或交际语境。现在人们普遍认为，除了上下文的语言语境之外，还存在大量的非语言语境，包括显性的时空、交际对象、场合、自然环境等，也包括隐性的社会文化心理、风俗习惯、行为准则、伦理价值观念等。[2]

庭审的语境也可以从语言语境与非语言语境来分析。就语言语境而言，庭审是通过言语互动展开的，对每句话的理解都要根据话语的前后语境来把

---

〔1〕 参见张斌峰等：《法律推理新探：语用学与语用逻辑的视角》，中国政法大学出版社2014年版，第285页。

〔2〕 参见彭榆琴：《法律会话推理及其有效性研究》，中国政法大学出版社2014年版，第86页。

握，特别是一些"言外之意"或会话含意，必须结合适当的语境来理解，保证庭审会话的顺利进行。就非言语语境而言，显性的语境，诸如案件发生的时间、地点、场合、自然环境等均会影响对法律事实的判断，对案件事实的定性也必须结合特定的时间、地点、场合及周围环境来把握。法律的规范一般都是概括性的，而事实总是具体的，要将案件事实涵摄于法律规范之下，就需要根据案件发生的具体语境进行分析、解读、裁剪，以对应法律规范之规定。如当年沸沸扬扬的"许霆案"，许霆先后在 ATM 机取款 171 笔，合计 17.5 万元，如何对此行为进行定性便是一个有争议的问题。一审法院认定许霆行为构成盗窃罪且情节严重，而许霆的辩护律师则认为许霆行为只构成侵占罪或不当得利。对同一案件事实的解读差别巨大，且不论哪方观点更有说服力，至少表明，对案件事实的认定以及相应的法律的适用要密切结合案件发生的场景来解读。

此外，社会文化心理、风俗习惯、行为准则、伦理价值观念等隐性非语言语境也会对认定事实和适用法律产生重要影响。如在同样充满争议的"彭宇案"中，法官根据"日常生活经验"和"社会情理"分析认定，彭宇"如果是见义勇为做好事，更符合实际的做法应是抓住撞倒原告的人，而不仅仅是好心相扶；如果是做好事，在原告的家人到达后，其完全可以在言明事实经过并让原告的家人将原告送往医院，然后自行离开"，但彭宇"未作此等选择，显然与情理相悖"。[1] 且不论法官的此等解释是否恰当，但至少表明，庭审中对案件事实的认定要受到社会经验、行为准则、价值判断等非言语语境的影响。

总之，对法律的理解需将其置于语言使用之中、言语行为活动之中、多主体的交互行为活动之中以及行为者所处的语境与人文网络之中，以生活世界和语言游戏中的语言使用和言语行为为分析对象，透过语境及其人文网络把握法律的意义。[2] 从语用学视角来看，庭审是一个在主体间性和语境化的环境下，各个主体在特定的语境中，通过论辩就针对性的法律纠纷达成共识

〔1〕 "南京彭宇案"，载豆瓣网，https://www.douban.com/note/624309668/，最后访问时间：2019 年 2 月 12 日。

〔2〕 参见张斌峰：《法律的语用分析：法学方法论的语用学转向》，中国政法大学出版社 2014 年版，第 178 页。

的过程。庭审的理性基础是以主体间性为核心的交往理性，庭审不仅是在主体间性的实践语境中通过商谈与交流完成的，而且要靠通过论辩过程形成的共识指导实践。由于商谈的主体间性以及交际语境的存在和影响，庭审的前提呈现出不完备性，论辩过程具有不确定性，因而其裁判结论呈现出假设性和似真性。[1]

法律事实建构的开放性、确立法律依据的不确定性、裁决结论的可辩驳性、庭审活动的主体间性、庭审过程的语境化，所有这些特性，决定了庭审判决的似真性和可辩驳性，从而决定了评价判决结果的标准不能是客观的对与错、是与非，而应该是合理性、恰当性或可接受性。由于不存在使结论具有确定性的无可辩驳的"首要原则"，所以判决通常所能做的就只是通过提出有道理的、有说服力的和合理的论辩去探索真理。[2]而前文所述的法律修辞便是旨在通过说服和论辩以增强说服力和可接受性的方法。因此，法律修辞在庭审实践中具有巨大的使用空间和重要的应用价值。

二、法律修辞对司法实践的积极意义

作为一种法治思维和以论辩说服为目的的法律方法，法律修辞在司法实践中有着广泛的用途。"在司法中，法律修辞有着广泛的应用。总体上看，不管是在法官审判、调解中，还是在律师执业中，不管是古代还是当今，不管是国内还是国外，不管是书面形式，还是口头形式，各种职业身份的法律人都在司法中大量运用到修辞手段。"[3]法律修辞方法的应用，对于提高司法裁决的可接受性从而提升司法公信力，实现司法正义与司法民主，并最终推动中国法治建设均有重要的意义。

（一）提升司法公信力

司法公信力的高低是衡量法治建设水平的一个重要指标，在司法实践中具有重要的地位。司法公信力一方面体现为民众对司法的充分信任与尊重，

---

〔1〕 参见齐建英：《语用学视域中的法律推理研究》，中国政法大学出版社 2015 年版，第 3 页。

〔2〕 参见［美］E. 博登海默：《法理学：法律哲学与法律方法》，邓正来译，中国政法大学出版社 2004 年版，第 519 页。

〔3〕 焦宝乾等：《法律修辞学导论——司法视角的探讨》，山东人民出版社 2012 年版，第 42~43 页。

包括对司法主体的充分信任与尊敬、对司法过程的充分信赖与认同、对司法裁判的自觉服从与执行。另一方面则体现为法律在整个社会的权威与尊严已经树立，广大民众对法律持有十足的信心，公民的法律信仰包括司法信仰得到空前的加强。就司法实践而言，提高司法裁决的可接受性是提升司法公信力的一个重要方面。[1]

通过如上论述可以看出，庭审判决的有效性主要在于可接受性，而借助法律修辞方法，可有效提高判决的可接受性。相比于其他领域，将立法确定的法律规范适用于具体案件的司法实践是修辞因素更为明显和直接的表现场域，而修辞因素在司法领域具有一种宏观指向，即可接受性。[2]庭审是不同主体间在既定语境下经过理性商谈最终达成共识的过程，"理性意义上称得上正确的判决，必须被听众接受，得到人们的普遍尊重与服从，才能获得实际的社会效果"。[3]

从修辞的起源来看，始于古希腊古典民主时期的修辞源于当时政治和法律领域的论辩之风，诉讼争议主要靠论辩与说服来解决。尽管后来修辞学沦为诡辩的把戏和文辞游戏，修辞学也长时间处于衰落状态，但随着佩雷尔曼新修辞学的诞生，修辞学获得了复兴，法律修辞的论辩价值重新得以发扬。大陆法系的法律论证理论实质上与法律修辞方法相契合。阿列克西认为，法律论证的指向是法律论证的合理性或裁决标准的正当性问题。法律论证不是"独白式的证明"，不是单个人对法律认识的自言自语，而是"论题取向"的言说。[4]

英美法系的法官更有"法官造法"的传统，强调法官对判决理由的论证和说服。此外，英美法系的"对抗制"庭审模式和陪审团制度更是需要论辩和修辞的介入。就对抗式庭审而言，法官居于中立位置，庭审通过当事人（代理律师）之间充分的论辩展开，论辩与说服的效果直接影响最后的裁决。而就陪审团制度而言，诉讼成败的最终决定权在没有专业法律知识的陪审团

---

〔1〕　参见谭红：《司法的理论与实务若干问题研究》，山东人民出版社 2010 年版，第 2 页。

〔2〕　参见孙光宁："司法中的修辞因素及其意义"，载《内蒙古社会科学（汉文版）》2011 年第 2 期。

〔3〕　侯学勇、杨颖："法律修辞在中国兴起的背景及其在司法审判中的作用"，载《政法论丛》2012 年第 4 期。

〔4〕　参见［德］罗伯特·阿列克西：《法律论证理论——作为法律证立理论的理性论辩理论》，舒国滢译，中国法制出版社 2002 年版，第 141 页。

成员手里，要获得有利于己方的判决，律师需要运用各种修辞手段去说服陪审团接受本方观点。也正是在这个意义上，霍姆斯大法官坦言："法律的生命不在于逻辑，而在于经验。"[1]

在庭审过程中，各方参与人为了实现可接受性的目的，都会运用法律修辞方法。法官在庭审过程和最后的判决中会应用修辞以得到当事人对判决的支持，减少上诉和申诉的可能性；当事人及其代理律师使用修辞使自己的观点更具说服力，最大可能争取法官对本方观点的接受，以获得最大利益。我们可以从庭审主体（法官、诉辩双方、律师）和庭审要件（事实构建和法律适用）两个视角来分析修辞对庭审判决的重要作用。

1. 庭审主体的修辞意义

根据佩雷尔曼的新修辞学理论，"听众"是进行修辞论证的出发点和归宿，是影响判决可接受性的最主要因素。从听众视角来看，判决的可接受性取决于对听众的说服程度。佩雷尔曼将听众分为三种：普遍听众、单一听众和说话者本身。普遍听众就是具有较为完备的知识和较高理性的人，也被称为理想听众。在学术的专业领域，同一专业之业内人士被视为普遍听众。单一听众又称为特殊听众，即对话中言说者针对的既定对象。说话者本身也是自己的听众，要想说服别人，首先要说服自己。说话者将自己当做听众，也就是个人内心的思辨。个人思辨是说服普遍听众的先决条件，个人思辨过程的外化可视为对普遍听众的说服。[2]

就庭审场合而言，法官要作出有效的判决，首先要将自己作为听众，去说服自己。其实法官判决所依赖的自由心证便是将自己作为听众的结果。其次，法官要使判决有说服力并得以有效执行，需要说服诉讼中的特殊听众——当事人，特别是败诉方的当事人。最后，法官的判决还需要说服普遍听众，即法律职业共同体内的法律人，既包括庭审中的代理律师，也包括关注案件的其他法律人。判决论证"是法官试图向败诉一方、向可能接受'意见'的其他人、也向行业共同体证明他的判决。作出该结论的理由，必须可

---

[1] O. W. Holmes, Jr., *The Common Law*, Macmillan & Co., 1882, p. 1.

[2] 参见侯学勇："佩雷尔曼修辞论证理论研究"，载陈金钊、谢晖主编：《法律方法》（第4卷），山东人民出版社2005年版，第505～507页。

让这一共同体视为客观、合法的判决前提来接受。"[1]

所以，作为裁决者的法官，需要运用各种修辞论证技巧和手段来说服各种听众，以提高其判决的可接受性。在具体裁决中，一方面，在确定小前提的法律事实时，由于基于证据推定的法律事实本身的开放性和可辩驳性，法官需要对最终确立的法律事实进行说理，使其既符合逻辑常识，也符合日常经验和情理；另一方面，法官在确定大前提的判决依据时，也需要对最终采用的法律规范进行相应的修辞与解释过程，才能证明其裁决的合法性与合理性。即便是一项在法律上称得上是正确的判决，也必须借助一定修辞方法的使用，以说服当事人，尤其是判决不利一方的当事人，接受其判决结果。"作为既有法律服务者的法官，其职责在于促成人们对法律制度的接受。他要向人表明，他所作出的判决不仅合法，并且因其合理而可以被接受。每次在他需要处理相对立的观点、解释、利益与价值时，他都必须寻求那些既合乎法律又具可接受性的解决方案。"[2]

从当事人及代理律师的角度来讲，诉讼的性质决定了诉辩双方有相反的利益诉求和不同的庭审目的，而有效使用修辞手段有助于说服法官接受自己的观点，从而做出有利于己方的判决。在庭审过程中，诉讼双方当事人各自的陈述、解释，以及相互之间的质证、询问、攻讦、辩解，都会使用大量的修辞方法，以博得法官的同情或共鸣，最终获得认可。[3]一方面，为了争取最大的利益诉求，双方当事人及其代理律师会就同一客观事实从有利于自己主张的角度进行主观建构，并使用各种修辞策略来争取赢得法官的认同，说服法官接受自己的主张。另一方面，以语言为载体的法律规范在本质上具有抽象、模糊、多义的性质，具有开放性和可辩驳性，从而有了争辩的空间和必要。由于各自的利益诉求不同，双方当事人必定会将案件事实所适用的法律规范朝向对己有利的方向进行解释和说明，说服法官采用有利于己方利益的法律适用。在这过程中，修辞策略的有效使用会大大增强说服的效果。

〔1〕　陈林林：《裁判的进路与方法：司法论证理论导论》，中国政法大学出版社2007年版，第57页。

〔2〕　[比利时] Ch. 佩雷尔曼："法律与修辞学"，朱庆育译，载陈金钊、谢晖主编：《法律方法》（第2卷），山东人民出版社2003年版，第148页。

〔3〕　参见侯学勇："法律修辞如何在司法中发挥作用？"，载《浙江社会科学》2012年第8期。

而从另一个角度来看，如果庭审采用职权主义模式，由法官垄断话语权，当事人处于完全被动的地位，难以充分表达自己的见解和意见，那么，无论法官的裁决多么合法，恐也难以得到当事人的认可与接受。只有充分尊重当事人的人格尊严，保障其应有的权利，给当事人充分发表自己意见的机会，经过双方当事人及其代理律师充分的论辩和质证，在这样的基础上作出的裁决才具有合理性，才容易得到当事人的认可。

2. 庭审要件的修辞意义

庭审活动主要有三个要件：根据证据构建案件事实（小前提），寻找并确定适用案件事实的法律规范（大前提），基于大小前提作出裁决。最后的裁决是建立在前面两个要件的基础上的，因此可以说，裁决的可接受性取决于建构的案件事实和确立的法律规范本身的合理性。如上文所述，法律事实的建构具有主观性和开放性，而法律依据的确立同样具有不确定性和可辩驳性。审判决策过程中的各种不确定性，为法律修辞的应用提供了可能和必要。修辞不仅可用于事实认定过程中，而且也可用于法律规范的解释过程中。

就事实构建而言，进入庭审过程的各类事实是通过叙述者的修辞而建构起来的。修辞的最终目的是说服他人接受自己的论点。要使对事实的建构更具说服力，就需要借助有效的修辞方法。[1]由于案件的原初事实是无法复现的，案件事实的认定只能基于双方当事人的主观描述，并根据相应证据进行推定与建构。在此过程中，由于相反的利益诉求，双方当事人会极力地建构有利于自己的事实版本，其中难免出现不实之处甚至有意歪曲的事实，而最终呈现在法官面前的必定是不同的甚至是相反的事实版本。在构建自己的故事版本时，当事人会竭尽所能地使用各种修辞手段，尽量把事实描述得对己有利。法官则需要基于呈现的证据，根据自己的经验和前见在不同的故事版本中作出甄别和取舍，构建出自己认定的事实。在构建裁决所需的法律事实时，法官也需要使用修辞手段来说明法律事实的合理性，以使其更具说服力。为此，法官一方面需要在当事人呈现案件事实时努力区分哪些是正当的修辞、哪些是不当的修辞，同时，法官最终也需要借助恰当的修辞向双方当事人说

---

〔1〕 参见武飞：“事实建构的修辞方法”，载陈金钊、谢晖主编：《法律方法》（第 12 卷），山东人民出版社 2012 年版，第 85 页。

明法庭认定事实的过程与理由。[1]概言之，无论是当事人、律师或证人将事实表述于法官，还是法官运用自己的知识与经验对事实进行最终的认定，对事实的叙述都离不开修辞，都要通过修辞来构建。[2]

此外，在构建法律事实的过程中，总会出现证据事实遗留的"空白"，对这些空白的填补更需要修辞的使用。基于证据构建的证据事实只能是零碎的、片段式的事实，它们之间总是存在空白，法官需要基于经验和判断进行适当的推定，来填补这些空白。而填补空白的过程需要法官使用修辞方法进行合理的论证和解释。"法官的修辞叙事的结果，不但将证据所形成的事实的点或段连接起来，也遮盖了空白事实内涵的不确定性。"[3]总之，无论是在当事人构建自己的事实版本的过程中，还是在法官说明法庭认定的法律事实的时候，为了使自己构建的事实更具说服力，都需要借助有效的修辞策略和方法，以最终说服听众接受自己的观点。

在确定了法律事实之后，就需要构建法律推理的大前提，寻找当前案件事实适用的法律规范，即法律适用。法律适用是一种对向交流的过程，一方面，必须将未经加工的案件事实按照既定的法律规范进行裁剪，另一方面也需要将法律规范尽可能地具体化、精确化，以涵摄具体的法律事实。而由于语言本身的模糊性和开放性，加之法律的概括性和抽象性，决定了适用法律也存在开放性和可辩驳性，从而也有了论辩和说服介入的空间。博登海默区分了分析推理和辩证推理，提出了正当性的辩证推理方法，认为"当在两个或两个以上可能存在的前提或基本原则间进行选择成为必要时……就必须通过对话、辩论、批判性探究以及维护一种观点而反对另一种观点的方法来发现答案"。[4]实质法律推理指出，法官在没有可适用的法律规范的情况下，根据法律基本原则、国家政策、习惯等作出裁决。[5]无论法官是通过在辩证推

〔1〕　参见侯学勇："法律修辞如何在司法中发挥作用?"，载《浙江社会科学》2012 年第 8 期。

〔2〕　参见武飞："事实建构的修辞方法"，载陈金钊、谢晖主编：《法律方法》（第 12 卷），山东人民出版社 2012 年版，第 85 页。

〔3〕　武飞："论修辞论证的适用场景"，载陈金钊、谢晖主编：《法律方法》（第 11 卷），山东人民出版社 2011 年版，第 33 页。

〔4〕　[美] E. 博登海默：《法理学：法律哲学与法律方法》，邓正来译，中国政法大学出版社 2004 年版，第 519 页。

〔5〕　参见彭榆琴：《法律会话推理及其有效性研究》，中国政法大学出版社 2014 年版，第 209 页。

理中进行的对话和辩论以确定某一法律规范，亦或是在实质推理中根据法律原则、国家政策和习惯作出裁决，均需要使用修辞策略对自己决定的合理性和有效性进行辩护。

在具体庭审中，一方面，当事人及代理律师会从自己的利益诉求出发，将相关法律规范按照有利于自己的方式进行解读。由于目的的不同，控辩双方经常会对法律规范做出不同甚至相反的解释。要使自己的解释具有说服力，他们必定会使用各种修辞说服手段，尽可能地去说服法官。而作为最后裁决者的法官，首先需要考虑双方对法律规范的解读，认清其采用的修辞策略，然后在此基础上提出自己的解释，并进行必要的修辞说理。法官最终决定采用某一法律规范必须经过相应的修辞与解释过程，以证明其决定的合法性与合理性，才能期望得到当事人的认可与接受。

总之，修辞在司法过程中是普遍存在的，它不仅是争讼双方当事人为说服法官而普遍使用的方法，而且是法官为增强判决的合法性、合理性而不可缺少的基本司法技能。[1] 运用修辞方法获得诉讼各方参与者对本方观点的认同，进而形成具有普遍共识性的判决结论，是现代司法的重要内容。[2] 在庭审实践中，各个参与人运用法律修辞方法进行说理和论辩，以获得自己观点的合理性与正当性，从而最终实现说服特定听众接受自己观点的目的。庭审中法律修辞的有效使用，能极大地提高法庭法律裁决的可接受性，并最终有助于司法公信力的提升。

（二）实现司法公正与司法民主

在论证成为一种普遍性诉求的时代背景下，法律修辞学将修辞学的理论和方法应用到法律领域，为法律领域提供了一种新的说理论证的方法和理论。它所关注的是在法律论辩中，通过言词和话语的力量，在论辩双方对话和沟通之下，经过相互的说理和论证，寻求有说服性的、可接受的法律判断结论，以获得法律问题的解决。[3] 作为一种法治思维、法律说服和论证方法，"把法

---

[1] 参见侯学勇："修辞如何在司法中发挥作用？"，载《浙江社会科学》2012年第8期。

[2] 参见孙光宁："司法中的修辞因素及其意义"，载《内蒙古社会科学（汉文版）》2011年第2期。

[3] 参见陈金钊："法律修辞（学）与法律方法论"，载《西部法学评论》2010年第1期。

律作为修辞"有助于实现司法的公正与民主。

1. 法律修辞对司法正义的积极意义

正义是人们追求的一种永恒的价值目标，但什么是正义？正如博登海默所说，"正义有着一张普洛透斯似的脸"，叫人难以捉摸。正义观念源于原始人的平等观，形成于私有财产出现后的社会，但不同的社会或阶级的人们对正义有着不同的解释。总体而言，人们将正义理解为平等、自由等核心价值理念。古希腊哲学家柏拉图认为，正义存在于社会有机体各个部分之间的和谐关系之中，每个公民按自己的等级做应当做的事就是正义。亚里士多德认为正义存在于"某种平等之中"，平等是正义的尺度。英国哲学家斯宾塞则认为同正义观念相联系的最高价值并不是平等，而是自由。[1]而美国的罗尔斯则试图将自由与平等结合起来定义正义，提出了两个正义原则：平等自由原则和差别原则。罗尔斯的正义论有一种在优先保证基本自由的框架内的平等主义倾向。[2]

可以看出，尽管自由与平等是正义的两个最重要的因素，但实际上，对正义的理解存在时代、国家和阶层等方面的巨大差异。人们关于正义的标准都与其所生活的现实条件，包括制度环境、文化环境、地理环境等各种因素密切相关，因而人们关于正义概念的认识必定是多元的。一方面，正义是个多元化的概念，在抽象意义上，平等、自由、公平、效率、秩序等均含有实质正义的理念，任何一个都不天然地具有优先于其他正义观的正当性。如果彼此之间发生冲突，如自由和平等兼顾两难，则很难取舍。其次，人们对正义也有多元化的理解，同样一个行为对于一个人是正义的，但对于另外一个人可能就是不正义的。多元正义观念在同一时空中的共存，必然带来彼此之间的冲突。[3]

在这种多元正义观之下，如何实现正义，则是一个令人头疼的问题。法

---

〔1〕 参见［美］E. 博登海默：《法理学：法律哲学与法律方法》，邓正来译，中国政法大学出版社 2004 年版，第 262 ~ 264 页。

〔2〕 参见［美］约翰·罗尔斯：《正义论》，何怀宏等译，中国社会科学出版社 2009 年版，译者前言第 6 页。

〔3〕 参见侯学勇："司法修辞方法在社会正义实现中的作用"，载《法律科学》（西北政法大学学报）2012 年第 1 期。

谚有云："正义不仅要实现，而且要以人们看得见的方式实现。"（Justice must not only be done, but must be seen to be done.）在现代法治社会，人们意识到，作为规范社会和人们生活的法律，是实现正义的重要渠道；而作为法律实践的司法，是社会正义的最后一道防线。民事案件中，一个人的利益遭到侵犯，他可以诉诸法律，要求为其主持公道，实现个人正义。在刑事案件中，社会的利益遭到侵犯，公诉机关代表社会提起诉讼，实现社会正义。通过司法裁决，作为裁决者的法官作出公正的裁决，争议得以解决，正义得以张扬。

但现实的司法裁决并非如此简单。一是有违正义的案件事实本身的认定充满不确定因素，符合客观事实真相的原初事实永远无法复现，法庭认定的事实只是根据现有证据主观构建的结果；二是司法裁决所依据的承载正义理念的法律规范也具有开放性和不确定性，现实中的争议经常不会按照法律规定设想的那样发生。这决定了法官的裁决具有可辩驳性，其合理性和可接受性需要法官的修辞论证。可以说，对通过法律途径寻求正义的当事人来讲，正义是否得以实现、在多大程度上实现，取决于法官裁决的合理性和可接受性。

此外，在正义观念多元共存、利益关系错综复杂的状况下，法官的裁决也难免受到国家政策方针的政治因素、经济上的利益因素、舆论和人情方面的社会因素以及文化上的观念因素等法律外因素的影响。这些表面上的影响因素实质上体现着不同正义或价值观念的需求，但它们之间的冲突无法用一个统一的尺度来衡量。作为裁决者的法官，就必须论证其裁决的正当性和合理性。"当两种实质正义观或价值观在一个具体案件中形成竞争状态时，由于缺少共同的'中立性观察语言'，我们无法发现判定相互竞争的两者之间优劣的'共同尺度'。当法律无法提供充分的判断标准时，不得拒绝裁判的法官只能在对道德、政策、社会效果等因素深思熟虑之后作出裁判，于此他便应当承担理性论证的责任，证立所作决定的正确性。"[1]

就具体的司法正义而言，一般来讲，司法正义包括形式正义与实质正义。前者认为相同情况应该相同对待，后者认为特殊情形下不同个案应区别对待，

---

[1] 侯学勇："司法修辞方法在社会正义实现中的作用"，载《法律科学》（西北政法大学学报）2012年第1期。

司法正义在两者的循环发展中得以实现。就目前而言，形式正义是指服从既定的具有普遍约束力的法律规范，同等情况同等对待；实质正义是指在既定的法律规范无法有效调整事实时，通过一些技术和方法解释或创设大前提，从而使规范作用于事实，不同情况不同对待，实现个别正义。[1]

就司法形式正义而言，要求根据既定的法律规范，实现"同案同判"。但是，一方面，客观发生的事情总是有其独特性，世界上没有两个案子是完全相同的，因此，没有绝对的"同案"。另一方面，法律规范是抽象而概括的，但案件总是具体而明确的。再完备的法规也不可能统摄所有的案件事实，这一点随着概念法学理想的破灭为人们所普遍认可，这也是英美法系不采用制定法的一个主要原因。我们已经不止一次地论证说明，在实际司法实践中，无论是案件事实的认定，还是法律规范的确立，都存在很大的开放性和不确定性。因此，没有绝对的"同案同判"，司法形式正义的实现是相对的。在追求相对的司法形式正义过程中，由于事实构建的开放性和法律规范的不确定性，决定了判决结论的可辩驳性。为了实现司法的形式正义，就需要法官论证其裁决的正当性和合理性，这正是修辞介入和起作用之所在。

就司法实质正义而言，要求不同案情不同对待，其实质是缺乏可参照的法律规范，即所谓的"疑难案件"。在英美法系国家，这种情况需要由法官来创设判例，根据自己的经验与见识，基于自由心证来解决。而在大陆法系国家，这种情况需要法官通过进行法律解释和法的续造来实现。但无论何种情况，都需要法官发挥自由裁量权，来创设或确定法律，实现个案正义。在这种缺乏确定性的法律规范的情形下，修辞可以发挥重要作用。自由裁量权的发挥其实就是法官自己的合理性论证，亦即修辞论证。因此，自由裁量的过程，就是修辞论证的过程。"当法律规范不确定从而需要引用道德、正义等模糊性的原则进行自由裁量，或者先例无法因循、已经被推翻需要创制新的规范时，法官就充当着一个修辞者的角色。他需要运用各种修辞手法与技巧，来说服听众接受他的观点与主张，从而证明这种不确定事物的确定性。"[2]

---

〔1〕　参见陆洲："通过法律修辞的司法正义"，载陈金钊、谢晖主编：《法律方法》（第13卷），山东人民出版社2013年版，第226页。

〔2〕　陆洲："通过法律修辞的司法正义"，载陈金钊、谢晖主编：《法律方法》（第13卷），山东人民出版社2013年版，第230～231页。

总之，通过理性的司法裁决是实现正义的主要方式，而裁决者如何论证其裁决的合理性和正当性是实现司法正义的关键所在。在此过程中，作为一种说服性论证方式的法律修辞，扮演着重要的角色。

2. 法律修辞对司法民主的积极意义

在现代法治社会，民主与法治密不可分。法治本质上是民主的形式化、程序化和规范化的落实。民主是在社会共同体或群体内部，人们之间平等结合，享有共同的权利和义务，并就公共性的价值选择做出决策和评议的社会生活方式。一般意义上的政治民主，有两大前提：一是民主的主体性规定，即民主总是一定共同体内每一个成员的权利和责任；二是民主与价值的相关性，即民主只适用于共同体的价值判断和选择。此外，民主有三项重要的规则：多数人决定，保护少数，程序化。[1]

民主与法律有着密切的联系。一方面，法律需要以民主的形式产生与运行，另一方面，民主需要在法治的环境下实施与落实。就司法民主而言，西方的司法民主经历了从直接参与式的古典民主到近代精英民主再到现代协商民主发展的历程。在古希腊，设立陪审法庭，司法采取五百人议事会的形式，法庭没有法官，只设主持人负责组织审判和维持秩序，判决权力完全属于陪审员，即无论什么指控、无论有无证据、无论伤害大小，只要陪审团投票认定，罪名即告成立。这是一种原始的直接参与的司法民主。但这种民主只是简单的多数，并非实质上的民主，因为缺乏实质民主的另外两个规则，即保护少数和程序化。这样的大众司法式的民主往往会造成"多数人的暴政"，古希腊著名的"苏格拉底之死"便是明证。

随着法律专业化和司法职业化的不断推进，人们意识到这种大众司法的原始民主形式是不可取的，转而追求精英民主。精英民主理论认为随着复杂的社会分工，任何时候重要决策权都掌握在训练有素的少数人，即精英手中。在政治领域，政治精英掌握政治权力，代表人民实施统治，其合法性来自于人民的选择（选举）；在司法领域，职业法官代表法律精英主宰法律裁决。随着理性主义的发展，在司法领域出现了独断化倾向，认为现行法律规范存在调整人们社

---

〔1〕 参见李德顺："法治文化论纲"，载《中国政法大学学报》2007 年第 1 期；李德顺：《法治文化论——创造理性文明的生活方式》，黑龙江教育出版社 2019 年版，第 118～123 页。

会行为的完备模式，为各类纠纷的解决准备了唯一的正确答案；法官只是法律的喉舌，其"依法裁判"不仅是可能的，而且是保障司法行为正当性的充足理由。这样，司法民主在司法职业化带来的司法独断中被消解。近代以来，随着对理性主义的批判，人们重新认识到现实中没有完备的法律，法官的裁决必须进行正当性的说明和合理性论证。司法行为的正当性本身已经无法依赖单纯的合法律性得以建立，而必须融入更多的民主因素，这不仅是提高司法产品质量的需要，也是司法在国家权力运作过程中的一种政治义务。[1]

在这种认识下，司法民主已成为人们关注的重点，不同学者也提出了相应的司法民主理论，其中有代表性的是哈贝马斯的民主商谈理论和佩雷尔曼的新修辞学理论，并形成了现代社会的协商民主。哈贝马斯认为，一个国家的法治与民主之间存在内在关联，司法裁决的正当性意味着合理性和可接受性。而可接受性只能通过商谈的方式来实现，更确切地说，是在理想的言谈情境下，通过论辩达成共识。[2]佩雷尔曼的新修辞学理论强调司法中"听众"的重要性，关注通过修辞获得共识，实现对听众的说服，司法裁决的正当性主要取决于获得听众的认同。无论是哈贝马斯的"在理想的言谈情境下达成共识"，还是佩雷尔曼的"通过修辞获得听众的认同"，都强调通过协商与沟通实现司法民主。根据协商民主的观点，法律的正当性并不是来自于主权者的命令，而是建立在商谈和论辩的基础上的，即应以基本的共识为基础。

在协商民主视角下，司法民主取决于司法过程充分的商谈和论辩。通过庭审主体间充分的沟通、交流、论辩，彼此实现认同并达成共识，便是彰显了司法民主。而这种协商、论辩的过程就是说服听众的过程，就是法律修辞的过程。佩雷尔曼指出："随着法律概念的专制色彩日趋淡化、民主意味日益增强，修辞学越来越变得不可或缺。"[3]

---

〔1〕 参见武飞："法律修辞：司法民主的职业化进路"，载《深圳大学学报（人文社会科学版）》2014年第1期。

〔2〕 参见［德］哈贝马斯：《在事实与规范之间——关于法律和民主法治国的商谈理论》，童世骏译，生活·读书·新知三联书店2003年版，第278页。

〔3〕 ［比利时］Ch. 佩雷尔曼："法律与修辞学"，朱庆育译，载陈金钊、谢晖主编：《法律方法》（第2卷），山东人民出版社2003年版，第148页。

具体而言，庭审中司法民主的实现表现在以下两方面。一方面，庭审中充分尊重每个参与人（尤其是当事人）的权利，各个庭审参与人进行平等的商谈，通过对话、交流、论辩，充分表达自己的见解，并据此尽可能地达成共识，得出合理的裁决结论，实现裁决结果对特殊听众（即涉案当事人）的可接受性。另一方面，法庭的裁决通过充分的修辞论证，说明其裁决的合理性，尽可能地与普遍听众达成共识，实现裁决结果对普遍听众（法律职业共同体及关注该案的社会人士）的可接受性。

总之，法律修辞作为践行司法民主的专业技术手段，致力于提升裁判的可接受性，不仅贯彻了民主程序等形式方面的要求，更在实质内容上增添了民主因素，从司法过程内部增强司法决策过程的民主色彩，使司法的民主价值得以具体落实，实现真正的司法公正。[1]经由司法民主，法律修辞可以在最大限度内保证充分而理性的论辩，遏制个人的主观臆断，从而更好地实现司法的公平与正义。[2]

（三）推动中国法治建设

"法治"是一种相对于"人治"而言的治国理念，其本意是"法的统治"（rule of law），而不是"使用法律手段进行统治"（rule by law，即"法制"）。法是"依"法治国的"根据"，而非"以"法治国的"工具"。[3]从根本来讲，法治就是人们崇尚法律，将法律当作一种基本的、普遍的生活方式。具体来讲，法治包含形式意义的法治和实质意义的法治，前者强调"以法治国""依法办事"的治国方式、制度及其运行机制；后者强调"法律至上""法律主治""制约权力""保障权利"的价值、原则和精神。[4]

法治已成为现代文明国家普遍认可和使用的治国方式，我国正在建设社会主义法治国家，但我国缺乏现代法治传统，法治建设更是任重而道远。近

---

〔1〕 参见武飞："法律修辞：司法民主的职业化进路"，载《深圳大学学报（人文社会科学版）》2014年第1期。

〔2〕 参见武飞、王利香："法律修辞与人民陪审员制度的功能衔接——基于民主视角的探讨"，载《安徽大学学报（哲学社会科学版）》2017年第1期。

〔3〕 参见李德顺："法治文化论纲"，载《中国政法大学学报》2007年第1期。

〔4〕 参见欧黎明："法治：国家治理现代化的必由之路"，载《时事报告》2014年第11期。

年来，有学者提出了"把法律作为修辞"的倡议，[1]主张将法律修辞作为一种基本的思维方式和法律方法，并借以处理生活中的法律问题。"把法律作为修辞"是将法律作为思考问题、解决问题的思维方式，契合了法治的理念，其实质是一种法治思维。把法律作为修辞是法治思维的应有之义，实践中法律修辞的使用与普及有助于推动法治建设。我们可以从两方面来论述法律修辞对法治建设的积极作用。

1. 法律修辞是法治思维的应有之义

党的十八大以来，习近平总书记一直强调法治思维。2019 年 1 月 21 日在省部级主要领导干部坚持底线思维着力防范化解重大风险专题研讨班开班式上，习总书记再次强调领导干部要提高运用法治思维的能力。[2]法治思维是将法律作为判断一切是非和处理一切事务的标准和尺度，它要求尊重法律，善于运用法律手段解决问题和推进工作。而法律修辞是"一种运用修辞手段和修辞方法进行说服或劝服的行为，是法律人有意识、有目的的思维建构，是影响受众并达到法治目标的思维活动"。[3]从方法论层面来讲，法律修辞就是"把法律作为修辞"，就是运用法律来说理，将法律作为思考问题和解决问题的主要方式。因此，作为一种思维方式，法律修辞的实质就是一种法治思维。

之所以专门强调把法律作为修辞，是因为"现代中国已经建成社会主义法律体系，因而我国并不缺少法律问题，但缺乏对问题表达、评价的法律话语，中国的法治建设呼唤法律人拥有更大的话语权，呼吁我们的思维活动应该把法律作为修辞"。[4]

法律的运用离不开法律修辞。"徒法不足以自行"，法律不仅要制定，更

〔1〕 参见陈金钊："把法律作为修辞——法治时代的思维特征"，载《求是学刊》2012 年第 3 期；陈金钊："把法律作为修辞——认真对待法律话语"，载《山东大学学报（哲学社会科学版）》2012 年第 1 期；陈金钊："把法律作为修辞——讲法说理的意义及其艺术"，载《扬州大学学报（人文社会科学版）》2012 年第 2 期；陈金钊："把法律作为修辞——我要给你讲法治"，载《深圳大学学报（人文社会科学版）》2013 年第 6 期。

〔2〕 参见"踏平坎坷成大道——解读习近平总书记在省部级主要领导干部坚持底线思维着力防范化解重大风险专题研讨班开班式上的重要讲话"，载新华网，http：//www. xinhuanet. com/politics/2019 -01/21/c_1124022517. htm，最后访问时间：2019 年 2 月 12 日。

〔3〕 陈金钊："把法律作为修辞——法治时代的思维特征"，载《求是学刊》2012 年第 3 期。

〔4〕 陈金钊："把法律作为修辞——认真对待法律话语"，载《山东大学学报（哲学社会科学版）》2012 年第 1 期。

重要的是实施与践行。法律是由语言承载的，表现为抽象的法规，法律的适用需经由法律人的解释、论证，才能使其有说服力，才可以被人接受。佩雷尔曼指出："由现存权力所作出的裁决不合理、与普遍的善德相抵触时，如果这些裁决并不是被接受，而是被强加，那么，这里便存在权力的滥用。处于这种境地之下的权力将面临着失去其权威的危险；它可以令人慑服，但不会得到尊重。"[1]修辞从微观上讲，是一种论辩的技巧；从宏观来讲，是说服的手段。法律是刚性的、呆板的，而修辞是柔性的、灵活的，法律的运行需要修辞来润饰、整合。正是修辞的灵活性，使其能很好地适应现实生活复杂多变性之要求，从而弥合法律规定与法律事实之间的鸿沟。法律的适用存在大量利益衡量与价值判断问题的领域，其中更多的是包括修辞在内的论证，而绝非简单的逻辑推导。修辞可以通过诉诸听众的普遍接受来证成其正当性，实现个案的实质合理。[2]

把法律作为修辞针对的是过度张扬的政治话语和道德言辞对人们思维方式的影响，强调的是法律对思维方式构建的约束意义。[3]要全面建设社会主义法治社会，我们就需要强调法律言辞的重要地位，将合法律性作为判断是非和处理事务的主要标准，以法治的形式追求社会公平正义的实现。法律的适用需要恰当的法律修辞，司法实践中将推理、解释方法和修辞论辩方法融合到一起，把合法性和合理性结合起来，对促进我国的法治建设有十分重要的意义。[4]因此，能否把法律作为修辞成为是否践行法治的一个重要指标。

2. 法治需要借助法律修辞来实现

亚里士多德指出，"法治应当包含两种意义：已成立的法律获得普遍的服从，而大家所服从的法律本身又是制定得良好的法律。"[5]法治本质是依法治

---

〔1〕 ［比利时］Ch. 佩雷尔曼："法律与修辞学"，朱庆育译，载陈金钊、谢晖主编：《法律方法》（第 2 卷），山东人民出版社 2003 年版，第 148 页。

〔2〕 参见戴津伟："修辞与近代法治理念"，载《西部法学评论》2010 年第 1 期。

〔3〕 参见陈金钊："把法律作为修辞——我要给你讲法治"，载《深圳大学学报（人文社会科学版）》2013 年第 6 期。

〔4〕 参见陈金钊："把法律作为修辞——讲法说理的意义及其艺术"，载《扬州大学学报（人文社会科学版）》2012 年第 2 期。

〔5〕 ［古希腊］亚里士多德：《政治学》，吴寿彭译，商务印书馆 1965 年版，第 199 页。

理，其在形式上要求具备"依法办事"的制度安排及相关的运行机制，其内涵主要包括"良法"与"善治"，即"法律是治国之重器，良法是善治之前提"。[1]可见，法治包含了两个方面：一是制定良好、完善的法律体系，即"良法"；二是法律受到人们的崇敬，得到普遍的服从，即"善治"。"良法"是"善治"的前提和保证，"善治"是"良法"实施的结果，是"良法"的价值体现，两者相互关联，共同构成法治的要件。仅有立法并不意味着法治，更不意味着公众信仰法律。2011年3月，吴邦国委员长宣布，中国社会主义法律体系已经形成，表明我国已经基本结束了无法可依的状况，"良法"已初步具备，但这并不意味着我国已经全面建成了法治体系。[2]伯尔曼在《法律与宗教》中有一句不朽的名言："法律必须被信仰，否则它将形同虚设。"[3]比起"良法"，崇尚法律、信仰法律的"善治"更为重要。

我国的法律体系逐渐完善，但法治建设的道路仍然任重而道远。在现实社会中，对法律的信仰往往会遇到一些难题：第一类是道德修辞与法律话语相冲突，此时人们时常会借助于道德修辞；第二类是政治修辞（权力）与法律话语（权利）的冲突；第三类是因机械司法而带来的对法律信仰的消解。[4]这些问题的解决，需要大力倡导"把法律作为修辞"，让法律修辞替代道德修辞和政治修辞成为人们首要的思维方式，合法性成为明断是非、处理事务的主要标准；而在司法实践中，法官需要利用修辞来加强论证与说理，增加司法裁决的合理性和可接受性。

具体来讲，在法治建设中，修辞可在如下几方面发挥积极作用：首先，修辞有助于人们理解和接受法治理念。法治是一个抽象且内涵丰富的理念，对法治理念和法治精神的阐释，必须借助法律的基本概念和体系，使用法律的话语和表达方式，而这些活动都离不开修辞。通过修辞可以把抽象的法治精神、原则和理念，转化成含义相对明确清晰的规定，并把僵化生硬的法律

---

〔1〕 王利明：《迈向法治：从法律体系到法治体系》，中国人民大学出版社2016年版，第48页。

〔2〕 参见王利明：《迈向法治：从法律体系到法治体系》，中国人民大学出版社2016年版，第2页。

〔3〕 [美]伯尔曼：《法律与宗教》，梁治平译，生活·读书·新知三联书店1991年版，第15页。

〔4〕 参见陈金钊："把法律作为修辞——认真对待法律话语"，载《山东大学学报（哲学社会科学版）》2012年第1期。

条文表述成与人们生活密切相关的具体要求，有助于人们的理解与接受。[1]
其次，修辞有助于法治思维的形成。一方面，在司法实践、法律教育、法律
宣传等各个方面，法律职业人带头讲法治，使法治成为人们日常思维的组成
部分；[2]另一方面，在司法审判中，法律人自觉维护法律的权威，通过修辞
论证加强其裁决的合理性和可接受性，从而增强人们对法律的敬畏与信仰。
最后，修辞有助于法治价值的彰显。正义、自由、平等、公平、秩序、效率
等法律的价值目标，同样是法治的价值追求。这些价值目标本身是多元的，
且具有模糊性和不确定性，在司法实践中必然会带来矛盾与冲突。此时需要
借助法律修辞明确其具体含义，进而理顺它们之间的相互关系。借助于修辞
可以使主观的价值判断与客观的法律实践之间建立起密切的联系，并把法治
的价值取向与不同受众的理解视角有机联系起来，实现二者的有机统一。[3]

　　总之，从思维方式的宏观视角来看，把法律作为修辞本质上是一种法治
思维，法律修辞就是运用法律来说理，把法律作为思考问题和解决问题的主
要方式，因此，法律修辞是法治思维的应有之义。而从方法论视角来看，以
论辩和说服为目的的法律修辞有助于人们理解和接受法治理念，有助于法治
思维的形成，有助于法治价值的彰显，从而推动法治建设的落地生根。

---

　　[1]　参见魏胜强：“法律修辞：展示法治思维的晴雨表”，载《郑州大学学报（哲学社会科学
版）》2014 年第 4 期。
　　[2]　参见陈金钊：“把法律作为修辞——我要给你讲法治”，载《深圳大学学报（人文社会科学
版）》2013 年第 6 期。
　　[3]　参见魏胜强：“法律修辞：展示法治思维的晴雨表”，载《郑州大学学报（哲学社会科学
版）》2014 年第 4 期。

第二篇

法律修辞与司法语言

第一部分 法律修辞与庭审话语

在目前中国的法治改革进程和法学研究从宏观理论走向微观论证的背景下，法律和语言之间的辩证关系越来越受到学者的重视，出现了法律的语言学转向这一研究趋势。蒂尔斯马（Tiersma）认为"没有哪个职业像法律这样关注语言"。[1] 法律的立法、解释、执法和司法的各个过程主要是通过语言实现的。语言是法律的各个阶段中的媒介、过程和产物，在这些阶段中，产生书面或口头的法律文本，旨在规制社会行为。[2] 约翰·吉本斯（John Gibbons）认为法律构建了我们日常生活赖以运转的框架，并代表了一个社会的价值体系。他认为："（法律）绝对是一种语言机制。法律由语言来编码，而构建法律的概念也只能通过语言来理解。法律程序如庭审案件、警察调查和管理囚犯主要通过语言而发生。"[3] 因此，要进行有效的法治改革，除了实体层面的改革外，有必要研究法律实践过程中的语言使用问题，尤其是语言的表达形式问题。"中华文化向来重视'文以载道'，恰当的表达方式可以更好地促进实体问题的解决，而这也正是修辞学所关注的核心问题之一。"[4] 因此，研究司法过程中的法律修辞，具有重要的现实意义。

一、庭审话语中的法律修辞

首先我们要理顺法律与修辞的对立统一关系，然后探讨修辞的两大分野，

---

[1] See P. M. Tiersma, "Linguistic Issues in the Law", *Language*, Vol. 69, No. 1., 1993, p. 69.

[2] See Y. Maley, "The Language of the Law", in J. Gibbons ed., *Language and the Law*, J. Longman Publishing, 1994, p. 11.

[3] See J. Gibbons, *Forensic Linguistics: An Introduction to Language in the Justice System*, Blackwell Publishing Ltd., 2003, p. 1.

[4] 孙光宁："判决书写作中的消极修辞与积极修辞"，载《法制与社会发展》2011 年第 3 期。

确定庭审话语中的修辞属于积极修辞。接下来,我们将通过探讨庭审话语的机构性话语特征,确定庭审话语对修辞的影响和限制。继而,我们将探讨庭审话语中修辞的意义和庭审话语中法律修辞主体的素质要求。本研究旨在通过梳理司法过程中的法律修辞的特征、要素和意义,为本研究以及其他类似的有关司法过程中的法律修辞的实证研究提供理论框架和支持。

（一）法律与修辞

在探讨法律与修辞之间的关系之前,有必要了解修辞的含义。修辞在汉语中一般有广义、狭义两种说法,狭义的修辞指修饰文辞,广义的修辞指调整或适用语辞。[1]修辞是最有效的运用语言以期更充分、透彻、鲜明地表情达意的一种艺术。[2]而在西方语境中,修辞（rhetoric）不仅是一种使语言表达更为准确、精练的手段,而且是一种借助语言表达技巧以达到某种目的的手段,也就是说,言谈者使用修辞要实现说服他人信服某一观点或立场的目的。[3]

法律和修辞之间存在对立统一的关系。"法律的运用离不开法律修辞,法律修辞是一种运用修辞手段和修辞方法进行说服或劝服的行为,是法律人有意识、有目的的思维建构,是影响受众并达到法治目标的思维活动。法律运用需要恰当的法律修辞,要求我们讲规则、讲程序、讲权利、讲责任,讲合法与违法的构成,讲究法律关系的分析,讲究法律方法与技巧,并以法治的形式追求社会公平正义的实现。"[4]从某种意义上讲,法律修辞关注的就是如何构建法律论证并实现理性说服特定听众。"古希腊开始,修辞就被认为是参与城邦政治和法律生活的重要工具。作为一种特殊的修辞类型,法律修辞是修辞在法律领域中的应用。古希腊智者们运用各种修辞理论和技艺来证成或反驳法律论证,以此实现说服特定听众——法官和陪审团——的目的。"[5]

然而,对于法律与修辞的结合,很多学者持有怀疑否定的态度,把法律

〔1〕 参见陈望道:《修辞学发凡》,复旦大学出版社 2008 年版,第 1 页。

〔2〕 参见吕煦:《实用英语修辞》,清华大学出版社 2004 年版,第 4 页。

〔3〕 参见侯学勇:"法律修辞如何在司法中发挥作用?",载《浙江社会科学》2012 年第 8 期。

〔4〕 陈金钊:"把法律作为修辞——法治时代的思维特征",载《求是学刊》2012 年第 3 期。

〔5〕 熊明辉、卢俐利:"法律修辞的论证视角",载《东南大学学报（哲学社会科学版）》2015 年第 2 期。

修辞视为一种主观的、具有蛊惑性的语言手段。法律强调规范性，追求的是正义、理性，而修辞却通过语言的文采和技巧以及情感渲染手段达到说服的目的，与正义和事实没有必然的联系。因此，二者在本质上是相互矛盾的。例如，西方学者彼得·古德里奇认为法律修辞"超越了语用和物质语境"，"以一种既不能被证实也不能被证伪的方式编码了与社会的关系"，[1]"大凡提到'修辞'，人们自然而然会将其与'华而不实''浮夸连篇''玩弄词藻'等消极修辞观联想在一起"。[2]

　　而事实上，修辞的优点正在于言语上的感染力，用修辞方法进行论证，能克服逻辑推理的刻板乏味，公众愿意接受的正是生动形象的说理，不管人们是否承认，法律领域中都存在着修辞的应用。[3]"法律从其出现之始，就和修辞结合在一起，需要借助于修辞的力量，将其所设定的行为模式传达给受众，使受众形成一定的理解之后，为其提供行动的预期。在任何一个社会当中，人们都不可能在不借助修辞的情况下，依靠一种'心有灵犀一点通'的顿悟，就获得对法律的理解和预期，即使最直白、看起来最没有修辞的话语，其本质上仍然是一种不像修辞的修辞，即所谓的消极修辞而已。"[4]

　　亚里士多德被后人称为"修辞之父"，《修辞术》是其修辞理论的代表作。在《修辞术》一书中，亚里士多德讨论了修辞定义、基本要素、修辞类型、修辞论题、修辞论证模式以及从修辞视角建构演说的三步骤等问题。[5]

　　法律领域的修辞研究，主要是用语言学和修辞学领域的理论解决法律领域的问题，是研究如何把价值判断恰当地引入到法律之中的一门学问，它融感性与理性为一体、聚主观与客观于一身。[6]

---

〔1〕　参见［美］彼得·古德里奇：《法律话语》，赵洪芳、毛凤凡译，法律出版社2007年版，第107~113页，第116页。

〔2〕　熊明辉、卢俐利："法律修辞的论证视角"，载《东南大学学报（哲学社会科学版）》第2015年第2期。

〔3〕　参见戴津伟："法律修辞的功能及隐患"，载《求是学刊》2012年第3期。

〔4〕　李晟："社会变迁中的法律修辞变化"，载《法学家》2013年第1期。

〔5〕　参见熊明辉、卢俐利："法律修辞的论证视角"，载《东南大学学报（哲学社会科学版）》2015年第2期。

〔6〕　参见沈寨："问题与立场：中国法律修辞（学）研究之反思"，载《前沿》2011年第21期。

（二）庭审话语与积极修辞

中国修辞学奠基人陈望道先生在《修辞学发凡》中，将修辞活动分为消极修辞和积极修辞。"大概消极修辞是抽象的、概念的。必须处处同事理符合。说事实必须合乎事情的实际，说理论又须合乎理论的联系。其活动都有一定的常轨：说事实常以自然的、社会的关系为常轨；说理论常以因明、逻辑的关系为常轨。""积极的修辞，却是具体的，体验的。价值的高下全凭意境的高下而定。只要能够体现生活的真理，反映生活的趋向，便是现实世界所不曾见的现象也可以出现，逻辑律所未能推定的意境也可以存在。其轨道是意趣的连贯。它同事实虽然不无关系，却不一定有直接的关系。"[1]换句话说，消极修辞强调用平实、客观的语言来准确地表述事物概念，阐明事理，而积极修辞则强调运用各种修辞手法和技巧来生动形象地表达说话者的内心情感和生活体验。从应用的范围来看，积极修辞常用于诗歌、散文等文学作品，消极修辞常用于科技、法律、公文等。[2]其他学者在研究法律文书写作时，提出了相似的分类。著名法律文献专家加纳指出，从古典的希腊和罗马时代开始就存在着两种修辞传统，一种是华丽而雄辩的亚洲式风格，现实详尽阐述的对比、复杂的句式以及词义与声音之间的联系；另一种是阿提卡式风格，表现为精炼的对话、简洁、有节制又不包含复杂晦涩的内容。亚洲式风格和阿提卡式风格实质上就对应着积极修辞和消极修辞两种分类。[3]而陆文耀则突出强调"常规语言运用"和"语言超常规运用"这一区别，来对应消极修辞和积极修辞。"消极修辞：为了表达特定的思想内容，适应具体题旨情境而采取的运用常规语言的方法、技巧或规律。""积极修辞：为了表达特定的思想内容，适应具体题旨情境而采取的语言超常规运用的方法、技巧或规律。"[4]

---

[1] 陈望道：《修辞学发凡》，复旦大学出版社第 2008 年版，第 37～39 页。
[2] 参见陈望道：《修辞学发凡》，复旦大学出版社第 2008 年版，第 45 页。
[3] 参见孙光宁："判决书写作中的消极修辞与积极修辞"，载《法制与社会发展》2011 年第 3 期。
[4] 陆文耀："消极修辞和积极修辞之'对立统一'辩"，载《修辞学习》1994 年第 2 期。

就消极修辞和积极修辞在法律语言中的运用而言，"公文语体以记述为特征，并不追求语言的'艺术化'，它主要运用消极修辞，积极修辞手段则很少运用"。[1]事务性文体就其作用而言，它诉诸人们的理智，是规范人们的行为即需要现实执行的。所以，对于通用、专用公文和日常应用文，人们常常以准确、简明、平实、严谨为标准；事务性文体则是应在"通"上下功夫，把搞好消极修辞作为主要目标。[2]

陈望道认为法令文字以使人领会事物的条理和概况为目的，常使用消极修辞手段和概念的、抽象的、质实的、平凡的、普通的语言，以达到意义明确、伦次通顺、词句平匀、安排稳当的效果。[3]

与之相对的是，在庭审过程中，普遍存在积极修辞。积极修辞"不仅是争讼双方当事人为说服法官而普遍使用的方法，而且是法官为增强判决的合法性、合理性而不可缺少的基本司法技能"。[4]然而，对于民事庭审话语和刑事庭审话语的修辞特征，有学者持有不同的观点，认为"刑事审判不同于民事审判，情理、道德与习俗等社会渊源往往在民事审判中起到很大作用，法律人通过运用积极修辞动之以情、晓之以理，有利于实现对当事人的说服；而刑事审判强调罪刑法定，这大大限制了情理等社会渊源发挥作用的空间，也限制了积极修辞在刑事庭审过程中的运用"。[5]

（三）庭审的机构性话语特征与修辞

"机构"（institution）的概念源自社会学，用来描述个人在参与构建和维护社会时的各种活动，比如传播知识和打击犯罪。[6]而法庭是受规约制约程度最大的机构之一，其形式上具有一定的结构性，在法庭审判上体现为严格的纪律约束，在过程上体现为严格的程序约束。[7]

---

〔1〕　宗廷虎等：《修辞新论》，上海教育出版社第 1988 年版，第 395 页。

〔2〕　参见陈晓明："论事务性文体的修辞"，载《中南民族学院学报（人文社会科学版）》2000年第 4 期。

〔3〕　参见陈望道：《修辞学发凡》，上海外语教育出版社 1997 年版，第 53 页。

〔4〕　侯学勇："法律修辞如何在司法中发挥作用？"，载《浙江社会科学》2012 年第 8 期。

〔5〕　王彬："庭审中的修辞"，载《法制日报》2012 年 2 月 18 日，第 7 版。

〔6〕　J. Renkema, *Discourse Studies: An Introductory Textbook*, John Benjamins Publishing Company, 1993.

〔7〕　参见胡海娟："法庭话语研究综论"，载《广东外语外贸大学学报》2004 年第 1 期。

胡范铸认为法庭话语是进入实质性诉讼程序后依法发生的言语行为，作为机构性话语的一种，呈现为多方参与的互动的言语行为。作为掌控主要话语权的参与者，司法人员主宰话语的程序，把握话语的节奏和走向，依法保证庭审的完整有序。相对于司法人员，其他话语行为的参与者包括诉讼原被告双方、代理人、鉴定人、证人、第三人等，他们参与和推动话语的交互演进。法庭上的调查、陈述、辩论、问答、宣读等言语行为正是在这多方的有序话语互动中完成的。[1]

法庭话语不同于其他的话语形式。正如 Michael Walsh 所总结的那样：[2]

> 法庭对于话语的使用有严格的限制。当法官到达时，所有人都要停止谈话。这有时是由法警通过仪式式的宣言而明确宣布的："法庭肃静!"无论如何，法庭内的言谈也要保持最低的声音，并尽可能悄悄地进行。所认可的谈话属于法庭的主要参与者：法官和律师以及由他们所指定的任何人（法庭职员和证人）。与那些并非天生重复的话语情形（如宗教仪式或戏剧）相比，法庭话语受到更严格的限制。一次只能有一个人说话，并且话轮具有严格的等级化。

此外，庭审话语还具有非个性化特征（impersonal）：原则上讲，法律判决不受庭审参与者的个性或个人感情所影响。人们经常把法律比喻为机器，或无实体的系统。这意味着在法庭中，往往用庭审参与者在法庭中的角色来称呼他们。[3]

同时，康利（Conley）和欧巴尔（O'Barr）指出了法庭话语不同于日常会话的一个显著特征：法官充当裁判的角色来监督话轮转换系统，监督所

---

〔1〕 参见胡范铸："基于'言语行为分析'的法律语言研究"，载《华东师范大学学报（哲学社会科学版）》2005 年第 1 期。

〔2〕 See M. Walsh, "Interactional Styles in the Courtroom: An Example from Northern Australia", in J. Gibbons (ed.), *Language and the Law*, Longman Publishing, 1994, p. 226.

〔3〕 See J. Gibbons, *Forensic Linguistics: An Introduction to Language in the Justice System*, Blackwell Publishing Ltd., 2003, p. 76.

讨论的问题的内容，并解决所产生的复杂的交际问题。在法庭上，限制一些人只能问问题，而另一些人只能回答被问到的任何问题，这一点从日常会话的角度来看，非常奇特。[1]事实上，这是因为"在机构话语中，说话者之间的权力关系存在不平衡，权势更高的人往往不仅发出更多的指令，还问更多的问题，而权势较低的人则被期望提供更多的回答"。[2]哈里斯（Harris）的研究表明，被告常常会请求法官允许其问问题，因为他们意识到这违反了法庭的正常话语规则。[3]

在庭审中，享有话语权的主体从理论上讲应当包括该言语行为的所有参与者，如民事诉讼法上的原告、被告、代理人、证人、第三人；行政诉讼法上的原告、被告、代理人、证人；仲裁法上的申请人、被申请人。司法权力主体的审判长、审判员、陪审员并非在行使司法权的、所有参与法定话语表述的，都是程序当中的话语权主体，都具有不同程度上的话语控制权。然而，从法庭活动的性质来看，其源头决定了执法司法主体掌控话语权，他们的话语权力呈现出无可争辩的主动性。[4]在法庭上话语权有直接和间接之分，前者体现出来的言语行为包括现有法律所规定的所有言语行为，诸如陈述、辩论、告知、宣读和询问等，后者又称"异态"话语权，主要指言语的非直接性表白及适当的曲折，诸如沉默权、质疑权和拒绝权。[5]

在庭审过程中，修辞的方式主要是口头修辞，争讼双方当事人在各自的陈述、解释，以及相互之间的质证、辩解中，都会使用大量的修辞方法，以博得法官的同情或共鸣，最终获得认可。法官也会在法庭言说中融入恰当的修辞，唤起当事人对法官决策的情感共鸣，增强论证说服的效果。[6]

---

〔1〕　See J. M. Conley, W. M. O' Barr, *Just Words: Law, Language, and Power*, The University of Chicago Press, 1998, p. 21.

〔2〕　J. Gibbons, *Forensic Linguistics: An Introduction to Language in the Justice System*, Blackwell Publishing Ltd., 2003, p. 98.

〔3〕　See S. Harris, "Questions as A Mode of Control in Magistrates' Courts", *International Journal of the Sociology of Language*, Vol. 49, 1984, pp. 5~27.

〔4〕　参见刘红婴：《法律语言学》，北京大学出版社 2003 年版，第 166~178 页。

〔5〕　参见赵军峰："法庭言语行为与言语策略"，载《广东外语外贸大学学报》2007 年第 2 期。

〔6〕　参见侯学勇："法律修辞如何在司法中发挥作用？"，载《浙江社会科学》2012 年第 8 期。

法庭话语中所体现出的独特的程序性特征和权力非对称性特征决定了法庭话语中的各种不同身份的话语权主体可以采用不同的法律修辞手段来实现其话语目的。权力非对称性不仅影响问问题的权利和回答问题的义务，而且还影响权势较低的人回答的内容。洛夫特斯（Loftus）指出，权势高的人"能够更容易地操纵别人，他们能以多种方式说服对方，改变态度，影响他人的行为"。[1]也就是说，在庭审话语中，权势高的人（包括法官、公诉人和律师等）可以灵活运用各种有效的法律修辞策略来操纵权势低的人（包括当事人和证人等），比如问话、对比、预设、打断、重述、比喻、夸张、反语、称谓语、重复、措辞、评论等等修辞手段，而权势低的人的话语类型和言语行为往往受到很多限制，但他们也不是完全被动的，其所采用的修辞手段包括答话、称谓语、措辞、沉默、修正等。

（四）庭审话语中修辞的意义

从哲学角度来说，法律修辞就是法律的展现，具有存在论的意义；从经济学角度来说，法律修辞具有降低信息成本的意义；从政治学的角度来说，法律修辞具有限制权力的功效。[2]

威廉·M. 欧巴尔（William M. O'Barr）指出"怎么说可能比实际上说了什么更重要""行为特征能泄露说话者所希望保密的事情；一个人的说话方式同实际所说的内容一样能够表达，甚至能表达更多的东西；形式在某些场合中可能至关重要，因而形式所表达的信息可能要超越其内容"。[3]

人类学家 F. G. 贝利（F. G. Bailey）在其有关政治竞争的著作中，区分了两种规则，一种是规范性规则（normative rules），指的是表述公众所能接受的价值的规则；另外一种是语用规则（pragmatic rules），它并非确定某种

---

〔1〕 E. F. Loftus, *Eyewitness Testimony*, Harvard University Press, 1979, P. 98. 转引自 J. Gibbons, *Forensic Linguistics: An Introduction to Language in the Justice System*, Blackwell Publishing Ltd., 2003, pp. 98~99.

〔2〕 参见徐亚文、伍德志："法律修辞、语言游戏与判决合法化——对'判决书上网'的法理思考"，载《河南省政法管理干部学院学报》2011 年第 1 期。

〔3〕 W. M. O'Barr, *Linguistic Evidence: Language, Power, and Strategy in the Courtroom*, Academic Press, 1982, p. 1.

具体的行为公正与否，而是有效与否。[1]而威廉·M. 欧巴尔（William M. O' Barr）认为，在庭审中规范性规则指的就是程序规则，如出示证据、询问证人等所一致赞同和认可的方式和规则。而成功的法庭策略则是庭审程序中的语用规则。[2]这些法庭策略不是由立法机关制定的，而是成功的律师在诸多的审判技巧手册中所揭示的。

威廉·M. 欧巴尔（William M. O' Barr）指出，"在依赖身体方式的决斗中，那些身体强壮有力的人具有优势，而在依赖言辞方式的较量中，同样地，那些自己或其代理律师最能操纵语言的人最有优势"。[3]

魏胜强提出：①修辞可以把法律的抽象规定具体化，便于人们理解和接受。通过修辞可以把抽象的法治精神、原则和理念，转化成含义相对明确清晰的规定，并把僵化生硬的法律条文表述成与人们生活密切相关的具体要求。②修辞可以使法治思维适合不同的受众，增强法治思维实施结果的可接受性。由于法律的受众在文化程度、社会阅历、知识背景等方面存在诸多区别，在不同的受众面前采用不同的修辞方法有助于他们理解和认可法律，接受依据法律作出的裁判结果。③修辞可以充分发挥法治思维所隐含的价值。借助于修辞可以使主观的价值判断与客观的法律实践之间建立起密切的联系，并把法治的价值取向与不同受众的理解视角有机联系起来，实现二者的有机统一。[4]

班尼特（Bennett）和基尔德曼（Feldman）把庭审过程比喻成讲故事。他们认为在刑事审判中，陪审团解读控辩双方所呈现的证据并构建一个故事。这就是说，陪审团从他们所要裁决的案件的两个不同的故事版本中构建出了一个单一的故事，该故事符合其对于人们会做什么和应该做什么的常识。当然，在很多案件中，律师，尤其是辩护律师可能更多地会质疑检察官所呈现

---

〔1〕　See F. G. Bailey, *Stratagems And Spoils: A Social Anthropology of Politics*, Schocken Books, 1969.

〔2〕　W. M. O' Barr, *Linguistic Evidence: Language, Power, and Strategy in the Courtroom*, San Diego: Academic Press, 1982, pp. 5～6.

〔3〕　W. M. O' Barr, *Linguistic Evidence: Language, Power, and Strategy in the Courtroom*, San Diego: Academic Press, 1982, p. 11.

〔4〕　参见魏胜强："法律修辞：展示法治思维的晴雨表"，载《郑州大学学报（哲学社会科学版）》2014 年第 4 期。

的故事，而不是构建另外一个故事，但是在向陪审员提示存在合理怀疑问题时，已经暗示了另外一个版本的故事。把审判比喻为讲故事，其价值在于关注所有庭审参与者的话语策略，尤其是律师和证人的话语策略，以及这些策略所体现的权力的不平等。[1]

"修辞术是有用的，因为真实和正义的事物在本性上胜过与它们对立的事物。所以假如法庭判决不当，原因必然在于败诉者自己，其不善言辞应是受到责备之处。"[2]如果在自己占据有理立场时仍没能在论辩中取胜，很可能是缺乏必要的修辞技艺，深层次而言，就在于没能看清特定情形下需要怎样的表达策略，没能调度好听众心理和情感等要素，而修辞恰好能在这些方面施展其用处。[3]

特别是在目前的社会条件下，我们应当重视修辞因素在司法过程中的积极意义，并自觉地加以运用，以提升司法过程的整体质量。[4]

（五）庭审话语中法律修辞主体的素质要求

杜金榜教授提出了修辞要素的概念，包括修辞主体、修辞本体、修辞客体和修辞受体。[5]其中，修辞主体是修辞的使用者，在修辞使用过程中具有主动性。修辞主体对于社会关系的定位集中表现在修辞本体的选择。修辞本体所承载的是修辞的大部分信息，如修辞的指向性、修辞的内容、修辞主体的态度等等。修辞本体用于对一定的事物进行描绘或说明，被描绘或说明的事物便是修辞客体，是修辞使用的对象。除修辞主体外，参与修辞活动的其他人均为修辞受体，在交谈中是听话人，在写作和阅读过程中则是读者。杜教授进而指出，法律修辞各要素和修辞环境又包括一系列相关因素（见下表）。

---

〔1〕 See Y. Maley, "The Language of the Law", in J. Gibbons ed., *Language and the Law*, Longman Publishing, 1994, pp. 34~35.

〔2〕 苗力田主编：《亚里士多德全集》（第九卷），中国人民大学出版社 1994 年版，第 336 页。

〔3〕 参见戴津伟："法律修辞的功能及隐患"，载《求是学刊》2012 年第 3 期。

〔4〕 参见孙光宁："司法中的修辞因素及其意义"，载《内蒙古社会科学（汉文版）》2011 年第 2 期。

〔5〕 参见杜金榜："论法律修辞的基本要素及其关系"，载《修辞学习》2006 年第 4 期。

表 2 - 1 修辞要素和修辞环境所涉及的相关因素

修辞要素和修辞环境	所涉及的相关因素
修辞主体	修辞动机、修辞心理、修辞期望结果、对其它各要素及修辞环境的认识等
修辞本体	基本语言要素、修辞手法、修辞特点等
修辞客体	事物的内容、性质、类型、社会的看法等
修辞受体	接受心理、接受能力、修辞效果等
修辞环境	语言环境、社会环境（如人们的相互关系、地位差别等）、物质环境（如语言传递媒介、时间、地点等）

由于法律修辞的主体具有主观能动性，能够决定修辞的指向性和内容，因此法律修辞功能的发挥和修辞目的的实现在某种程度上是由法律修辞主体的素质决定的。在司法过程中，法律修辞主体主要指包括法官、公诉人、代理律师在内的法律人，其素质要求包括以下三个方面：培养法治思维、掌握言论的事实语境和听众特征、熟练运用适当的修辞技巧。

1. 培养法治思维

"法治思维的展开是思维主体依据其大脑中已有的法治精神、原则、理念和要求这些抽象性的思维成果，适用于社会中具体问题的分析，进而将具体问题予以适度抽象，形成决策的过程。"[1]因此，在庭审过程中，法治思维表现在包括事实调查、法庭辩论和判决的整个司法过程中。而法治思维的过程必须以法律修辞为载体，把抽象的价值、理念和法治精神用具体生动的语言表述出来。

修辞从总体上可以分为抽象观念和具体技巧两个层次，前者侧重于言说者和听众的关系，而后者则主要是各种具体的修辞技巧与方式使得表达更加准确和精细。[2]法理学家关注的是抽象的法律修辞，认为法治思维要求把法律作为修辞。[3]从这个意义上讲，法律修辞就是一种法治思维模式，或者用

---

[1] 韩春晖："论法治思维"，载《行政法学研究》2013年第3期。
[2] 参见崔雪丽："法律修辞（学）的特征"，载《沈阳大学学报（社会科学版）》2010年第4期。
[3] 参见陈金钊："把法律作为修辞——法治时代的思维特征"，载《求是学刊》2012年第3期。

法理学的术语讲，就是一种法律论证。"假如说在基本的语文学要求基础上为进一步加强说服力进行的语词修饰都是修辞，那么法律论证不过就是修辞而已，并非科学意义上的逻辑。"[1]

法律修辞体现了法治思维的价值追求，理顺了法治思维的逻辑结构，增强了法治思维的实践效果，使法治思维的基本状况充分展示出来。如果法治思维是一种内涵要求和基本架构，那么法律修辞就是它的外在包装和运行机制，借助于法律修辞，能够洞察到法治思维的内部状况，而且能够促进法治思维的良好运转。[2]

因此，法律修辞主体要培养法律思维，就需要"尽量用法律术语、概念、语词证立所有的判决；法律人的思维方式要用法言法语作为关键词，即使是需要转换也应该表达法意；对案件事实的定性需要把法律作为修辞；每一个判决尽量要用法律言辞说明理由；把法律作为修辞是在开启法律的功能，而不是故作姿态把法律作为装饰"。[3]

2. 掌握言论的事实语境和听众特征

亚里士多德也将修辞当成一种说服的方式，说服本身就隐含了听众的存在，因此修辞的语境就非常重要，演说者的魅力性格和善良品质，听众的喜怒哀乐，能在很大程度上影响修辞的效果。正如亚里士多德所说："我们在忧愁或愉快、友爱和憎恨的时候所下的判断是不相同的。"[4]亚里士多德还特别强调修辞的事实基础：一个政治演说者为了说服聆听者，必须调查城邦事实情况，熟悉政体知识，了解风土人情和普遍道德。[5]

蔡琳根据佩雷尔曼的新修辞学观点，认为："修辞并不十分关心命题的真

〔1〕 徐亚文，伍德志："法律修辞、语言游戏与判决合法化——对'判决书上网'的法理思考"，载《河南省政法管理干部学院学报》2011 年第 1 期。

〔2〕 参见魏胜强："法律修辞：展示法治思维的晴雨表"，载《郑州大学学报（哲学社会科学版）》，2014 年第 4 期。

〔3〕 陈金钊："把法律作为修辞——认真对待法律话语"，载《山东大学学报（哲学社会科学版）》，2012 年第 1 期。

〔4〕 罗念生译：《罗念生全集·第一卷 亚理斯多德〈诗学〉〈修辞学〉佚名〈喜剧论纲〉》，上海人民出版社 2007 年版，第 23 页。

〔5〕 罗念生译：《罗念生全集·第一卷 亚理斯多德〈诗学〉〈修辞学〉佚名〈喜剧论纲〉》，上海人民出版社 2007 年版，第 23 ~ 35 页。

或必然性，而是关注命题的可信性和论辩的说服力。"[1]要实现修辞的说服力，就必须关注修辞的具体语境。"修辞其实并不仅仅是华丽辞藻包装下的胡说八道，不是无拘无束的天马行空，好的修辞必须立足于事实语境，有说服力的演说家必须要调查事实情况，了解民众心态。通过修辞说服听众的另一面是对听众理解修辞的追求，如果想获得听众的理解，就必须掌握言论的事实语境。"[2]

听众是修辞学的核心概念，亚里士多德认为，修辞是一门说服听众的艺术。他对听众的定义是："从修辞的目的来定义，（听众是）那些说话者希望用论证影响的群体。"[3]佩雷尔曼将听众定义为"演说者在论辩过程中所企图影响的人"。[4]换言之，听众就是修辞者所试图说服的个人或群体。修辞者以说服听众为目的，为了使自己的观点得到接受，修辞者必须考虑听众的评价标准。[5]

对于亚里士多德和佩雷尔曼所强调的"听众"概念，杜金榜教授用"修辞受体"这一概念来加以阐释。他指出，法律修辞的基本要素之间相互作用、相互影响。修辞主体使用修辞，必须对修辞受体各相关方做出推断，如受体与主体的普通社会关系、双方在当前情境中的法律关系、受体对于本体的可能态度、受体对于本体的接受性程度、受体可能做出的反应、受体对于修辞客体的了解程度和兴趣等。修辞主体对受体和修辞环境相关因素评估后，开始选择和运用修辞。首先需要对客体做出分析，涉及客体对交流双方的重要性、适合于该客体的修辞方法、客体与主体所持观点的联系、社会对客体的既有一般性态度和评价、当前情境中交流参与人对客体的可能态度和评价等。修辞主体对修辞本体的选择和使用基于修辞客体。没有修辞客体，便没有修辞的必要。有了修辞客体，就应该选用适宜的修辞本体。本体以语言为载体，因此本体的选择是语言手段的选择，但是和一

〔1〕 蔡琳：《裁判合理性理论研究》，法律出版社 2009 年版，第 142 页。

〔2〕 徐亚文、伍德志："法律修辞、语言游戏与判决合法化——对'判决书上网'的法理思考"，载《河南省政法管理干部学院学报》2011 年第 1 期。

〔3〕 罗念生译：《罗念生全集·第一卷 亚里斯多德〈诗学〉〈修辞学〉佚名〈喜剧论纲〉》，上海人民出版社 2007 年版，第 19 页。

〔4〕 廖义铭：《佩雷尔曼之新修辞学》，唐山出版社 1997 年版，第 50 页。

〔5〕 参见戴津伟："法律修辞的功能及隐患"，载《求是学刊》2012 年第 3 期。

般语言手段选择不同的是，修辞本体的选择重在色彩和效果。同时，法律修辞各要素之间的相互关系受到法律修辞环境的制约。法律修辞环境包括语言环境、法律环境和物质环境。语言环境包括语种、方言、语言形式。法律环境指法律修辞在何种法律活动中进行，气氛如何等。物质环境包括语言传递的媒介、时间、地点等。[1]

这一理论对于法律修辞研究具有至关重要的作用。因为法律修辞并非存在于真空当中，而是由具体的语境决定的，法律修辞的语境包含着诸多法律修辞因素之间的相互作用，以及与法律修辞环境之间的互动。离开对法律修辞语境的研究而孤立地分析法律修辞是舍本逐末的。法律修辞的主体必须掌握言论的事实语境和听众特征，这样才能实现修辞效果和达到话语目的。而有关法律修辞的研究也必须注重言语使用的具体语境，对修辞手段进行实证性研究，这样才能揭示法律修辞的本质。

3. 熟练运用适当的修辞技巧

具体的修辞技巧强调根据不同语境，采用不同的语言形式和技巧，以取得特殊的效果。张涤华在《汉语语法修辞词典》中指出，"修辞"的内涵是："为了表达特定的思想内容，为了适应具体题旨情境而采取的运用语言的方法、技巧或规律。"[2]

熊明辉、卢俐利把法律修辞分为法律修辞术和法律修辞学两个部分。其中，法律修辞术主要是通过法律修辞技巧、方法在法律实践中的应用，以达到说服特定目标听众（法官、陪审团、社会大众等）的目的；法律修辞学则关注修辞理论层面的研究，如法律论证好坏的规范性标准，即法律论证的说服力问题。[3]而语言学者更多关注的是法律修辞在具体法律语言中的应用，目的是"揭示修辞在法律语言进而在法律生活中所表现的特点和作用，寻求修辞对人们法律生活产生积极影响的一系列运用方法，促使法律语言更有效地为人们在法律生活中的交际服务"。[4]

---

[1]　参见杜金榜："论法律修辞的基本要素及其关系"，载《修辞学习》2006 年第 4 期。

[2]　张涤华等编：《汉语语法修辞词典》，安徽教育出版社 1988 年版，第 443 页。

[3]　参见熊明辉、卢俐利："法律修辞的论证视角"，载《东南大学学报（哲学社会科学版）》2015 年第 2 期。

[4]　杜金榜：《法律语言学》，上海外语教育出版社 2004 年版，第 114 页。

　　法律修辞的主体必须娴熟地掌握适当的修辞技巧或法律修辞术。广义修辞学涉及语体和体裁等问题，狭义修辞学主要涉及各种修辞手法，即修辞格。一般修辞手法体现在词义、结构、语篇、音韵几个方面，按照其所采取的言语操纵形式分为词语修辞、结构修辞和音韵修辞三种类别。[1]庭审语境中最主要的语言活动就是劝说他人接受自己的观点，其中隐喻、转喻、夸张、移就、反语、对照等词语修辞，反复、联珠、排比、层递和设问等结构修辞形式在控方陈词和反驳部分都使用得很频繁。[2]只有熟练而又恰当地运用各种修辞技巧，庭审话语中的修辞主体才能有效地实现说服听众的话语目的。

　　（六）小结

　　法律和修辞之间存在对立统一的关系。法律的运用离不开法律修辞，法律修辞是法律人运用修辞手段和修辞方法去说服和影响受众的行为。虽然法律强调规范性，追求的是正义、理性，而修辞却通过语言的文采和技巧以及情感渲染手段达到说服的目的，但二者在本质上并不矛盾。在司法过程中，普遍存在积极修辞，其不仅是争讼双方当事人为说服法官而普遍使用的方法，而且是法官为增强判决的合法性、合理性而不可缺少的基本司法技能。作为一种机构话语，法庭话语中所体现出的独特的程序性特征和权力非对称性特征决定了法庭话语中的各种不同身份的话语权主体可以采用不同的法律修辞手段来实现其话语目的。由于法律修辞的主体具有主观能动性，能够决定修辞的指向性和内容，因此法律修辞功能的发挥和修辞目的的实现在某种程度上是由法律修辞主体的素质决定的。而庭审话语中，法律修辞主体的素质要求包括以下三个方面：培养法治思维、掌握言论的事实语境和听众特征、熟练运用适当的修辞技巧。在当前社会条件下，研究司法过程中的法律修辞具有重要的意义，一方面可以揭示司法过程中的法律修辞的运作方式，另一方面可以为司法过程中的法律人提供宝贵的参考，从而提升司法过程的整体质量。

――――――――――

　〔1〕　参见余立三：《英汉修辞比较与翻译》，商务印书馆 1985 年版，第 3 页。
　〔2〕　参见刘桂玲："庭审语篇中情感劝说的实现手段"，载《社会科学战线》2014 年第 9 期。

二、庭审话语中的问话模式与修辞

(一) 引言

使用问话是最直接构建说话者和听众之间关系的一种手段。[1]谢格洛夫 (Schegloff) 指出，互动结构规则要求，作为相邻对 (adjacency pair)，问话必须和答话在一起。[2]问话属于相邻对第一部分 (First Pair Part, FPP)，而答话则属于相邻对第二部分 (Second Pair Part, SPP)。这种互动结构规则使得问话者为了获得预期答话会持续进行发问，由此产生扩展的问答序列。萨克斯 (Sacks) 指出，除了互动结构规则以外，问答序列反映出问话者和答话者之间的权力不对等，问话者具有主导地位。[3]

通过限制答话，问话具有强制 (coercion) 功能。[4]达内 (Danet) 等专家的研究表明，存在五种类型的问话，按照问话强制性由强到弱，它们依次是：①陈述句 (declaratives)；②一般疑问句 (interrogative yes/no questions)；③特殊疑问句 (interrogative wh-questions)；④要求加问话 (requestions)，⑤祈使句 (imperatives)。[5]

问话除了具有强制功能以外，还具有以下三种功能：①获取信息的功能；[6]

---

〔1〕 See G. Thompson, P. Thetela, "The Sound of One Hand Clapping: The Management of Interaction in Written Discourse", *Text & Talk*, Vol. 15, No. 1, 1995, pp. 103~128.

〔2〕 See E. A. Schegloff, "On the Organization of Sequences as A Source of 'Coherence' in Talk-in-Interaction", in B. Dorval ed., *Conversational Organization and its Development*, Ablex, 1990, pp. 51~77.

〔3〕 See H. Sacks, *Lectures on Conversation*, Blackwell Publishing Ltd., 1992.

〔4〕 See B. Danet, N. Kermish, "Courtroom Questioning: A Sociolinguistic Perspective", in L. N. Masseny ed., *Psychology and Persuasion in Advocacy*, The Association of Trial Lawyers of America, 1978, pp. 413~414.

〔5〕 See B. Danet, K. B. Hoffman, N. Kermish et al., "An Ethnography of Questioning in the Courtroom", in *Colloquium on New Ways of Analyzing Variation in English*, Georgetown University Press, 1980, pp. 222~234.

〔6〕 See B. Danet, N. Kermish, "Courtroom Questioning: A Sociolinguistic Perspective", in L. N. Massery ed., *Psychology and Persuasion in Advocacy*, The Association of Trial Lawyers of America, 1978, pp. 413~414.

②弱化和反驳证人证言的功能;[1]③强化社会地位和权威的功能。[2]

莱考夫（Lakoff）指出，恰当的问话应该具有以下两个特征：①问话者不知道答案，但非常真诚地想要知道答案；②问话者有理由相信听者知道答案。[3]因此，莱考夫（Lakoff）的观点反映出问话的主要功能是获取信息。这对于日常话语而言可能是恰当的。然而，庭审话语不同于日常话语，具有不同的话语目的。正如邓斯坦（Dunstan）所指出的那样，大多数庭审问话不是为了获取信息，因此在庭审指南里会建议律师在交叉询问时绝对不要问自己不知道答案的问题。[4]

常燕荣（Yanrong Chang）的研究表明，在中国刑事庭审中，存在以下几种问话模式：①重复关键问题；②使借口或陈述无效；③问话属于没法回答的类型；④提供答案；⑤重述或重复被告人的回答。法官通过利用这些问话模式使被告人坦白自己的罪行，而问话过程就转变成为法官谴责被告人，使被告人话语无效，并感到羞耻的过程。[5]

本研究的庭审话语语料包括7场刑事案件庭审的语料。作者对媒体所录制的未经加工的整场法庭审判录音进行转写，并参考廖美珍教授的转写标准。[6]其中，法官话语用"审："标示；公诉人话语用"公："标示；被告话语用"被："标示；辩护人话语用"辩："标示；证人话语用"证："标示。为了尊重庭审话语各方的隐私，在提到姓名时，只用"姓加某某"来表示。当被告1的辩护人对被告2进行发问时，我们会标注两被告各自的姓名，以加以区分。

---

〔1〕　See P. Drew, "Strategies in the Contest between Lawyer and Witness in Cross-Examination", in J. N. Levi, A. G. Walker eds., *Language in the Judicial Process*, Plenum Press, 1990, pp. 39 ~ 64.

〔2〕　S. U. Philips, "The Social Organization of Questions and Answers in Courtroom Discourse: A Study of Changes of Plea in An Arizona Court", *Text & Talk*, Vol. 4, No. 1 – 3., 1984, pp. 225 ~ 248.

〔3〕　R. Lakoff, "Questionable Answers and Answerable Questions", in B. B. Kachru, R. B. Lees, Y. Malkiel eds., *Issues in Linguistics: Papers in Honor of Henry and Renée Kahane*, University of Illinois Press, 1973, pp. 453 ~ 467.

〔4〕　R. Dunstan, "Context for Coercion: Analyzing Properties of Courtroom 'Questions'", *British Journal of Law and Society*, Vol. 7, No. 1., 1980, pp. 61 ~ 77.

〔5〕　Yanrong Chang, "Courtroom Questioning as A Culturally Situated Persuasive Genre of Talk", *Discourse & Society*, Vol. 15, No. 6., 2004, pp. 705 ~ 722.

〔6〕　廖美珍：《法庭问答及其互动研究》，法律出版社2003年版。

（二）问话模式

在刑事案件庭审中，公诉人和辩护律师为了实现不同的话语目的，会运用不同的问话模式，主要包括：①重复问话；②对比；③复合问句；④重述被告的回答；⑤使辩解无效；⑥重述问话。在下文中，我们将对这六种问话模式进行详细的分析和探讨，以揭示其所对应的修辞形式和修辞效果。

1. 重复问话

重复问话（repetition）是指在庭审过程中，问话人（法官、公诉人或律师）针对同一个问题，对答话人进行发问。重复问话的原因和目的随着问答主体的变化而变化。

（1）表示谴责

有时候，重复问话并非是为了获得某种信息，而是一种变相的谴责。在例1中，公诉人三次重复发问"你知道将汽油泼在人身上并点燃会有什么后果吗"。很显然，对于这一问题，答案是显而易见的，公诉人、被告人，或者说所有正常的听众都应该知道答案。因此，公诉人的问话并非是想要获得信息，而是对被告人进行一种道德谴责，并让被告人坦白并承担自己的罪责。当公诉人第一发问（1-03）时，被告人并没有如公诉人期望的那样，坦白自己的罪责，而是想找个借口，减轻自己的罪责，表示自己并没有犯罪意图（我当时并不想烧他）。显然，对此公诉人是不满意的，于是公诉人就这一问题进行第二发问（1-05）。然而，被告人再次拒绝认罪（我不知道）。这时，公诉人并未放弃提问，而是步步紧逼，进行第三发问（1-07）。在第三次发问中，公诉人为了迫使被告人承认错误，在提问之前，强调"希望你直接回答提问"，让被告人没有借口再次回避承担罪责。同时，为了谴责被告人的鲁莽和不法行为，公诉人在第三次发问中，加入插入语"作为一个正常的人来说"，来修饰限定主语"你"。这个插入语进一步强化了谴责的语气，意在表示，"作为一个正常人，将汽油泼在人的身上并点燃是不道德的、非法的"。在公诉人三次重复问话后，被告人不得不承认自己的不法行为所造成的后果——"把他烧伤"（1-08）。由此，公诉人实现了其谴责被告人，让被告人认罪伏法的目的。

例1 故意伤害附带民事诉讼案

01 公：他当时穿了衣服吗？

02 被：没有。

03→公：你知道将汽油泼在人身上并点燃会有什么后果吗？

04 被：我当时并不想烧他，只想让他认错就完了，他根本不理我。

05→公：你知道将汽油泼在人的身上并点燃会有什么后果？

06 被：我不知道。

07→公：希望你直接回答提问，你知道将汽油泼在人的身上并点燃作为一个正常的人来说，你知道这会造成什么后果？

08 被：把他烧伤。

（2）表示强调

重复问话可以表示强调。在例2中，辩护人询问被告人是主动交代还是被动交代（2-07），被告人回答是"我自己主动交代的"。在2-09中，辩护人就这个主题进行重复发问（是你主动交待的？）。很显然，辩护人的重复问话，并非是因为自己没有听清，或者被告人回答不充分，而是因为辩护人想要强调被告人具有主动坦白的情节，为以后争取减轻量刑提供依据。也就是说，辩护人利用重复问话这一修辞手段，意在向法官强调被告人具有主动坦白交代的减轻量刑情节。在例3中，朱某某的辩护人询问被告人纳某，那辆车是朝什么地方开的（3-01）。被告人给出了明确的回答（开元），然而，辩护人似乎对该主题非常感兴趣，接连重复两次发问（3-03和3-05），其话语目的是强调"开元"这个地方，跟辩护人回答公诉人的答案"送上河口的汽车"形成对比，从而质疑被告人的回答。然而，被告人的解释"从开元转到河口"瓦解了这一对比，没有最终实现辩护人质疑被告人的话语目的。但总的来说，重复问话这一修辞手段可以达到强调的话语效果，并且，强调的话语效果往往是要展示给法官看的，而不是问话的受话者——被告人。

例2 持枪抢劫杀人案

01 辩：你是什么时候向公安机关交待运枪这个事？

02 被：呃，这是，大概是我，那个，抓到那个看守所以后，二十几号。

03 辩：二十几号？能不能明确？

04 被：呃，时间我大概不是太清了。反正是二十几号嘛，在逮捕以前。

05　辩：在逮捕以前，对吧？

06　被：哎，逮捕以前，我告诉公安机关的，对。

07→辩：是公安人员问到你才说的，还是你主动交待的？

08　被：不是，我自己主动交待的。

09→辩：是你主动交待的？

10　被：是的，我自己交待的那个事实。

例3　持枪抢劫杀人案

01→辩（朱某某辩护人）：那你刚才在回答公诉人的问话的时候，你说把张某是送上车，送上车，这个车是朝什么地方开的？你知道吗？

02　被（纳某）：开元。

03→辩（朱某某辩护人）：是朝什么地方去的？

04　被（纳某）：从涧水开往开元。

05→辩（朱某某辩护人）：开往开元那？

06　被（纳某）：对。

07　辩（朱某某辩护人）：那么你刚才给那个公诉人回答的是送上河口的汽车？

08　被（纳某）：他要从开元转到河口。

2. 对比

对比修辞是律师在交叉询问中所利用的一种策略，其目的是通过把证人的前后两种话语进行对比，揭示其话语内在的矛盾或不一致，从而达到质疑证人及其证言效力的目的。保罗·德鲁（Paul Drew）在其研究中举了对比的例子：一个强奸案的证人否认被告与自己之间的亲密关系，称他向自己打招呼时，只是说"你好吗？"，而律师在此刻指出被告先前提过的同证人告别的方式与证人刚才叙述的打招呼方式的截然不同，即"但是他通过亲吻你道晚安"。[1] 这样，通过恰当地运用对比策略，律师成功地使证人的证言在法庭上的话语显得自相矛盾，相互抵触，从而削弱了其证言的可信性与真实性，使法庭审判

---

[1]　P. Drew, "Strategies in the Contest between Laywer and Witness in Cross-Examination", in J. N. Levi, A. G. Walker eds., *Language in the Judicial Process*, Plenum Press, 1990, p. 48.

朝着有利于己方的方向发展。

保罗·德鲁（Paul Drew）对律师对比修辞的研究进一步揭示了运用对比修辞话语的三个共同特征：①对比策略在看似不一致的事实里产生出一种疑惑。②律师问话在这种疑惑处终止了，使得这一疑惑未被解决。这样律师就不给证人任何试图解释疑惑或观点不一致的机会。③疑惑所产生的对于证人证言的这种损害性推论完全是暗示的。律师往往会在对比之后留出一段较长的停顿时间才进行下一个话题的问话，目的是使听众（主要指法官或陪审团）自己来推论出证人证言的不一致。[1]

在例 4 中，公诉人把被告人现在的回答和以前的供述形成对比，来质疑被告人的回答（4－05）。当被告人受到质疑的时候，只得承认"当时怎么说的我记不清楚了"。由此，通过对比的修辞手段，公诉人使被告人的人格或记忆力受到了质疑。在例 5 中，公诉人把被告人现在的回答（大概给了将近 1 万元）和以前在侦查机关的供述形成对比（说给了 2 万元），表明被告人现在明显是撒谎，因此，其现在的回答是不可采信的。在例 6 中，公诉人也把被告人现在的回答同以前的供述形成对比（6－05），来质疑被告人的回答。而在例 7 和上文提到的例 3 中，公诉人和辩护律师都是利用被告人现在的答话同先前对公诉人讯问的答话构成对比（7－03 和 3－08），表明被告人的答话前后矛盾，不可采信。同时，公诉人和辩护律师通过对比策略所形成的对被告人的质疑是暗示性的。也就是说，公诉人和辩护律师并未直接说明，被告人的人格或记忆力是可疑的，因而其答话是不可信的，而是让法官自己去推断出这一结论。

由此可见，对比修辞是一种有效质疑被告人的修辞手段。在庭审中，对比修辞只能由问话人即法官、公诉人或律师所运用，因为只有问话人有权力重新提起先前话语中所描述的事实，同当前话语构成对比。也正因为法庭话语的这一非对称性特征，法官、公诉人与律师才拥有了对比这一重要的控制手段，而被告与证人是不可能用对比策略来质疑法官、公诉人或律师的。

---

[1]　See P. Drew, "Strategies in the Contest between Laywer and Witness in Cross-Examination", In J. N. Levi, A. G. Walker eds. , *Language in the Judicial Process*, New York: Plenum Press, 1990, p. 51.

例4 持枪抢劫杀人案

01　公：你跟张某最初是因为什么相识的？

02　被：我大概记不清什么时候相识的，应该是业务上相识的。我们当时之间有业务往来。

03　公：在通道办及世行办开户的时候你认识她吗？

04　被：不记得了。

05→公：你为什么在以前的供述中说道是与任某某相识才开户？

06　被：当时怎么说的我记不清楚了。户是在张某认识之前就开过。

例5 受贿案

01　公：郭某某跟你之间有没有经济往来？

02　被：郭某某代表局长给过我，但是分批给，大概给了将近1万元。

03→公：你在侦查机关讯问的时候为什么说给了2万元？

04　被：我没有这么说，我只是说逢年过节给过我钱。

例6 受贿案

01　公：三个标段同时开工，资金筹措齐全没有？

02　被：不是同时开工，两个已经开工了，资金也筹措齐了，25标段还在寻找合作伙伴。

03　公：你有没有想放弃一个标段？

04　被：没有。

05→公：你在供述中说你想放弃，是怎么回事？

06　被：当时我记不清楚了。

例7 持枪抢劫杀人案

01　公：你向法庭陈述。花了1500块钱，好奇买了这支手枪，那么现在我问你第三个问题，你怎么样交给纳某的？这个枪是怎么样交给纳某的？

02　被：这支枪交给纳某的时间时，他说他借去玩几天，是这样交给他的。因为我欠他，在到眉山买药材的时间，钱不够向他借了几千块钱。

03→公：刚才你在回答我们第三公诉人发问的时候，你说这个枪拿给纳某，差纳某4000块钱，我们就算打平了。你怎么又说他拿去玩几天呢？

04　被：拿去玩几天是后期我跟他讲的事，因为我欠他钱，他也不好跟我要。

3. 复合问话

有时候，人们会同时问两个或两个以上问题，即复合问话（double-barreled questions）。而有时在刑事庭审中，复合问话的语气是否定的、消极的（如严厉的、指责的、不满的或不耐烦的），而且在几个问题之间没有停顿。[1]

（1）几个问题一起回答

当被告人被问到两个或多个问题时，一般情况下，为了表示对问话人的尊重，为了维持庭审话语中问话人权势地位高而答话人权势地位低这一现状，被告人倾向于进行配合，能够同时回答这几个问题。例如，在例8中，针对"在哪"和"谁"这两个特殊疑问句（8-03），被告人按照顺序做出了相应的回答（8-04）。在例9中，辩护人连续使用了三个特殊疑问句，即"什么情况下"、"为什么"和"怎么想的"（9-01）。而事实上，这三个特殊疑问句密切相关，因此，被告人把对这三个问话的回答融合在一起（9-02）。

例8　受贿案

01　公：你考虑过见马某某商谈工程的事情吗？

02　被：我没有考虑，但是他们撮合我们在一起吃的饭。

03→公：在哪？有谁在一起？

04　被：饭店。张某某、贾某、马某某，还有一个老头。

例9　持枪抢劫杀人案

01→辩：就是张某喊你帮他运子弹的时候，你在什么情况下同意给他运的子弹？这是为什么？怎么想的？

02　被：当时我的感情受到，他对我挺好，我很感激他，所以说出于那个，有点像报恩的那种吧，才帮他的。

（2）只回答一个问题，追问其他问题

然而，有时候，当被告人被同时提问两个或两个以上问题时，由于被告人高度紧张，只专注到了一个问题，提供一个回答，而忽视了其他问题。这

---

[1] Yanrong Chang, "Courtroom Questioning as A Culturally Situated Persuasive Genre of Talk", *Discourse & Society*, Vol. 15, No. 6., 2004, pp. 705~722.

时，问话的公诉人或辩护律师会继续就未回答的问题追加提问。在例 10 中，公诉人连续问了两个问题，包括"和谁"和"什么地方"（10 - 01），而被告人只注意到了和谁这一信息（10 - 02），因而，公诉人对第二个问题"什么地方"进行追加提问（10 - 05）。在例 11 中，辩护人使用了复合问话，包括"什么时候"和"什么地方"这两个信息（11 - 01），对此，被告人只提供了"什么地方"（11 - 02），因此，辩护人不得不追加提问"什么时候"，即"你们到洞水之前"。而在例 12 中，辩护人连续提出了三个问题，分别是"什么时候"、"怎么"和"谁"（12 - 01），而被告人只关注到了最后一个问题（12 - 02），即"谁"。很显然，对此，辩护律师是不满意的，因此，追加提问第二个问题"怎么"（12 - 03）。

例 10　持枪抢劫杀人案

01 →公：案发你和谁住在什么地方？作案前？

02 　被：案发的时候我是和我开元市解华厂的女朋友住在一起。

03 　公：叫什么名字？

04 　被：叫王某。

05 →公：住在什么地方？

06 　被：住在解华厂嘛。

例 11　持枪抢劫杀人案

01 →辩（朱某某辩护人）：那么这句话是在什么时候和什么地方跟你说的？

02 　被（纳某）：在我们家里面。

03 →辩（朱某某辩护人）：你们家里面，就说你们到洞水之前？

04 　被（纳某）：对。

例 12　持枪抢劫杀人案

01→辩（秦某某辩护人）：你刚才谈到一点，你应该给秦某某讲过，那你刚才又谈到你所讲的都是事实，你认真地回忆一下，你是什么时候跟她讲的？怎么讲的？有谁可以证明？

02 　被（张某）：呃，没有谁可以证明，时间已经过去了 1 年或者 2 年。我，也，拿不，我现场因为我又没有什么录，录音设备，我没有故意老是要整她，我拿不出证据。只能说，我知多少，我讲多少，是不是？

03→辩（秦某某辩护人）：那你是怎么跟她讲的？

04　被：我怎么跟她讲的？原话我不可能也，不可能说出来，也说不出来嘛，是吧？

（3）只回答一个问题，未追问其他问题

有时候，针对公诉人或辩护律师的复合问题，被告人只选择其中的一个问题进行回答，而问话人也并未就其他问题进行追问。例如，在例13中，公诉人同时问了两个问题，包括"怎么"和"什么"（13-05），而被告人只回答了第二个问题"什么"（13-06）。对此，公诉人放弃对第一个问题进行追问。在例14中，辩护律师同时提了两个问题，第一个是特殊疑问句"多少时间"，第二个是选择疑问句"闭着一只眼还是两只眼"（14-01）。对此，被告人忽略掉了第一个问题，直接回答第二个问题（14-02），而辩护律师也并未就第一个问题进行追问。在例15中，辩护律师同时提出了四个问题，包括第一个选择疑问句"是子弹还是枪，或手雷"，第二个特殊疑问句"有几样东西"，第三个特殊疑问句"什么东西"，和第四个特殊疑问句"什么地方"。事实上，第一个问题和第二个问题的内容是一致的，"几样东西"指的就是"子弹，还是枪，或手雷"。问话人同时问四个问题，这是比较罕见的，甚至连法官都觉得意外，因此在15-03中，法官提醒被告人，对于这种问题，被告人有权回答或不回答。而被告人则是选择回答第一个问题，而忽略其他问题。对此，辩护律师放弃追问其他问题。

例13　持枪抢劫杀人案

01　公：你是什么时候到的云南？

02　被：记不起了，我想不起来了。

03　公：到云南是干什么？

04　被：买枪。

05→公：你是怎么认识的沈某某呢？你当时告诉沈某某你叫什么名字？

06　被：我忘记了，肯定是假名嘛。

例14　持枪抢劫杀人案

01→辩：那么就是说你这两枪打完了以后多少时间眳的眼睛？你刚才说

你闭着眼睛打的，是闭着一只眼还是两只眼？

02　被：两只眼睛都闭紧了的。

03　辩：那么就是说当你睁着眼看的时候这个死者呈什么状态？

04　被：他卧在地上的。

例 15　持枪抢劫杀人案

01→辩（严某某辩护人）：张某，你交给严某某的是，这个，是子弹还是枪，包括手雷？你让她从昆明运回正定那一批货有几样东西？用什么东西装的？然后你在重庆什么地方接的货？

02　被：我在想这个问题。

03　审：被告人张某，你对控辩双方对你提出的问题，你有权回答或者不回答。

04　被：不过我还是尽量努力想一想吧。因为我觉得力求真实一点。就是说，我现在，至于她当时运了运了这个就是运了手雷没有或者运了枪没有，也许有，也许没有但我不能做绝对的肯定。啊，就是我能肯定，就是至少都运了大概几百发子弹。啊，这个我能肯定，就是。

总而言之，复合问话在庭审话语并非是一种有效的问话策略。由于在庭审中，被告人高度紧张，如果问话人同时问多个问题，包含多个信息，被告人没有精力都兼顾到，只能选择其中一个问题进行回答。这时，问话人则不得不做出策略上的转变，要么就未回答的问题继续进行追问，要么就放弃追问，转换话题。无论是继续追问，还是放弃追问，都表明问话人的复合问话没有达到其原来所期望的话语目的。因而，在庭审话语中，复合问话是不可取的。

4. 重述被告人的回答

重述被告的回答就是把被告的回答换一个说法表达出来。常教授（Chang）的研究表明，在庭审中，公诉人或法官会重述（paraphrasing）被告人的回答，意在强调被告人的犯罪行为。[1]

---

〔1〕　Yanrong Chang, "Courtroom Questioning as A Culturally Situated Persuasive Genre of Talk" in *Discourse & Society*, Vol. 15, No. 6., 2004, pp. 705~722.

（1）总结性重述

重述被告的回答可以表现为对答话的总结性重述。例如，在例 16 中，公诉人对被告人的答话"只是认识，但交往不太多"进行重述（16 - 03）。在例 17 中，公诉人把问话 17 - 03 和被告人的答话 17 - 04 结合起来，进行总结性重述（17 - 05）。在例 18 中，公诉人对被告人的答话，进行总结性重述（18 - 05）。在例 19 中，公诉人对被告人的答话中的信息进行总结性重述（19 - 07）。可见，对答话的总结重述能够有效地突出强调被告答话中的关键信息，理顺被告人答话的逻辑，因此是一种有效的话语修辞手段。

例 16　受贿案

01　公：呼市公路工程局的郭某某认识吗？

02　被：只是认识，但交往不太多。

03→公：你们仅仅是认识没有交往吗？

04　被：仅仅是认识。

例 17　故意伤害附带民事诉讼案

01　公：你是在他处于什么状态下烧的？

02　被：他在那屋洗脸。

03　公：你当时泼汽油的时候？

04　被：他在睡觉呢。

05→公：他当时在熟睡过程中你用汽油泼的他？

06　被：他那时已经醒了。

例 18　持枪抢劫杀人案

01　公：被告人我向你提个问题。在你和严某商量抢劫之前，你还到过哪些地方去踩点？

02　被：我到沙坪坝观音桥，市中区一些银行我都看过嘛。

03　公：你一个人去看？

04　被：我一个人，有时候和她两个人么。

05→公：有时候是你一个人，有时候是和她一块去的？

06　被：嗯。

例19 故意伤害附带民事诉讼案

01 公：你们以前做了什么准备工作？

02 被：我怕她不行么。因为我试探了她很久。我说"你十八梯从下面走到上面你累不累么"，她说"不累"。我说："那就行了么。"我说："你帮我背几十斤重的东西就行了。"

03 公：秦某某说什么呢？你跟她说十八梯走上去累不累，是不是？

04 被：我是看她体能怎么样么。

05 公：看她体能怎么样？

06 被：哦，对，就是我想到一个女人和我去抢的话可以隐蔽性好一点。所以我跟她讲了以后，她也同意了。

07→公：你刚才说了，说准备让她跟你去作案，她，问她到上下十八梯怎么样，她说没问题，问她背几十斤重的东西怎么样，她也说没有，是不是？

08 被：对么。

（2）推断性重述

除了对被告人答话的总结性重述以外，公诉人和辩护律师还可以根据被告人的回答，做出合理的推论，从而使被告人的答话具有法律上的意义。在例20中，辩护人对被告人的答话（20-03）进行推论，即被告人所描述的一系列行为表明他是"主动告知的"。而辩护律师对被告人答话的这一个推断性重述，表明被告人具有主动坦白的减轻处罚的情节，具有重要的法律意义。在例21中，当被告人回答，"当时着了以后，我自己也不知道自己在干什么"，公诉人进行了推断性重述，即"你没有采取其他救助的手段"（21-03），表明被告人不存在减轻处罚的情节。在例22中，当被告人回答"当时全部说了的"，辩护人进行了推断性重述，即"都做了交待"（22-05），表明被告人存在主动坦白的减轻处罚的情节，具有法律意义。在例23中，当被告人的答话中提到杨某某没有保险柜的钥匙，杨某某的辩护律师对该答话进行了推断性重述，即"杨某某不能打开保险柜"，也就是说杨某某跟持枪抢劫杀人案件中所涉及的非法枪支没有关系，从而撇清了杨某某的刑事责任，具有法律意义。可见，问话人通过对被告人的答话进行推断性重述，可以更好地实现其强调被告人是否具有减轻或加重处罚的情节以及是否无罪的话语目的，具有重要的法律意义。因此，推断性重述问话是一种有效的修辞手段。

例 20 受贿案

01 辩：你是如何向内蒙检察院讲钱存放的位置？

02 被：我记得当时他们向我要办公室的钥匙，过了一段时间，问我有没有放钱，我告诉他们有钱，并且告诉了密码与钥匙的存放地方。

03→辩：也就是你主动告知的，这个情况是否属实？

04 被：属实。

例 21 故意伤害附带民事诉讼案

01 公：点完以后，你帮着陈某某把火扑灭了吗？

02 被：当时着了以后，我自己也不知道自己在干什么。

03→公：你没有采取其他救助的手段，是吗？

04 被：是，当时我脑子里什么都没有了。

例 22 故意伤害附带民事诉讼案

01 辩：是不是当天全部说的？

02 被：当时全部说了的。

03 辩：当天就全部说了？

04 被：呃。

05→辩：都做了交待？

06 被：是。

例 23 故意伤害附带民事诉讼案

01 辩（杨某某辩护人）：好，你这个放在哪里了？

02 被：（张某）放在我的那个我的家里面。家里面一共是三间卧室，有一个是专门我放枪的。那个放枪那个房门的钥匙，她也没有。那个保险柜的钥匙，她都没有。

03→辩（杨某某辩护人）：保险柜的钥匙，她没有啊？杨某某，你是说杨某某是不能打开这个保险柜，是吗？

04 被：对嘛。

5. 使被告人的辩解无效

在庭审问话中，法官或公诉人会运用三种推理规则（inferential rules）[1]使被告人的辩解无效，包括：①常识规则；②道德或文化规则；③事实或证据规则。[2]

（1）质疑被告人违反常识

在例24中，当被告人表示对涉案枪支的特点记不清楚时（24－02，24－04），公诉人运用了上文格朗贝克（Gronbeck）所提出的常识规则，来表示被告人违反常识，即从买枪到出售，长达6年的时间，怎么可能对该枪的特点一点没有印象呢（24－05，24－06）。从而，公诉人实现了质疑被告人答话的目的，表明被告人在撒谎。在例25中，当被告人表示做药材生意赚钱基本上还可以时（25－04），公诉人问被告人是否还欠账（25－05），使被告人的回答"还可以"和"欠账"相互矛盾，表明被告人的答话违反常识，不可采信。这样，通过质疑被告人违反常识，公诉人达到了使被告人辩解无效的话语目的。

例24　持枪抢劫杀人案

01　公：你的这把枪有什么特点？

02　被：啊，反正记不清了。

03　公：记不清楚了？

04　被：对。

05→公：你从89年买来，到94年出售，期间长达6年。你难道对它的特点一点没有印象吗？

06　被：因为我没有，等于说我是好奇买的，我并不是买来用他搞什么。当时是好奇。所以买了这一把枪自己，自己想欣赏一下。因为买枪的时间也没有什么子弹。我递给我舅子的时间也没有子弹，所以在我手里面没有用过，也没有打过。

例25　持枪抢劫杀人案

01　公：你在洌水是做什么的？

---

〔1〕 B. Gronbeck, "On Classes of Inference and Force", in R. E. McKerrow ed., *Explorations in Rhetoric: Studies in Honor of Douglas Ehninger*, Scott Foresman, 1982, pp. 85～106.

〔2〕 Yanrong Chang, "Courtroom Questioning as A Culturally Situated Persuasive Genre of Talk", *Discourse & Society*, Vol. 15, No. 6., 2004, pp. 705～722.

02　被：我是做药材生意的。

03　公：赚钱赚的多吗？

04　被：基本上可以。

05→公：可以？现在还欠账吗？

06　被：欠。

（2）质疑被告人缺乏道德

在例26中，当被告人对自己的犯罪行为进行辩解时（26－04），公诉人质疑被告人缺乏道德（26－07），即作为一个正常的人来说，被告人应该知道将汽油泼在人的身上并点燃会造成什么后果，因此，被告人的行为是不道德的、违法的。这样，通过质疑被告人缺乏道德，公诉人达到了使被告人辩解无效的话语目的。

例26：故意伤害附带民事诉讼案

03　公：你知道将汽油泼在人身上并点燃会有什么后果吗？

04　被：我当时并不想烧他，只想让他认错就完了，他根本不理我。

05　公：你知道将汽油泼在人的身上并点燃会有什么后果？

06　被：我不知道。

07→公：希望你直接回答提问，你知道将汽油泼在人的身上并点燃作为一个正常的人来说，你知道这会造成什么后果？

08　被：把他烧伤。

（3）质疑被告人无视事实和证据

在例27中，被告人辩解说，在内蒙古检察院供述的很多笔受贿活动都查无实据，都是捏造的（27－02），公诉人用两个事实加以反驳，即被告人说是10万，而且这个数字恰恰和全某某的证言相互印证（27－03），这表明被告人无视事实和证据，很显然其刚才的辩解是无效的，不可采信。

例27　受贿案

01　公：在供述中你说过他们曾经给过你钱，为什么要这么说？

02　被：在内蒙检察院的时候我很坦白就说了。他们说，这么大的事都说了，细节的事也可以说，就强迫让我把这些事情说了，但是有很多笔都查无实据，都是捏造的。

03→公：那你为什么会说10万，而又恰恰和全某某的证言相互印证呢？

04　被：我不清楚，他也在说假话。

6. 重述问话

重述问话是指公诉人或律师对自己的问话转换了一种说法，但主要内容不变。重述问话包括在同一话轮内重述问话和在不同话轮内重述问话两种情况。

（1）同一话轮内重述问话

当问话人提出一个问话时，自己马上意识到该问话的指向不太清晰，会令对方费解或误解，于是，问话人会立刻在同一话轮内对自己刚才的问话进行重述，使得问话指向更清晰、明确。一般而言，原始问话和同一话轮内重述问话之间没有停顿，属于问话人对自己话语的修正（self-repair）。在例28中，公诉人问"保昌公司你清楚吗？"，接着马上进行修正"跟你打过招呼吗？"（28-01）。也就是说，公诉人意识到第一个问话会令被告人费解，因此在同一话轮内重述了该问话。在例29中，公诉人问"你是怎么到的案？"，然而，公诉人立刻意识到"到案"对于被告人而言是令人费解的，于是马上进行重述"怎么到的公安机关"。而被告人的回答表明，被告人果然没有正确理解"到案"的含义（29-02），因此，公诉人不得不重复发问"你怎么去的公安机关"，而被告人对这一问题的理解也是很表面化（29-04）。显然，公诉人对走着去还是坐车去并不感兴趣。事实上，通过问话"你怎么去的公安机关"，公诉人目的是要了解被告人是被抓捕去公安机关的，还是自首的，因此，公诉人不得不追加提问"到了那以后呢？"（29-05），意在表明被告人是否具有自首，主动坦白的减轻量刑的情节。在例30中，公诉人首先提出的问题是"她知不知道你的底细"（30-01），但公诉人马上意识到"底细"这个词语对被告人而言可能具有误导性，因而，立刻在同一话轮里对问话进行了重述"也就是说，你是干什么的"（30-01）。总之，问话人在同一话轮里对问话进行重述，表明问话人预判到第一种问话可能会使对方费解或误解，因此是问话人主动调整的结果。

例28　受贿案

01→公：保昌公司你清楚吗？跟你打过招呼吗？

02　被：我记得赤峰的一个领导跟我打过招呼。

例29　故意伤害附带民事诉讼案

01→公：你是怎么到的案？怎么到的公安机关？

02　被：我觉得做这件事情对他好像太伤了他了。

03　公：你直接回答提问，你怎么去的公安机关？

04　被：我自己去的，走着去的。

05　公：到了那以后呢？

06　被：到公安机关我就把事情说清楚了。

07　公：把用汽油将人烧伤的事跟民警说了？

08　被：对。

例30　持枪抢劫杀人案

01→公：在这个事情以前全某某她知不知道你的底细？也就是说，你是干什么的？

02　被：她给我运子弹以后就应该知道了么。

（2）不同话轮内重述问话

当问话人在不同话轮内重述问话时，表明问话人对答话人的回答是不满意的。而这种不满意可能是由于被告人误解了问话或者是理解不充分，因而，问话人倾向于在下一话轮内重述问话，而不是重复相同的问话。在例31中，公诉人的问话（31-01）提出"有没有过接触"，被告人的答话是"不记得了"（31-02）。显然，公诉人对被告人的答话是不满意的，因此，在下一个话轮里对问话进行重述"有没有联系"（31-03）。在例32中，对于公诉人的问话（32-01），被告人的答话是"他在那屋洗脸"（32-02），显然，公诉人对此答话不满意，因此，公诉人在下一个话轮里对问话的关键词"烧"进行重述为"泼汽油"（32-03），这样才得到满意的答话（32-04）。在例33中，公诉人对被告人的答话（33-02）表示不满意，认为被告人误解了自己的问话，于是对自己的问话（33-01）进行重述，强调"不是对你的态度"而是"对你提出去抢钱的态度"，结果还是没有得到满意的答话（33-04），于是，公诉人对第二个问话再次进行重述（33-05），直到得到满意的答话（33-06）。在例34中，面对公诉人第一次问话（34-01），被告人的反应是沉默（34-02），表明被告人没有完全理解公诉人的问话，因此公诉人不得不在下一话轮对自己的问话进行重述（34-03）。然而，被告人的反应依然是沉默（34-04），迫使公诉人再次对自己的第二次问话进行重述（34-05），这次重述获得了被告人的正确理解（34-06）。在例35中，被告人对于问话

"你当时带给张某的2万块钱是从哪儿来的"（35－01）有所误解，其答话给出的信息是关于"从什么地方拿的"（35－02），而辩护律师对此是不满意的，因此，辩护律师在下一话轮对问话进行重述（35－03），表明问话的真正意义是"这个钱是属于谁的"，而不是"从什么地方拿的"。可见，不同话轮内重述问话是由答话人所推动的，正是由于答话人没有做出符合问话人预期的回答，才使得问话人不得不采用重述的修辞策略，对自己的问话进行修正，消除答话人对问话的误解，并最终获得预期的回答。

例31 受贿案

01→公：吃完这次饭之后，你和马某某、贾某、张某某有没有过接触？

02 被：不记得了。

03→公：你们之后有没有联系？这件事情告吹了吗？

04 被：没有联系。我当时调查了那个公司是不是有能力。

例32 故意伤害附带民事诉讼案

01→公：你是在他处于什么状态下烧的？

02 被：他在那屋洗脸。

03→公：你当时泼汽油的时候？

04 被：他在睡觉呢。

05 公：他当时在熟睡过程中你用汽油泼的他？

06 被：他那时已经醒了。

例33 持枪抢劫杀人案

01→公：严某的态度怎么样？

02 被：她应该是对我很好么。

03→公：她对你提出去抢钱的态度怎么样？

04 被：就是很好么。

05 公：她没有反对？

06 被：没有反对。

例34 持枪抢劫杀人案

01→公：他告诉你那些假发、面罩还有手套是抢武汉广场的那些作案工具没有？告诉你们没有？

02 被：（沉默）

03→公：当时，告诉那个东西是干什么用的，是不是？

04 被：（沉默）

05→公：哎，是不是作案工具，告诉你没有？

06 被：当时我不知道。

例35 持枪抢劫杀人案

01→辩：秦某某，你当时带给张某的 2 万块钱是从哪儿来的？

02 被：这个是在我枕头下面的，睡觉的床上枕头下面。

03→辩：我问你这个钱是你的还是谁的？

04 被：这个钱是张某给我的，我不知道。

（三）小结

我们的研究表明，在刑事案件庭审中，公诉人和辩护律师为了实现不同的话语目的，会运用不同的问话模式。其中，重复问话可以表达谴责或强调。对比修辞是一种有效质疑被告人的控制手段和修辞手段。而复合问话在庭审话语并非是一种有效的问话策略。无论是继续追问复合问话中的某一问话，还是放弃追问，都表明问话人的复合问话没有达到其原来所期望的话语目的。在庭审中，公诉人或法官会重述被告人的回答，包括总结性重述和推断性重述，其目的是突出强调被告人答话中的关键信息，理顺被告人答话的逻辑，或者对更好地实现其强调被告人是否具有减轻或加重处罚的情节以及是否无罪的话语目的，具有重要的法律意义。同时，公诉人可以通过质疑被告人违反常识、质疑被告人缺乏道德、质疑被告人无视事实和证据，来达到使被告人辩解无效的话语目的。并且，公诉人或律师可以重述自己的问话来实现其话语目的。重述问话包括在同一话轮内重述问话和在不同话轮内重述问话两种情况。总之，刑事庭审话语中的各种问话模式是公诉人和律师实现其各自不同的话语目的的有效方式，也是其实现控制答话人，即被告人的有效修辞手段。

三、公诉词结构及其修辞研究

（一）引言

公诉词是由国家公诉机关作出的，并由公诉人在庭审过程中，即在法庭调查阶段结束，在法庭辩论阶段开始时，发表对被告人的公诉意见。

以往关于公诉人和律师的话语研究大多关注询问证人，[1]很少关注开场陈述和总结陈词。[2]研究表明，开场陈述发挥着非常重要的作用。大部分陪审团裁决都和听完开场陈述后形成的印象是一致的。[3]也就是说，如同在现实生活中一样，在庭审中，第一印象的作用非常重要。[4]研究表明，大约30%至50%的模拟陪审员坚持自己基于开场陈述而得出的对被告人有罪还是无罪的判断。[5]也就是说，尽管开场陈述并非决定庭审结果的唯一要素，但其在庭审中的确发挥着关键作用。[6]

（二）公诉词的一般结构

同样的，公诉词使公诉人能够有效地利用修辞手段，来总结案件的关键事实，评论被告人的人格和犯罪行为，并对被告人的定罪量刑提出建议。公诉词是公诉人说服法官和在场的庭审旁听者的有效话语手段。因此，研究公诉词具有重要的现实意义。首先，我们要探讨公诉词的一般结构。

根据最高人民检察院1980年印发《人民检察院刑事检察工作试行细则》第32条第一款规定，出庭的检察长或检察员要事前拟好公诉词提纲。公诉词是起诉书的补充文件，其内容一般包括：

（1）对法庭调查的简要概括；

---

〔1〕 See J. M. Atkinson, P. Drew, *Order in the Court: The Organization of Verbal Interaction in Judicial Settings*, Macmillan, 1979; P. Drew, "Contested Evidence in Courtroom Cross-Examination: the Case of a Trial for Rape", in P. Drew, J. Heritage eds., *Talk at Work: Interaction in Institutional Settings*, Cambridge University Press, 1992, pp. 470~520; G. Matoesian, "Intertextuality, Affect, and Ideology in Legal Discourse", *Text & Talk*, Vol. 19, No. 1., 1999, pp. 73~110; H. Woodbury, "The Strategic Use of Questions in Court", *Semiotica*, Vol. 48, No. 3-4., 1984, pp. 197~228.

〔2〕 See J. Fuller, "Hearing Between the Lines: Style Switching in A Courtroom Setting", *Pragmatics*, Vol. 3, No. 1., 1993, pp. 29~43; W. M. O' Barr, *Linguistic Evidence: Language, Power, and Strategy in the Courtroom*, Academic Press, 1982.

〔3〕 See T. A. Mauet, *Fundamentals of Trial Techniques*, Little Brown, 1980.

〔4〕 See T. A. Mauet, *Fundamentals of Trial Techniques*, Little Brown, 1980.

〔5〕 See W. L. Burke, R. L. Poulso, M. J. Brondino, "Fact or Fiction: The Effect of the Opening Statement", *Journal of Contemporary Law*, Vol. 18, 1992, pp. 195~210; W. I. Lindquist, "Advocacy in Opening Arguments", *Litigation*, Vol. 8, No. 3., 1982, pp. 127~142.

〔6〕 See C. Heffer, *The Language of Jury Trial: A Corpus-Aided Analysis of Legal-Lay Discourse*, Palgrave Macmillan, 2005.

（2）进行证据分析，认定被告人的罪行；

（3）进行案情分析，概括案件的全貌，揭露被告人犯罪的社会危害性；

（4）分析被告人犯罪的思想根源和社会根源；

（5）进行法律上的论证，指明被告人触犯的刑法条款，阐明被告人应负的法律责任。

当然，上述五项内容并非每份公诉词都能具备，应根据案件的特点及实际需要，进行具体分析和论证。在研究公诉人在刑事案件庭审中所发布的公诉词时，我们发现，在不同的庭审案件中，公诉词在结构、长短、正式程度等方面存在很大差异。有的公诉词比较复杂、正式，长达5 000多字，相应的，其文本结构比较完整。而有的公诉词极其简短。例如，在一起故意杀人案中，公诉词不足百字："1. 本案犯罪事实清楚，证据确实充分，应当以故意杀人罪追究被告人杨某某的刑事责任。2. 被告人杨某某犯罪时未满十八周岁，依法应当从轻或减轻处罚。综上因素请合议庭考虑。"然而，无论公诉词结构是简洁还是复杂，总体而言，公诉词由首部和正文两部分构成。

首部包括标题和被告人基本情况及案由。

正文包括：

（1）抬头，亦称呼告语。根据合议庭组成人员情况，呼告语可以是"审判长、审判员"。

（2）出庭任务和法律依据。根据《中华人民共和国刑事诉讼法》的规定，我（们）受×××人民检察院的指派，代表本院，以国家公诉人的身份，出席法庭支持公诉，并依法对刑事诉讼活动实施法律监督。现对本案证据和案件情况发表如下意见，请法庭注意。

（3）具体意见。可以从以下三方面进行分析论证：①根据法庭调查的情况，概述法庭质证的情况、各证据的证明作用，并运用各证据之间的逻辑关系，以证明被告人的犯罪事实清楚，证据确实充分。②根据被告人的犯罪事实，论证应适用的法律条款并提出定罪及从重、从轻、减轻处罚等意见。③根据庭审情况，在揭露被告人犯罪行为的社会危害性的基础上，作必要的法制宣传和教育工作。关于法制宣传和教育的内容是否需要，要视具体情况而定。

（4）结束语。其文字表述为："综上所述，起诉书认定本案被告人×××的犯罪事实清楚，证据确实充分，依法应当认定被告人有罪，并应（从重、从轻、减轻）处罚。"

（三）典型公诉词样本结构分析

在下文中，为了方便分析，我们以一个结构复杂完整的公诉词为样本，来分析典型公诉词的结构及其对应的修辞手段。该公诉词所涉及的案件是一起持枪抢劫故意杀人案，案情复杂，涉及多个被告，时间跨度长，作案次数多，证据复杂繁多。而且，公诉人在该公诉词各个部分运用了不同的修辞策略，以实现其公诉目的。因此，对该公诉词的结构及其对应修辞策略的分析有利于揭示典型公诉词的基本特征。

具体而言，该公诉词的正文由以下几个部分组成：抬头、介绍案件被告、表明公诉人身份与职责、具体意见和结束语。

首先，公诉人向法官和庭审旁听者致辞称呼，表明公诉词所针对的主要听众是法官和庭审旁听者。"审判长，审判员，旁听公民们，震惊全国的渝、湘、鄂持枪抢劫故意杀人案，今天在这里开庭审理。"在致辞的同时，公诉人将案件定性为"持枪抢劫故意杀人案"。致辞称呼是公诉人建立与听众之间的互动关系的一种话语行为，除此之外，公诉人还可以通过提出要求和致歉这两种话语行为来建立与听众之间的互动关系，如"先生们，请允许我现在阐述……"和"先生们，很抱歉，但你们还记得……"[1]

其次，公诉人介绍案件被告，将被告用几个感情色彩极其强烈的贬义词汇加以定性：暴劣、施虐千里、血债累累、罪恶滔天的杀人狂魔张某及其同案被告人。这一修辞策略的运用，能够使在座听众，尤其是法官和庭审旁听者，产生一种先入为主的印象，因而更倾向于认同公诉人接下来将要发表的公诉意见。

最后，公诉人表明自己的身份和职责："我们受本院检察长的指派，以国家公诉人的身份出席法庭，支持公诉，并履行法律监督职责。"通过公诉词的首部，庭审各参与者可以了解庭审所涉及的案件的性质，以及控辩双方的基本信息。

在公诉词的具体公诉意见部分，公诉人主要总结法庭调查阶段的结果，

---

[1] K. Chaemsaithong, "Interactive Patterns of the Opening Statement in Criminal Trials: A Historical Perspective", *Discourse Studies*, Vol. 16, No. 3., 2014, p. 351.

并阐述被告人的具体犯罪事实、犯罪性质，论证应适用的法律条款并提出定罪及从重、从轻、减轻处罚等意见。

在总结法庭调查阶段的结果时，公诉人指出："经过庭审控、辩双方的指证、认证，充分证实所举示的证据与证据之间，证据与所证实的事实之间关联，互相印证，形成证据锁链，收集程序合法，内容客观真实，且已被法庭当庭采纳，有力地证明了本院起诉书所指控的被告人的犯罪事实成立。"公诉词这部分对庭审进程起到承上启下的作用，一方面是对法庭调查阶段的总结，另一方面是对下面即将发表的公诉意见起到有力的支撑作用。因此，公诉人在总结法庭调查阶段的结果时，用的都是肯定性的词语，如"关联""互相印证""程序合法""客观真实""有力地"，旨在强调在法庭调查阶段，公诉方完全处于优势。接着，公诉人运用了一个让步状语从句，提到了被告在法庭调查阶段的表现情况，即"尽管有些心存侥幸的被告人，无视证据和法律，对所犯罪行推托狡辩，避重就轻"。针对被告人的表现，公诉人坚定地、掷地有声地做出了回应："但铁证如山，法网恢恢，在无数无辜的被害人用血和泪筑成的事实和证据面前，罪行难以抵赖，被牢牢地钉在了死刑柱上。"可见，在公诉词总结法庭调查阶段，公诉人主要从正面来介绍公诉人在法庭调查阶段所取得的成果。同时，在提及被告的表现时，公诉人予以坚定的回击，强调其"罪行难以抵赖，被牢牢地钉在了死刑柱上"，进而引出公诉词的主体部分，也就是具体公诉意见。

在公诉词主体部分开始，公诉人表达了发表公诉意见的目的："为进一步揭露犯罪，鞭笞邪恶，匡扶正义，弘扬法治"。这个目的的提出，使得下面的公诉意见显得更加铿锵有力。

公诉人分四部分来具体阐述公诉意见。

首先，公诉人将被告人团伙定义为"犯罪集团"。其所引用的法律依据是《中华人民共和国刑法》第26条第2款的规定，"三人以上为共同实施犯罪而组成的较为固定的犯罪组织，是犯罪集团"。事实依据包括：第一，该犯罪组织人数众多，成员较为固定；第二，该犯罪组织有预谋地实施犯罪，且有严明的纪律性；第三，该犯罪组织，犯罪手段狡猾、诡密，逃避侦察能力极强。

其次，公诉人明确了该犯罪集团的首要分子和主犯（"被告人张某系该犯罪集团的首要分子，被告人秦某某、全某某系该犯罪集团的主犯"）。公诉人通过阐述大量具体而详实的事实来分别证明各主要被告的犯罪情节。

再其次，公诉人表达了该持枪抢劫杀人等犯罪活动具有极大的人身危险性和社会危害性。主要表现在：第一，犯罪活动十分嚣张；第二，犯罪气焰十分嚣张；第三，犯罪手段特别残忍；第四，犯罪后果特别严重；第五，各被告人犯罪情节后果特别严重，均应受到法律最严厉的惩处。

最后，公诉人描述了人们群众在劫匪落入法网，被押上审判台时感到大快人心，被害人的亲属在得知杀害自己亲人的凶手被抓获归案时悲喜交加。公诉人描述了三位被害人的亲属的反应，包括被害人张某某的父母、被害人罗某某的母亲和被害人王某某的妻子，使用的是转述（reported discourse）的修辞手法。克里斯达·朵塞迪（Krisda Chaemsaithong）的研究发现，公诉人在发表言论时，除了表述自己的观点之外，还通过转述的修辞手段来表达其他人的观点，包括采用直接引语和间接引语。[1] 其中，公诉人在表达第一个被害人亲属的诉求时，用的是直接引语，"反复念叨着：'一定要让我们受害者家属旁听审判，决不轻饶这个杀人不眨眼的恶魔。'" 汤普森（Thompson）认为直接引用是任何以使用说话人原话的方式，表明转述人正在引述某人说话或者书写的内容，直接引用的基本类型包括两个小句：转述小句和引文。[2] 公诉人在表达第二个被害人亲属的诉求时，用的是间接引语的修辞手法："被害人罗某某的母亲黄某某再三要求，亲眼看看杀害自己儿子的凶手的可耻下场，希望法警不要把恶魔一枪打死，应该让，应该是千刀万剐。" 汤普森（Thompson）认为间接引用表示转述人正用自己的话转述某人说的话或书写的内容，而不是直引原话，也可转述某人的思想或感觉内容。[3] 而公诉人在表达第三个被害人亲属，即被害人王某某的妻子的感想时，首先用了一个比喻词语"泪如泉涌"，表现出被害人家属的强烈感情，然后用诗歌化的语言描绘出被害人家属的眼泪所饱含的深层意义：6 年的愤怒与悲伤啊，对亡夫的无尽思念与挂念，更是化作汩汩热泪。接着，公诉人运用直接引语，她哭喊着："利名啊，杀你的凶手抓到了！6 年啊，我们终于等到这一天。你若在九泉，九泉之下有知的话，就闭

---

〔1〕 K. Chaemsaithong, "Interactive Patterns of the Opening Statement in Criminal Trials: A Historical Perspective", *Discourse Studies*, Vol. 16, No. 3., 2014, pp. 347~364.

〔2〕 G. Thompson, *Reporting*, Harper Collins Publishers Ltd., 1994.

〔3〕 G. Thompson, *Reporting*, Harper Collins Publishers Ltd., 1994.

眼安息吧！"这一直接引语表达了被害人家属强烈的悲愤之情，具有很强的感染力，能够使庭审参与者，尤其是法官和庭审旁听者感同身受，倾向于认同公诉人的公诉意见。

公诉人在公诉词的结束语部分提出诉讼请求，要求法官对被告依法予以严惩（"审判长，审判员，鉴于本案各被告人犯罪情节后果特别严重，实属罪大恶极，必须依法予以严惩"）。该诉讼请求由三部分组成：诉求对象，即审判长和审判员；诉求原因，即本案各被告人犯罪情节后果特别严重，实属罪大恶极；诉求内容，即必须依法予以严惩。接下来，公诉人连续用了九个排比句"不严惩，不足以……"，以进一步强调严惩本案被告的目的和必要性，包括告慰被害死者的在天之灵、抚平伤者及其受害者家属们的心灵创伤、鞭挞邪恶以儆效尤、匡扶正义和弘扬法治、维护法治的尊严、显示我司法机关严厉打击刑事犯罪的威力、维护正常的社会治安秩序、鼓我严打整治斗争之士气。排比是书面语言经常运用的修辞格，其特点是"三个以上的词组或句子连续排列，结构相同或相似，语气一致，意义密切相关"。[1]陈望道指出，"同范围同性质的事象用了组织相似的句法逐一表出的，名叫排比。"[2]通过运用上述排比修辞格，公诉人使公诉词看起来句式更加整齐，整个行文更加流畅、丰满、有力。

（四）小结

通过上文分析，我们知道，结构完整的公诉词由首部和正文两部分构成。而首部包括标题和被告人基本情况及案由，正文则包括抬头、出庭任务和法律依据、具体意见和结束语。公诉人在公诉词的各个部分会运用不同的修辞手段，以强化自己作为国家公诉权代表的机构角色，并说服法官以及庭审旁听者接受自己的公诉意见。

四、公诉人称谓语的策略研究

（一）引言

《现代汉语词典》对称谓的定义是："人们由于亲属或其他方面的相互关

---

〔1〕　王德春、陈晨：《现代修辞学》，上海外语教育出版社2001年版，第200页。
〔2〕　陈望道：《修辞学发凡》，复旦大学出版社2008年版，第163页。

系，以及身份、职业等而得来的名称，如父亲、师傅、厂长等。"〔1〕

庭审话语不同于日常话语。约翰·吉布斯（John Gibbons）指出了庭审话语的非个性化特征（impersonal）：原则上讲，法律判决是不受庭审参与者的个性或个人感情所影响。〔2〕这意味着在法庭中，往往用庭审参与者在法庭中的角色来称呼他们。公诉人在庭审话语中针对不同的话语对象，会采取不同的称谓语策略。

社会语言学家认为称谓语，如尊称、谦称、爱称和贬称等可以反映社会结构、社会文化等。〔3〕称谓语作为称呼者对被称呼者的身份、地位、角色和相互关系的认定手段，在交际中起着保持和加强各种人际关系的作用。可以说它是言语交际中用得最广泛最频繁的词语，具有鲜明的社会性。〔4〕因此，对法庭话语中的称谓语研究可以从一个侧面揭示法庭审判这一独特的社会法律文化场景的特征。

语用学界注重研究称谓语的交际属性，认为交际的进行要受到双方的关系、心理、文化背景、社会角色以及具体的语境等因素的控制。〔5〕而祝畹瑾认为，地位、年龄和辈分是决定称呼的至关重要的因素，此外，身份和谈话的正式性对选用称谓语也有一定的影响。〔6〕

（二）权势与等同关系

布朗（Roger Brown）和吉尔曼（Albert Gilman）提出代词对称的两种基本语义关系，即权势与等同关系（power and solidarity），并分别用 V 和 T 来标示。〔7〕前者是表示礼貌客气的尊称（respect and politeness）；后者指表示亲近

---

〔1〕 中国社会科学院语言研究所词典编辑室：《现代汉语词典》，商务印书馆 2012 年版，第 163 页。

〔2〕 J. Gibbons, *Forensic Linguistics: An Introduction to Language in the Justice System*, Blackwell Publishing Ltd., 2003, p. 76.

〔3〕 参见郭熙：《中国社会语言学》，浙江大学出版社 2004 年版，第 212～229 页。

〔4〕 参见周瑞琪："称谓语的模糊性及其语用功能"，载《广东外语外贸大学学报》2006 年第 3 期。

〔5〕 参见朱晓文："称谓语的多角度研究"，载《修辞学习》2005 年第 4 期。

〔6〕 参见祝畹瑾：《社会语言学概论》，湖南教育出版社 1992 年版，第 155～156 页。

〔7〕 R. Brown, A. Gilman, "The Pronouns of Power and Solidarity", *American Anthropologist*, Vol. 4, 1960, pp. 24～39.

随和的通称（familiarity and informality）。V 和 T 相当于汉语中的"您"和"你"。在权势关系（power）中，交际双方之间存在一种不平等关系，一方处于权势较高的地位，另一方处于权势较低的地位；在等同关系（solidarity）中交际双方处于平等的地位。后来，布朗概括了称谓语中的三种模式：相互直呼其名、相互采用头衔加姓氏的方法和非对称性称谓。前两种属于对称式称谓语（reciprocal addressing），目的是要建立"等同性"关系；而后者属于非对称式称谓语（non-reciprocal addressing），例如交际双方的一方直呼对方的名字，而另一方则用头衔加姓氏的呼语。这种差异反映出交际双方的社会地位关系，即一定的权势关系。从称谓语策略中，可以看出交际双方的权势、平等、熟悉程度以及职业甚至性别，等等。[1]

庭审话语作为以一种典型机构话语，同日常话语存在很大差异，说话者之间的权力关系存在不平衡。公诉人同庭审话语的其他参与者的不同的权势关系决定了其会利用不同的称谓语策略，来承认或巩固强化这一权势关系。"从建立恰当的社会关系来说，我们可以把称谓语的选用看作是为形成和巩固某种社会关系而做的努力。称谓语不仅仅是交际双方用来称呼对方的用语，而且更是双方社会关系在语言中的表现。交际双方通过称谓语的选用表明各自在等级社会中身份地位的异同，以及在错综复杂的人际关系中角色的认定。"[2]

（三）公诉人的称谓语策略

在下文中，我们将分析一份公诉人在法庭上所做出的公诉词。该案件是一起持枪抢劫故意杀人案。经过两天的法庭调查，合议庭已对公诉人所举示的绝大部分证据予以采纳，对本案的基本指控事实予以确认，法庭调查阶段结束。在法庭辩论阶段，首先由公诉人发表公诉词。我们将根据公诉人同其他庭审参与者之间的不同关系来分析公诉人所运用的不同称谓语策略，以期揭示权势和等同关系对称谓语策略的影响。

---

〔1〕 参见任海棠、冯宁霞："称谓语的选用与社会身份关系之表达"，载《西安文理学院学报（社会科学版）》2005 年第 5 期。

〔2〕 参见任海棠、冯宁霞："称谓语的选用与社会身份关系之表达"，载《西安文理学院学报（社会科学版）》2005 年第 5 期。

1. 公诉人称呼法官

在该公诉词起始部分，公诉人首先向法官和在座的旁听者致意，称呼法官为"审判长、审判员"（"审判长，审判员，旁听公民们，震惊全国的渝、湘、鄂持枪抢劫故意杀人案，今天在这里开庭审理"）。并且，公诉人在宣读完公诉词中有关事实部分的陈述时，再次称呼法官为"审判长、审判员"（"审判长，审判员，鉴于本案各被告人犯罪情节后果特别严重，实属罪大恶极，必须依法予以严惩"），敦促法官对于本案被告依法予以严惩。在庭审话语中，法官的机构话语角色是审判者，代表的是国家的司法机关，拥有司法审判权力，由审判长和审判员组成。而公诉人的机构话语角色是代表国家检察机关，行使公诉权力。从这个意义上讲，公诉人同法官的关系是一种权势关系（power relationship），是疏远的，而不是亲密的，并且这一庭审话语是非常正式的。因此，公诉人在称呼法官时，所采用的称呼策略是使用法官的职衔，凸显公诉词的正式性和严肃性，同时暗示法官作为国家司法审判权的行使者必须秉公执法。

在公诉人开始发表公诉意见时，用的称谓语是"法庭"，来指代法官（"为进一步揭露犯罪，鞭笞邪恶，匡扶正义，弘扬法治，本公诉人发表如下公诉意见，供法庭合议时参考。"）。这一称谓语强调的是非人格化特征（impersonal）和集体性（collective）特征，即审判长和审判员作为审判人员，行使国家审判权，做出的决定也是集体性决定。

同时，在公诉词最后，公诉人吁请法官对被告必须依法予以严惩时，用了好几个排比句，其句式结构是"不严惩，不足以……"。其中一个排比句为"不严惩，不足以充分显示我司法机关严厉打击刑事犯罪的威力。"在这个句子中，公诉人称呼法官为"我司法机关"。公诉人强调的"我司法机关"，显示公诉人和法官的社会关系是等同关系（solidarity relationship），强调法官和公诉人属于同一阵营，都代表人民的利益，代表公正和正义，具有共同的目标和使命，即严厉打击刑事犯罪。通过采用"我司法机关"这一表明等同关系的称呼语，公诉人把法官拉到了己方阵营里，进一步强调了法官严格执法、依法严惩犯罪分子的职责要求，使得法官更倾向于认同公诉人的公诉意见。

2. 公诉人称呼庭审旁听者

在该公诉词起始部分，公诉人首先向法官和在座的旁听者致意。其中，公诉人称呼庭审旁听者为"旁听公民们"（"审判长，审判员，旁听公民们，震惊全国的谕、湘、鄂持枪抢劫故意杀人案，今天在这里开庭审理"）。公诉人在称呼庭审旁听者时，并未像其他致辞者在某种会议或典礼上那样采用称谓语"女士们，先生们""朋友们"或"各位来宾"。根据《现代汉语词典》的解释，"公民"是指"具有或取得某国国籍，并根据该国宪法和法律规定享有权利和承担相应义务的人"。[1]公诉人在公诉词中用"旁听公民们"来称呼庭审旁听者，意在强调旁听者作为中国公民，享有中国宪法和法律规定享有的权利，即参与旁听法庭审判、见证法律的运作和正义的维持，同时，旁听者也具有宣传法律、弘扬正义的义务。而且，当公诉人把听众定义为"公民"时，意在凸显自己作为国家公诉权行使者的职责和权威，从而使法官和旁听者更倾向于认同公诉人的公诉意见。

3. 公诉人称呼被告

在公诉词中，公诉人在称呼被告时，分别使用了不同的称谓语，如"被告人""刑事犯罪分子""被告人+姓名""犯罪分子""姓名""劫匪""杀人狂魔+姓名"。这一系列称谓语表明公诉人和被告的关系属于权势关系，公诉人作为国家检察机关代表，具有较高的权势地位，而被告则具有较低的权势地位，作为被告等待接受公诉人的公诉和法律的惩处。而称谓语"刑事犯罪分子"、"犯罪分子"、"劫匪"和"杀人狂魔+姓名"表明被告人是人民的敌人，因此诉请法官依法对这些被告进行严惩。这一对立关系表明公诉人和被告之间的社会距离最大，权势地位最不平等。

需要指出的是，在公诉词中，这些称谓语直接表明公诉人对被告所持的立场和态度，即被告属于犯罪分子和劫匪。然而，公诉人除了运用这些强化公诉人和被告之间不平等的权势关系的这些称谓语称呼被告以外，还存在一个例外情况。当公诉人陈述被告全某某身为出租车司机，却与杀人恶魔张某共谋，意图杀害出租车司机，抢劫出租车，用于堵截运钞车时，公诉人禁不住发出质问："同出一行，你相煎何急呀！"公诉人所运用的称谓语"你"在这里并不表示公诉人同被告之间的等同关系，而是强调公诉人对被告进行面

---

〔1〕 中国社会科学院语言研究所词典编辑室：《现代汉语词典》，商务印书馆 2012 年版，第451 页。

对面的质问和指责，显示的还是公诉人和被告之间的权势关系。

4. 公诉人称呼本人

在公诉词中，公诉人称呼本人时，分别使用了称谓语"我们""公诉人""本公诉人"。在公诉词开始部分，公诉人首先宣布了自己的身份和职责："我们受本院检察长的指派，以国家公诉人的身份出席法庭，支持公诉，并履行法律监督职责。"表明公诉人代表的是国家检察机关，行使的是国家检察权和公诉权。在总结庭审调查过程时，公诉人称"在庭审调查中，我们通过多媒体，充分展示了以张某为其首要分子的抢劫故意杀人犯罪集团的军火库"。尽管公诉人是个人出庭参与公诉，仍然强调称谓语用"我们"，而不是"我"。"我们"这一称谓语意在表明公诉人参加公诉，代表的是国家检察院集体的意志，而不是个人的意志。达斯扎克（Duszak）指出，在话语中，第一人称复数代词"我们"旨在构建、重新分配或改变群体内和群体外的社会价值。[1]通过使用这一代词，说话者可以使自己归属于某一群体，而这一群体可能是在现实世界存在，也可能是不存在的。[2]

接着，公诉人指出："在以上的法庭调查中，公诉人针对起诉书中指控所列被告人的犯罪事实，逐笔进行了举示证据。"这一称谓语表明公诉人的权势和职责，与被告人处于对立的社会地位和不平等的权势关系中。在发表具体公诉意见时，公诉人用的称谓语是"本公诉人"，具有正式性（formal）和非人格化（impersonal）特征。

在总结法庭调查阶段的结果时，公诉人用"本院"来指称检察院（"经过庭审控、辩双方的指证、认证，充分证实所举示的证据与证据之间，证据与所证实的事实之间关联，互相印证，形成证据锁链，收集程序合法，内容客观真实，且已被法庭当庭采纳，有力地证明了本院起诉书所指控的被告人的犯罪事实成立"）。指称语"本院"表明公诉人属于检察院管辖，向检察院负责，并代表检察院行使检察权和公诉权。有趣的是，当公诉人指称公安机关时，用的称谓语是"我们公安机关"（"如果不是我们公安机关及时破案，

---

〔1〕 A. Duszak, *Us and Others: Social Identities across Languages, Discourses and Cultures*, John Benjamins, 2002, pp. 341~356.

〔2〕 Yael Janetle. Zupnik, "A Pragmatic Analysis of the Use of Person Deixis in Political Discourse", *Journal of Pragmatics*, Vol. 21, No. 4, 1994, pp. 339~384.

不知又有多少条人命将惨遭杀害"）。很显然，公诉人不属于公安机关管辖，也不能代表公安机关。"我们公安机关"表明公诉人同公安机关之间属于等同关系，强调公安机关代表的是人们的利益，和公诉人惩处罪犯、匡扶正义的立场是一致的。

在向侦破渝湘鄂系列案件的全体参战干警致谢时（"为此，在这特定的时刻，我们作为国家的公诉人，有资格代表人民向侦破渝湘鄂系列案件的全体参战干警说一声谢谢，道一声人民卫士你们辛苦了！"）公诉人用称谓语"我们"来指代自己，用"你们"指代参战干警。这一称谓语反映的是公诉人和参战干警之间的等同关系（solidarity relationship），表明"我们公诉人"和"你们干警"都是代表人民的利益，代表正义。

在向死难者及其亲属表达哀悼和慰问时（"在此我们向所有在渝湘鄂系列案件中被害的死难者致以深切的哀悼，向他们的亲属致以关切的慰问和深表痛惜之情"）公诉人用称谓语"我们"来指代公诉人自己和包括法官与庭审旁听者在内的所有庭审在场人员，用"他们"指代案件中被害的死难者。"我们"这一称谓语表明，公诉人试图建立一种共享身份（shared identity），是说话者和听众同属于同一个群体，具有相同的价值追求，"这样，听众就不会质疑说话者的观点，相反，会认为说话者的确是在代表他们说话"。[1] 通过使用第一人称复数代词"我们"，公诉人意在表明有社会责任和追求正义价值的人都会向被害者表示哀悼，对被害者家属表示同情，从而能够引起庭审现场的法官以及其他旁听者的共鸣和认同。

（四）小结

在庭审话语中，公诉人同庭审话语的其他参与者存在不同的关系。这种权势或等同关系决定了公诉人会利用不同的称谓语策略，来巩固或强化这一关系。公诉人在同法官的话语交际中强调权势关系。因此，公诉人在称呼法官时，所采用的称呼策略是使用法官的职衔，凸显公诉词的正式性和严肃性，同时暗示法官作为国家司法审判权的行使者具有权威性。公诉人在公诉词中

---

〔1〕　K. Chaemsaithong, "Interactive Patterns of the Opening Statement in Criminal Trials: A Historical Perspective", *Discourse Studies*, Vol. 16, No. 3., 2014, pp. 347~364.

用"旁听公民们"来称呼庭审旁听者，意在强调旁听者作为中国公民，享有中国宪法和法律规定享有的权利，即参与旁听法庭审判，见证法律的运作和正义的维持。同时，庭审旁听者也具有宣传法律、弘扬正义的义务。公诉人对被告人所采用的称谓语表明公诉人和被告的关系属于权势关系，他们之间的社会距离最大，权势地位最不平等。公诉人作为国家检察机关代表，具有较高的权势地位，而被告则具有较低的权势地位。公诉人用"我们"，而不是"我"来称呼公诉人员，意在表明公诉人参加公诉，代表的是国家检察院集体的意志，而不是个人的意志。公诉人用"本院"来指称检察院，表明公诉人属于检察院管辖，向检察院负责，并代表检察院行使检察权和公诉权。公诉人用称谓语"我们公安机关"指称公安机关，表明公诉人同公安机关之间属于等同关系，强调公安机关代表的是人们的利益，和公诉人惩处罪犯、匡扶正义的立场是一致的。总之，公诉人针对不同的话语对象所运用的不同的称谓语策略能够巩固和强化已有的权势或等同关系，实现说服庭审参与者接受其公诉意见的话语目的。

五、公诉意见中的态度标记语研究

态度是指心理受到影响后对人类行为、文本或过程及现象作出的判断和鉴赏，是对某一特定对象所持有的心理倾向和行为倾向。[1]态度标记语（attitude markers）能够表明作者对命题的主观态度。[2]态度标记语包括评价性词语、语气加强词和强调必要性的词语。其中，评价性词语使用频率最高，而强调必要性的词语使用频率最低。在下文中，我们将以张某等持枪抢劫杀人案的公诉意见为样本，分析公诉人如何利用态度标记语这一修辞手段，来表明自己的态度，实现话语目的。我们的研究发现，在公诉词中，公诉人会运用以下三种态度标记语来表达自己对被告人、犯罪行为以及与案件相关的其他人的态度：评价性词语、语气加强词和强调必要性的词语。

---

〔1〕 参见刘立华主编：《评价理论研究》，外语教学与研究出版社 2010 年版，第 9 页。

〔2〕 K. Hyland, "Stance and Engagement: A Model of Interaction in Academic Discourse", *Discourse Studies*, Vol. 7, No. 2., 2005, pp. 173～192.

（一）评价性词语

首先，公诉人可以通过使用评价性词语（evaluative expressions）来表明自己的态度。律师可以通过使用"残忍的"或"大错特错的"等描述具体场景的评价性词语来引导听众对案件的解读。[1]事实上，评价性词语对应的另外一个术语就是"词语的感情色彩"。词语的感情色彩有褒义和贬义之分。褒义词表现的是说话人对该词所反映的事物采取的一种赞赏、支持的态度或喜欢的感情，而贬义词则表现说话人采取的一种否定、反对的态度或厌恶的感情。在控辩对抗、原被告对抗的法庭话语情景中，词语的感情色彩很显然就成了法庭话语各方宣扬己方立场，批驳对方观点的有力手段。[2]科特里尔（Cotterill）的研究表明，在著名的辛普森（O. J. Simpson）案件庭审中，公诉人倾向于使用具有贬义色彩的词汇把被告人辛普森描述成为"具有控制欲和暴力倾向的丈夫"，逐渐对其妻子进行暴力升级，并最终将其杀害，而辩护律师则把同样的行为描述为孤立的、互不相关的事件和争议。[3]由此，我们发现评价性词语的感情色彩与话语目的密切相关。

1. 评价性词语的感情色彩与话语目的关系

在有关张某等持枪抢劫杀人案的公诉词中，公诉人运用了大量评价性词语，其感情色彩随着话语目的的不同而产生变化。廖美珍教授指出，法律审判活动是具有明显的、强烈的目的导向的活动，参与法庭审判的各方都带有明显的目的性。[4]法庭话语中各方的目的关系包括：目的一致，目的冲突和目的中性。

其中，目的冲突关系主要体现在公诉人、被害人家属以及社会大众对被告人的评价性词语中。公诉人运用了大量富有感情色彩的形容词、副词、动词和名词来描述被告及其所犯下的罪行。其发生频次是 153 次，占总频次的

---

〔1〕　K. Chaemsaithong, "Interactive Patterns of the Opening Statement in Criminal Trials: A Historical Perspective", *Discourse Studies*, Vol. 16, No. 3., 2014, p. 360.

〔2〕　参见李立、赵洪芳:《法律语言实证研究》，群众出版社 2009 年版，第 327 页。

〔3〕　See J. Cotterill, "Domestic Discord, Rocky Relationships: Semantic Prosodies in Representations of Marital Violence in the O. J. Simpson Trial", *Discourse & Society*, Vol. 12, No. 3., 2001, pp. 291 ~ 312; J. Cotterill, *Language and Power in Court: A Linguistic Analysis of the O. J. Simpson Trial*, Palgrave Macmillan, 2003.

〔4〕　参见廖美珍:"目的原则与法庭互动话语合作问题研究"，载《外语学刊》2004 年第 5 期。

70.8%。这些针对被告人的评价性词语主要表现为具有贬义色彩的词语，发生频次为 140 次，占总频次的 64.8%。这些具有贬义色彩的评价性词语传达的是公诉人和社会大众对被告人和其犯罪行为的指责和鞭挞，如震惊全国的、暴劣、施虐千里、血债累累、罪恶滔天的、令人发指、触目惊心、残不忍睹、罪恶、严重、心存侥幸的、杀人狂魔、邪恶、行径、犯罪分子、无视、罪行、推托狡辩、避重就轻、抵赖、邪恶、纠合。加芬克尔（Garfinkel）指出，律师会运用"贬低社会地位策略"（social degradation ceremony）来质疑证人的品格，而且他认为"法庭是实施贬低社会地位策略的最佳场合"。[1]这一过程的相反面就是地位支持策略（status support），通常是由己方律师运用的。而对方律师则会用地位贬低策略（status reduction）来质疑证人或诉讼当事人。[2]也就是说，公诉人运用地位贬低策略，即运用具有贬义色彩的评价性词语来贬低被告人的人品，鞭挞犯罪行为，使被告人完全处于被谴责的劣势话语地位。

李立和赵洪芳的研究表明，庭审中的贬义色彩词语大都指向对方或第三方，目的是贬抑对方或第三方，证明对方或第三方负有法律责任，从而使控方和原告方达到胜诉的目的，而被告方达到弱化己方责任或开脱责任的目的。这表明说话者和话语客体之间的目的关系是目的冲突。而庭审中的褒义词的运用符合目的一致原则，大都指向己方或法官，表示肯定己方行为的正确性、合法性以及法官的公正无私性。[3]

然而，我们的研究发现，在目的冲突关系中，即当评价性词语的主体是公诉人，而客体是被告人时，有一部分评价性词语的感情色彩却具有褒义色彩，其发生频次为 13 词，占总频次的 6%，例如：严明的、纪律性、周密、惩奖分明、精选、及时、充分、精心地、精细、冲锋陷阵、赴汤蹈火、毫不逊色、女干将。这并非表明公诉人支持或者赞同被告人的行为。恰恰相反，公诉人采用这些具有褒义色彩的评价性词语，目的是使法官和庭审旁听者了解被告人的组织性质，即他们属于犯罪集团，该犯罪集团内部分工明确、纪

---

〔1〕 See H. Garfinkel, *Studies in Ethnomethodology*, Prentice Hall, 1967.

〔2〕 J. Gibbons, *Forensic Linguistics: An Introduction to Language in the Justice System*, Blackwell Publishing Ltd., 2003, p. 113.

〔3〕 参见李立、赵洪芳:《法律语言实证研究》, 群众出版社 2009 年版, 第 327～328 页。

律严明、惩奖分明，犯罪行为策划精细周密，犯罪准备充分，犯罪集团成员为实施犯罪行为极其卖力。由此，具有褒义色彩的评价性词语被公诉人用来强化被告人的组织性质、态度和在犯罪行为中所起的作用，以支持其依法严惩被告人的公诉意见。由此可见，公诉人和被告人之间的目的冲突关系决定了公诉人对被告人的态度和评价是否定的，而表面上看似具有褒义色彩的评价性词语事实上实现的也是消极的评价和贬抑的话语目的。

　　公诉词中的目的一致关系主要体现在公诉人与法院和法律、公诉人与人民群众、公诉人与本人或本岗位、公诉人与被害人及其家属、公诉人与公安人员之间的互动关系中。在表2－2中，当评价性词语的客体为法院和法律时，评价性词语的发生频次为18次，占总频次的8.3%，例如：庄严的、正义、尊严、揭露、严罚、严惩、铁证如山、法网恢恢、三令五申、严禁、制裁、鞭挞邪恶、以儆效尤、匡扶正义、弘扬法治、严厉、威力、士气。这些评价性词语都具有褒义的感情色彩，传达的信息是：法院是庄严的，是正义的化身，其使命是揭露犯罪事实，严惩犯罪分子。而法律是严厉的，对违反法律的犯罪分子必须严惩、制裁、鞭挞，以维护法律的尊严。也就是说，公诉人对法院和法律持有肯定和赞美的态度。

　　当评价性词语的客体为人民群众时，评价性词语的发生频次为8次，占总频次的3.7%，例如：愤怒、群情激昂、义愤填膺、深恶痛绝、斗争、殊死搏斗、宝贵的、大快人心。这些评价性词语主要表达的是人民群众对犯罪行为的痛恨，对犯罪分子的斗争，和知道犯罪分子被抓时的欣喜之情。通过描述人民群众的感受，公诉人试图将自己的身份认同为人民群众，表示公诉人代表的是人民的利益，反映的是人民的心声，同时，在某种程度上，使得法官不得不考虑人民的感受和呼声，可以说，这是一个十分有效的修辞策略。

　　当评价性词语的客体为公诉人本人或本岗位时，评价性词语的发生频次为13次，占总频次的6%，例如：保护、维护尊严、维护秩序、履行、职责、充分、合法、客观真实、有力地、揭露、鞭笞邪恶、匡扶正义、弘扬法治。这些评价性词语都具有褒义的感情色彩，实现的话语目的包括两类：一是强调公诉人的职责，即保护人民群众生命财产安全、维护法律的尊严、维护社会治安秩序、履行法律监督职责、鞭笞邪恶、匡扶正义、弘扬法治；二是强调公诉人在法庭调查阶段所取得的成就，即充分证实证据充分、关联、互相印证，收集程序合法，内容客观真实，能够有效揭露犯罪事实。

当评价性词语的客体为被害人及其家属时，评价性词语的发生频次为 20 次，占总频次的 9.3%，例如：无辜的、无冤无仇的、艰辛、惨遭杀害、哀悼、悲喜交加、慰问、痛惜、悲喜交集、泪如泉涌、愤怒、悲伤、思念、挂念、九泉、闭眼安息、告慰、抚平、心灵创伤、在天之灵。这些评价性表达的是公诉人对被害人及其家属的同情和慰问，表明公诉人和被害人家属目的一致，即严惩犯罪分子，实现正义。

当评价性词语的客体为公安人员时，评价性词语的发生频次为 4 次，占总频次的 1.9%，例如：及时、破案、人民卫士、牺牲。这些评价性词语都具有褒义色彩，表达了公诉人对公安人员的肯定和赞美。如果说法庭代表了国家的司法权力，象征着正义，那么公安人员则代表了国家的执法权力，实现着正义。公诉人对法庭和公安人员的肯定和赞美，就是对国家的法律体系的肯定，从而有助于实现依法严惩被告人的话语目的。

表 2-2　公诉词中评价性词语的目的关系

目的关系	评价性词语的客体	发生频次	占百分比
目的冲突	被告人	153（13）	70.8%（6%）
目的一致	法院和法律	18	8.3%
	人民群众	8	3.7%
	公诉人	13	6%
	被害人及其家属	20	9.3%
	公安人员	4	1.9%

2. 评价性词语的词性特征

在词性方面，评价性词语可以通过形容词、名词、副词和动词等不同的词性形式得以实现对客体的评价。克里斯达·朵塞迪（Krisda Chaemsaithong）的研究表明，形容词性的态度标记语最为常见。[1]

---

〔1〕 K. Chaemsaithong, "Interactive Patterns of the Opening Statement in Criminal Trials: A Historical Perspective", *Discourse Studies*, Vol. 16, No. 3., 2014, p. 360.

然而，在本研究中，根据表 2-3 的统计数据，我们发现，使用频率最高的评价性词语的词性不是形容词，而是动词，发生频次为 79 次，占总频次的 37.4%；频率位居第二的是名词，发生频次为 63 次，占总频次的 29.9%；而形容词的频率位居第三，发生频次为 55 次，占总频次的 26.1%；出现频率最低的是副词，发生频次为 14 次，占总频次的 6.6%。由于朵塞迪（Chaemsaithong）的研究涉及的是英文法律话语，而本研究涉及的是中文法律话语，因此，评价性词语的词性出现频率的差别可能是由英文和中文的差异造成的。中文中的动词和名词更富有表现力，能够传达说话者对命题的态度。例如，《现代汉语词典》对动词"纠集"的解释是：纠合（含贬义）。[1]也就是说，相对于中性词语"召集""集合"而言，使用含有贬义色彩的动词"纠集"本身就表达了说话者对评价性词语客体的一种态度，即公诉人对被告人的行为持否定和批评的态度。而对于名词"行径"，《现代汉语词典》的定义为：行为；举动（多指坏的），如无耻行径。在公诉意见中，当公诉人要描述被告人的做法时，没有使用中性词"行为"或"举动"，而是使用了含有贬义色彩的评价性词语"行径"，表明公诉人对被告人的行为进行谴责和否定的态度。同此，含有贬义或褒义色彩的形容词如"罪恶滔天的"、"贪婪的"和"庄严的"更直接地表明说话者对评价性词语客体的否定或肯定态度。如果说，形容词性态度标记语是显性的、直接的评价性词语，那么动词性和名词性态度标记语则是隐性的、间接的评价性词语。本研究表明，在中文法律话语中，公诉人更倾向于采用隐性的、间接的评价性词语来表达自己的态度。

表 2-3 公诉词中的评价性词语的词性特征

评价性词语的词性	发生频次	占百分比
形容词	55	26.1%
名词	63	29.9%
副词	14	6.6%
动词	79	37.4%

---

[1] 中国社会科学院语言研究所词典编辑室：《现代汉语词典》，商务印书馆 2012 年版，第 693 页。

（二）语气加强词（intensifier）

语气加强词（intensifier）一般指形容词和副词，放在被修饰词的前面或后面，用来加强语气。语气加强词也能表达说话者对话语客体的态度。

1. 表达时间长

在公诉意见中，公诉人想要强调被告人的犯罪行为策划预谋持续时间长，使用了加强词"长达"（例1和例2），配合数量词"以上"（例1）和"多"（例2），表达了公诉人对被告人预谋行为的否定态度，这对被告人犯罪行为的最后定性起到一定的作用。

例1：张某等人为实施犯罪，策划预谋十分周密，多次踩点，反复观察，精选作案路线和逃跑路线及其方法，其过程由于其过程有长达一年以上。

例2：张某为实施抢劫安乡县农行金库，整个预谋过程，长达一年多。

2. 表达数量多

当公诉意见中涉及到数量词时，公诉人用加强词"数""达……之多""之巨"（例3、例4和例5）强调数量多。当数量不满某一个整数时，公诉人使用加强词"近"（例6），而当数量超过某一个数时，公诉人使用加强词"有余"（例7）、"余"克（例8）或"余"发（例9）。这些加强词的目的都是强调被告人作案次数多，或涉案财物价值巨大，或涉案枪弹数量巨大，表达了公诉人对被告人犯罪行为的谴责的态度。

例3：抢劫作案数十起。

例4：在渝湘鄂等地实施持枪抢劫故意杀人特大刑事案犯罪达44起之多。

例5：张某不惜百万元之巨，先后在云南、湖南等地购买了大量的枪支弹药。

例6：劫得财物总价值人民币近600万元。

例7：被告人秦某某数……为张君为钱财冲锋陷阵，赴汤蹈火，已五年有余。

例8：抢得现金人民币18 848百余元，抢得黄金、白金饰品41 680余克。

例9：散弹2000余发。

3. 表达时间短

当公诉人想要强调被告人作案频率高时，使用了加强词"短短的"（例10，例11）、"仅仅"（例12）和"仅"（例13），表达了公诉人对被告人近乎疯狂的作案频率的否定和批判态度。

例 10：在短短的几年内。

例 11：短短的几年间。

例 12：仅仅几个小时之内。

例 13：在仅半个月时间内。

4. 表达震惊、出乎意料

加强词"竟"和"竟然"被用来表达说话者感到惊讶和出乎意料。在例14 中，公诉人通过使用加强词"竟"，表示该案件中的被告人同其他案件的犯罪分子的区别在于，其作案频率非常高，异于普通犯罪分子。在例 15 和例16 中，公诉人使用加强词"竟"意在强调该犯罪集团肆无忌惮，选择在人口密集区和繁华地段作案，并且在光天化日作案，这也是其区别于其他犯罪分子的地方，强调被告人的凶狠毒辣和胆大包天。在例 17 中，公诉人用加强词"竟"强调了被告人张某视枪如命的嗜好，表达了公诉人对被告人张某嗜好的惊讶和不齿的态度。在例 18 中，被告人杨某某作为公安部干部，本应该是守法的典范，负有保管枪弹之责，但出乎意料的是，其无视国法，非法买卖枪支弹药，因此，加强词"竟"表达了被告人的犯罪行为与其职务职责构成鲜明对比，表达了公诉人对其犯罪行为的震惊和谴责。在例 19 中，加强词"竟"表达的是国家三令五申严禁非法买卖，非法运输枪支弹药，且被告人均具有行为能力和刑事责任能力，也明知该行为的严重后果，而被告人却仍然知法犯法，表达了公诉人对被告人的谴责。在例 20 中，公诉人通过使用加强词"竟然"表示对被告人全某某的行为出乎意料，难以理解，因为全某某身为出租车司机，本应该理解出租车司机挣钱的艰辛，而事实上，她却与张某共谋抢劫出租车司机，其行为确实让人震惊和不解。总之，通过使用加强词"竟"和"竟然"，公诉人表明了被告人与常理不同，与法理不同之处，表达了公诉人对被告人的犯罪行为和人格的否定和谴责。

例 14：仅仅几个小时之内，竟持枪抢劫故意杀人，作案 3 起。

例 15：以张某为首要分子的持枪抢劫故意杀人犯罪集团，竟毫无顾忌，窜入人口密集的大中城市，肆无忌惮，大肆作案，竟选择商店市区，繁华地段的银行、大中型商场作为抢劫的目标。

例 16：他们在光天化日、众目睽睽之下，竟敢明火执仗，持枪抢劫故意杀人，其犯罪气焰是何等的嚣张。

例 17：张某当晚对其爱不释手，竟用舌头舔遍整个枪身。

例 18：被告人杨某某身为公安部干部，负有保国，负有保管枪弹之责，竟非法卖给张君 64 式手枪子弹 400 余发。

例 19：他们竟，竟敢目无国法，胆大妄为，大肆进行非法买卖、运输枪支弹药的犯罪活动。

例 20：身为出租车司机的全某某，应该说对出租车司机挣钱的艰辛体会尤深，但其竟然与杀人恶魔张君共谋。

5. 表示程度很强

表示程度的语气加强词一般而言都是副词，用来修饰形容词，其位置可以在形容词前面，也可以在形容词后面。在本文所研究的公诉意见中，公诉人通过使用表示程度的语气加强词来表达被告人犯罪行为的残忍和罪恶的特征，例如：十分嚣张（例21）、特别残忍（例22）、极度沦丧（例23）、残忍至极（例24）、实属罕见（例25）、特别严重（例26）、实属罪大恶极（例26）。这在某种程度上也为公诉人提出的定罪量刑建议提供了依据，即被告人具有从重处罚情节，必须依法予以严惩。

例 21：犯罪气焰十分嚣张。

例 22：犯罪手段特别残忍。

例 23：抢劫中，张某等人极度沦丧，丧心病狂肆意开枪，滥杀无辜。

例 24：类似惨不忍睹的血腥场面案案可见，历历在目，其手段真可谓残忍至极。

例 25：其中作案频率之高，实属罕见。

例 26：鉴于本案各被告人犯罪情节后果特别严重，实属罪大恶极，必须依法予以严惩。

（三）强调必要性的词语

态度标记语可以表达说话者对有关义务、责任和许可等社会信息的态度，强调必要性，包括应该、必须和有必要等词语。[1]在下面的例子中，当公诉

---

〔1〕 K. Chaemsaithong, "Interactive Patterns of the Opening Statement in Criminal Trials: A Historical Perspective", *Discourse Studies*, Vol. 16, No. 3. , 2014, pp. 347 ~ 364.

人在公诉意见最后向法官提出对被告人定罪量刑建议时，公诉人运用了强调
必要性的词语"必须"（例27），表达其对被告人按照加重情节依法严惩的决
心和坚定的态度。通过使用强调必要性的词语"必须"，一方面表明公诉人具
有提出对被告人定罪量刑建议的能力，另一方面，意在向听众，即法官，表
明公诉人的叙述和观点都是正确的。这样，公诉人给人的印象就具有权威性，
使得法官更倾向于认同公诉人的观点和建议。

　　除了使用"必须"来强调必要性以外，在例28中，公诉人还使用了这一
词语的变体结构，即"不……不足以……"，意思是"必须……才能……"。
也就是说，公诉人用了双重否定结构表示肯定，强调严惩的必要性，传达的
是其严惩被告人的坚定态度。值得注意的是，在强调严惩被告人的必要性时，
公诉人不仅运用了双重否定结构，还在语篇层面运用了排比结构，共由9个
排比句构成，可以达到加强语势的效果，具有极强的说服力。

　　例27：审判长，审判员，鉴于本案各被告人犯罪情节后果特别严重，实
属罪大恶极，必须依法予以严惩。

　　例28：不严惩，不足以平民愤；不严惩，不足以告慰58位被害死者的在
天之灵；不严惩，不足以抚平20位伤者及其受害者家属们的心灵创伤；不严
惩，不足以鞭挞邪恶以儆效尤；不严惩，不足以匡扶正义，弘扬法治；不严
惩，不足以维护法治的尊严；不严惩，不足以充分显示我司法机关严厉打击
刑事犯罪的威力；不严惩，不足以维护正常的社会治安秩序；不严惩，不足
以鼓我严打整治斗争之士气。

　　（四）小结

　　在公诉意见中，公诉人可以通过态度标记语来表明自己对某一事物的态
度。其中，使用频率最高的态度标记语是评价性词语，包括贬义和褒义两种
感情色彩。评价性词语的感情色彩同话语的目的关系密切相关。一般而言，
当说话者同评价性词语的客体具有目的一致关系时，倾向于使用具有褒义感
情色彩的评价性词语，而当说话者同评价性词语的客体具有目的冲突关系时，
则倾向于使用具有贬义感情色彩的评价性词语。此外，语气加强词也是公诉
人运用的比较多的一种态度标记语手段，包括表达时间长、数量多、时间短、
令人震惊和出乎意料，以及表示程度强的各种加强词形式，其目的是强调话

语客体的某一特征，表达公诉人对话语客体的赞成或否定的态度。除了评价性词语和语气加强词以外，强调必要性的词语也是公诉人表达个人态度的一种有效手段，包括应该、必须和有必要等词语。总之，这些态度标记语是公诉人表明自己态度和观点的有效修辞手段，有助于其实现其说服法官和庭审旁听者的话语目的。

六、公诉意见中体现的道德教育和人文关怀

（一）引言

公诉意见是公诉人在庭审过程中发表的对被告的控诉意见。如果公诉人能够恰当地运用修辞策略，不仅能充分有效地阐述公诉意见，而且能使公诉意见更容易被法官认可和理解，也能使被告人心悦诚服地认罪伏法，同时对庭审旁听者以及社会大众进行有效的法治宣传，发挥公诉词的法治宣传、教育和警示作用。因此，在公诉意见中，为了使公诉意见更具有说服力、感染力，更容易被普通百姓所接受，公诉人往往采用集情、理、法于一体的语言风格。也就是说，公诉人在阐述被告人的犯罪事实、犯罪依据、犯罪情节和适用刑罚的同时，会引入对该事件的道德评判，以理服人，以情动人，对当事人进行伦理教育和法律宣传。其中，法是实定的，人为的，而情理被理解为一种常识性的正义衡平感觉，只存在于每个人的心中。但法和情理又非彼此对立的存在。法使情理明确化，并赋予其强制力，法又通过情理加以解释和变通。[1]

亚里士多德提出了修辞术的三种劝说手段——人格（ethos）、情感（pathos）和理性（logos）。"人格说服是展现修辞主体自身所具有的人格魅力或表明自己所陈述内容经某法律条款或某一权威机构认定具有权威性，其目的是使听众认为他的论辩真实合理，从而对他所说的话感到信服。情感劝说是指修辞主体通过运用某种表述形式，激起受众对于他所陈述内容的强烈感情，主要依靠调动听众的情感来获取听众的情绪化认同达到接受修辞主体传达信

---

〔1〕 ［日］滋贺秀三："清代诉讼制度之民事法源的概括性考察"，范愉译，载王亚新、梁治平主编：《明清时期的民事审判与民间契约》，法律出版社 1998 年版。

息的意图或目的。而理性说服强调观点的有理有据，它保证了说理的客观可靠性。"[1]焦宝乾将这三种修辞术劝说手段归纳为以德服人、以情感人和以理服人。[2]在公诉意见中，以德服人强调的是对人物和实践的道德评判，以情感人侧重于表达对被害人的同情和对被告人提出谴责、劝告或希冀，而以理服人则强调依法说法。依据相关法律法规，以理服人，指出被告人违反了哪条法律，犯了何种罪行，依法应受到何种刑罚，这本是公诉意见的应有之意，因此，我们就不进行赘述了。我们将重点探讨公诉意见中实现以德服人和以情感人的话语策略和修辞手段。

（二）道德评判

康利（Conley）和欧巴尔（O'Barr）提出，律师可以利用评论策略（commentary），即律师对证人的行为做出隐蔽的评价性论述。这种评论不是直接做出的，而是嵌入在问题中。这使得律师的话语能够在法庭规定的问答形式范围内。[3]我们知道，律师不能直接说他怀疑证人可能捏造了故事细节，只能通过问题来间接表达这一怀疑。然而，在公诉意见中，公诉人则不受这一规则的限制，道德评判往往通过使用评论性话语来实现。"语言使用不仅仅是客观的汇报和描述，同时也是情感表达的过程。语言中的情感表述一方面可以通过具有联想意义的词语来达成，另一方面通过使用表达倾向性观点的词语激起受众内心的感受。"[4]利奇（Leech）将词语的意义分为概念意义、联想意义和主题意义，其中联想意义又包括内涵意义、社会意义、情感意义、反应意义及搭配意义。[5]公诉人可以通过词语的联想意义，表达自己对某一事件或人物的倾向性观点。

公诉人利用评论策略对被告人进行道德评判，其目的是使被告人产生羞耻感，使社会大众对其产生唾弃和厌恶的感情，从而达到在道德伦理层面惩罚被告人的目的。近年来，国外出现很多有关利用道德评价策略来惩罚被告

---

〔1〕　参见刘桂玲："庭审语篇中情感劝说的实现手段"，载《社会科学战线》2014 年第 9 期。

〔2〕　参见焦宝乾："法律中的修辞论证方法"，载《浙江社会科学》2009 年第 1 期。

〔3〕　J. M. Conley，W. M. O'Barr，*Just Words：Law, Language, and Power*，The University of Chicago Press，1998，pp. 27~31.

〔4〕　刘桂玲："庭审语篇中情感劝说的实现手段"，载《社会科学战线》2014 年第 9 期。

〔5〕　G. N. Leech，*Semantics*，Penguvn Books，1974.

的研究。[1]而胡（Hu）认为使人产生羞耻感，这是中国文化中的一种最严厉的话语惩罚。[2]

由于在中国文化中，人们非常重视道德评价，因此，在公共场合对某人做出消极的人格评价是对他实施的一种严厉的话语惩罚。[3]在公诉意见（例1）中，公诉人通过使用具有联想意义的词语，如"不思悔改""铤而走险""以身试法""主观恶性大"等，实现了对被告人的消极的人格评价，使法官和庭审旁听者对被告产生负面印象，从而更倾向于认同公诉人的公诉意见。

公诉意见（例2）比较典型，道德评判性词语使用频率非常高。其中，绝大多数评论性词语具有消极的、贬义的联想意义，旨在强调被告人的罪恶和犯罪行为的惨烈（共10个词，占评论性词语总个数的66.7%）；一部分评论性词语用来反映普通民众对被告人的愤慨（共3个词，占评论性词语总个数的20%）；还有一些评论性词语用来强调人民法庭具有庄严性，是正义的化身（共2个词，占评论性词语总个数的13.3%）。总之，公诉人通过使用大量的道德评判性词语，激发起听众对被告人的愤怒和痛恨之情，同时，强化了对人民法院作为正义代表发挥惩恶扬善功能的希冀。道德评论会对一个人自尊产生影响。[4]

例1：被告人曾因盗窃行为，先后于1997年6月、2001年6月被劳动教养各二年，但其始终不思悔改，又铤而走险，以身试法，盗窃他人财物，这充分说明了被告人关晖法制观念淡薄，主观恶性大，且被告人在之前的讯问

---

〔1〕 See J. Braithwaite, "Shame and Criminal Justice", *Canadian Journal of Criminology*, Vol. 42, No. 3. , 2000, pp. 281~298; S. P. Garvey, "Can Shaming Punishments Educate?", *University of Chicago Law Review*, Vol. 65, No. 3. , 1998, pp. 733~794; D. M. Kahan, E. Posner, "Shaming White-Collar Criminals: A Proposal for Reform of the Federal Sentencing Guidelines", *The Journal of Law and Economics*, Vol. 42, No. S1. , 1999, pp. 365~391; D. R. Karp, "The Judicial and Judicious Use of Shame Penalties", *Crime and Delinquency*, Vol. 44, No. 2. , 1998, pp. 277~294.

〔2〕 H. C. Hu, "The Chinese Concepts of 'face'", *American Anthropoloist*, Vol. 46, No. 1. , 1944, pp. 45~64.

〔3〕 P. Miller, H. Fung, J. Mintz, "Self-Construction Through Narrative Practices: A Chinese and American Comparison of Early Socialization", *Ethos*, Vol. 24, No. 2. , 1996, pp. 237~280; P. Miller, A. Wiley, H. Fung, et al. , "Personal Storytelling as a Medium of Socialization in Chinese and American Families", *Child Development*, Vol. 68, No. 3. , 1997, pp. 557~568.

〔4〕 S. Planalp, S. Hafen, D. Adkins, "Messages of Shame and Guilt', *Annals of the International Communication Association*, Vol. 23, No. 1. , 2000, pp. 1~65.

中始终对其盗窃行为不予供认，对此希望法庭予以考虑。

例2： 暴劣、施虐千里、血债累累、罪恶滔天的杀人狂魔张某及其同案被告人被押上了庄严的人民法庭，接受正义对邪恶的审判。在庭审中，所揭露的一件件、一桩桩令人发指、触目惊心、残不忍睹的罪恶行径，不能不让人为之愤怒，引得群情激昂，义愤填膺。

（三）情感劝说

由于法律修辞的潜在的读者主要是法律共同体和普通民众，为了具有针对法律专业人士的形式正义说服力和针对普通民众的实质正义说服力，法律修辞必须适应由法律共同体和舆论环境构成的特定语境。[1]也就是说，公诉人对被告人以及普通民众的情感劝说不是空洞的伦理说教和脱离现实的理论阐述，必须基于具体的事实语境和话语语境。在公诉意见中，公诉人往往通过表达对正义人士的钦佩，对被害人及其家属的同情，和对被告人悔过自新的期望来实现对被告人以及其他听众的情感劝说的话语目的。"根据中国传统儒家思想，一个人犯罪主要是缺乏教育，并受到外在负面因素的影响。"[2]因此，通过对公众进行法律教育，能够预防犯罪。[3]所以，国内的很多庭审会进行电视直播，目的就是对公众进行法制教育和宣传。[4]

在公诉意见（例3）中，公诉人向参与案件侦破工作的全体参战干警表示感谢，表达了对正义力量的支持和钦佩。在公诉意见（例4）中，公诉人通过直接引用被害人家属的话语，表达了对被告人的罪恶行径的控诉和对被害人及其家属的同情，能够有效地引起听众的情感共鸣，支持其公诉意见。在公诉意见（例5）中，公诉人总结了所涉及的刑事案件对人民大众的警示，强调被告人犯罪的根源在于法制观念的淡薄甚至是缺失，并希望被告人悔过自新，做一个遵纪守法的公民。也就是说，法庭审判的作用不仅仅在于惩处

---

〔1〕 参见徐亚文、伍德志："法律修辞、语言游戏与判决合法化——对'判决书上网'的法理思考"，载《河南省政法管理干部学院学报》2011 年第 1 期。

〔2〕 Yanrong Chang, "Courtroom Questioning as A Culturally Situated Persuasive Genre of Talk", *Discourse & Society*, Vol. 15, No. 6., 2004, pp. 705~722.

〔3〕 R. Yu, *Ru jia fa si xiang tong lun*, Guangxi Renmin Publishing, 1998.

〔4〕 Yanrong Chang, "Courtroom Questioning as A Culturally Situated Persuasive Genre of Talk", *Discourse & Society*, Vol. 15, No. 6., 2004, pp. 705~722.

罪犯，彰显正义，还在于让被告人能够从相关案件中吸取教训，悔过自新，同时，对广大群众也起到警示威慑作用，防止类似案件的再次发生。在公诉意见（例6）中，公诉人首先强调三名被告人的年龄比较小，表达了对被告人在人生最美好的时间段失去人身自由的惋惜和同情。同时，公诉人强调"法制观念的淡薄，轻视法律是导致这起犯罪发生的根本原因"。进而，公诉人向被告人提出了劝告，希望被告人吸取教训，好好改造。可以说，这一公诉意见完全是从被告人的角度实施的情感劝说，相对于从公诉人和社会角度对被告人进行谴责和道德审判而言，这一"被告人角度"更能激发被告人的情感认同和反省，更有助于其悔过自新。

例3：如果不是我们公安机关及时破案，不知又有多少条人命将惨遭杀害。为此，在这特定的时刻，我们作为国家的公诉人，有资格代表人民向侦破渝湘鄂系列案件的全体参战干警说一声谢谢，道一声人民卫士你们辛苦了！

例4：6.19劫案中，被害人张某某的父母在女儿出事以后，天天盼着公安机关抓获凶手，当听说张君等劫匪落网后悲喜交集，反复念叨着："一定要让我们受害者家属旁听审判，决不轻饶这个杀不眨眼的恶魔。"

例5：本案给我们的警示，法制观念的淡薄甚至是缺失是导致这起犯罪发生的根本原因。由于被告人一时冲动，给被害人带来了极大的痛苦，自己也将面对法律的严惩。希望被告人能够从本案中吸取教训，好好改造，做一个遵纪守法的公民。

例6：本案给我们的警示，本案中被告人刘某、孟某、李某三人的平均年龄只有22岁，这是三被告人发奋工作实现自己人生价值的最好时机，但他们却因为犯罪被剥夺了人身自由，坐在今天的被告席上，接受法律和道德的审判。被告人王某某仅为一己之贪欲，不惜以身试法。可以说法制观念的淡薄，轻视法律是导致这起犯罪发生的根本原因。公诉人希望上述被告人能够从本案中吸取教训，好好改造，做一名遵纪守法的公民。

值得一提的是，公诉人除了对被告人提出情感劝说以外，有的时候，还会对被害人以及与被害人具有相似特征的社会大众进行法制教育和宣传。例如，在公诉意见（例7）中，针对诈骗案中的被害人是在校大学生这一特点，公诉人对在校大学生提出三点警示意见：一是树立正确的价值观和人生观，遇到事情不盲从；二是提高防范意识，多接受法制宣传和教育；三是要有社会责任感，及时报案，同学之间相互沟通和交往。这一情感劝说是从"被害人视角"实施的，对于社会大众的价值观能够产生有效的引导作用，并且能提高社会大众的法律意识，防范类似案件的再次发生。

例7：通过本案呢，公诉人想给大学生一些警示吧。首先呢，从大的方面讲呢，我认为所有的在校大学生应该树立正确的价值观和人生观，遇到事情不盲从，不能随便跟着这个社会上的这些不良风气的影响，对这个明星效应要有一个清醒正确的认识，最主要的任务还是要踏踏实实地学习，认清自身的价值。那么第二点呢，我希望通过本案呢，提醒所有在校的大学生呢，要提高一个防范意识，在学校呢要多参加一些法制性的这个宣传，多参加一些这样的活动，遵守学校的校规校纪。另外，大学生也不能说两耳不闻天外事，一心只读圣贤书。那么，要经常呢多看电视，多听广播，那么接受一些这些法制宣传和教育，对一些类案呢有一个，提前有一个预警吧。最重要的一点呢，就是说，大学生啊，要有一个社会责任感。那么本案呢，这个侦查当中有一个难点问题，就是说确实当时找到了一些被害人，而且恰恰出现了一个可笑的问题是被害人不愿意出来作证。找，三番五次的这样出来找。那是为什么呢？因为大学生觉得这个案件让别人知道了，觉得很没很没有面子，很丢人嘛，因为想成名，然后却被骗了，觉得很丢人。所以，我觉得这归结到底是一个社会责任感的问题。不能说你因为自己被骗了，觉得很丢人，那么你就不去报案。还有些大学生是当时没有报案，那么是公安根据这个从被告人刘某暂住地起获的这个银行卡找到本案大学生。那么就是说，如果你当时就报案了，当时就是把这个事情提醒了，那引起社会上别人的注意，那也许别的大学生不会再上当受骗。同学之间呢要互相沟通和交往，跟同学多谈一谈自己遇到的事情，身边发生的事情，多联系多沟通。这样呢，也提高一个防范意识，遇到突发事件呢，也好有一个及时的应对措施。

（四）小结

一般而言，就语言使用而言，法律工作者强调法律语言的严肃性、清晰性、客观性、严格性及铁面无私的特征。[1]然而，为了在司法实践活动中实现对民众的法治宣传，使普通民众充分理解并认同案件中的道德规范和法理要求，不仅要以理服人，还要以情动人，更要借此契机对民众进行法制教育和宣传，这样才有助于推动全社会的法治建设，提高司法水平。公诉人针对具体个案的实际情况，对当事人进行伦理教育和法律宣传，是对公诉意见的补充说明。这有利于加强普法效果，体现人文关怀，使当事人深刻认识到自己的犯罪行为对社会、家庭和个人所产生的危害性以及得到的相应刑罚的正当性。同时，这种寓情于法、融法于情的做法能够对其他人产生很好的法制宣传和教育效果，从而能够缓和社会矛盾，促进社会和谐。

---

　　[1]　G. B. Wetlaufer, "Rhetoric and its Denial in Legal Discourse", *Virginia Law Review*, Vol. 76, No. 8. , 1990, pp. 1545~1597.

第二部分　法律修辞与裁判文书

　　法律修辞的意义，从哲学角度来说，是法律的展现，具有存在论的意义；从经济学角度来说，可以降低信息成本；从政治学角度来说，具有限制权力的功效。[1]法律修辞作为当下理论界盛行的研究范式，与现代司法活动紧密相关。重视法律修辞在庭审话语、裁判文书中的作用，有利于帮助司法工作者充分合理地进行事实建构和法律论证，从而彰显法治的理性价值。

一、中国裁判文书规范化研究

（一）引言

　　法律的作用在于稳定秩序、伸张正义和维护公平。法律的价值、法律精神的展示、法律目标、法律功能的实现，则离不开法律载体的重要形式——裁判文书。裁判文书是司法活动结果的直接体现，也是司法活动的综合体现，裁判文书记载了审判活动的全过程，反映了案件的全部面貌，理性地总结了案件的证据材料、争议焦点、法律依据，表明了司法机关及司法人员对案件处理的最终态度，裁判文书不仅是诉讼活动结果的载体，也是人民法院确定和分配当事人实体权利和义务的唯一凭证。"裁判文书已经成为向社会公众展示法院文明、公正司法形象的最终载体。"[2]优秀的裁判文书不仅能体现法律理念的精髓、展示法律价值的追求，而且能通过依法审判彰显公正、弘扬法治精神。

---

　　〔1〕　徐亚文、伍德志："法律修辞、语言游戏与判决合法化———对'判决书上网'的法理思考"，载《河南省政法管理干部学院学报》2011 年第 1 期。
　　〔2〕　参见《中华人民共和国最高人民法院公报》1999 年第 2 期。

近年来，中国司法系统进入一个迅速变革的时代，裁判文书上网以及在裁判文书普及公开化过程中出现的各种不规范制作的现象引发了社会的热议。在此背景下，我国判决书的规范化改革已经成为理论界和实务部门探讨的焦点问题。从本质上来看，裁判文书的制作过程是法官们结合司法经验和理性思考，将其法律思维和司法智慧的结晶以书面表达形式完整记录下来的过程。这个过程凝结了法官们的创造性劳动，也是衡量法官专业水准的重要尺度，直接体现了我国司法公正水准。因此，裁判文书对于树立司法的公正形象、维护司法的权威性、提高司法的公信力具有非常重要的意义。

1999 年，最高人民法院印发《人民法院五年改革纲要》，并对裁判文书的改革做出了明确的规定。2015 年，最高人民法院颁布《最高人民法院关于全面深化人民法院改革的意见——人民法院第四个五年改革纲要（2014 – 2018）》，肯定了裁判文书的价值，把司法裁判文书的改革列为司法改革的重点之一。2013 年 7 月，《最高人民法院裁判文书上网公布暂行办法》正式实施。依据该办法，除法律规定的特殊情形外，最高人民法院对发生法律效力的判决书、裁定书、决定书一般均应在互联网上公布。中国裁判文书网得以开通，集中公布了第一批 50 份生效裁判文书，赢得了社会的广泛关注和极大好评。2014 年 1 月 1 日，《最高人民法院关于人民法院在互联网公布裁判文书的规定》正式实施。该司法解释明确规定在互联网设立中国裁判文书网，统一公布各级人民法院的生效裁判文书；中西部地区基层人民法院在互联网公布裁判文书的时间进度由高级人民法院决定，并报最高人民法院备案。2016 年 6 月 28 日，最高人民法院印发了《人民法院民事裁判文书制作规范》，对法官形成和制作裁判文书作出了十分具体的指导。由此可见，司法改革的不断推进，对法律文书质量的提高提出了新的要求，推动着人民法院裁判文书的制作更趋规范化、更加系统化。

近几年，在最高人民法院相关文件的指导下，各地人民法院纷纷出台相关措施，但时至今日，全国各级人民法院裁判文书制作的质量不容乐观，有关法院判决书制作粗劣的新闻不时见诸报端，裁判文书规范化过程中存在的问题日益增显。为了紧跟裁判工作的步伐、推进裁判文书的改革，以及更加适应社会的发展变化和需求，裁判文书规范化的研究有必要进一步加强。

我们将运用理论分析法、比较分析法等研究方法，通过阅读相关书籍和文献，结合我国裁判文书的现状，对裁判文书规范化过程中遇到的争议问题及原因进行分析，并提出可行性建议，以便推动我国裁判文书规范化的进程。

（二）裁判文书概述

1. 裁判文书的概念

根据《大辞海·法学卷》的定义，"裁判是法院对诉讼案件所做的有约束力的决定"。[1]裁判文书是国家的司法机关依照法定程序行使审判权，在案件审理过程中和审理终结后，根据当事人对案件的意见和对案件事实的查明、认定，并根据法律、法规及有关司法解释的规定，对案件中的程序问题和当事人的权利、义务、责任问题作出关于法律如何适用的具有法律约束力的诉讼文书。

裁判文书是整个审判活动的再现，不仅展现了案件的审理过程，还体现了诉讼参与人在诉讼过程中的具体行为和态度及法官解决冲突的理由和思路。裁判文书也是一国诉讼制度的综合体现，由于它"浓缩了诉讼程序制度、司法制度以及构成司法制度运作环境的各种经济、政治、文化因素，因此成为窥探一国司法制度和法律文化的窗口"。[2]

2. 裁判文书的功能

作为人民法院在刑事、民事、行政诉讼中依法具有法律效力的诉讼文书，裁判文书具有以下的功能：

（1）定分止争的功能

裁判文书的首要功能是惩治犯罪、定分止争。当事人将纠纷诉诸法院之后，法官依据原被告双方提供的证据展开调查和审理，形成对案件事实和法律适用的心证，最终以裁判文书的形式记录庭审的全过程，并作出权威性的结论，以解决当事人之间的纠纷。裁判文书主文部分针对当事人的诉讼请求以及形成的审判和诉讼关系等，得出当事人在案件中具体的、明确的权利与义务，并且被要求严格遵守与执行裁判的结果，这是国家强制力和裁判文书权威性的体现。以上情况说明，裁判文书以文字的形式记录裁判结果、裁判过程，并且对认定事实、法律适用过程等方面的合理性和合法性进行阐述，

---

〔1〕　参见夏征农主编：《大辞海·法学卷》，上海辞书出版社 2003 年版，第 280 页。

〔2〕　参见许国鹏："发挥判例机能的路径探析——从改革裁判文书考察"，载《河北法学》2001年第 3 期。

实现当事人主动、自愿的服判息诉。

（2）彰显司法程序正当性和司法结果公正性的功能

裁判文书体现整个司法程序的正当性。程序正当性不仅包括庭审过程中的程序正当性，如审判组织形式、开庭时间、当事人出庭情况、适用的审理程序、是否公开审理、有无回避等，还包括在立案侦查与审查起诉阶段的程序正当性，如立案时间、对被告人采取的强制措施等。因此，裁判文书是一份内容完整、叙事清楚、说理充分的司法文书，对整个裁判过程、裁判依据和裁判理由具有真实的记录，体现出司法程序的正当性。

裁判文书主要通过对案件事实的认定和法律法规的适用两个方面来体现司法结果——即判决的公正性。裁判文书中的案件事实认定是否真实、法律适用是否正确是当事人及社会公众判断司法公正性的一个重要标准。所谓事实认定真实，就是要求裁判文书应当详细记载当事人提出的意见及举证；所谓法律适用正确，就是要求法官解释说明相关法律问题，法官所作的判决要经得起当事人及社会公众的检验，体现司法结果的公正性。

（3）裁判规范的功能

我国是成文法国家，不存在判例制度，但是在司法实践中，大多数的下级人民法院和法官事实上都存在着遵循上级法院判例的倾向，如遵循最高人民法院处理同类案件的案例，或者习惯于寻找过去成为上级法院所肯定的案例。"在直接上级法院的判决中又有一审判决和二审判决的区别，二审判决中还有对本院原审的二审判决和对他院原审的二审判决的区别。在这三类判决中对本院原审的二审判决了解最清楚，影响最直接，感觉最强烈，所以，直接上级法院对本院原审的二审判决具有很强的说服力和影响力。"[1]党的十五大以后，最高人民法院着手进行案例指导的制度性建设：2005 年，最高人民法院在《人民法院第二个五年改革纲要（2004 - 2008）》中，第一次正式提出"建立和完善案例指导制度"；2008 年，《中央政法委员会关于深化司法体制和工作机制改革若干问题的意见》将案例指导制度作为国家司法改革的一项重要内容；2010 年 11 月 26 日，最高人民法院颁布《关于案例指导工作的规定》，中国特色的案例指导制度正式确立。因此，上级人民法院，尤其是最高

---

〔1〕 参见董晖：《司法解释论》，中国政法大学出版社 1999 年版，第 361 页。

人民法院的判决结果对下级人民法院具有一定的指导作用。2013 年，最高人民法院在互联网设立中国裁判文书网，统一公布各级人民法院的生效裁判文书，裁判文书网的开通不仅为社会公众客观了解纠纷中的法律关系提供了条件，而且为法官处理相似案件提供了借鉴。

裁判文书具有向同类案件的其他法官和社会公众公示社会规范的功能。优秀的裁判文书在法院系统中会形成一种"准规范"，在法律上和实践中形成一种裁判规范。在法律上，优秀的裁判文书约束和指导后期相关案件的处理。在人民法院的上下级之间，上级人民法院在审查下级人民法院的裁判文书时，会吸收下级人民法院的优秀之处，从而在整个人民法院系统中形成裁判规范。我国最高人民法院公布的指导性案例是这种"准规范"的典型表现，明确了裁判文书的重要指导和规范作用。在实践中，当事人未来遭遇同类型、同性质的矛盾和纠纷时，会援用裁判文书的相关知识应对，无形中形成一种纠纷处理规范。

（4）示范的功能

优秀的裁判文书具有示范的功能，示范功能包括正面示范和反面示范。所谓正面示范，即裁判文书对当事人予以肯定的行为加以引导，指引自身将来的行为；所谓反面示范，即裁判文书对当事人予以否定的行为加以警示，约束自身将来的行为。社会公众还可以从案例中提炼出行为准则和处理方式，为将来处理同类案件或者同类纠纷提供示范和帮助。裁判文书是程序公正的客观反映，它通过记录诉讼的全过程，向社会公众传递着裁判结果的合法性信息。[1]因此，裁判文书的示范功能是十分重要的。

（三）国外裁判文书概述

1. 日本的裁判文书

日本的裁判文书由判决主文、事实及判决理由三个部分构成。然而，由于裁判文书过于冗长，法官耗费了大量精力和时间。同时，裁判文书专业性很强，不够通俗易懂。在此背景下，新的裁判文书样式产生。新样式

---

〔1〕 参见［日］谷口安平：《程序的正义与诉讼》，王亚新、刘荣军译，中国政法大学出版社1996 年版，第 276～310 页。

的裁判文书将"事实"和"理由"合并为"事实及理由",在该项目下分
设"原告的请求"、"案件的概要"和"对争点的判断"三个小项目。原告
的请求只记载请求的主要内容(请求趣旨),"案件的概要"则简单介绍纠
纷情况及当事人的主张,以便短时间内就可以了解案情梗概,这一改变减
少了对当事人主张及诉讼活动的具体描述,但是更加强调了争点和要件事
实的中心地位,增强了事实认定与案件关键性争点之间的联系。[1]从篇章构
成来看,"主文"部分言简意赅,直击要害;裁判文书的重心则在于"理由"
的法理推论部分。

日本吸收了大陆法系和英美法系的精髓,十分重视判例的作用。最高法
院和高等法院可以出版官方判例集,民间机构也可出版,互联网机构也为判
例查询提供技术支持。日本法学界非常重视对《判例评释》的研究,日本的
法官也非常重视裁判文书的说理性。

2. 德国的裁判文书

在众多的大陆法系国家中,裁判文书以简洁见长,但是德国的裁判文书
却十分详尽、透彻、别具一格。根据《德国民事诉讼法》第 313 条的规定,
判决文书主要包括首部、判决主文、事实及判决理由四个部分。其中,首部
主要包括:法院名称、宣告日期及案号;抬头("以人民名义");裁判类型;
当事人、代理人信息、法院及法官信息,以及言词辩论终结的日期。判决主
文主要包括对当事人争议的法律关系的判断、诉讼费用的负担以及执行。[2]
事实部分简单叙述当事人提出的请求以及所用攻击防御方法的主要内容(第
313 条第 2 款)。判决理由部分简要记载从事实和理由两个方面作出判决所依
据的论据(第 313 条第 3 款)。[3]控诉审和上告审参照一审判决的格式,但本
案事实部分的内容可以缩减。控诉审参照一审的事实认定并记载与一审认定
不同的部分即可,如当事人提出的控诉请求形成了新的争点,也需要适当复

---

〔1〕 参见王亚新:《对抗与判定:日本民事诉讼的基本结构》,清华大学出版社 2010 年版,第
228 ~ 230 页。

〔2〕 参见周翠:"民事指导性案例:质与量的考察",载《清华法学》2016 年第 4 期。

〔3〕 参见谢怀栻译:《德意志联邦共和国民事诉讼法》,中国法制出版社 2001 年版,第 76 ~
77 页。

述。上告审判决只需要简短介绍案情，前审裁判和上告当事人的请求。[1]德国的指导案例通常还包括从判决书内容中提炼而来的判决要旨，但这一部分不具备拘束力。

特别需要注意的是，说理一直是英美法系的强项，大陆法系的软肋，然而，德国裁判文书的说理篇幅之大，引用法律之多，论证之缜密，足以媲美英美法系的裁判文书。结合大陆法系的传统，德国借鉴英美法系裁判文书的制作经验，既分析法律的构成要件，又归纳双方争论的焦点，形成了自己独特的法律适用方法。

3. 美国的裁判文书

根据判决的正式和复杂程度，美国的裁决可以分为三类：正式判决、备忘录判决和即决命令。法官会根据事实的复杂程度和法律议题的实质属性、潜在的读者群体，以及裁判文书是否刊印决定采用哪种格式。[2]典型的美国裁判文书包括：案件名称、案例出处（citation）、执审法院、执笔法官姓氏、案由（cause of action）、事实情节（facts）、法律争议（issue）、法院对争议的分析（reasoning）、结论（conclusion）和裁决（order or finding）。[3]需要注意的是，如果有少数法官对复审的案子持不同意见，可另写意见附在判决书后，称为并存意见（concurring opinions）和反对意见（dissenting opinions）。并存意见"是指一名或少数法官的单独意见，同意多数法官作出的判决，但对判决依据提出不同理由。"[4]反对意见"是指一名或几名法官持有的不同意根据多数法官意见所达成的判决结果的意见。"[5]裁判文书中篇幅最大的是法院对争议的分析，即法官如何从适用法律或法律原则得出最后判决。美国联邦法院法官中心的《法官写作手册》中认为："书面文字连接法院和公众。除了很少例外情况，法院是通过司法判决同当事人、律师、其他法院和整个社会联

---

〔1〕 参见［德］彼得·戈特瓦尔德：《德国司法判决书中的说理：实践与学说》，曹志勋译，载《苏州大学学报（法学版）》2015 年第 4 期。

〔2〕 参见美国联邦司法中心编：《法官裁判文书写作指南》，何帆译，中国民主法制出版社 2016 年版，第 9 ~ 10 页。

〔3〕 参见董世忠、赵建：《法律英语》，复旦大学出版社 1997 年版，转引自谢静："美国刑法司法判决书的情态意义研究"，载《现代外语》2001 年第 3 期。

〔4〕 薛波主编：《元照英美法词典》，法律出版社 2003 年版，第 278 页。

〔5〕 薛波主编：《元照英美法词典》，法律出版社 2003 年版，第 423 页。

系和沟通的。不管法院的法定和宪法地位如何，最终的书面文字是法院权威的源泉和衡量标准。因此，判决正确还是不够的——它还必须是公正的、合理的、容易让人理解的。司法判决的任务是向整个社会解释、说明该判决是根据原则作出的、好的判决，并说服整个社会，使公众满意。"[1]另一方面，英美法系国家文书由个人署名，而没有审判机构的署名，因此，美国的法官在撰写判决书时就像写一篇学术论文，有详细的论点、论证和论据，详细阐明判决所依据的法理。

4. 法国的裁判文书

法国裁判文书的特点是内容缜密，文字紧凑，对法律的解释相对较少，判决书中不会出现附带性的论述，判决理由简明扼要。"从字面上看，法国法院的每一个判决都是由一个单独句子组成……不仅如此，法国法院，尤其是最高法院还想方设法使判决书的内容缜密而紧凑。附带性论述（obiter dicta）一概排除；当判决基于某一个理由应予撤销，其他理由便弃置不顾。另外，那种游离于正文之外的闲文漫笔以及华丽词藻从来不能在最高法院的判决书中发现，在下级法院的判决书中也很难找到；并且也不涉及案件的背景、法律史、法律政策或比较法。"[2]最高法院的判决书从不引用本院或其他任何法院以前的判决，甚至也不引用法律著作。判决书中也不会阐述学理、案件背景或者司法政策，裁判文书也不会呈现法官的多种意见，所以，作为成文法国家的法官，其思维模式往往是从法条出发，运用演绎的方法得出结论。以法国为代表的大陆法系国家裁判文书说理具备了简单概括和整体性的特点

5. 英国的裁判文书

英国的裁判文书包括两大部分："判决理由"（ratio decidendi）和"附带意见"（obiter dicta），具体包括案件名称、审理法院的级别与判决日期、案件先前所经历的程序和前审的判决结果、案情事实、双方的辩论观点以及待解决的问题、法院的意见、法官的附带评论以及反对意见。其中，法院的意见也就是"判决理由"十分重要，英国裁判文书在量刑说理方面，采取法定

---

〔1〕 参见宋冰：《程序、正义与现代化：外国法学家在华演讲录》，中国政法大学出版社 1998 年版，第 307 页。

〔2〕 参见〔德〕K·茨威格特、〔德〕H·克茨：《比较法总论》，潘汉典等译，贵州人民出版社 1992 年版，第 228 页。

"强制说理"制度，量刑法官必须说明其对被告人决定所判刑罚的理由。在英国，裁判文书量刑说理制度的建立历程，首先源于英国行政法领域中的理由说明制度。[1]英国是判例法国家，英国的判例法不仅是法律实施的重要结果，而且是法律原则的总结和法律变革的推进器。因此，英国的判例法具有相当大的法律权威性。法官恪守其前辈确立的判例原则，是英国法律自 19 世纪后半期以来形成的具有悠久传统的法律文化。由于英国法的判例法特色，加上英国的专业法官都受过长期的法律实务训练，具有丰富的裁判经验和良好的法律表达能力，因此，英国的优秀刑事裁判文书尽管风格各异，但"说理之充分、分析之绵密、涉猎之广博"，[2]令人钦佩。

通过以上国外裁判文书的介绍，我们可以看到，虽然英美法系国家的成文法对于判决书的结构没有像大陆法系国家一样的细致规定，而且两大法系国家法官在撰写裁判文书时所使用的论证方法和各自的法律体系均有很大的差异。但是，两大法系国家在立法层面所要求的裁判文书的基本结构要素的差别并不大。

（四）我国裁判文书存在的问题

1. 裁判文书缺乏证据的认定、逻辑性和推理性

在我国，很少有裁判文书能够进行证据的认定、进行详尽的学理论证，也很少表达判决时法官的内心考量。审判活动是运用逻辑思维进行推理的过程，根据"以事实为依据，以法律为准绳"原则，裁判文书中所认定的事实，应当是根据查证属实的证据加以认定的，即查证属实的事实，对证据的可采

---

〔1〕英国行政领域中的理由说明制度，是指行政主体在作出对行政相对人合法权益产生不利影响的行政行为时，必须向行政相对人说明该行政行为的事实因素、法律依据以及进行自由裁量时所考虑的政策、公共利益等各种衡量因素。起初，英国行政机关并没有必须说明其行政行为决定理由的一般性义务。1932 年，英国大臣权力委员会（Committee on Ministers' Powers）首先提倡"当事人有权知晓裁判理由应成为自然正义的第三原则"。英国大臣权力委员会还建议，受裁判影响的一方当事人应当有权获得一份书面的裁判理由说明书。起初，这一建议未受到英国行政当局的重视和采纳。直到1957 年，经过英国行政裁决与调查委员会（Committee on Administrative Tribunals and Inquiries）"裁判说理应当成为法定义务"的再次大声疾呼，以及社会各界的大力声请，英国 1958 年《法庭与调查法》（Tribunals and Inquiries Act）第 12 条才最终采纳了这一建议，意味着英国行政法正式建立了理由说明制度。参见康黎："量刑说理初探"，载《中国刑事法杂志》2008 年第 6 期。

〔2〕参见苏力："判决书的背后"，载《法学研究》2001 年第 3 期。

性进行分析，对证据进行比较、权衡和取舍，没有证据或者证据不充分，不能形成案件事实。若仅仅是"事实清楚、证据确凿"，不针对认定事实进行具体的分析，这直接导致在事实认定说理中，案件事实并未基于判决小前提，使后面的案件针对性说理缺乏可信度，[1]裁判结果的形成也会令当事人和公众产生怀疑。在实践中，违法裁判往往是从证据的不当取舍和不当利用开始的，如果事实认定出现错误，公正审判也就无法实现。当前，裁判文书对事实的认定往往采用叙述式写法，对证据部分简单罗列，未能体现当事人举证、质证及庭审认证的情形。

长期以来，在我国司法实践中一直强调裁判文书的公文属性，以便统一规范全国的司法行为。最高人民法院时任院长肖扬同志曾在 2000 年对裁判文书现状批评道："现在的裁判文书千案一面，缺乏认证断理过程，看不出裁判结果的形成过程，缺乏说服力"。[2]周道鸾认为"提出理由是法律受人尊重的前提，而法律符合逻辑思考的规范是法律论证被人接受的前提"，[3]这样才能保证裁判理由充分、合理且公正。例如"南京彭宇案"的裁判文书中，法官在对情理说理的过程中，"根据日常生活经验分析"、"如漏选项"推理错误、"诉诸无知"推理错误、"以偏概全"推理错误和"肯定后件"推理错误等，使案件在推理的过程中，难以保证假设和陈述命题均为真命题，在此情况下，仍然采用简略的三段论法，必然导致获得的裁判结果的错误，引起负面的社会效果。[4]可见，一份判决对事实做出认定，从而得出结论要有根有据，对裁判结果的理由和依据也要分析得透彻、充分、明白。逻辑性和推理性毫无疑问已成为优秀的裁判文书所应具备的因素。

2. 裁判文书中对案件判决的法理依据有待深化解释

部分裁判文书在法理说理的过程中，仅仅列举相关法理，如"根据某法"或"根据某法的某项条款"，并不对具体条文内容进行说明，使本身对专业法

---

[1] 参见曾娇艳："简论减刑、假释裁判文书的基本要素"，载《人民司法》2015 年第 5 期。
[2] 该讲话系最高人民法院原院长肖扬于 2000 年在国家法官学院所做的讲话，参见张霞："判决书中的法律论证"，载《政法论丛》2005 年第 5 期。
[3] 参见周道鸾：《民事裁判文书改革与实例评析》，人民法院出版社 2003 年版，第 65 页。
[4] 参见贺小荣等："《关于人民法院在互联网公布裁判文书的规定》的理解与适用"，载《人民司法》2014 年第 1 期。

律认识存在不足的当事人难以掌握法律适用的大前提，进而对法理的信任度缩减。[1]"呆板的引用法律条文中的第几百条，老百姓是不愿意听的。"[2]例如"山东东营市中级人民法院（2000）东中民初字第 34 号民事赔偿纠纷案"的民事裁判文书中，针对原告的主张，仅分别以 6 个"依据有关规定"完成了说理，不仅并未明确地指明具体依据的法律以及条款，而且对法律适用途径、法律赔偿规定等方面也未进行具体说明，直接导致裁判结果十分突兀，说服力严重下降。

3. 裁判文书引用法律条文和语言文字表述不规范

法律条文的引用是法律适用的外在表现形式，是法律论证的前提。我国最高人民法院 2009 年 10 月 26 日公布的《最高人民法院关于裁判文书引用法律、法规等规范性法律文件的规定》（法释〔2009〕14 号）等有关规定中，明确指出法律及其条文的引述必须符合一定的规则。法律条文是人民法院进行审判的依据，是审判的基石。目前，我们裁判文书制作过程中存在引用条文不规范的问题。有的裁判文书依据多条法律条文得出判决结论，却没有完全引用该条文，甚至漏引整个条文；有的裁判文书只引用到某条规定，没有引用到具体的款和项；有的裁判文书直接引用一些不具有法律效力的地方文件或方针政策；有的裁判文书因对案件事实的认识错误导致的引用法律条文错误。

裁判文书对语言的使用有着很高的要求。但是，在我国的司法实践中有些判决书会忽视法律语言的使用，出现一系列的问题。有的裁判文书混用相近词语、指代混乱、句子表意层次不明；有的裁判文书方言土语混用，甚至援用罪犯的污言黑话；由于法官自身学问和经验的影响，有的裁判文书出现大量专业、晦涩的词汇，大大增加了社会公众的阅读难度。

（五）促进我国裁判文书规范化之建议

1. 提升法官的职业素养和职业技能

法院的审判权通过法官的审判行为实现，审判行为直接决定司法公正的实现。法官作为裁判的最终执行者，其专业性、综合素养、职业道德等方面直接关系到裁判文书的制作质量。

（1）培养现代司法理念

法官职业关系当事人的重大利益，对国家和社会负有重大责任。在指导思想层面上，法官要有为大局服务的意识。法律是国家管理社会的重要工具，司法是国家机器的重要组成部分，司法工作本身就是政治性、政策性极强的工作，作为法律执行者的法官，必须要培养现代司法理念。卡多佐曾说过："我对司法过程的分析所得出的就仅仅是这样一个结论：逻辑、历史、习惯、效用以及为人们接受的正确行为的标准是一些独自或共同影响法律进步的力量。在某个具体案件中，哪种力量将起支配作用，这在很大程度上必定取决于将因此得以推进或损害的诸多社会利益的相对重要性或相对价值。"[1] 因此，优秀的法官必须对司法过程的性质有深入的认识和理解，全面分析个案涉及的各种社会利益，选择一种能最大化社会整体利益的利益或价值予以倾向性保护，最终实现司法对社会利益的促进作用。同时，法官应了解民意，秉公执法，正确应对公众判意。

（2）注重法官的知识和经验的积累

汉密尔顿曾经说过："由人类天生弱点所产生的问题，种类繁多，案例浩如瀚海，必长期刻苦钻研者始能窥其堂奥。所以，社会上只能有少数人具有足够的法律知识，可以成为合格的法官。"[2] 法官对案件的把控能力，实际上是由自身的综合素质决定的，而绝非单纯的法律知识多寡所决定，因为司法活动中知识和经验同等重要，甚至后者更为重要。[3] 经验丰富的法官具有丰富的阅历，可以大大提高法院工作的效率与质量。在国外，有人提出法官是一个集法律知识、社会经历、年长于一身的职业。作为法官，仅具有法律知识是不够的，还需要积累历史的、文化的、社会的经验与知识，拥有丰富的社会阅历和深刻的人生理解。当然，经验的重要不意味着可以替代学习新的

---

〔1〕［美］本杰明·卡多佐：《司法过程的性质》，苏力译，商务印书馆1998年版，第69页。

〔2〕［美］汉密尔顿等：《联邦党人文集》，程逢如等译，商务印书馆1980年版，第395～396页。

〔3〕"法律是一门艺术，它需要经过长期的学习和实践才能掌握，在未达到这一水平前，任何人都不能从事案件的审判工作。"参见［美］罗斯科·庞德：《普通法的精神》，唐前宏等译，法律出版社2001年版，第42页。

知识，法官在基础知识完备的情况下，必须进行专业知识的更新，在工作中不断地学习、思考、积累、总结。[1]

2. 完善裁判文书说理性相关制度

强化民事裁判文书说理性工作，不仅要从法院角度进行，而且要注重体制上的突破。

例如，推行和完善法官助理制度。所谓法官助理就是法官的助手，是协助法官从事审判业务的辅助人员。[2]法官助理制度最早出现于 20 世纪的后半期，很多西方国家面对案件数量不断上涨的趋势，同时又需要确保审判的中立性与公正性的背景下设立了法官助理制度，目的在于协助法官处理审判过程中的程序性问题。1999 年，最高人民法院颁布《人民法院五年改革纲要》中首次提出在各地人民法院设立法官助理，在借鉴西方较为成熟的法官助理制度的背景下，将法官助理定位于从事审判辅助业务的人员。而法官助理制度则指具体的对于法官助理的选任、任职及管理等一系列的制度。一方面，法官助理制度通过其本身的职能定位即帮助法官处理案件的程序性事务，实现具体案件在程序上的细化，从而在很大程度上保障法官专注于案件的事实、证据判断和法律认定，实现法官群体的职业化；另一方面，通过将员额制改革下的刚进入法院的司法新人转为法官助理，保证这一群体在自身拥有较为丰富的法学理论知识的同时又能通过助理这一职务转为司法实践能力，为以后从事审判职务打下了坚实的基础。"司法改革的进程将在很大程度上取决于法院内部的各类人员是否在自己获得的资源，拥有的权能与承担的责任之间大致达成某种新的均衡。"[3]

3. 积极借鉴优秀成果

广泛借鉴一些国家和地区的裁判文书中所体现的优秀文化成果，吸取长

---

〔1〕　埃尔曼指出："早期的法律秩序通常能够在没有通过适当训练而获得实体法规与诉讼程序知识的专家们的支持下得以维持。但是，当社会生活变得愈来愈复杂时，法律规范也变得愈来愈具有抽象性和普遍性。因为只有这样它们才能协调组成社会的各种集团的利益与价值。由于同样的原因，解决纠纷或对其可能的解决方式提出建议的工作变得更为困难，更需要专门的训练。"参见［美］H. W. 埃尔曼：《比较法律文化》，贺卫方、高鸿钧译，清华大学出版社 2002 年版，第 87 页。

〔2〕　参见赵小锁：《中国法官制度构架：法官职业化建设若干问题》，人民法院出版社 2003 年版，第 4 页。

〔3〕　参见王亚新，李谦："解读司法改革——走向权能、资源与责任之新的均衡"，载《清华法学》2014 年第 5 期。

处与方法，对提高裁判文书的写作质量有重要启示和帮助。

第一，提高判例在整个法律运作体系中的地位和作用，进一步完善成文法系。法官在制作裁判文书时不仅应当关注个案本身，应更多地关注这个判决对于未来司法的意义。判例法是注重反复说理和论证过程的。法官不仅要分析本案的法律和事实问题，也要分析前案的法律和事实问题，并细加斟酌和比较。法官欲得出最终结论，必须"借助一般法律原则、法律发展的一般趋势、立法背景所能提示的立法意图、其他法院在相同问题上判决的理由、学者们对这一问题的一般看法、非利害关系人对同一问题可能持有的看法以及法官个人对法律的公正性的把握等多方面的考虑来形成判决理由，以支持其判决"。[1]

第二，改变裁判文书的署名方式。在非独任审判的情况下，突出裁判文书制作人的署名。对于一个法官来说，撰写一份出色的司法判决，意味着他的名字将伴随着判决为人们所熟知，他的才华将获得同行的认可与尊重，这样的制度设置激励法官在制作裁判文书时作出最大的努力，并且以能够制作裁判文书为荣。

第三，裁判内容借鉴英美法系"对话—论证式"说理方式，增强裁判文书的说理性。目前，裁判文书总体上十分简单，除列出双方当事人基本情况争讼焦点及查明认定事实外，便是判决结果。这种"整体的权威色彩"的方式也不利于监督法官的枉法专断，也使裁判文书流于一般化、套路化。

第四，积极借鉴大陆法系对法官自由裁量权的利用，使裁判文书在情理、文理、事理说理过程中，更好地实现"法外补充"，并不断优化裁判文书的社会监督渠道，提升全民法律意识。

（六）结语

裁判文书作为司法机关对纷繁复杂的法律关系作出决断的载体，在每个民主法治国家都有着举足轻重的地位。裁判文书的作用不仅仅在于定分止争，平息个别民事纠纷。一份语言考究、逻辑清晰、合乎法理与情理的裁判文书，还可能成为一篇传世佳作，生动形象的法律教科书，向民众普

---

[1] 宋庆永："关于中国借鉴判例法的几点思考"，载《池州师专学报》2003 年第 2 期。

及法律知识，宣传法制观念，传递时代司法精神。裁判文书一旦面世，就会成为公共资源，为社会公众检阅，亦要受到上级法院的查验。通过客观的文字表达向公众输出裁判，能够敦促法官在成文时反复检验其合法性、合理性和逻辑性。

近年来，裁判文书上网以及在裁判文书普及公开化过程中出现的各种不规范制作的现象引发了社会的热议，我国裁判文书的规范化改革已然成为理论和实践领域中研究的热点问题之一。裁判文书的制作过程是法官通过司法经验和理性思考，将其法律思维和司法智慧的结晶以书面表达形式完整记录下来的过程。它是衡量法官专业水准的重要尺度，也直接体现了我国司法公正水准。"不管法院的法定和宪法地位如何，最终的书面文字是法院权威的源泉和衡量标准。"〔1〕所以，对裁判文书的规范化研究必须给予高度的重视。

二、美国裁判文书说理研究

语言形式是法律规范的表达形式，立法、司法、执法都是使用语言形式的语言游戏活动。修辞是一种遣词造句，也是语言游戏者的运用工具，是一种遣词造句之艺术。广义上的修辞是指，判词通过加工润色及对裁判的推理过程进行推敲找到其裁判的合理性、合法性，使得裁判文书具有可接受性，并得到人们普遍服从、认同。"修辞产生的是说服。它的全部工作就是说服人。"〔2〕修辞不能说是逻辑（形式逻辑），但我们可以看到逻辑（非形式逻辑）中常通过修辞的法律论证诉诸传统、道德、政治、文化等非（形式）逻辑因素。这些实际上也可以说是一种修辞。依据佩雷尔曼的观点，修辞学的运用有助于促进其命题的可接受性和说服性，使人们从思想上接受并同意该观点。〔3〕

法律修辞体现在司法中的遣词造句，是一种进行说理的遣词造句，其具

---

〔1〕　［日］谷口安平：《程序的正义与诉讼》，王亚新、刘荣军译，中国政法大学出版社1996年版。

〔2〕　参见［美］理查德·A. 波斯纳：《超越法律》，苏力译，中国政法大学出版社2001年版，第580页。

〔3〕　参见沈宗灵：《现代西方法理学》，北京大学出版社1992年版，第435页。

有语言游戏的一般特性，如多主体性、互动性、规则性、自由表达等特性。在司法领域中，人们通过专业词汇进行描述，如法律论证，将司法领域的遣词造句变成了逻辑的论证过程。[1]裁判文书中法官为了充分说明裁判之理由，从而进行说理的遣词造句，实际上便是一种法律修辞。

西方大陆法系和英美法系这两大法系的裁判文书主体部分，遵循大致相同的结构模式，其裁判文书中均有四个主要部分：争议焦点（issues），事实（facts），说理（reasoning），判决（conclusion）。[2]英美法系由于强调"法官造法"，可以充分激励法官说理，由此形成了以美国为代表的论证性、对话性以及在判决中展示不同意见作出选择性判决的说理模式。[3]在美国，法官的说理贯穿于裁判文书的主体部分，是裁判文书不可或缺的组成部分。美国联邦最高法院的一些重要判决，其说理之充分、分析之绵密、涉猎之广博令人惊叹。他们的判决文书动辄上百页，其中有一些足以构成一篇精美的法学论文。[4]

本著作中，我们试图对美国裁判文书的说理进行初步探讨和研究。首先简要介绍和讨论美国的法律制度，遵循先例原则，以及美国的法院系统；其次选取具体的案例研究美国裁判文书的说理，分析美国裁判文书说理的内容和特点；最后根据我国司法制度的实际情况，讨论美国裁判文书说理对中国的借鉴意义。

（一）美国的法律制度和法律渊源

当今世界主要有三大法律体系，即大陆法系（Civil Law）、普通法系（Common Law）和宗教法系（Religious Law）。大陆法系是世界上使用最为广泛的法律体系，以罗马法为基础，首先在欧洲大陆产生，所以有时也被称为欧洲大陆法系（Continental European Law）。普通法系又称为英美法系（Anglo-American Law），其法律渊源来自于法官作出的判决，因此普通法或英美法亦

---

〔1〕 参见黄现清："裁判文书说理的法理分析"，载《政法论丛》2016 年第 1 期。

〔2〕 参见沈志先主编：《裁判文书制作》，法律出版社 2010 年版，第 17 页。

〔3〕 参见孙华璞等主编：《裁判文书如何说理：以判决说理促司法公开、公正和公信》，北京大学出版社 2016 年版，第 9 页。

〔4〕 参见苏力："判决书的背后"，载《法学研究》2001 年第 3 期。

可称为判例法（Case Law or Judge-made Law）。宗教法系是指将宗教制度或文件用作合法的法律渊源，尽管其使用的方法论各不相同。

1. 美国的法律制度

美国属于普通法系（Common Law）国家，普通法系又称为英美法系（Anglo-American Law），其法律渊源来自于法官做出的判决，因此普通法或英美法亦可称为判例法（Case Law or Judge-made Law）。"英美法"是指由英国发展而推广于使用英语国家的法律制度，与欧陆国家及受欧陆国家征服和统治之国家所使用的"大陆法"有所不同。英美法系国家的法律制度基本上采用"普通法"，亦称"判例法"，不同于经过立法程序而制定法规的"成文法"（Statutory Law）。普通法是由法官依据一般习惯、司法实务之原理、同一法域之上诉法院或最高法院的先例，而作出之判决。[1]

美国的法律制度有若干不同的层级，其中一个重要原因就是联邦法律和州法律的分化，联邦有一套单独的法律制度，而 50 个州每个州的法律制度不尽相同，因此美国有"50＋1"共 51 套法律制度。其原因在于，美国建国初期并非作为一个单独的国家而成立，而是由 13 个殖民地联合而成，每个殖民地都宣称独立于英国皇室。美国 1776 年《独立宣言》中指出，这些联合的殖民地是而且有权成为自由和独立的国家。因此，美国每一个独立的管辖权内都有其独立的法律制度，除了原属法国的殖民地路易斯安那州以《法国民法典》为基础，保持了大陆法系的某些特点之外，美国大部分州的法律制度依旧承袭了普通法传统。

2. 美国的法律渊源

美国法在承袭英国判例法的基础上不断发展的同时，也继受了一部分大陆法系成文法制度，因此美国法主要有两大法律渊源（two primary sources of law）：制定法即立法机关制定的法律（Legislative Law）和判例法。制定法是明确规定用来约束和指引社会行为的规则合集，主要包含宪法（Constitution）、制定法（Statute）和行政法规（Administrative Law），在州层级和联邦层级中，均有宪法、制定法和行政法规。

判例法，又称为普通法或法官造法，其起源于英国法律制度，沿袭了英

---

〔1〕　参见王泽鉴主编：《英美法导论》，北京大学出版社 2012 年版，第 1～4 页。

国普通法传统。在联邦层级和州层级都存在普通法制度。通常情况下，制定法的受众是公众，其制定一般性规则，从而适用于各种具体情况。普通法的根源是案件的具体事实，法院的具体判决形成规则，并将此规则适用于后来的案件。制定法具有广泛适用性，判例法开始时适用范围较小，随后转化成更为广泛的规则，然后再适用于具体的事实情况。

3. 遵循先例原则

判例在普通法系中扮演着至关重要的角色，判例法（Case Law or Judge-made Law）在普通法国家具有独一无二的权威性和影响力，而"遵循先例原则"（the doctrine of precedent，即 the principle of *stare decisis*）是判例法的核心原则。1537 年至 1865 年，英国私人汇编和出版的记名判例集，普遍重视判决及其理由，并增加判例的印证，确立了援引先例的惯例。1854 年《国会法令》对判例的应用作用进行原则性规定后，最终形成了"遵循先例"的原则。美国从 17 世纪开始，继承了普通法，建立了普通法的判例理论，同样实行遵循先例原则。[1]

"先例"（Precedent）是已作出的判决，是法院用作决定未决案件（pending case）的依据，其与此未决案件具有类似的事实和相同或相似的争议焦点。"遵循先例"（*stare decisis*）是一项法律原则，要求法院将在同一司法体系中的该法院或上级法院对相同争议点作出的判决原则适用于现有待决案件。

普通法由法官的司法判决组成，法院的判例是普通法的根基，"判例"主要是指判决书中的判决理由。此外，普通法基于"类似事实应给予相同对待"的原则，相当重视司法先例。当事人对于案件适用法律有不同意见时，就会寻找法院之相关先例。如果法院之前曾解决过类似的争议，则法院必须遵循先例；如果法院认为，目前的争议根本不同于之前的所有先例，法官就有权利和义务，借由法院的判决来"造法"。新的判决将成为先例，并且拘束日后法院的判决。诉讼当事人面对不利之先例或判例，通常会采取区分（distinguish）其诉与先例为不同之案件事实的策略，说服法院拒绝采用对其不利之先例。判例法有时被视为非成文法，是因为由法院判决所

---

[1] 参见孙华璞等主编：《裁判文书如何说理：以判决说理促司法公开、公正和公信》，北京大学出版社 2016 年版，第 8~9 页。

创制的法律通常隐含在判决里，而非明文规定。"遵循先例原则"能确保法律的一致性和可预测性。[1]

已作出的司法判决（judicial decisions）对于处理事实上类似的现有争议，具有正式和普遍的约束力，但是此司法判决只有在同一司法制度或司法管辖区内才是真正意义上的先例。判例法程序需要仔细分析、比较和区分案件的事实。在同一司法管辖区内，司法判决只有与未决案件在事实上具有相似性，即具有相同的实质性事实（the same material facts），才能成为先例，才具有普遍约束力。一些司法判决作为先例而言，比其他司法判决更具重要性，比如，上级法院的判决作为先例，比下级法院的判决具有更强的法律效力。

上诉法院的每一个最终判决都有双重的影响或作用：一是作为法院已判决且无法再上诉的案件，遵循一事不再理原则，即已决案件（*Res judicata*）；二是作为未来案例的先例或潜在先例，即遵循先例的原则（*stare decisis*）。普通法为社会普遍运作提供了必不可少的一致性（consistency），公众可以预测不同类型行为产生的结果。普通法也会适应变化。如果出现与现有先例略有不同的案件，法院在必要时会修改相应规则，以此对未决案件进行判决。如果案件事实与现有先例不同，法院将对规则进行扩大解释，用以涵盖新事实；或对规则进行狭义解释，从而拒绝其适用。律师通过在法庭上对案件和先例的异同之处进行辩论，并与其他先例进行类比来推动法律的发展。值得注意的是，某些判决比其他判决能够作为更好的先例，比如：来自同一个州的判决比其他州的判决具有更大的权重；联邦层级中的某些判决比别的判决更有说服力；法院层级越高，其判决更具分量。

（二）美国的法院系统

美国总共有 52 个法院系统，其中包括 50 个州法院系统（The State Court System），1 个哥伦比亚特区法院系统，以及 1 个联邦法院系统（The Federal Court System），这些法院系统的层级结构具有相似性。联邦法院系统是独立于州法院系统而存在的，美国各州的法院系统由各州的宪法确定，各个州均有本州的最高法院。

---

〔1〕　参见王泽鉴主编：《英美法导论》，北京大学出版社 2012 年版，第 2 页。

1. 州法院系统

通常情况下，美国各州的法官通过选举或者任命两种形式产生。虽然 50 个州都有各自的法院体系及制度，但各个州的法院基本组织结构相同，下级法院的判决均可以由上级法院进行审查。州法院系统有多个层级或审级，一般而言可以分为初审法院和上诉法院两类，包括初审法院、中级上诉法院和州最高法院三个层级。(参见表 2 - 4)

表 2 - 4　州法院系统

州法院系统 State Court System		
(1)	上诉法院 Appellate Courts	州最高法院 Supreme (Highest) Courts or the court of last resort
(2)		中级上诉法院 Intermediate Appellate Courts
(3)	初审法院 Trial Courts	有限管辖权初审法院 Trial Courts of Inferior (Limited) Jurisdiction
		普遍管辖权初审法院 Trial Courts of General Jurisdiction

州初审法院根据管辖权不同，可以划分为具有有限司法管辖权的初审法院 [Trial Courts of Inferior (Limited) Jurisdiction] 和具有普遍司法管辖权的初审法院两种 (Trial Courts of General Jurisdiction)。具有有限司法管辖权的初审法院也被称为"低级"(inferior) 法院，其管辖权仅限于涉及小额索赔的民事诉讼和轻微刑事诉讼。具有普遍司法管辖权的初审法院有权审判各类案件，没有标的或标的额限制。在某些案件中，普遍管辖权初审法院可以受理来自有限管辖权初审法院的上诉案件。

每个州至少有一个上诉法院，有可能是中级上诉法院 (Intermediate Appellate Courts) 或者是最高上诉法院 (Supreme Courts or the court of last resort)。一般而言，上诉法院不受理初始案件，其作用是审查本州下级法院做出的判决。通常情况下，上诉法院尊重初审法院对事实问题的意见，不审查此案件的事实问题。上诉法院通过审查案件的诉讼记录，以确定下级法院是否在程序方面或在适用实体法方面有误。上诉法院处于司法层级的顶端，其最终决定了该州实然和应然层面的法律。[1]

　　州最高法院是本州的最高上诉法院，每个州的最高法院对案件的审理都属于终审判决，只有当案件争点涉及联邦法律问题的时候，联邦最高法院才能对其判决进行审理。

　　2. 联邦法院系统

　　联邦法院系统独立于州法院系统，联邦法院的设立是根据美国联邦宪法第3条第2款（Article 3, Section 2, of the U. S. Constitution）。联邦法院的法官，包括最高法院的大法官（justices of the Supreme Court），都是终身制，其均由美国总统提名，随后由参议院（Senate）批准确认。联邦法院系统目前有三个层级：联邦地区法院，联邦上诉法院，联邦最高法院。另外还有些联邦特别法院。（参见表2 - 5）

　　美国目前共有94个联邦地区法院，地区法院的数目主要由人口数量和待处理案件数量而确定，每个州至少有一个联邦地区法院，其不能处理属于美国宪法规定的"美国司法权力"（judicial power of the United States）之外的案件。

表2 - 5　联邦法院系统

联邦法院系统 Federal Court System		
(1)	联邦最高法院 Supreme Court of the United States	联邦特别法院 Specialized Federal Courts （包括：联邦军事上诉法院、联邦索赔法院、联邦国际贸易法院、联邦税务法院、联邦破产法院等）
(2)	联邦上诉法院（13个） Courts of Appeals of the United States	
(3)	联邦地区法院（94个） District Courts of the United States	

---

　　[1]　参见［美］艾伦·法恩思沃斯：《美国法律体系》，李明倩译，上海人民出版社2018年版，第32～33页。

联邦上诉法院也被称为联邦巡回上诉法院（Circuit Courts of Appeals），不管是民事还是刑事联邦上诉案件，均由 3 名法官组成合议庭审理。美国共有 13 个联邦上诉法院，其中有 12 个（包括哥伦比亚特区）巡回区法院，和 1 个联邦巡回法院（Federal Circuit）。12 个巡回区上诉法院负责审理其各自司法巡回区内的联邦地区法院上诉来的案件，而那个第 13 个联邦巡回法院的管辖权并非按地理划分，而是由标的物确定。其对于某些特定类型的案件，具有国家上诉管辖权，例如专利法案件以及美国联邦政府作为被告的案件。与此同时，联邦巡回法院对联邦特别法院的上诉案件具有管辖权，并且还可审理由联邦行政机构判决所引发的索赔案件。

联邦最高法院是美国联邦法院系统中最高的一级，可以审查由联邦上诉法院做出判决的所有案件，以及某些由州法院做出判决的上诉案件。虽然联邦最高法院受理的大部分是上诉案件，但其对某些案件也具有初审管辖权，比如与大使有关的案件，或者两个州之间纠纷的案件，或者州作为当事人一方的案件。联邦法院系统中只有一个最高法院，由九位大法官（Justices）组成。[1]

美国联邦法院系统中，还有些联邦特别法院，比如联邦军事上诉法院（Court of Military Appeals）、联邦索赔法院（Court of Claims）、联邦国际贸易法院（Court of International Trade）、联邦税务法院（Tax Court）、联邦破产法院（Bankruptcy Court）等，对专门的事务具有管辖权。

（三）美国裁判文书说理的内容

美国初审法院和上诉法院跟中国的法院设置有很大区别。上诉法院尊重初审法院对事实问题的意见，不审查此案件的事实问题，所以没有审查事实与展示证据的环节。上诉法院通过审查案件的诉讼记录，以确定下级法院是否在程序方面或在适用实体法方面有误。在美国的州法院系统中，初审法院的判决就是判决，而不能称之为判例，只有上诉法院的司法意见才有可能成为判例。但是联邦地区法院是个例外，在联邦法院系统中，地区法院虽然也是初审法院，但是作出的判决有时候也具有先例的效力。我们对美国裁判文

---

〔1〕 参见［美］艾伦·法恩思沃斯：《美国法律体系》，李明倩译，上海人民出版社 2018 年版，第 33～39 页。

书说理的研究主要是指能够成为判例的裁判文书之说理，因此，我们主要研究州上诉法院司法意见中的说理和联邦法院裁判文书的说理。我们主要选取纽约上诉法院〔1〕的"里格斯诉帕尔默案"〔2〕（RIGGS V. PALMER Court of Appeals of New York）为典型案例（中英文对照的判决书附在书后的附录中），〔3〕进行相应分析。

1. 美国裁判文书的结构

关于美国裁判文书的结构，我们参考 Joyce J. George 所著 *Judicial Opinion Writing Handbook*（*Fifth Edition*）一书。法官对于同样的司法文书（judicial documents），会使用不同的名字，美国并没有统一的司法文书称谓。在 George 的书中，初审法官写的裁判文书包括法官的判决（decisions）、裁定（find-

〔1〕 纽约州具有普遍司法管辖权的初审法院被称为"最高法院"（Supreme Court），而纽约州的最高法院则称为"上诉法院"（Court of Appeals）。

〔2〕 "里格斯诉帕尔默案"案情简介：1882年帕尔默在纽约用毒药杀死了自己的祖父，他的祖父在现有的遗嘱中给他留下了一大笔遗产。帕尔默因杀人的罪行被法庭判处监禁几年，但帕尔默是否能享有继承其祖父遗产的权利成了一个让法官头疼的疑难案件。帕尔默的姑妈们主张，既然帕尔默杀死了被继承人，那么法律就不应当继续赋予帕尔默以继承遗产的任何权利。但纽约州的法律并未明确规定如果继承人杀死被继承人将当然丧失继承权，相反，帕尔默祖父生前所立遗嘱完全符合法律规定的有效条件。因此，帕尔默的律师争辩说，既然这份遗嘱在法律上是有效的，既然帕尔默被一份有效遗嘱指定为继承人，那么他就应当享有继承遗产的合法权利。如果法院剥夺帕尔默的继承权，那么法院就是在更改法律，就是用自己的道德信仰来取代法律。审判这一案件的格雷法官亦支持律师的说法，格雷法官认为：如果帕尔默的祖父早知道帕尔默要杀害他，他或许愿意将遗产给别的什么人，但法院也不能排除相反的可能，即祖父认为即使帕尔默杀了人（甚至就是祖父自己），他也仍然是最好的遗产继承人选。法律的含义是由法律文本自身所使用的文字来界定的，而纽约州遗嘱法清楚确定，因而没有理由弃之不用。此外，如果帕尔默因杀死被继承人而丧失继承权，那就是对帕尔默在判处监禁之外又加上一种额外的惩罚。这是有违"罪刑法定"原则的，对某一罪行的惩罚，必须由立法机构事先作出规定，法官不能在判决之后对该罪行另加处罚。但是，审理该案的另一位法官厄尔却认为，法规的真实含义不仅取决于法规文本，还取决于文本之外的立法者意图，立法者的真实意图显然不会让杀人犯去继承遗产。厄尔法官的另外一条理由是，理解法律的真实含义不能仅仅以处于历史孤立状态中的法律文本为依据，法官应当创造性地构思出一种与普遍渗透于法律之中的正义原则最为接近的法律，从而维护整个法律体系的统一性。厄尔法官最后援引了一条古老的法律原则——任何人不能从其自身的过错中受益——来说明遗嘱法应被理解为否认以杀死被继承人的方式来获取继承权。最后，厄尔法官的意见占了优势，有四位法官支持他；而格雷法官只有一位支持者。纽约州最高法院判决剥夺帕尔默的继承权。参见"里格斯诉帕尔默案"词条，载百度百科网，https：//baike. baidu. com/item/% E9% 87% 8C% E6% A0% BC% E6% 96% AF% E8% AF% 89% E5% B8% 95% E5% B0% 94% E9% BB% 98% E6% A1% 88/3639171，最后访问日期：2019年2月15日。

〔3〕 "里格斯诉帕尔默案判决书（中英文对照）"，赵玉增译，载民间法与法律方法网，http：//www. xhfm. com/2006/1114/1421. html，最后访问日期：2019年2月15日。

ings)、事实的认定（findings of fact）以及法律的选定（conclusions of law），而上诉法院法官写的裁判文书叫司法意见（opinions）。[1]据此，我们主要分两类来介绍裁判文书的结构，一类是初审法院的判决（decision），另一类是上诉法院司法意见（opinion）。

一个正式的初审法院判决主要有五个要素，即案件性质（nature of the case）、案件事实（facts）、争议焦点（issues）、法律和推理（law and reasoning）和判决意见（holding or disposition）。案件性质包括案件背景、法律性质（jurisprudential character）、诉讼当事人以及历审程序等。案件事实是指与本案争议焦点相关的法律事实；争议焦点包括与案件相关的事实争点和法律争点；法律和推理指的是适用于解决争议焦点的法律，并对其进行推理论证；判决意见是指法官针对案件的争议焦点提出的处理意见。[2]

上诉法院的司法意见有多种不同的类别，主要有三大类：多数意见（majority opinions）、少数意见（minority opinions）和特殊意见（special opinions）。[3]其中多数意见包括完整意见（full opinions）、法庭意见（*per curiam* opinions）和非正式意见（memorandum opinions）三种。完整意见是最常出现的一种司法意见，指多数法官同意判决结果，其中也可以出现并存意见（concurring opinions）和异议意见（dissenting opinions）；法庭意见是指全体法官一致的意见，对有关问题不必再作讨论；[4]非正式意见只简要说明上诉法院判决的结果，不叙述判决理由，[5]不具有判决先例的效力。少数意见包括并存意见和异议意见两种，并存意见是指一名或少数法官的单独意见，同意多数法官作

---

〔1〕 See J. J. George, *Judicial Opinion Writing Handbook*, William S. Hein & Co., 2007, p. 24. For decades judges have used differing names for the same judicial documents, and there has been no consistency. To understand the nomenclature used in this handbook, remember that decisions, findings, and findings of fact and conclusions of law are the communicative writings written by the trial judge. Opinions are the communicative writings written by the appellate judge.

〔2〕 See J. J. George, *Judicial Opinion Writing Handbook*, William S. Hein & Co., 2007, pp. 161 ~ 184.

〔3〕 See J. J. George, *Judicial Opinion Writing Handbook*, William S. Hein & Co., 2007, pp. 321 ~ 337.

〔4〕 参见薛波主编：《元照英美法词典》，法律出版社 2003 年版，第 1043 页。

〔5〕 参见薛波主编：《元照英美法词典》，法律出版社 2003 年版，第 907 ~ 908 页。

出的判决，但对判决依据提出不同理由；[1]异议意见是指一名或几名法官持有的不同意根据多数法官意见所表达的判决结果的意见。[2]

在"里格斯诉帕尔默案"中，厄尔法官认为要遵从立法目的解释，要依据"任何人不能从其自身的过错中受益"的法律原则，从而应该剥夺帕尔默的继承权，其观点得到了四位法官的支持，成为了多数意见；而格雷法官持有与厄尔法官不同的意见，认为法律条文要遵从文义解释，要严格遵守《遗嘱法》的相关规定，法官的自由裁量权要受到一定的限制，从而不应当剥夺帕尔默的继承权，其观点只得到一位法官的支持，成为了少数意见。

因为特殊意见并不具有判例的法律效力，本文对其不做详细讨论。值得一提的是，特殊意见中有一种法官的附带意见（dictum in opinions），其指某一法官在法庭判决意见书中就某一并非与案件必定有关的法律点或并非为确定当事人的权利所必要的法律点所发表的意见，此种意见在论证时有说服论述的价值，但不能作为判例约束以后的案件，其也称为 obiter dictum。[3]美国联邦最高法院成立之初，由每位大法官逐一发表意见的方式发布司法意见书；马歇尔任首席大法官后，由首席大法官以法院意见的名义发布司法意见书；约翰逊之后，由大法官发表个人意见，包括多数意见、附议意见（即上文所述的并存意见）、异议意见等。[4]

一个正式的司法意见[5]可以分为五个部分，即案件性质（nature of the case）、争点和判决的综述（general statement of issues and holding）、案件事实（facts）、错误判决（errors）、处置意见（disposition）。这五个部分又包括九个要素，除了上述案件性质、争点和判决的综述、案件事实、错误判决和处置意见这五个要素之外，另外错误判决中还涵盖了四个要素，即争议焦点（issues）、审查标准（standard of review）、法律和推理（law and reasoning）和小结（mini-conclusion）。

---

〔1〕　参见薛波主编：《元照英美法词典》，法律出版社 2003 年版，第 278 页。

〔2〕　参见薛波主编：《元照英美法词典》，法律出版社 2003 年版，第 423 页。

〔3〕　参见薛波主编：《元照英美法词典》，法律出版社 2003 年版，第 413 页。

〔4〕　参见罗灿："美国裁判文书说理的微观察——从费尔南德斯案的司法意见书切入"，载《人民司法（应用）》2015 年第 7 期。

〔5〕　在美国，上诉法院作出的判决一般称为 judicial opinion，但本书为了行文方便，有时候会笼统称为判决书或裁判文书。

案件性质除了有诉讼当事人、案件的法律性质和历审程序外，还包括案件上诉之前的法院作出的判决〔prior decision(s)〕。争点和判决的综述简要概括上诉法院司法意见中涉及的主要争点，以及针对此争点作出的处置意见。案件事实是指与处理该上诉案件相关的事实陈述。错误判决指的是案件上诉之前的法院做出的错误判决，每一个错误判决都需要按照争议焦点、审查标准、法律和推理、小结这样的步骤进行讨论。处置意见是上诉法院针对此上诉案件先前的判决所采取的处置办法，一般有五种情况，即确认（affirmed）、推翻（reversed）、发回重审（remanded）、修订（modified）和撤销（dismissed）。[1]

2. 说理的受众

受众，顾名思义，是指接受者。判决书[2]的受众是指判决书说理和论证的接受者。判决书受众范围极其广泛，包括普通公众、法官、律师和学者等，几乎所有的人都可能成为判决书的受众。[3]裁判文书作为一种法律文书，其不仅是法院审理案件过程和裁判结果的载体，也是司法监督的重要依据，更是法院确定和分配当事人实体权利义务的法律凭证。裁判文书所载内容是否客观公正对当事人和裁判者均有直接利害关系，其既关系到当事人的利益，又关系到裁判者的职业生命和职业荣誉，更关系到社会公众的价值判断和行为指引。[4]由此可知，裁判文书的受众主要有当事人、裁判者和社会公众。

裁判文书运用法律修辞进行说理，法律修辞的背后有大量的潜在读者，其中包括与法律相关的共同体也包括普通大众。因此法律修辞在适用上必须具备特定语境，即对普通大众在实质正义上的说服力和法律人所形成说服力的特定语言环境。[5]这里的法律相关共同体既包括诉讼当事人也包括法官和律师等，普通大众即为社会公众。综上所述，裁判文书说理的受众同样可以分为三类：当事人、法官（裁判者）和公众。

---

〔1〕 See J. J. George, *Judicial Opinion Writing Handbook*, William S. Hein & Co., 2007, pp. 285～319.

〔2〕 在本文研究中，笔者既使用裁判文书来概括一切司法文书，也使用判决书来表述裁判文书，为了行文方便，特别是在论述美国裁判文书时，一般用判决书来涵盖裁判文书。

〔3〕 参见王贵东："判决书受众研究"，载《人民论坛》2010 年第 32 期。

〔4〕 参见孙华璞等主编：《裁判文书如何说理：以判决说理促司法公开、公正和公信》，北京大学出版社 2016 年版，第 1 页。

〔5〕 参见黄现清："裁判文书说理的法理分析"，载《政法论丛》2016 年第 1 期。

　　当事人与案件的裁判结果有直接的利害关系，法院的裁判直接关系到诉讼当事人的利益。裁判只有进行了充分说理，才能使诉讼当事人心服口服。按照与裁判文书关系的密切程度，受众可以划分不同的层次：首先是当事人，其次是代理人、辩护人、公诉人，再其次是法官同行，最后是社会公众。[1] 按照与裁判的利害关系，裁判文书受众分为直接受众和间接受众。当事人是唯一的直接受众，裁判结果直接关系到他们的切身利益。正因为如此，司法裁判以当事人为直接对象。[2] 也就是说，当事人与裁判文书的关系最为密切，是裁判文书说理最直接的受众。除当事人之外，诉讼当事人的法定代理人或委托代理人（比如律师）以及刑事案件中的公诉人和辩护人都是裁判文书说理的受众。在某些情形下，代理人、公诉人、辩护人与案件裁判结果都有直接利害关系。在"里格斯诉帕尔默案"中，案件的当事人既包括原告里格斯和普瑞斯顿（埃尔默·帕尔默的两位姑姑）、被告埃尔默·帕尔默，也包括原告和被告请的律师莱斯里·W. 茹塞尔和 W. M. 豪肯斯。

　　上诉法院的法官针对此上诉案件先前的判决要给出相应的处置意见，即确认、推翻、发回重审、修订或撤销先前的判决，其在司法意见中给出的处理办法要进行说理，这里的受众是先前给此案作出判决的法官。英美法系法律制度围绕上诉审司法而展开，遵循先例的传统使法官更加注重上级法院的意见。对下级法院今后处理类似案件的影响以及对同级法院的示范意义，而非普通公众的意见。所以判决书的主要受众，至少对于上诉审法院来说，不是案件的当事人以及关心此案的社会公众，而是法官等法律实务者。[3] 在"里格斯诉帕尔默案"中，案件的上诉法院法官包括厄尔法官、格雷法官、丹佛斯法官等共七位法官。

　　社会公众虽然与案件的判决结果没有直接的利害关系，但是法院的判决与公众的价值判断和行为指引息息相关。与此同时，公众对法院的判决具有社会监督作用，能够促进法院的公正裁判。但仅仅是裁判结论的公正不是完整的公正，只有裁判结果为什么公正以说理的方式让当事人和社会公众接受

---

〔1〕 参见宋北平："裁判文书说理的基本问题"，载《人民法治》2015 年第 10 期。
〔2〕 参见王贵东："判决书受众研究"，载《人民论坛》2010 年第 32 期。
〔3〕 参见王贵东："判决书受众研究"，载《人民论坛》2010 年第 32 期。

才叫裁判的公正。[1]从社会公众的角度来看，判决书的写作涉及到司法权威形象的载体问题。在英美法系国家，裁判文书的写作带有强烈的法官个人色彩，很多精彩的裁判文书不仅对以后的案件影响巨大，甚至成为法学院的教科书。这些裁判文书的作者也成为司法权威在一般公众心目中司法权威的代表。[2]

3. 说理的主要内容

美国司法强调"程序正义优于实体正义"，在一份完整的裁判文书中，说理部分不仅包括实体性的内容，还包括程序性的内容。其中实体性内容包括证据认定、案件事实、争议焦点、因果关系和适用法律；程序性内容是指当事人在行使程序性诉讼权利时，法院依职权对其进行认定的程序性事项，或者当事人未主张，但法院依职权而形成的与当事人利益相关的程序性事项。在实体性内容的说理方面，如何适用法律这个大前提、根据案件事实、解决案件的争议焦点及当事人行为与案件结果之间的因果关系需要进行推理论证；法律适用必须以事实认定为根据，同时在证据的认定过程中，是否采信诉辩双方的证据以及依据采信证据来认定事实都需要法官主观判断，这个判断过程就是一个说理的过程，故裁判文书对证据的采信、事实的认定以及法律适用都需要说理。裁判文书说理的公开是法官对案件证据、事实认定及法律适用的主观评判和自由心证过程，以程序和实体的公正让当事人和社会公众接受裁判结果。[3]

美国法院的判决书非常强调法官对案情的努力思考和清晰的文字描述。关于裁判说理，美国学者庞德深刻地指出："为了保证决定的合理性，必须要求在认定事实的陈述和适用法律的主张之中系统阐明其理由，舍此没有更有效的方法。"[4]在介绍美国裁判文书的结构中提到，初审法院的判决主要有五个要素，即案件性质、案件事实、争议焦点、法律和推理以及判决意见。如

---

〔1〕 参见孙华璞等主编：《裁判文书如何说理：以判决说理促司法公开、公正和公信》，北京大学出版社 2016 年版，第 4 页。

〔2〕 参见孙光宁："从社会听众的视角看简约判决文书的力量"，载《政法论丛》2006 年第 5 期。

〔3〕 参见孙华璞等主编：《裁判文书如何说理：以判决说理促司法公开、公正和公信》，北京大学出版社 2016 年版，第 63～69 页、第 122 页。

〔4〕 季卫东：《法律程序的意义》，中国法制出版社 2004 年版，第 96 页。

果把这五个部分比作人的身体结构的话，案件性质相当于大脑，案件事实相当于躯干，争议焦点相当于心脏，法律和推理相当于腿部，判决意见相当于脚部。[1]这五个部分犹如人的身体结构，缺一不可。其中法律和推理部分就如人的腿部，支撑起了人的大脑、躯干和心脏，并连接着人的脚部。推理除了在法律适用中发挥举足轻重的作用外，也贯穿于法官对案件事实和争议焦点的阐释中。

　　一份上诉法院的司法意见通常有五个部分，即案件性质、争点和判决的综述、案件事实、错误判决和处置意见。这五个部分包含九个要素，除案件性质、争点和判决的综述、案件事实、错误判决和处置意见这五个要素之外，另外错误判决中还涵盖了四个要素，即争议焦点、审查标准、法律和推理、以及小结。[2]此处案件事实和错误判决部分都需要法官进行逻辑演绎，阐明其理由，尤其是在错误判决部分，充分透彻的说理必不可少。上诉法院司法意见针对被上诉案件的每一个错误判决都需要按照争议焦点、审查标准、法律和推理、小结逐一进行说理，从而得出是否确认、推翻、发回重审、修订、撤销先前判决的处置办法。首先，一个错误判决中可能有一个或者多个争议焦点，若某个错误判决中存在多个争议焦点，需要对这些争点的讨论顺序进行逻辑推理；其次，处理这个错误判决的审查标准要进行相应阐释，从而适用于解决此上诉案件的相关争点；再其次，需要对每个争点进行具体法律适用的推理论证；最后，针对每一个争点，都需要得出一个小结，使用这些小结可以得出法官最终的处置意见。

　　4. 说理的特点

　　法官的推理和对法律的解释，构成了美国裁判文书说理的主要特点，其包括三个明显要素，即类比推理、演绎推理和法官解释，这些要素即为裁判文书说理所使用的方法。[3]

　　首先，美国法官注重使用类比推理方法。类比推理是识别待决案件与判例的异同，其过程大体分为三个步骤：①基点的确定，确定案件首先要适用

　　[1]　J. J. George, *Judicial Opinion Writing Handbook*, William S. Hein & Co. , 2007, p. 182.

　　[2]　J. J. George, *Judicial Opinion Writing Handbook*, William S. Hein & Co. , 2007, pp. 313~314.

　　[3]　参见罗灿："美国裁判文书说理的微观察——从费尔南德斯案的司法意见书切入"，载《人民司法（应用）》2015 年第 7 期。

的判例；②识别待决案与先例案件的相同点和不同点；③作出判断。[1]类比推理包括但不限于区别技术，更重要地是归纳总结判例背后的判案依据（Holding），从案件中归纳出适用于类似案件的抽象原则。[2]在"里格斯诉帕尔默案"中，可以看到厄尔法官和格雷法官为了支持自己的观点，都引用了相应的判例作为判决理由，加强判决的说理性，如厄尔法官引用的"保险公司诉阿姆斯特朗案"，格雷法官引用的"盖恩斯诉盖恩斯案"和"立基福特诉希蒙斯案"。厄尔法官和格雷法官引用判例后，都对先例案件中认定的事实和适用的法律进行了相应陈述，并与"里格斯诉帕尔默案"这一待决案件中的相关事实和法律进行了比较和区分，从而得出相应的观点和判断。

其次，美国法官也运用演绎推理方法。成文法也是美国法官进行裁判文书说理时的重要说理依据，在"里格斯诉帕尔默案"中，也运用到了相应的成文法，即纽约州关于公证遗嘱和分割遗产的法律。我们可以将法官的说理简化，形成三段论推理，即大前提（适用的法律）、小前提（认定的事实）和结论（最终的判决）。在法律领域中，法律推理（legal reasoning）、事实推理（factual inference）、判决推理（judicial reasoning）是三种不同的推理与论证，在广义上它们也可以统称为法律推理和法律论证。事实推理是指发现或确认事实的推论过程，法律推理是指寻找或获取法律的推论过程，判决推理是指根据事实和法律得出和证成判决的推论过程，是以法律推理和事实推理的结果为前提。其中，法律推理的结果是大前提，事实推理的结果是小前提，判决推理的结果是对具体案件作出的裁决。法官裁判的主要任务之一就是建立起裁判大前提和裁判小前提，并从已建立的裁判大前提和裁判小前提得出或证成判决结论。这种从大前提和小前提推导出结论的三段论演绎逻辑，是古希腊思想家亚里士多德在探讨了人类思维的基本规律后，建立的历史上第一个经典逻辑体系，即三段论逻辑体系。[3]

---

〔1〕 参见［美］史蒂文·J·伯顿：《法律和法律推理导论》，张志铭、解兴权译，中国政法大学出版社1998年版，第43～44页。

〔2〕 See L. Mailhot, J. D. Carnwath, *Decisions, Decisions… A Handbook For Judicial Writing*, Les Éditions Yvon Blais, 1998, pp. 98～100.

〔3〕 参见王洪：《制定法推理与判例法推理》，中国政法大学出版社2016年版，第6～8页。

最后，运用说理依据需要法官解释。不少判例都没有明确法律规则和法律原则，需要法官加以归纳和解释。同时，成文法所涉演绎推理中的大小前提也并非一开始就成立。[1]无论是在大陆法系国家、英美法系国家还是我们国家，都可以将法律领域里的全部推论与论证概括为三类：法律推理、事实推理、判决推理。法律推理要解决的是法律不确定性或可争议性问题，因此，法律解释、漏洞补充和法律续造可以归入法律推理的范畴。此处的法律解释、漏洞填补和法律续造均指法官释法的活动，将传统意义上的法律解释活动称为推理。[2]学界对于法律解释和法律推理之间的关系历来看法不一，笔者暂且对其不予探讨。

　美国判决书在说理部分体现了很强的创造性以及开放性特征。美国的判决书主要由法官进行撰写，没有固定的模式，尤其在说理部分，充分体现出了法官缜密的逻辑思维与论证能力。在说理部分，法官可以根据整个案件的审理过程，根据遵循先例的原则，充分展示对案件的推理过程。法官推理论证属于判例中最核心的内容，是法官寻找到法律并将其适用于案件事实的具体过程。因此，美国判决书的判决理由用大篇幅对案件进行推理论证，既包含一致意见，又包含对案件所持有的不同意见。在推理论证过程中，无论是一致意见还是不同意见，法官都会援引先例进行逐一论证，所以，最后的判决结果也具有很强的说服性。[3]

（四）美国裁判文书说理对中国的借鉴

在我国，近年来有很多社会影响较大案件没有得到大众的广泛接受，许霆案、彭宇案等比较典型。这反映出司法裁判未能得到社会公众认可，与社会公众在沟通上存在问题。因此要加强与公众的沟通，通过裁判文书的充分说理和论证是一个很好的途径。从刘涌案件改判再到呼格吉勒图案件改判，都引起了社会公众强烈反响，有必要对裁判文书说理及制作规范

---

〔1〕　参见［德］罗伯特·阿列克西：《法律论证理论——作为法律证立理论的理性论辩理论》，舒国滢译，中国法制出版社 2002 年版，第 263~264 页。

〔2〕　参见王洪：《制定法推理与判例法推理》，中国政法大学出版社 2016 年版，第 5~6 页。

〔3〕　参见张清、麻君颖："中美刑事判决书的比较研究——基于判决理由的对比分析"，载《中国法学教育研究》2015 年第 1 期。

等问题进行思考。社会公众对于司法判决公正性往往通过裁判文书内容进行判断。因此只有裁判文书的推理正确、论证充分、说理详尽，才能达到好的社会效果。[1]

1. 英美法系与大陆法系比较

大陆法系又称罗马法系、成文法系、民法法系或罗马—日耳曼法系，起源于罗马帝国，可以追溯到罗马十二铜表法（the Twelve Tables of the Republic of Rome）。英美法系和大陆法系主要存在六点差异。一是在法律渊源上，大陆法系是成文法系，以制定法为基础，其正式的法律渊源不包括司法判例；英美法系最初是以判例法作为其法律渊源，后来也包括制定法，但司法判例仍然是英美法系的核心。二是在法典编纂传统上，法典化是大陆法系法律的基本样态，英美法系一般而言不倾向于法典形式。三是法律结构上，大陆法系建立法律基本结构的基础是传统意义上公法（宪法、行政法、刑法、诉讼法等）和私法（民法、商法等）的划分；英美法系的基本结构是在普通法和衡平法的分类基础上建立的，普通法以判例法为基石，衡平法是普通法的补充规则。四是法官职权上，大陆法系法官只能援引法律的明文规定，而不能创造法律规则或原则；英美法系法官拥有较大的自由裁量权，法官可以借由法院的判决造法。五是诉讼程序上，大陆法系采用纠问式，法官是诉讼的中心；英美法系是抗辩式，以诉讼当事人为重心。六是职业教育传统上，大陆法系注重法学理论的阐释，法官和律师是两个独立的职业；英美法系重视实践能力的培养，通常情况下，法官从优秀律师中挑选产生。[2]

中国属于中华法系（Chinese Law）国家，[3]中华法系是大陆法系（Civil Law）和社会主义法系（Socialist Law）的混合体，是具有中国特色的社会主义法系（Socialist Law with Chinese Characteristics）。社会主义法系指共产主义国家所使用的法律制度，建立在大陆法系基础之上，将马克思列宁主义思想（Marxist-Leninist ideology）作为其重要修改和补充。[4]因此，中国的法律体系

---

〔1〕 参见黄现清："裁判文书说理的法理分析"，载《政法论丛》2016 年第 1 期。

〔2〕 参见李金玉、金博编：《英美法律制度》，西北工业大学出版社 2014 年版，第 37～39 页。

〔3〕 参见张晋藩："解读中华法系的本土性"，载《政法论坛》2010 年第 5 期。

〔4〕 参见黄震："中华法系与世界主要法律体系——从法系到法律样式的学术史考察"，载《法学杂志》2012 年第 9 期。

和大陆法系类似。

尽管英美法系和大陆法系有上述差别，但从近年来各国法律制度的发展来看，两大法系早已互相影响，世界上已无纯粹的普通法系国家或纯粹的大陆法系国家。以美国为例，立法机关制定的成文法日益增加，目前美国大部分州已自行制定民事诉讼法，而所有的州政府也均已制定刑法及刑事诉讼法，只是在普通法之下，制定法仍需经过法院的司法审查和司法解释。反之，大陆法系国家近年来也越来越重视司法判例，下级法院参考上级法院判决的情况也逐渐增多。[1]英美普通法系的传统与大陆法系各国有所不同，英国法历来有说明判决理由的传统。美国法院的判决非常强调法官对案情的努力思考和清晰的文字描述。英美法系实行的是判例法制度，判决理由是发挥其约束力的关键，这使得说明裁判理由成为英美法系法律制度的基本要求。[2]

2. 中国裁判文书说理的现状

自 20 世纪 90 年代起，随着我国司法改革的不断推进，我国也加快了法律文书的改革进程。党的十八届三中全会在《中共中央关于全面深化改革若干重大问题的决定》中指出要"增强法律文书说理性，推动公开法院生效裁判文书"。2015 年 2 月 26 日最高人民法院发布的《最高人民法院关于全面深化人民法院改革的意见——人民法院第四个五年改革纲要（2014 – 2018）》也强调："推动裁判文书说理改革……加强对当事人争议较大、法律关系复杂、社会关注度较高的一审案件，以及所有的二审案件、再审案件、审判委员会讨论决定案件裁判文书的说理性……完善裁判文书说理的刚性约束机制和激励机制，建立裁判文书说理的评价体系，将裁判文书的说理水平作为法官业绩评价和晋级、选升的重要因素。"判决理由作为判决书的核心部分，对判决结果起着至关重要的作用，判决文书的说理不可或缺。

2018 年 6 月 1 日，最高人民法院发布了《最高人民法院关于加强和规范裁判文书释法说理的指导意见》（下称《意见》，全文附在文末），《意见》第

---

〔1〕　参见王泽鉴主编：《英美法导论》，北京大学出版社 2012 年版，第 3 页。

〔2〕　参见刘莉、孙晋琪："两大法系裁判文书说理的比较与借鉴"，载《法律适用（国家法官学院学报）》2002 年第 3 期。

2条和第3条对裁判文书的释法说理提出了具体要求："二、裁判文书释法说理，要阐明事理，说明裁判所认定的案件事实及其根据和理由，展示案件事实认定的客观性、公正性和准确性；要释明法理，说明裁判所依据的法律规范以及适用法律规范的理由；要讲明情理，体现法理情相协调，符合社会主流价值观；要讲究文理，语言规范，表达准确，逻辑清晰，合理运用说理技巧，增强说理效果。三、裁判文书释法说理，要立场正确、内容合法、程序正当，符合社会主义核心价值观的精神和要求；要围绕证据审查判断、事实认定、法律适用进行说理，反映推理过程，做到层次分明；要针对诉讼主张和诉讼争点、结合庭审情况进行说理，做到有的放矢；要根据案件社会影响、审判程序、诉讼阶段等不同情况进行繁简适度的说理，简案略说，繁案精说，力求恰到好处。"

　　虽然我国一直在致力于加强裁判文书的说理，但是就目前而言，我国的裁判文书说理还存在一定的不足。上文谈到了美国裁判文书说理的内容和特点，纵观中美两国判决书的说理部分，中国的判决书在说理部分明显是论证相对简单、遵循一定的模式、只展示合议庭的一致意见、具有高度的概括性。从近些年的刑事判决书来看，基本都遵循了一个套路，具有很强的程式化和封闭性特点。法官很难进行再创造，基本上是模式不变，先是强调被告的犯罪事实是否构成犯罪，然后列举依照的法律，然后过渡到判决部分。由此可见，法官只是根据已有的模式，对不同的判决书进行内容上的填充。这样做的结果是：在判决理由部分不能展示出详尽的论证过程以及推理过程；另外，大部分普通民众很难对法律条文进行解读，这也造成了很多公民不能理解判决结果是如何根据法律推理而来的，造成了最后的判决缺乏一定的说服力以及社会接受度。而一旦说理充分，当事人和代理律师都会从判决理由中寻找线索，用以发现判决书认定事实是否清楚，适用法律是否正确。在一定程度上，充分地说理会大大增加判决的公正性和可接受度。[1]

　　3. 美国裁判文书说理对中国的借鉴

　　上述《意见》第1条明确了裁判文书释法说理的目的："裁判文书释法说

---

　　〔1〕 参见张清、麻君颖："中美刑事判决书的比较研究——基于判决理由的对比分析"，载《中国法学教育研究》2015年第1期。

理的目的是通过阐明裁判结论的形成过程和正当性理由，提高裁判的可接受性，实现法律效果和社会效果的有机统一；其主要价值体现在增强裁判行为公正度、透明度，规范审判权行使，提升司法公信力和司法权威，发挥裁判的定纷止争和价值引领作用，弘扬社会主义核心价值观，努力让人民群众在每一个司法案件中感受到公平正义，切实维护诉讼当事人合法权益，促进社会和谐稳定。"由此可知，加强裁判文书的释法说理，势在必行。

我国和美国虽然属于不同的法系，但在判决书的书写方面，都强调其说理，把判决理由作为整个审判的核心部分。通过说理的严谨性，力图使判决公平、公正，具有说服力。因此，在判决理由方面，中美判决书在判决理由方面具有一定的相似性。第一，在判决理由的内容方面，都是在已查明事实的基础上，根据相关法律进行论述，目的在于使判决结果有理有据，使人信服。第二，在用词以及语言风格方面，判决理由的论述多用书面语，用词比较正式，精确，很少出现第一、二人称，基本上都是"本庭认为"，以突显判决的客观性。第三，判决理由的论述都比较严谨，说理性强。虽然中国和美国的判决书在判决理由方面具有以上三点相似性，但由于中美两国属于不同的法系，美国属于普通法系，而中国深受大陆法系的影响，因此，两国受到不同法治文化与法律文化的影响，所呈现出的不同点要远远多于其相同点，不同点主要体现在篇章结构、论述方式、说理及语言风格等方面。[1]

将中国和美国的裁判文书进行对比，可以发现其各有利弊。中国的裁判文书虽然叙述相对概括，论证相对简单，但其文字精练，简洁明了，表达清晰，展示合议庭的一致意见，代表了法院的权威。对于美国裁判文书说理的形式，美国裁判文书公开不同意见过分突出个人意见而非机构意见，在某种程度上损坏了裁判权威的明确性。[2]尽管如此，在裁判文书说理的这一层面上，美国还是有很多地方值得我国借鉴。美国的裁判文书由于要分析考虑以往的判例，而必须论理详细、具体，判决书往往篇幅浩大，论理缜密，法官

---

〔1〕 参见张清、麻君颖："中美刑事判决书的比较研究——基于判决理由的对比分析"，载《中国法学教育研究》2015 年第 1 期。

〔2〕 参见罗灿："美国裁判文书说理的微观察——从费尔南德斯案的司法意见书切入"，载《人民司法（应用）》2015 年第 7 期。

的不同意见也要求写入判决书，使判决书论理更加全面。[1]比如在"里格斯诉帕尔默案"中，厄尔法官和格雷法官为了支持自己的观点，除了引用诸多相应的先例案件外，还引用了相关的法律原则、卢瑟福法学著作的一段话、以及《圣经》十诫中的相应规定等等，叙述非常详尽，说服力很强，但这也造成了美国裁判文书冗长繁琐。美国裁判文书行文散漫，采用文学修辞性叙述方式以及过分学理化倾向也不为多数国家所欣赏。其裁判文书越写越长，诸多法官常为一些细小的分歧发表并存意见或反对意见。[2]

裁判文书说理，说不说、如何说，在社会大众看来只是法官笔下"愿不愿"的事情，但事实并非如此。现阶段，学界比较一致的观点是，政治制度传统、公民社会养成、法治思维信仰、责任承担方式等诸要素均可折射到裁判文书说理的视域。[3]由于中国和美国具有不同的法律制度和法律文化，在裁判文书的说理方面，不可避免地存在差异之处。因此我国应该结合本国国情，在保留自身优点的同时，选择性地借鉴美国裁判文书说理的可取之处，从而进一步加强我国裁判文书的说理。

一是在技术层面，尤其是在语言技术层面。我国裁判文书说理性不足，很大程度上源于我国法学本科教育中"语言教育"存在缺失。美国的裁判文书很注重语言技巧的运用，通过论理缜密和逻辑清晰的语言修辞表达，让裁判文书的说理更为充分、透彻。因此，可以借鉴美国裁判文书说理中语言修辞技术的运用，鼓励法律语言教育的进一步实施，注重语言技术知识与司法实践活动相结合，从而增强裁判文书的说理性，以此更有利于推动我国裁判文书说理的改革。

二是在制度层面，我国的法律都是成文法，目前我国的成文法体系日趋完善，可以借鉴英美法系国家判例法的实践，适当增加判例在我国司法实践中的地位和效力。最高人民法院的指导性案例制度就是对成文法体系的一个

---

〔1〕 参见孙华璞等主编：《裁判文书如何说理：以判决说理促司法公开、公正和公信》，北京大学出版社 2016 年版，第 8 页。

〔2〕 参见刘莉、孙晋琪："两大法系裁判文书说理的比较与借鉴"，载《法律适用（国家法官学院学报）》2002 年第 3 期。

〔3〕 参见庄绪龙："裁判文书'说理难'的现实语境与制度理性"，载《法律适用》2015 年第 11 期。

重要补充，虽然指导性案例的法律效力具有一定的争议，但是从最高人民法院于 2010 年 11 月 26 日印发了《最高人民法院关于案例指导工作的规定》，至 2011 年 12 月 20 日发布《最高人民法院关于发布第一批指导性案例的通知》，截止到 2019 年底最高院已经发布 24 批 139 个指导性案例。如在当时引起热议的"于欢故意伤害案"，是 93 号指导性案例，放在 2018 年 6 月 27 日发布的一批指导性案例中。这些指导性案例，为司法实践提供了参考和借鉴，对法官的判决有着重要作用。

第三篇

法律修辞与法治新闻

前两篇我们论述了法律修辞在司法实践中特别是庭审话语中以及裁判文书中的体现与作用，在这一篇章中我们将关注法律修辞在法治新闻报道中的作用与影响，尤其是关注法律修辞的能动性研究。

第一部分　英汉法治新闻对比研究

一、英汉法治新闻中的动态法律修辞

法治/法制新闻[1]报道是一个动态的解构与建构的双向过程。我们将以动态语境论为依据，先从理论上分析法治语篇生成与理解过程中法律修辞的能动性和参数设置；尔后，再以多篇跨国跨境网络英汉法治新闻为对比语料，进一步验证法律文本语言环境下修辞的动态特征以及这种动态性对于促进普法信息传递、加强法治新闻可信度以及维护法治新闻文体独特性等方面的多重重要意义。

（一）引言

语境就是语言使用的环境，[2]是理解会话和语篇的关键要素之一。动态语境论主要强调以动态、互动的促成关系来解释会话的生成、理解和传递，其解释力远远高于静态分析。一般来说，会话是一个在既定时空环境规定下，由会话参与者共同构建的语言产品。在会话持续时间段内，语境内各要素或显性或隐性地发挥作用，并且其显性隐性状态会反复进行更替，最终共同作

---

〔1〕 在我国全面实施依法治国战略前提下，从过去的"法制"新闻的用语逐步过渡到"法治"新闻，在本文中，在没有特指的情况下，我们使用"法治"而非"法制"，而实际上，法治新闻即法制新闻，有时候也混同使用。

〔2〕 参见何兆熊、蒋艳梅："语境的动态研究"，载《外国语（上海外国语大学学报）》1997年第6期。

用于当前会话。抑或说，语境内各要素的参数值在不断被重置，目的在于实现对会话的内容和走向的及时调控。参数设置绝非是一次性完成之后就呈现静止休眠状态，相反，在会话持续过程中，参数会有多次设置直至会话结束。

相对于会话，语篇的动态特征似乎并不明显。而本篇认为，传统上对语篇做静态分析并不能很好地解释语篇的构成和解读过程，尤其是对于法治新闻语篇而言。这类语篇往往要求读者或听众能够进行积极解读，才能有助于深层普法信息传递，让公众做到知法、守法、懂法。如若从动态语境论出发，考查各种语境元素在法治新闻语篇生成、解读中的相互作用关系，将会有效揭示法律语篇的特殊性以及其与普通话题语篇之间的关联。我们试以修辞关系为切入点，分析动态语境视域下法律语篇修辞的构建特征、修辞的使用规律以及修辞效果等，以便进一步证明能动性、修辞性对于法律语篇构建与解释的多重重要意义。

（二）法律语篇、法律修辞和动态语境

在法律语篇中，能动修辞是构建有效语篇的核心要素之一。在动态语境背景下，能动修辞的作用相当于将话语进行重构，等于在话语原始语义的基础上再生成能影响到整个语篇的语义成分。因此，能动修辞是解读法律语篇的关键因素之一。

1. 语篇与法律语篇

在我们的论述中，"语篇"一词专指"篇章"（text），而未沿用西方学者用"语篇"混指"篇章"（text）和"话语"（discourse）的惯例。[1]本篇中的"语篇分析"也特指"篇章分析"（text analysis），与会话分析（discourse analysis）[2]相区别开来，因为我们旨在分析语篇，尤其是法律语篇语料而非其他。作为法律语篇中的一个子类，法治新闻语篇（篇章）多为正式性书面报道，互动特征远不如会话明显。然而，这种动态特征上的差异可以通过参数设置的不同来实现，如可以设置动态强特征和动态弱特征两个层级，并由

---

〔1〕 参见胡壮麟："九十年代的语篇分析"，载《北京大学学报（英语语言文学专刊）》1992 年第 2 期。

〔2〕 参见高恩光、苏陶："语篇分析述评：从语篇描述到体裁解释"，载《外国语（上海外国语大学学报）》1997 年第 2 期。

此来区分会话与语篇之间的差别。我们可以假设两者遵守共同的语篇构建原则，两者之间的差异由参数设置来完成，参数设置可能是如开关般的二分系统，也可能是三分系统。[1]根据这一思路，会话与语篇之间的差异就可以归结为是参数值的不同所致。假如上述假设合理的话，我们就需要确认究竟是哪些元素参与了计算过程，并在动态视域背景下，审查参数设定的原则和变化规律。

2. 修辞的能动性

修辞一说由来已久。从词源上来讲，陈望道认为修辞二字自《易经》起就连在一起使用，一般可作两种解读：一种是在狭义上作修饰文辞讲；另一种是在广义上作调整或适用语辞讲。两者进一步交叉可以得出修饰文辞和修饰语辞两种用法。[2]在这里，陈望道指出传统上的修辞多半是文辞修辞；而他认为语辞（相当于口语语体）的修辞不亚于文辞修辞，并且，两者所依仗的修辞方式也十有九同。[3]也就是说，无论是文辞（从涵盖范围上讲相当于本篇中的"篇章"概念）还是语辞（相当于本篇中的"会话"概念），就其修辞性（可以被修饰的程度）和修辞方式而言基本上一致，即篇章和会话可以进行同样程度的修辞，并且两者所应用的修辞手段也大致相同。

首先，在西方学界，修辞也是源远流长。英语"rhetoric"来源于希腊语"rhetor"，意为"演说者"，其使用意义在于"加强劝说效果"，当然，在现代它的含义已经扩展为增强语言表达效果。[4]在比较了中西方多个学者对修辞的界定之后，从莱庭认同修辞对象包括"口语和笔语"。[5]另外，我们的研究也论证了口语与笔语所使用的修辞手段大致相同。据以上论述不难看出，篇章与会话两者既可以应用相同的修辞手段，又可以在同等程度上被修辞。

其次，修辞的主要目的在于完成其使用者最初设定的交际目标。人类活动的标志性特征之一就是具有目的性。人类的语言活动也不例外。为了实现

---

〔1〕　参见 Chomsky 1986a：146，转引自付有龙、庄会彬：《转换生成语法诠释》，山东大学出版社 2009 年版，第 35 页。

〔2〕　参见陈望道：《修辞学发凡》，上海教育出版社 1997 年版，第 1 页。

〔3〕　参见陈望道：《修辞学发凡》，上海教育出版社 1997 年版，第 2 页。

〔4〕　参见从莱庭、徐鲁亚：《西方修辞学》，上海外语教育出版社 2007 年版，第 184 页。

〔5〕　参见从莱庭、徐鲁亚：《西方修辞学》，上海外语教育出版社 2007 年版，第 193 页。

某种交际目的，交际者需要调用各种语言手段，修辞就是其中最为有效的手段之一。很多学者分析了言语活动的目的性。其中，廖美珍教授将这种目的性"上升为一种明确的语用原则"，并进而提出"目的原则下的语用任务"。[1] 更早期有言语活动目的性思想的学者还有顾曰国、钱冠连等。在本篇中，我们的研究也支持了言语行为有目的性这一理论，并就修辞是实现言语交际目的的最有效手段之一进行了重点论述。

3. 动态语境

语境大致可以分为两类：一类是影响话语形式、话语意义和话语效果的因素；另一类是话语参与者所共有的背景知识。[2] 照此标准，动态语境也可以分为相应的两类：第一类是和话语的形式、意义、效果紧密相连的动态语言语境，第二类是反映话语参与者共有背景的动态非语言语境。

毋庸置疑，动态语言环境与动态非语言环境中的各要素在话语发生的过程中相互影响渗透、既约制又促进、既能动又被动地共同推进话语的进程。我们认为在所有语境要素形成的集合中，最重要的要素当数发话人。国内外诸多学者也从不同角度印证了这一点。比如何兆熊、蒋艳梅认为在语境的动态研究中，交际人是具有主观能动性的个体，[3] 发话人操纵语境，听话人利用语境提高话语诠释能力。[4] 也就是说，发话人是动态语境中最能动的要素，他能够能动地利用、调动其他语境元素（包括听话人）；而听话人则是动态语境中的第二能动要素，其能动性仅低于作为第一能动要素的发话人，但高于其他语境要素。而又由于在正常的会话中话轮常常相互转换，发话人和听话人会在话轮更替时发生角色互置，发话人变为听话人，听话人变为发话人，两者轮流发言，最终完成各自的会话任务，实现各自的会话目标。会话参与者是会话中能动等级最高的要素，其他的语境要素则处于静止的休眠状态。

---

〔1〕 参见廖美珍："目的原则与语篇连贯分析"，载《外语教学与研究》2005 年第 5 期。

〔2〕 何兆熊、蒋艳梅："语境的动态研究"，载《外国语（上海外国语大学学报）》1997 年第 6 期。

〔3〕 何兆熊、蒋艳梅："语境的动态研究"，载《外国语（上海外国语大学学报）》1997 年第 6 期。

〔4〕 何兆熊、蒋艳梅："语境的动态研究"，载《外国语（上海外国语大学学报）》1997 年第 6 期。转引自谢庆立："口译动态交际中的多元语境要素研究"，载《西安外国语大学学报》2011 年第 4 期。

这就是说，除了会话参与者之外的语境要素首先需要被激活才能够参与到会话中来，才能发挥其应有的作用。而会话参与者正是其他语境要素的激活者，一个语境要素是否被激活要根据会话参与者的会话目的而定。会话目的不同，被激活的语境要素自然也不同。

4. 法律修辞的能动性

在法律语篇中，由于法律文体的特殊性，必然要求修辞应用要符合法律文本的特点并服务于法律特有的言语目的。我们认为修辞是对话语（此处指句子）的再次加工。话语生成是一个极为复杂的过程，其中会涉及人脑中的语言生成机制、认知系统以及外部语言环境等诸多方面。单就话语生成而言，句子需要经历词汇、句法、语音等阶段才能产生终极语义部分。如果说句子的语义可以分为基本语义和附加语义的话，这里的基本语义是指一个句子的核心语义，是指以论元结构方式存在的语义部分，所谓附加语义是指在基本语义基础上，根据具体语境和交际目的需要而添加的语义部分，如修辞手段的使用就可以极大丰富基本语义的内容，也同时使句子语义更加契合交际目的。我们认为，句子的基本语义是由第一层加工产生的，第一层加工是每一个句子存在的基本形态，在此基础上，会话参与者往往根据交际需要会对句子进行再加工，加工的程度和次数多半由交际目的决定。从这个角度来看，修辞并不归属于句子的核心语义部分，而是属于再加工语义部分，是附加于核心语义之上的发话人意志或意愿的体现，会话者往往根据语境条件和交流目的决定修辞的具体应用。以上可以说是修辞应用的语言内部环境。另一方面，语境是修辞使用的语言外部环境。在动态语境视域下，在发话人使用修辞时，一般会能动地综合考虑各语境要素，之后才做出使用某种修辞的决定。在多数情况下，会话中只有部分语境要素被激活，这些被激活的要素会在某一个时间点构成一个相对稳定的语境背景，发话人根据这一语境做出使用某种修辞的判断，因为发话人认为该修辞是最有可能完成其会话任务的选项。与之相对，修辞的理解也是动态的。听话人需要激活相应的语境要素来正确解读发话人的意图。但是，由于听话人所激活的语境要素与发话人激活的语境要素并不能完全匹配，所以误解误读的情况时有发生。当然，修辞应用的语言内部环境和外部环境是共同发挥作用的。

在法律语篇背景下，修辞要完成的交际目的往往承载法律涵义，修辞手段的选择自然要优先考虑这一点，如此，修辞也会受到法律语篇的特殊性的限制，也就是说，并不是所有的修辞都适合法律语篇。

（三）英汉法律语篇中的修辞

英语法律语篇与汉语法律语篇既相关又相异。本文试以英汉法治新闻[1]语篇为例，分析其间异同。

1. 新闻报道与法治新闻报道

一般来说，新闻报道要秉承客观公正原则。尤其是自"二十世纪以来，客观性成为了传媒行业最主要的专业价值之一"。[2]任何失之偏颇、以个人主观臆想引导、扭曲事实的报道都影响新闻报道的公信度，并由此产生巨大负面社会影响。法治新闻报道属于新闻报道的子类之一。法治新闻在遵守一般新闻规则的同时主要是负责法和法的意识的传播。[3]

就法治新闻特殊性而言，有些学者从社会影响力、社会效应等方面对其进行了定性和解析。如慕春明认为法治新闻的特殊性在于其法治属性，它主要包括体现法治价值，遵循法制规范，凝聚法治精神等方面。[4]法治新闻是向人们普及法律知识、传播法律观念的重要媒介。[5]也有学者从内容上定义法治新闻的实质，如姚广宜认为法治新闻是"新近发生的、重要的、有价值的、有关立法、司法、执法、守法和各行各业、社会生活各方面与'法'有关的新闻报道"。[6]罗小萍认为法治新闻是"一种专业性新闻"。[7]还有学者从法治新闻文本本身构成出发分析其特殊性，如蔡斐认为法治新闻在"材料选取、切入角度、写作技巧和创新上"都由法治新闻"法治"特性决定。[8]可见，以上学者无一例外地强调了法治新闻的特殊性在于其法的特征，这是其与一般新闻的最重要的区别。

---

〔1〕 在本书中，法治新闻与法制新闻不作区分。

〔2〕 殷越："论新闻报道的客观性原则"，载《新闻战线》2015 年第 14 期。

〔3〕 参见慕明春："法制新闻的法制属性与原则"，载《当代传播》2006 年第 2 期。

〔4〕 参见慕明春："法制新闻的法制属性与原则"，载《当代传播》2006 年第 2 期。

〔5〕 张帆、卫学莉："新形势下法制新闻的现状与发展"，载《新闻战线》2016 年第 4 期。

〔6〕 姚广宜："法制新闻报道应注意的问题"，载《当代传播》2005 年第 2 期。

〔7〕 罗小萍："法制新闻报道的发展与存在的问题"，载《西南政法大学学报》2003 年第 5 期。

〔8〕 蔡斐："略论法制新闻编辑的基本原则"，载《编辑之友》2012 年第 10 期。

　　综上所述，无论是法治新闻报道所承担的社会功能，还是法治新闻文本构成本身，法的属性是其区别其他一切新闻的最重要标志。据此，本篇将结合大小（内外）语境对法治新闻报道进行篇章分析，并就其中修辞如何影响法治语篇的语力做重点论述。

　　2. 英语法律语篇：英语法治新闻

　　本篇选取了多个英美主流报刊杂志上刊载的法治新闻报道（电子版），并从新闻标题、新闻内容的修辞以及评论区评论等方面对修辞手段选取和修辞效果等问题加以描述和分析。

　　（1）美国法治新闻报道

　　法治新闻在美国媒体新闻报道中占有很大比重。根据竹玛[1]和王春枝[2]提供的数据结果，美国法治新闻报道所占版面名列第三位，仅次于政治新闻和体育新闻。这与法律在美国人民的日常生活中起到的重要作用有关。法律执行力度高，执法严格，人们自然会高度关注法律所规定的内容，以避免触犯相关法律。在法治报道中，如果能秉承客观公正的原则，对所报道事件做客观性描述和公正的评价将极大有利于人们正确认识理解法律，排除误解误读，为规范社会秩序起到积极正面的作用。因此，在法治新闻报道中，修辞将发挥关键作用。修辞的目的在于强化对事实的描述以及强化当事人的态度和意见，尤其在法律语境中，任何修辞的使用都是以最大程度还原事实真相为前提的。一旦修辞歪曲了事实真相、掩盖了犯罪事实，就会引起错误的舆论导向并导致恶劣的社会影响。因此，法律修辞的使用不仅受到交际者本身交际目的的限制，还要受到行业规则和社会职责等方面的约制。下文中的法律语篇是选自 Yahoo 新闻网站 2018 年 4 月 8 号的一则有关青少年犯罪的报道：详见附录五（案件一）。[3]

　　在这一案件中，修辞的使用充分发挥了其加强和维护事实原貌的作用。首先，这则案件的新闻标题是 "Teen Gets Decades In Prison For 'Murder' Of Someone Killed By A Cop"，乍看之下，本案似乎是一个冤假错案，本案涉案

---

〔1〕　参见竹玛："英语法制新闻与语篇体裁结构潜势阅读"，载《中国报业》2016 年第 24 期。

〔2〕　参见王春枝："美国法律新闻报道经验与运作特色"，载《中国记者》2008 年第 3 期。

〔3〕　附录五：最后改动日期：2019 年 7 月 20 日。获取网站：https://www.yahoo.com/news/teen-gets-decades-prison-murder－172008377.html（案件一）。

的 teen 不该负责，而应该由涉案警官负责。然而，再仔细审读标题，发现"murder"一词加上了单引号，说明此"murder"并非常规意义上的"murder"，而是另有妙用。待读完全文之后，才发现标题中带引号的"murder"是指涉案警官在出警时被迫击毙犯罪嫌疑人，因为当时该犯罪嫌疑人持枪与警察对峙。由于是合法行为，此处的"murder"被加上引号以示区别。这种标题上的误导并非真正的误导，而是符合新闻报道中为了吸引眼球而将标题故意夸大、曲解的修辞惯例。看似不实、误导，实则并不违背新闻报道中理应遵守的基本原则。这一特点也凸显了新闻报道的另一个特征，即新闻报道的关注率是评价新闻价值的标准之一。

除开标题，在这一则篇幅长约 342 词的案件报道中，我们仅找到 4 处有修辞的部分，而这篇报道的其他部分均为事实性陈述，没有任何修辞成分。第一处修辞为第一段最后一个分句中所用的"actually"一词，该词出自"even though a police officer was the one who actually killed the victim"一句。"actually"本身意义为"事实上，实际上"，该词有认定事实，强化事实的作用，在本篇报道中发挥关键作用，它不仅澄清标题中的模糊部分，同时也说明真正击毙犯罪人的是一名警官。第二处修辞来自于第 5 段的一句直接引语，是本报道中犯罪嫌疑人之一的律师为其所做的辩护词"scared to death"，出自"Lakeith was a 15-year-old child, scared to death"。我们认为虽然该律师在这里使用了夸张修辞，但是这段直接引语并不属于法治报道语篇本身，而是属于借用部分，所以不能和"actually"划归为一类。第三处修辞来自第 9 段第一句中的"actually"，该"actually"的修辞功能与第一个"actually"重合，因此不再赘述。第四处修辞来自第 9 段最后一句中的"fatally"一词，出自"saying he was justified in fatally shooting Washington"。此处"fatally"表明是导致嫌疑人死亡的意思，也是对事实本身进行认定和确认，因此其修辞功能和上述两个"actually"一致。再有，由于"fatally"这一句虽然是引语，但却是引自另一篇报道，因此，我们仍然把"fatally"和"actually"归为一类，是属于法律报道本身的语篇成分，而"scared to death"是律师的语言，自然要划归为另外一类"辩护词类"。两者相较之下，我们发现法律报道类修辞较少，且偏重加强事实性描述；而"辩护词类"修辞则更加活跃，一般多以发话人的语言诉求为目的。

在下文中，我们将会分析篇幅较长且不同国别的法治新闻报道，寻找其中的修辞规律。

（2）英国法治新闻报道

英国的法制体系与美国有所不同。但两国对于法律的重视程度却相差无几，执法力度也难以一较高低。法律在英国人民生活中扮有极为重要的角色，法治新闻的阅读群体庞大，影响深远。再有，英国与美国虽有相近之处，但两国国情并不完全等同，因此，英国法治新闻报道能够为英语法治类报道提供很好例证。下面的例子取自BBC News网站，详见附录六。这是一篇约900词的法治新闻报道，报道内容主要是根据最新的数据，分析了英格兰和威尔士地区持刀行凶案件上升的原因。本篇标题为"Nine charts on the rise of knife crime in England and Wales"（案件二）。其中"nine charts"表明了这篇报道是基于客观数据的严谨分析，绝无任何杜撰虚假成分。在报道里的第一个数据分析中，我们发现使用率最高的修辞是形容词的最高级，如"highest""earliest""biggest"等词语，该特征一直持续至第九个数据分析。在剩余的八个数据分析中，我们一共找到6个形容词最高级和6个形容词比较级，分别分布在九个分析中，至此，比较级和最高级的使用成为这篇报道的主要修辞特征。此外，本报道中出现的修饰类形容词和副词有"real change""in slightly different ways""which include only""fatally assaulted""remained broadly the same""relatively unusual""disproportionately affected""steep decline""serious violence""unfairly targeted""particularly for knife crime""a steady decline""a sharp drop"等词。以上所列副词大多数为表示程度的修饰词语，个别为定性修辞语如"real"和"fatally"。在句型方面，比较句句型占据了报道的绝大部分篇幅。比较级和比较句型的大量使用也和本篇报道是基于数据的分析有关，因为比较词和比较句型能够更好地说明数据的前后差异、对比过去和现在、展示前因后果。

结合案件一，我们发现它和案件二有以下几个方面的区别。其一，案件一为案件报道，而案件二为犯罪现象报道；其二，案件报道篇幅较短，通常在300词左右，而犯罪现象报道篇幅较长，可长达1 000词左右，有可能是因为其中会有犯罪分析导致篇幅增长；其三，案件报道标题中大量使用动态暴力动词词汇，而犯罪现象报道更多地使用暴力名词词汇；其四，案件报道基本以叙述事件经过为主，而案件现象报道则以分析为主；其五，案件报道讲述事件发生过程，较少使用修辞，案件现象报道常常以分析为主，修辞使用率略高于案件报道；其六，案件一的修辞以强化事实为主，案件现象报道以分析比较事实为主。以上差异是否由国别不同造成的呢？我们认为，同样作为母语为英语的国家，上述两例报道的差异更可能是由于报道内容不同所致，而非国别差异。在下文中，我们将从澳大利亚法治新闻报道中选取一例，以进一步演示法律报道的特殊性。

（3）澳大利亚法治新闻报道

本篇之所以采用澳大利亚法治新闻报道案例而未采用与美国接壤的加拿大语料，正是出于取样要有代表性的考虑。加拿大与美国相似度过高而暂不考虑。本篇案件三、案件四取自澳大利亚最大的媒体公司发行的 *The Austral-ian* 中的两篇报道，详见附录七、附录八。我们在 *The Australian* 里能找到的有关法治类的报道多数为短篇，一般在 60～150 词之间，只有极个别是 300 词以上的报道。我们从两类中各取一篇，短篇名为"NSW cop 'punched in face', man charged"（案件三），全文共计 195 词。这篇是案件报道，它的标题非常符合案件报道的特点，用词简洁，标题中使用暴力动词词汇。全篇报道只用了一个副词"allegedly punched"，该词在全文中重复使用了两次。"allegedly"有被指控的意思，在报道中起到明确该行为的法律涵义作用，增强了报道的可信度和法律的规范性。报道其余部分均为案件发生过程描述。另一个是则篇幅较长的报道，标题为"It's a joke：mum to son's killer uncle"（案件四），全文内容共计 429 词。本篇也是案件报道，但不同于只做叙事的案件一和案件三，这篇报道采用了夹叙夹议的方式。这篇报道仅用了少量篇幅报道案件本身，而大部分笔墨则用于描写受害者家属、肇事者以及其他涉案人员的种种反应。其中，受害人母亲所占篇幅最长，其次是肇事者的回应和悔改态度所占据篇，再次是法官和证人大概有一到两句的发言。报道中多处直接引用当事人的原话，增加了报道的真实性、生动性，让读者有身临现场、倾听受害人母亲亲述的感觉。在整篇报道中，我们发现其中所用词汇多为表达痛苦、悔恨、忠告等的情感词语，这些词语很好地传达了告诫、警醒世人的作用，符合法律报道减少犯罪、维护社会秩序的基本教育精神。另外，我们还发现，这种夹叙夹议的报道方式深受英美澳媒体的青睐，大量法治报道都以这一形式呈现在读者面前。

综上所述，我们发现，案件一和案件三可归为一类，都属于案件类报道，这类报道侧重事实叙述，修辞较少，几乎没有与读者互动的部分；案件二自成一类，属于案件分析类型，这类报道多关注案件的前因后果关系，修辞略多于第一类，与读者互动也比较少；案件四与前两类都不一样，它展现给读者的不仅是案件始末的叙事，更多的是给予读者感同身受的强烈代入感。这类报道的修辞多于前两类，与读者的互动性也最高。如果说语篇的能动性主要来自于话语参与者的话，参与人的参与程度越高，语篇的能动性就越高。从这一角度来看，案件四是其中能动性最高的法律报道。在下文中，我们将分析汉语报道的特点并比较其与英美法律报道之间的异同。

3. 汉语法律语篇：汉语法治新闻

王春枝将美国法律报道从内容上划分为三类：犯罪新闻、庭审新闻以及其他法律事务新闻。[1]在前文中所讨论的四个案件报道均属于第一类"犯罪新闻"报道，"庭审新闻"类报道因篇幅所限在本篇中不涉及。下面我们给出的两篇汉语法治新闻也归属于"案件新闻"报道一类，详见附录九、附录十。

这篇报道取自法制网 2018 年 4 月 8 日"案件"专栏的一则新闻，题为"绑架勒索潜逃 20 年犯罪嫌疑人终受审"（案件五），全文共计 723 字，属于短篇报道。该文标题使用了"绑架""勒索""潜逃""受审"四个暴力词汇，符合前文所述的关于案件类新闻标题多使用暴力词汇的特征。另外，该标题也良好地传达了"法网恢恢，疏而不漏"的法制信息，完成了法律新闻应承担的社会责任。在本篇报道中，除了描述案件发生过程的始末之外，文章中还使用了描写犯罪心理的词汇，如"怀恨在心""趁……之际"等，这是汉语案件新闻与英语案件新闻的显著不同，后者很少会对犯罪人心理进行描述。此外，本篇报道还倾向于使用负面词汇，如"强行""索要""拦截"等词，在这点上也与英语同类报道有些差异，后者更多使用中性词语。

另一篇报道取自人民网网站 2018 年 4 月 9 日的一则法律新闻，题目为"捍卫英烈声誉法治提供全方位保障"（案件六），全文共计 2 180 字，属于中长篇报道。该报道标题使用了祈使句以及"捍卫"一词，这两点也符合案件

---

[1] 参见王春枝："美国法律新闻报道经验与运作特色"，载《中国记者》2008 年第 3 期。

报道标题多为动态词语的典型特征。就报道本身而言，它属于夹叙夹议类型，报道中多处出现直接引语，和案件四同属一类。在本报道中，三个小标题都采用了祈使句，如"尽快出台法律""确保严格执法""培育价值观念"，这与报道内容是呼吁健全相关法治有关，表达了一种强烈的诉求。另外，报道中所用词汇多数为积极正面词语，如"彰显""推广""崇尚""尊重"等词，目的在于充分表达出"尊崇英烈、扬善抑恶、弘扬社会主义核心价值观"等具有重大社会意义的信息。另外，在本篇报道中引用的话语皆出自有关专家和领导，分别从法学理论以及政府实践部门经验等多个角度对此次呼吁进行了论证和支持，有效地表明了各部门对此次立法举措的决心和支持，同时也向社会大众呼吁尊重先烈、捍卫先烈人人有责。虽然本篇报道的引用与案件四同为引用，但是侧重却有所不同。案件四的引用重在描述案件当事人的感受以及对社会大众的教育意义，而本篇报道的引用在于表达政府捍卫、尊重先烈的决心，并同时警告、杜绝个别违法分子以任何形式污蔑、诋毁先烈的行为。

4. 受限修辞与能动修辞

在上文中，我们分别比较了英、美、澳、中四国权威媒体网站法律新闻语篇的异同。我们发现英汉法律语篇之间存在高度重合部分，当然部分差异也不可避免。从传统修辞学角度来看，法律新闻修辞受限于法律这一特殊题材的要求。尤其是英语法律语篇，由于历史原因和长期文化积淀，法律语篇早就自成一体。法律有法的语言一说，法的属性已延伸到法律语篇的各个方面，包括法律语篇写作、法律语篇解读等。在法律语篇写作中，首先要考虑的是法的语境，本着忠实传达法律意志、为社会和公众做积极引导的精神，写作人要调用各种写作手段来完成这一目的。法律最重要的原则莫过于公平正义，立法要遵守公平正义，执法也要遵守公平正义，立法与执法相辅相成，执法严格能使好的立法得以贯彻和落实。在法律语篇写作中，写作人时刻遵守谨记公平正义的法律原则，在写作中要尽量呈现事实原貌，不以个人喜好弯曲事实本身，这是英汉法律语篇有高度相似性的根本原因。我们认为，无论是英语法律语篇还是汉语法律语篇，都遵守公平正义、实事求是的法律原则。正是在这一原则的指导下，法律语篇（尤其是案件报道）基本都是以陈述事实为主，其中所用的修辞主要是用于明确、强化事实本身，而绝无任何夸大、扭曲事实的功能。在本篇选取的中西六个案件中，这一点非常明显。

因此，法律语篇（案件报道类型）的修辞是受到限制的修辞，因为并不是所有修辞都适合这类法律语境。

"法律语篇的修辞是受限修辞"并不是说其间修辞的作用无足轻重，相反，在动态语境论视域下，能动修辞在法律语篇中发挥积极作用。动态语境中能动等级最高的因素是会话参与者，在语篇（文本）背景下，能动等级最高的元素当属文本撰写人和文本读者。虽然与会话中面对面的及时交流不同，文本作者与读者之间仍有相当程度的互动关系，尤其是在现代网络如此发达的情况下，读者可以直接在文本下方留言，向作者反馈信息，作者也可直接回应、回复读者的留言，互动程度不亚于面对面的会话交流。因此，我们认为语篇也适用动态的语境解释。语篇中的修辞也不应该再理解为传统上的静态修辞而应是动态的能动修辞。在当今社会信息化的大背景下，法律语篇作者所依靠的也只是能动修辞而非静态修辞。能动修辞积极调配各种写作因素和环节，将作者的写作意图和读者的解读视角积极结合，由此产生的语篇是互动结果的语篇，对于法律的传播有积极的推动作用。

案件一到六中表现出来的差异，很多情况下是来自国别差异。由于国别不同、文化背景不同，英汉法律语篇在遵守共同法律原则的基础上又表现出细节上的差异。这些差异也表现为受众群体的认知解读习惯的不同，即使是同为英语为母语的英美澳国家，这种差异也是存在的。

（四）小结

本节从理论与实际语料两个角度对法治新闻中的修辞特征进行了综合考察。理论上，法治新闻语篇应该被视为是和会话语篇一样的动态语篇。尽管法治新闻因受到传播介质限制而多表现为单向叙事形式，但其实质仍然是某种意义上的与读者的对话。鉴于此，修辞就成为与读者沟通的有效手段。根据法的特定交际目的需要，法律修辞形成了以法制属性为鲜明特色的修辞风格，活跃在法制文本环境以及司法实践环境等多个领域。此外，根据实际语料调查结果显示，法治新闻修辞出现多样化趋势，除传统的第三人称叙事方式之外，半对话体似乎受到越来越多的国内外法律媒体的青睐。这一趋势也间接证明了我们把法治新闻语篇理解为动态对话的正确性和重要意义。

二、英汉法治新闻中人称代词的指称与修辞

前文我们对比分析了英汉法治新闻的动态修辞特点，下面我们将通过多篇跨国跨境英汉法治新闻语篇比对分析，研究英汉法治新闻中人称代词的指称与修辞特点。

（一）引言

根据叙事方式上的差异，法治新闻报道大体可以分为两类：一种是旨在记叙案件全程、还原事实全貌的记录式报道，在整篇报道中，文章采用第三方方式进行叙事，从非当事人的视角向读者客观地展现出整个案件发生的始末。这样能够在最大程度上体现出法律客观公正的基本精神；另一种报道是采用夹叙夹议方式，在讲述案件经过的同时适时插入对涉案人员的心理描写、并直接引入他们发表的言论、以及提及其他相关人士的评论。这样的报道不仅能告诉读者发生了什么，还能在一定程度上分析出涉案人员作案时的主观动机、伏法后的认罪表现以及社会各方对此的反响反应。因此，第二种方式在报道案件本身之外，还能够有效地宣传案件对于社会的警示教育意义，担负起法律报道的社会职责。与第一种相比，第二种方式有两条明显的优势，一是引导并激发读者的积极阅读意识，促进读者的思考和反思，二是能够更好地完成作者预设的交际目的并收到良好的社会效应。

在以上两类报道中，我们发现人称代词的使用各有特色。法治新闻属于法律语言的一个子类，其他同属于法律语言语篇的还有法律条文、法律判决书、庭审语言等。在后三者中，我们发现人称代词的使用非常罕见。如在判决书中就鲜少有人称代词出现，每当回指专名（人名）时，判决书通常用"被告人"、"原告"等字样替代专名，一般不会使用"他/她""他们/她们"等的人称代词。这大概是因为判决书本身要求高度的精确性，不允许任何歧义、误读的可能性发生，以避免由此而产生的任何混淆，以彰显法律的严谨性和威慑力。在一般语篇中则不需要如此谨慎的措辞，在使用人称代词进行回指时，常规语境条件足以能够使之与专有名词之间建立共指的语义关联，并根据语境需要确立所指单位。在这方面，法治新闻中人称代词的使用更接近于一般语篇。根据上述对法治新闻报道所做的分类，我们发现第一类法治新闻中的人称代词略少些，

而在第二类中的人称代词已经非常接近一般语篇的使用情况。

在这里，我们将考察英汉法治新闻报道中人称代词的使用情况以及其在修辞、交际功能等方面的重要作用和意义。

（二）法治新闻中人称代词

在本研究中，我们只对比分析第一类和第二类英汉法治新闻报道中的人称代词。由于篇幅所限，暂不予考虑其他类型法律语篇中人称代词的情况。由于英汉语人称代词本身的指称体系不同，反映在法治新闻语篇中的英汉人称代词的表现也不尽相同。

1. 英语法治新闻中的人称代词的分布

我们认为，英语法治新闻中的人称代词在分布上显著不同于一般语篇。这里所说的分布主要是指是否使用代词、使用多少个代词等问题。在第一种类型的报道中，这种差异非常明显，究其原因主要是受到两方面的制约。一是法律文体本身的制约，严谨性、精确性是法律语言的首要标准，法治新闻报道自然也要遵循这一规律，在代词使用上尽可能做到严谨。因此，借用法律词汇取代原有的代词，能有效提高这种严谨性。二是代词与语篇、交际目的之间呈现出相互作用的互动关系，语篇、交际目的制约着代词的使用，而代词的指称特征也影响它在语篇中的分布和使用频率。下面，我们将分析具体实例，以期描写、解释代词在法律语篇中的使用规律和特征。

我们分别从英、美、澳官媒网站随机抽取六篇较有代表性的法律报道做定性分析。其中有三篇属于第一类型报道，另外三篇属于第二类型报道。第一至三篇报道为第一类型，第四至六篇报道为第二类型，详见附录十一至十六。我们区分第一类型报道（1~3）和第二类型报道（4~6）的主要标准就是判断在报道中是否使用了直接引语，未使用的归为第一类，使用的归为第二类。

第一类中报道一取自 BBC 官网，共计169词，其中代词有10个，占全篇4.7%；报道二取自 Yahoo 官网，共计450词，其中代词12个，占全篇2.7%；报道三取自 ABC 官网，共计208词，其中代词13个，占全篇的6.3%。三篇中代词所占的平均比为4.6%。详见附表3-1。从表3-1中，我们还可以看出三篇报道中，第一、二人称代词的使用频次为零，所有代词的用例皆为第三人称代词。这一点我们可以暂时归结为：第一、二人称多出现在面对面对话中或是直接引语中，而第三人称更适用于转述和间接引语中。

以下为第一篇、第二篇、第三篇法治新闻报道中人称代词的使用频次。

表 3 - 1

新闻报道 \ 人称代词		报道一（英媒）	报道二（美媒）	报道三（澳媒）	总数	人称类型
单数	主格 I	0	0	0	0	第一人称
	You	0	0	0	0	第二人称
	He	4	6	5	15	第三人称
	She	0	0	1	1	第三人称
	It	0	0	0	0	第三人称
单数	宾格 me	0	0	0	0	第一人称
	You	0	0	0	0	第二人称
	him	0	3	0	3	第三人称
	her	0	0	4	4	第三人称
	所有格 My	0	0	0	0	第一人称
	your	0	0	0	0	第二人称
	his	1	3	3	7	第三人称
	her	0	0	0	0	第三人称
	its	0	0	0	0	第三人称
复数	主格 We	0	0	0	0	第一人称
	You	0	0	0	0	第二人称
	They	3	0	0	3	第三人称
	宾格 us	0	0	0	0	第一人称
	them	1	0	0	1	第三人称
	所有格 our	1	0	0	0	第一人称
	your	0	0	0	0	第二人称
	their	1	0	0	1	第三人称

续表

新闻报道 ＼ 人称代词	报道一（英媒）	报道二（美媒）	报道三（澳媒）	总数	人称类型
总数	10	12	13	35	
代词/全文	10/169 = 5.9%	12/450 = 2.7%	13/208 = 6.3%	35/869 = 4.2%	代词/三篇总字数
第一人称代词/代词总数	0/12 = 0%	0/13 = 0%	0/17 = 0%	0/42 = 0%	0/869 = 0%
第二人称代词/代词总数	0/12 = 0%	0/13 = 0%	0/17 = 0%	0/42 = 0%	0/869 = 0%
第三人称代词/代词总数	10/10 = 100%	13/13 = 100%	13/13 = 100%	36/36 = 100%	36/827 = 4.4%

在第二类中，报道四仍取自 BBC 官网，全篇共计 276 词，其中代词 10个，占全篇字数的 4.3%；报道五取自 CNN 官网，共计 298 个词，代词 25个，占 7.7%；报道六取自 ABC 官网，共计 367 词，代词 24 个，占全篇总字数的 5.4%。

以下为第四篇、第五篇、第六篇法治新闻报道中人称代词的使用频次。

表 3 - 2

新闻报道 ＼ 人称代词			报道四（英媒）	报道五（美媒）	报道六（澳媒）	总数	人称类型
单数	主格	I	0	4	2	6	第一人称
		You	0	1	4	5	第二人称
		He	3	2	8	13	第三人称
		She	1	2	0	3	第三人称
		It	3	0	1	4	第三人称
	宾格	me	0	1	0	1	第一人称
		You	0	3	0	3	第二人称
		him	0	1	3	4	第三人称
		her	0	2	0	2	第三人称

续表

人称代词\新闻报道			报道四（英媒）	报道五（美媒）	报道六（澳媒）	总数	人称类型
单数	所有格	My	0	0	0	0	第一人称
		your	0	0	0	0	第二人称
		his	0	1	1	2	第三人称
		her	0	2	0	2	第三人称
		its	0	0	0	0	第三人称
单数	主格	We	0	1	0	1	第一人称
		You	0	0	0	0	第二人称
		They	0	2	1	3	第三人称
	宾格	us	0	0	0	0	第一人称
		them	2	0	0	2	第三人称
	所有格	our	0	1	0	1	第一人称
		your	0	2	1	3	第二人称
		their	1	0	3	4	第三人称
总数			10	25	24	59	
人称代词/全文			3.6%	8.4%	6.5%	6.3%	人称代词/三篇总数
第一人称代词/代词总数			0/10 = 0%	7/25 = 28%	2/24 = 8.3%	9/59 = 15.3%	9/941 = 1.0%
第二人称代词/代词总数			0/10 = 0%	6/25 = 24%	5/24 = 20.8%	11/59 = 18.6%	11/941 = 1.2%
第三人称代词/代词总数			10/10 = 100%	12/25 = 48%	17/24 = 70.8%	39/59 = 66.1%	39/941 = 4.1%

结果与分析：表 3－1 的数据显示人称代词在三篇报道中的平均使用频次为 4.6%，其中，第一人称、第二人称代词占 0%，第三人称代词占 4.4%；根据表 3－2 的数据，人称代词在三篇报道中的平均使用频次为 6.2%，其中，第一人称、第二人称代词占 2.2%；第三人称占剩余的 4.1%。根据表

3-1 和表 3-2 的结果，我们发现两条比较明显的特征：一是第二类型报道中代词的总量略高于第一类型报道；二是两类型报道中第三人称代词的数量都高于第一、二人称代词的数量，其中第一类型和第二类型报道中第三人称代词分别占据总数的 100% 和 66.1%。经分析，我们认为特征一是由于报道类型不同所致。由于第二类型中包含大量直接引语，导致代词使用大幅增长；而特征二也与报道类型有关。由于第一类型报道基本是转述事件内容，没有使用任何直接引语，因此只能借用第三人称来进行必要的指称。而在第二类型报道中，由于大量地使用直接引语导致第一、二人称代词数量的增加，同时导致第三人称代词使用的减少。从这一点上，我们认为第二类型报道在代词使用上更接近一般新闻报道，符合我们的预期。当然，由于采样较少，以上所得数据只能算作是初步结论，更具有普遍意义的结论还需要大数据库的支持。

2. 汉语法治新闻报道中人称代词的分布

我们采用与上文相同的方法对汉语法治新闻语料进行分析。我们分别从四个以汉语为母语的国家或区域各抽取一篇法律新闻报道，为了和上文中分析的样本保持一致，我们仍抽取案件新闻报道，如案件分析、案件背景介绍等，暂不考虑其他报道类型。另外，在这四篇报道中，两篇（报道七、报道八（附录十七、十八））不含直接引语，应归属第一类型报道；另外两篇（报道九、报道十（附录十九、二十））含直接引语，应归属第二类型报道。

归属第一类型的报道七取自新华网新华法制栏目，全文共计 462 字，人称代词只有 2 个，占总字数的 0.4%；报道八取自国内大型网络媒体之一的搜狐网搜狐警法栏目，全文共计 727 字，人称代词有 15 个，占总字数的 2%；报道九取自香港主要媒体之一的大公网，全文共计 754 字，人称代词有 2 个，占总字数的 0.26%；报道十取自最早港媒之一的星岛环球网站的一则报道，全文共计 878 字，人称代词有 12 个，占总字数的 1.4%。

以下为第七篇、第八篇、第九篇、第十篇汉语法治新闻报道中人称代词的使用频次。

表 3－3

新闻报道 / 人称代词			第一类型 报道七（新华网）	第二类型 报道八（搜狐网）	第一类型 报道九（大公网）	第二类型 报道十（星岛环球网）	总数	代词类型
单数	主格/宾格	我	0	11	0	2	13	第一人称
		你	0	0	0	2	2	第二人称
		他	0	2	2	7	11	第三人称
		她	0	0	0	0	0	第三人称
		它	1	0	0	0	0	第三人称
	所有格	我的	0	0	0	0	0	第三人称
		你的	0	0	0	0	0	第三人称
		他/她/它的	0	0	0	1	1	第三人称
		其	1	1	0	0	2	第三人称
	反身代词	自己	0	1	0	2	3	第三人称
复数	主格/宾格	我们	0	0	0	0	0	第一人称
		你们	0	0	0	0	0	第二人称
		他们	0	0	0	0	0	第三人称
		她们	0	0	0	0	0	第三人称
		它们	0	0	0	0	0	第三人称
	所有格	我们的	0	0	0	0	0	第一人称
		你们的	0	0	0	0	0	第二人称
		他们/她们/它们的	0	0	0	0	0	第三人称
人称总数			2	15	2	14	33	占总额比
第一人称代词/代词			0	11	0	2	13	39%
第二人称代词			0	0	0	2	2	6%
第三人称代词			2	4	2	10	18	55%

结果与分析：在这四篇汉语法治新闻报道中，我们发现其中人称代词的使用与英语法治新闻报道遵循的规律基本一致，即第一类型报道（报道七、九）中人称代词的数量略低于第二类型（报道八、十），并且除了报道八以外，其他三篇都符合第三人称的使用频次高于第一、二人称的规律，报道八之所以特殊，是因为文本中有一段关于犯罪本人的自述，因此大量使用了第一人称，从而造成了第一人称多于第三人称的特例，但尚不足以据此推翻第二条规律，即两类型报道中，第三人称代词的用例通常多于第一、二人称的用例。除了基本遵循上文所述的规律一和规律二之外，在就英汉文本进行比对时，我们还发现汉语人称代词的用例数量总体上略低于英语人称代词。在这方面，可能至少存在两方面的原因。第一个原因是英汉人称代词系统本身的工作环境不同，两者的代词系统并不能完全等同，例如在英文中，第三人称单数"it"可以指称动物"它"，也可以指称事件或天气等方面的事情，反观汉语中的"它"就只能指称动物"它"，并不能用"它"指称事件或天气。人称代词本身指称性质的不同自然影响到其适用环境。第二个原因可能是英汉语言之间的差异。汉语是主语脱落型语言，主语可以是语音零形式，[1]在这样的语言里，做主语起到回指作用的代词往往可以省略不用，这也许是上文汉语法律语篇中人称代词的总量少于英语语篇的又一原因。

从上述三组数据可以看出，人称代词在英汉法治新闻报道中呈现出与一般语篇中不一样的分布规律。该差异大抵是由于受到法律语言文体特征、法律交际目的两方面的限制。法律文体是文体学中的一个子类，与其他类型如文学文体、新闻文体都同属于文体这个大范畴。法治新闻报道则是兼具法律文体和新闻文体两种特征，两者深度混合之后形成具有法律文体特点的新闻报道。另外一个原因是交际内容、交际方式都要受到交际目的制约并服务于交际目的。廖美珍提出目的原则比合作原则和礼貌原则能够更好地解释会话互动以及以法律为背景的会话互动活动。[2]法治新闻报道受到目的原则的驱使，其报道的内容和形式都应该是最优化地服务于该报道所设定的法律目的，取得最大程度上的社会效应。因此，我们至少可以初步判断，人称代词在英

---

〔1〕　语音零形式，此处指没有语音表征形式的语言单位。
〔2〕　参见廖美珍："目的原则与法庭互动话语合作问题研究"，载《外语学刊》2004 年第 5 期。

汉法治新闻报道中的分布要受到目的原则的制约。

3. 英汉人称代词的指称特征

据上述分析，人称代词在分布上受到目的原则的制约，不仅在法律文本中如此，在其他语篇中也是如此。但是，目的原则是一个普遍性原则，它虽然能够部分地解释人称代词在法律语境中的使用特征，却不能完全解释人称代词的作用规律。这就是说人称代词本身固有的指称特征并不受到目的原则的约制。人称代词的指称性主要有以下几个特征。

在功能上，人称代词主要是用于回指。人称代词本身不具备语义，也没有具体的指称单位。它的语义和指称都依赖于先行词。先行词是指先于代词出现的定指或非定指名词，一般是指在语篇中或者会话中首次出现的人物，如例1、例2所示：

例1：John is seven years old. He is a schoolboy.

例2：I ate an apple. It is delicious.

在例1中，John 是定指名词，作先行词，he 是第三人称单数，回指 John。

在例2中，an apple 是非定指名词，作先行词，it 是第三人称单数，回指 an apple。

与以上英语例句相同，汉语中的人称代词以同样方式回指先行词。

在本质上，人称代词属于功能性词汇，与属于实义词汇的名词不同。两者最重要的区别是，名词能够直接指称现实世界中的人物，而代词则不能。在英文中，名词写作 nominal，代词 pronominal，仅从其名称上就可以看出两者的区别和联系，代词即代名词。代词需要通过回指作为先行词的名词才能间接地指称现实中的人物。代词是不确指，它被先行词约束，它的指称属性随着先行词的变化而变化，很多学者也把代词看作是一个变量。

在类别上，人称代词是一个语境单位。由于代词的指称特点，代词并不直接作用于单独的句子，而是作用于两个句子或以上的语言单位。通常有回指关系的句子一般是两个相邻的句子，如例1、例2所示。但在语境允许的情况下，代词可以回指间隔较远的句子而不会引起语义混淆；不仅如此，同一个代词还可以多次回指同一人物，甚至同一个代词还可以回指不同的人物，这个时候，我们往往依赖语境来合理解释代词的语义指向。

综上所述，我们认为人称代词的指称性质不受语境、交际目的干扰，但是代词的使用效果和解读在很大程度上依赖语境并受到目的原则的制约。

（三）法治新闻中的能动修辞和人称代词

英汉法治新闻中的修辞是能动的修辞和积极的修辞。法律在人类社会中起到强制性规范人类行为的作用，任何不遵守法律、破坏法律的行为都将受到处罚、惩罚。树立法律的威严、培养法律意识是公民遵纪守法的首要条件。法律文体正是彰显了法律威严神圣的特征。牛洁珍、王素英认为"法律英语具有复杂性、准确性、庄重性等独特的语域文体特征"。[1]法律文本，包括法治新闻报道在内都无一例外地凸显了这一特征。法治新闻报道中的法律特征就是能动修辞积极作用的结果。传统研究一般认为这种能动修辞主要体现在词汇和句法两个层面，而我们则进一步指出，这种修辞关系实际上延伸到句间关系。句间关系在传统上又习惯性被称为语篇衔接。人称代词的生存环境恰恰是居于句与句之间，起到语篇衔接的作用。

廖美珍认同语篇衔接可以由词汇实现，也可以由句法实现。[2]在词汇层面上有指称、替代、省略、连接、词汇衔接五种方法；在句法层面上表现为结构衔接，如平行对称结构主位、述位、已知、未知信息结构等。[3]人称代词具有指称性质，是语篇衔接在词汇层面上的实现手段之一。由此可见，人称代词的指称和解读多在句法之上的语篇中进行。当然，人称代词也有在句内实现的用例，比如，反身代词、物主代词都可以和先行词在同一句子范围内进行指称。

在上文中，我们发现人称代词的分布受到法律文体和法律目的的约制，并注意到虽然人称代词的指称性不受语境和语用目的的影响，但是其指称效果和解读却会被影响。在以下部分，我们将讨论人称代词是能动修辞的一部分，人称代词的使用受到目的原则的制约，它和能动修辞一起积极服务于法律语用目的。

---

〔1〕　牛洁珍、王素英："法律英语的文体特征与翻译策略"，载《河北法学》2010 年第 3 期。
〔2〕　参见廖美珍："目的原则与语篇连贯分析"，载《外语教学与研究》2005 年第 5 期。
〔3〕　参见 M. A. K. Halliday, R. Hasan, *Cohesion in English*, Longman, 1976. 转引自廖美珍："目的原则与语篇连贯分析"，载《外语教学与研究》2005 年第 5 期。

1. 人称代词的惰性特征与法律能动修辞

人称代词具有指称功能。除此之外,人称代词还是一种省略形式。通过回指之前的先行词,交际者不需要一直重复之前的名词就可以传达同样的语义,并完成交际目的。这一点符合语言的"经济原则"。人称代词虽然可以回指先行词,但是在语境的作用下,其回指的先行词却可以发生转移,造成人称代词使用上的多样性和复杂性。

人称代词具有惰性特征,它在语法上属于封闭性词汇类型,代词的数量和指称性一成不变,似乎与能动修辞相去甚远。然而,就其使用的活跃度而言,人称代词几乎可以位列前茅。在一般语篇中,代词几乎随处可见。甚至在以严谨著称的法律条例和判决书中也无可避免地使用代词。当然,这里的代词都通常用于泛指,并不指称具体人物,如例3为法律条款:

例3: If a person acts as manager or provides services in order to protect another person's interests when he is not legally or contractually obliged to do so, he shall be entitled to claim from the beneficiary the expenses necessary for such assistance.

(引自张瑞嵘文[1])

在例3中,代词 he 回指先行词 a person,但是由于此处 a person 并不指称具体的人,而是指称任何人,因此,he 为泛指。

人称代词在语篇中的活跃度也反映在修辞方面。能动修辞要求从动态视角考察语境中各方面的互动关系。它强调修辞是一个能动的动态过程,修辞是与语境各方面要素互动合作的结果,修辞的程度和方法都服务于交际目的。法律语篇的交际目的通常是普法和警示公众,修辞是帮助语篇实现这一目的最为有效的手段之一。修辞不是静态的,它的能动特征反映在以下几个方面:词汇修辞、句法修辞和语篇修辞。在法律语篇中,能动的词汇修辞是指选择与读者互动性强的法律词汇,也可以包括让读者感觉强烈的法律词汇。能动词汇修辞不仅要求使用与法律相关的法律术语,还更注重词汇的"语力"。句法修

---

〔1〕 张瑞嵘:"法律英语中的模糊语言及其翻译策略研究",载《理论月刊》2013年第12期。

辞是指法治新闻抛弃了以冗长著称的法律句子结构，转而采用简洁易懂的新闻报道体句子，目的在于覆盖更多的受众，更好地完成其宣传目的。能动的语篇修辞是指句与句之间的连接，表现在指称上更加明晰，新信息更加突出。

能动修辞的最大特征是考虑到信息传达的"言之果"，即考虑法治报道受众群体的感受和反映。在当今社会，信息科技高度发达，信息量巨大，晦涩难懂、读者不友好型信息很容易被湮没。在这样的时代背景下，能动修辞大大提高了法治报道宣传的力度和效果，具有积极的意义。

2. 英语法治新闻中人称代词的能动修辞

在英语法治新闻中，人称代词是能动修辞的一部分，积极推动交际目的完成。

首先，人称代词通常出现在以下几个位置。人称代词依赖语义上的指称关系将独立的句子联系起来，从而构建出语篇单位。这种语义关联关系是通过个别词与词之间的对应关系实现的，在句法上并没有显性表现，至少在英语中如此。目前学界就如何判断代词是否与某个先行词之间有关联尚无明确标准。传统上一般是通过距离判断。先行词往往存在于与代词最近的前句中，如例4：

例4： DeAngelo was a police officer in two small California communities-Exeter and Auburn-during the 1970s. He was fired from the Auburn force in 1979 after being accused of shoplifting.

（引自本文语料报道二，见附录十二）

例4中，代词he回指上句的主语DeAngelo，完成指称任务。试比较例5：

例5： Judge Cotterell sentenced Guy to two years in jail, but he will only spend a further three months in prison because of the time he has already spent in custody. He will then be released on a three-year community corrections order.

（引自本文语料报道三，见附录十三）

例5中，三个代词 he 不仅能够共同回指宾语从句主语 Guy，而且能够避开回指主句主语 Judge Cotterell，此处，似乎仍能用距离进行解释，Guy 比 Judge Cotterell 离代词 he 更近，并且 Guy 与代词 he 之间没有别的名词。

根据例4和例5，我们似乎暂时可以得出这样的结论：如果代词与先行词之间没有别的名词存在，代词与先行词之间有指称关系。

但如果把先行词与代词的线性顺序颠倒之后，他们之间的指称关系就不存在了。

例6：She asked if Mary could help her.

例6中，代词 she 不能指称 Mary，her 也不能指称 Mary。据此，我们修改上面的结论：如果代词与前句的先行词之前没有其他名词的存在，代词与先行词有指称关系。

其次，作从句宾语的代词 he 可以回指主句主语，如例7：

例7：DeAngelo, wearing orange jail garb and shackled to a wheelchair, spoke only a few words to acknowledge that he understood the charges and that he was being represented by a public defender.

（引自本文语料报道二，见附录十二）

例7中，两个并列宾语从句中的主语代词 he 可以共同回指主句主语。

从例4、5、7可以看出，代词在句法中的位置是相对固定的，否则会出现无效指称如例6。因此，只有在不违反代词本身作用规律的前提下，能动修辞才能够借用一定修辞方法提高代词的能动性。比如，代词可以重复使用多次回指同一个先行词，如例5中的代词 he。这种类似于重复的用法有两个截然相反的功能。一方面从新旧信息角度看，代词是旧信息，不是交际重点或交际目的，代词的作用只是为了延续原有信息，是新旧信息交替过程中的过渡工具。但是另一方面，正因为代词原则上可以做无限次重复，而重复本身又是一种常见的修辞手段，不断重复可以有强调突出信息的功能，如此，这种重复会将代词再次激活，有时候甚至会取代新信息成为交际焦点。可见，人称代词并不像传统上认为的那样只被动地发挥作用，如果施以恰当的修辞手段，人称代词的能动性完全可以和别的此类媲美。

另外，代词是独立的句子之间、复杂句中主句与从句之间进行连接、关联的重要媒介。在代词重复使用时，很容易形成句型结构上的并列，如例7所示，并列句、排比句都是重要的句法修辞手段，可以起到强调、对照的修辞效果。这一点可以说是代词的隐性能动修辞功能。

最后，正是由于代词的恰当使用，法治新闻才能兼顾法律的严谨精确以及新闻的即时性和真实性的特质。其他过于浮夸的修辞手段，如夸张、贬低、隐喻等并不适用于法治新闻报道。既保证事实原貌的传递，又能维护法的庄严和神圣，代词的能动修辞功能无疑发挥了不小的作用。

3. 汉语法制报道中人称代词的能动修辞

汉语人称代词在两个方面都不同于英语人称代词。

其一，英语代词"it"与汉语中的"它"并没有完全对应关系，如例8：

> **例8**：For these reasons, the jury instructions here were flawed in important respects. The judgment of the Court of Appeals is reversed, and the case is remanded for further proceedings consistent with this opinions.
>
> It is so ordered.
>
> （引自张清、宫明玉文[1]）

例8中，代词it回指前句中所指的事件，而不是具体的人物。若将例8翻译为汉语，"it"一般不能直译为"它"，而是要借用汉语中的"这""那"等指示代词来表示。

其二，汉语人称代词在形态学上要比英语代词复杂。从历时角度看，现代汉语、古代汉语各有一套指称体系，两者并不等同；从区域分布上看，各地方言都有各自的体系，与汉语普通话中的指称体系也不一致。即使只专注普通话中的指称体系，与英文代词也不相同。比较明显的差异在于汉语人称代词有敬语形式，英语中则没有，如"你"有敬语形式"您"；还有谦称语等。不过，由于法治报道属于特定文体，敬语和谦语并不常见，更多只是

---

〔1〕 张清、宫明玉："中美刑事判决书情态对比研究"，载《山西大学学报（哲学社会科学版）》2013年第1期。

"你我他"这样的常规代词。

> **例9**：有<u>男職員</u>介紹，其中一款售價 3000 元有座位，車速可達 40 公里，強調「上斜好力，可負重 200 磅」，不過<u>他</u>表明：「啲車在街踩犯法！」但又指在私家路使用就無人理，着記者自行判斷。
>
> （取自本文语料报道九，见附录十九）

例9中，代词"他"回指前句中的先行词"男职员"。代词"他"的位置，以及其与先行词的关系都与英语代词"he"无异。试比较例10：

> **例10**：经查，赵某某于 1995 年至 1996 年间，<u>其</u>伙同他人多次实施盗窃，被盗物品价值共计 17 107.87 元。同案的二人于 1997 年分别被判处无期徒刑及有期徒刑十二年，而<u>他</u>却踏上了长达 20 年的逃亡之路。
>
> （取自本文语料报道八，见附录十八）

例10中，代词"他"回指前句中的先行词赵某某。但值得注意的是代词"他"与先行词之间存在一个名词，但由于该名词是复数"二人"，故被排除是单数代词"他"的先行词的可能性。此外，在前句中已经有一个代词"其"，可以看作是"他"的变体，如此，例10中，实际上有两个代词"他"共同回指先行词"赵某某"。这与英语代词也没有差异。再比较例11：

> **例11**：4 月 27 日，8L9720 三亚至绵阳航班到达绵阳机场后，在下客过程中，一名<u>陈姓男子</u>觉得机舱闷热，顺手打开了飞机左侧应急舱门，导致飞机悬梯滑出受损，<u>其</u>行为已违反相关法律法规，目前<u>该男子</u>已被绵阳机场公安分局依法行政拘留 15 天，航空公司正在研究对该旅客追讨赔偿的相关事宜。
>
> （取自本文语料报道七，见附录十七）

例11中，代词"其"应理解为"他的"，是物主代词，回指前句中的先行词"该陈姓男子"。这里值得注意的是谓语动词"顺手"的主语本来是

"他"，但是却被省略了，这一点与英语不同，因为汉语是主语脱落型语言，故而可以有此省略。这样，例11中，只有一个语音零形式的"他"（其位置在动词"顺手"前面），隐形回指先行词"陈姓男子"。

从以上例句9、10可以看出，汉语常规代词"你我他"在指称表现上与英语并无太大区别，进一步证明代词在语篇中能动发挥作用。但是，例8表明汉语代词"它"和英语代词"it"不等同；另外，例11表明汉语代词"他"可以以语音零形式回指先行词，而英语则不行。

除去词汇层面上的异同，汉语代词多次重复之后，却不能像英语一样在句法结构上形成并列、排比关系，如例12：

> 例12：当年，因为害怕，逃跑的时候身份证、户口本什么都没带，久而久之我就成了一个"黑人"，这20年我一直都在比较偏僻的乡镇给人家放羊，给养鸡场喂鸡，给矿山上看场子，除了两次病得严重被人带到县城买了两次药，几乎没有再进过城。今年3月份，养鸡场的一个工人说，像我这样的人，国家现在有好多好政策呢，我这么大年纪了，就不用这么辛苦讨饭吃了。但是我没有身份证和户口了，所以这次我决定到公安机关自首，承认我以前干的坏事，希望能恢复我的身份，让我将来不至于死了都没个去处。
>
> （取自本文语料报道八，附录十八）

例12是犯罪人的一段自述，因而反复使用第一人称代词"我"，但是并没有形成英语中那样整齐的排比句，这可能与英汉句型结构差异较大有关。当然，这也可能与本段内容的自述者文化程度不高，使用口语体有关。尽管如此，我们认为代词"我"的多次重复仍然足以起到强调的修辞作用。因此，我们认为汉语代词在句法层面上也具有与英语代词同样的隐形能动修辞功能。

（四）小结

在这部分，我们较详细地梳理和对比了英汉法治新闻中人称代词的分布及其修辞意义。相同点在于：无论是英语还是汉语客观叙述类型法治新闻中，第三人称代词使用都占绝对比例。经分析，其一与文本叙事的典型特点有关，因为法治新闻报道实际上是对某个事件的转述，一般不会是当事人自述，所以使用第三人称居多；其二是英汉法治新闻中，半对话体叙事类型都出现的第一、二人称使用都明显增多的情况，这大概与半对话体叙事的对话属性要求发话人使用第一人称进行自述有关，而第三人称代词不具备这种自述交际功能，因此第三人称用例相对减少。不同点在于英汉代词指称功能并不完全对应，差异比较大的如英语中的"it"可以指称婴儿、事件等，但汉语中与之对应的"它"则不能。由此，这些区别对代词使用造成了一定限制。约束代词使用的还有法律修辞，法律修辞由于其特殊的语用目的驱使，也会在不同程度上或推进或制约人称代词的使用。

三、英汉法治新闻中定指成分的法律修辞效应

前文我们研究了人称代词在法治新闻报道中的修辞功能和特征，下面我们将考察指示词、定冠词和专有名词等指定成分在英汉法治新闻语篇中的功能特征和修辞效应。

（一）引言

法律修辞是修辞在法律环境中的应用。[1]法律环境既可以指司法实践环境，又可以指法律文书文本环境。在这两个环境中，法律修辞表现出不一样的特征。司法环境下的法律修辞注重"有效的说服"，为了实现这一目的，各种修辞手段层出不穷，这属于会话修辞范畴；与之相较，法律文书文本则展现出客观公正、实事求是的叙事风格，是一种"理性化的消极修辞"。[2]实际上，在法治新闻中，常见的修辞如夸张、比喻、反语等并不适用。任何夸大歪曲事实、带有个人偏见和情绪的语言都违背了法治新闻维护公平正义的初衷。这些带有过分渲染性质的修辞自然被排斥。

在本研究中，我们考察了英汉语言中指示词、定冠词、专有名词在法治新闻中的使用情况，描写并尝试解释其分布规律、使用频次、修辞类型、修

---

〔1〕　杜金榜："论法律修辞的基本要素及其关系"，载《修辞学习》2006 年第 4 期。
〔2〕　李晟："社会变迁中的法律修辞变化"，载《法学家》2013 年第 1 期。

辞能动性等级等方面的内容。英汉各有一套指示词，分别按照各自的规律运行。英汉指示词之间的差异首先反映在形态上，英语中的指示词除了"this"、"that"以及表复数的"these""those"以外，一些关系代词如"which"亦能够起到指示词的作用，汉语的特点是单数指示词有单音节的"这""那"以及双音节的"这个""那个"；[1]其次在功能上，汉语中表示近指的"这"常常和英语中表远指的"that"对应；最后在语篇里，虽然英汉指示词都有回指功能，在语篇中起到连接作用，但在指称、回指的距离等方面都有差异。

由于英汉指示词之间的功能不能完全对应，在法治新闻文本中必然有所体现。根据法治新闻文本的语篇特征可以做两种分类：第一种类型为全篇无直接引用语类型，第二类型为含有引用语类型，整篇报道以夹叙夹议的半对话体形式展开。

（二）英语定指成分在法治新闻中的应用

英语中的定冠词只有一个"the"，用于回指先行词。英语指示词主要有两组：单数组"this"和"that"，复数组"these"和"those"。此外，"such"和"so"也算作指示词，但本篇不做重点描述。

1. 英语定指成分在法治新闻语篇中的分布

我们就以上两种类型的法治新闻语篇随机共计抽取六篇案件类报道，分别取自英媒、美媒和澳媒官方网站，其中，英媒 BBC 和 The Sun 各取一篇（见附录报道一、报道二）；美媒 Yahoo 和 CNN 各取一篇（见附录报道三、报道四）；澳媒 ABC 和 The Australian 各取一篇（见附录报道五、报道六）。这六篇报道的入选标准之一是它们都是刑事犯罪案件类型报道。根据上文所述的新闻报道类型分类，Yahoo 和 The Australian 属于第一种类型，BBC、The Sun、CNN、ABC 属于第二种类型。其中，BBC 和 The Sun 又增加了官方媒体和流行小报这一比较因素，而其余均为相对官方的媒体，不做严肃主流媒体和流行媒体的区分。

以下为六篇法治新闻报道中定指成分的分布频次：

---

〔1〕　参见方梅："单音指示词与双音指示词的功能差异——'这'与'这个'、'那'与'那个'"，载《世界汉语教学》2016 年第 2 期。

表 3 - 4

法治新闻报道来源			英媒		美媒		澳媒		总数
			BBC	The Sun	Yahoo	CNN	ABC	The Aus-tralian	
法治新闻报道类型			类型二	类型二	类型一	类型一	类型二	类型二	
指示词 / 篇章总字数			653	588	157	294	704	514	2910
指示词	单数	this	0	0	0	0	1	0	1
		that	3	1	1	1	4	7	17
		this + NP[1]	1	2	0	0	5	5	13
		that + NP	0	2	0	0	0	0	2
	复数	these	0	0	0	0	0	0	0
		those	0	1	0	0	0	0	1
		these + NP	3	0	0	0	0	0	3
		those + NP	0	0	0	0	0	0	0
冠词		the	29	41	4	15	37	33	159
the 占总数比例			4.44%	6.97%	2.55%	5.10%	5.26%	6.42%	5.46%
其他定指成分总和／总数			1.07%	0.10%	0.64%	0.34%	1.42%	2.33%	1.27%

以上数据有两点显著之处：一是定冠词 + NP 和指示词 + NP 的使用频次远远高于指示词单独使用时的频次；二是报道类型一与类型二在指定成分使用频次上没有显著差异。经分析，定冠词 + NP 和指示词 + NP 之所以使用频次高，是因为这两组搭配都可以回指其先行词，这些先行词在以上语料中体

---

〔1〕 NP 即 noun phrase，名词短语。

现为具体的人或物；而单独使用的指示词没有这个功能，不能回指人或物，只能回指事件。由于两者本身功能不同，用法自然不同。定冠词＋NP和指示词＋NP更适用于法治新闻报道的语用目的，因为在报道中需要不断重复和强调特定案件发生的事件、地点、人物，而这些都需要进行特指。准确交代案件发生的经过是法治新闻报道的主要交际目的之一，因此，表示特指的定冠词和指示词＋NP组合的使用比例要显著高于其它用法。虽然指示词"this""that"之类也可以指称人或物，但它们明显不如"this/that＋NP"更加精确，因此在对准确性要求较高的法治新闻中处于劣势。

2. 英语定指成分的指称性

英语表定指的成分主要是定冠词"the"。尽管广义上的定指成分包括八种类型，空名词、[1]代词、指示词、限定性描写、名词所有格、专名、量词以及空限定词。[2]但在法治新闻中，根据我们抽取的语料，分布最广、使用频率最高的定指成分仍然是定冠词，因此，我们将只关注定冠词"the"的用法和功能。

定指成分与非定指成分的最大区别在于"唯一性（uniqueness）"，[3]或说定指成分具有"唯一性涵义（uniqueness implications）"，[4]或说"唯一性效应（uniquenesseffect）"。[5]"唯一性"概念是由罗素于1905年提出，用于描写含有指称成分的英语句子的逻辑式。[6]换言之，罗素所定义的"唯一性涵义"是指有一个且只有一个对应存在的人或物，[7]只能用于解释单数定指名词，不能覆盖复数定指名词的情况。在罗素时代，定指成分就是the＋NP组合指

---

〔1〕 空名词在此处指被省略的名词性成分。

〔2〕 B. Abbott，"Definiteness and Indefiniteness"，*The Handbook of Pragmatics*，Blackwell Publishing，2004，p. 122.

〔3〕 B. Abbott，"Definiteness and Indefiniteness"，*The Handbook of Pragmatics*，Blackwell Publishing，2004，p. 123

〔4〕 S. J. Barker，"E-Type Pronouns，DRT，Dynamic Semantics and the Quantifier/Variable-Binding Model"，*Linguistics and Philosophy*，2（1997），p. 196.

〔5〕 C. Roberts，"Uniqueness in Definite Noun Phrases"，*Linguistics and Philosophy*，3（2003），p. 287.

〔6〕 C. Roberts，"Uniqueness in Definite Noun Phrases"，*Linguistics and Philosophy*，3（2003），pp. 123 ~ 125.

〔7〕 N. Kadmon，"Uniqueness"，*Linguistics and Philosophy*，3（1990），p. 274

称其对应的唯一的人或物。这种唯一性解读又往往与名词的单复数相关，唯一是以存在一个单数的事物为预设的。

在代入到法律语境之后，唯一性效应以及与之相伴的存在解读即上升为优势解读。法治新闻报道的内容多围绕一个或多个案件展开。涉案人员有可能是个人也可能是团伙，但犯案主体是确定的，可以用 the + NP 的结构来表示。尽管 the + NP 结构与专有名词在指称上仍略有差别，在定指功能上两者却有相同的效果，属于典型的定指成分。案件侦破最重要的环节就是确认嫌疑人并尽快抓捕犯罪分子归案。因此，在语义上定指性程度最高的 the + NP 结构和专有名词则成为法治新闻报道中优先选择的措辞方式，其它指称结构如有些人、某人、某个、以及光杆名词[1]等都不是法治新闻报道的首选，这也部分解释了英语法治新闻报道中 the + NP 结构以绝对比例存在的原因，见表 3 - 4。

此外，由唯一性衍生出来的存在解读在法治新闻报道中也有优先性，反观与之相对的全称解读却为法治新闻报道所排斥。法治新闻报道通常是就某个案件做事实性叙事，全称解读会引起报道不实、报道方式过于抽象等负面作用，不符合法治新闻报道的交际目的。而与唯一性相伴相随的存在解读恰好可以避开这个缺陷，存在解读不仅能够加强和巩固唯一性涵义，同时还指明了现实世界中确实存在这样一个人且这个人犯有报道中所述罪行。它能够加强法治新闻报道的真实性和可信度，促进普法信息的传达，符合法治新闻报道的交际目的。可见，存在解读实为法治新闻报道所欢迎的解读。

在案件中有多个犯罪嫌疑人的情况下，如团伙作案，该犯罪团伙的语义表达式仍是 the + NP 的结构。在形式语义学中，一个由多个成员组成的集合可以作为单数处理，即使其带有复数涵义，仍可被当作一个最大限度的个体，即 a 与 b 的总和，记作：$a \oplus b$，最大限度的个体仍然是一个个体。[2]如此，个人犯罪与团伙犯罪在指称上均实现为单数，两者在法律文本中起到几近相同的语义功能。在下文中，我们将论述这种唯一性和存在解读在法律修辞中的

---

[1] 光杆名词指没有带定指成分的名词。

[2] Crain，Luo，"Identity and Definiteness in Chinese wh-conditionals"，*Proceedings of Sinn & Bedeutung*，Vol 15，2011，pp. 165 ~ 179.

作用以及其与法律语境的互动作用。

3. 英语指定成分的法律修辞能动性

定指成分 the + NP 结构中固有的语义解读主要是搭建起确指性、唯一性和存在性等语义概念。在英语法治新闻报道中，法律修辞使用的原则是始终服务于忠于事实、不夸大不贬低、尽可能还原事实原貌的语用目的。法治新闻的另一个语用目的是承担普法义务以及发挥对公众的警示教育作用。报道的真实性可靠性是其力量源泉，任何失实的报道对公众都不具有说服力。如果说法律靠强制性规范来规约公众的社会行为，那么，法治新闻则是通过活生生的案例报道来阐释法的含义，是深入浅出地向公众宣讲社会行为规则和禁区，目的在于降低犯罪率，安定社会生活环境。鉴于此，法律修辞从各个层面上践行这一原则。定指成分 the + NP 的大量使用，正是法律修辞在词汇层面上的实现方式，通过使用定指结构，法律叙事锁定了特定犯罪事件以及这一事件中涉案的主犯、从犯、受害者一干人等，为整个事件的陈述奠定了真实性和生动性的基调。因此，有理由认为法治新闻的最大修辞特点之一就是定指结构的使用。The + NP 结构姑且归为词汇修辞一类。

这类词汇修辞只有在法律文本中才发挥出特有的法律修辞涵义。一般新闻报道也是围绕特定事件展开的，也会出现故事的主角以及与主角发生纠葛的形形色色的配角人物。这一点无法否认。但值得注意的是一般新闻故事与法治新闻故事还是有不小区别的：首先，两者交际目的不同，法治故事重在其教育意义和普法功能，而一般故事多注重情感讲述，两者肩负的社会功能不同；其次，法治故事严格对事实本身进行描写，而一般故事多为演绎，亦真亦假，其真实性现实性难以深究；最后，就 the + NP 结构的使用比例而言，法治故事中的定指结构显然大大多于一般故事，除去个别为了追求特殊效应而通篇使用 the + NP 的另类一般故事，如果有这样的情况发生，也恰恰说明了法治故事中 the + NP 结构的修辞功能是真实存在的，整篇使用 the + NP 结构确实能起到一定的修辞效果。从信息角度来看，the + NP 结构的高频出镜率确实可以达到凸显定指信息，使整个事件脉络简单清晰、人物重点突出等修辞效果。在法治新闻背景中，由于在修辞使用上的禁制，法治新闻能用的修辞屈指可数，因为法律故事总是以最为真实的面目示人，若有所渲染，也只是加入一些案件当事人、相关人员的感受或评判而已。因此，平铺直叙的法律故事中，the＋NP结构所承载的是焦点信息，它支撑起整个故事的主干框架，呈现给读者的是事件本身以及该事件所导致的法律后果这样的简单逻辑关系。

此外，英语语言本身的特点也和法律叙事、法律修辞密切相关。英语中有定冠词"the""the＋光杆名词"组成的定指成分是定指性在语言层面上的显性表征。并不是所有的语言都有这样的优势，如汉语中并不存在与英语中"the"相对应的定冠词，在表达同样的定指关系时，汉语可以借用多种手段来完成这一目的。除了词汇层面的修辞，the＋NP在句法上的位置也比较特殊。The＋NP通常是处于论元位置，论元位置是指主语或宾语的位置。能在这两个位置上出现的成分只有两种：定指成分或者是非定指成分。前者一般是已知信息，是旧信息；后者通常是未知信息，是新信息。根据信息理论，新信息往往是语篇中首次出现的信息，而旧信息是已知信息。一般来说，新信息才是信息焦点。但我们认为，新信息，也就是首次出现的人或物只能是句层面上的焦点，而旧信息则可以在特殊语境作用下成为语篇的焦点。在法治新闻正是如此，the＋NP结构是旧信息，在句的层面上是旧信息，然而，若放到语篇的整体环境中，反复重复的旧信息反而上升为焦点信息，这也是法律语篇的重要特色。

（三）汉语指示词在法治新闻中的应用

汉语中的定指表达有别于英语，主要表现在语言形式上显现的方式不同，既有词汇表达上的差异又有句法结构上的差异。两者在语境上也不同，这主要是由两种语言伴随着的迥然相异的文化历史背景所造成的。另外，不同语言的人们认知方式差别也很大，这样造成了定指表达的多样化。

1. 汉语中的定指成分

汉语中的定指成分与英语定指成分在很多方面都有差异。无疑，在高度抽象的定指功能层面上两者是统一的，除此之外，两者在具体语音实现形式上、指称的具体应用条件上都有不小的差异。

汉语中的名词性成分可以分为定指/非定指、指称/非指称、实指/虚指、类指/例指等四组概念。[1]汉语中的名词在表定指和非定指时，具有显性语言

---

〔1〕 参见熊岭："论从类到例转换的'有定'范畴认知解释"，载《求索》2012年第2期。

表示手段，且这种表达手段与英语有一定程度的对应，比如汉语中有"这""那"等指示词，与英语"the"有一定的对应关系。陈平认为判断是否具有定指性的指标应该是是否具有英语中的冠词那样的成分。[1]他认为定冠词一般源于指示词，而不定冠词则由数词"一"语法化演变而来。这是汉语的语言特色。汉语中的"这""那"或者"这个""那个"或"这个＋NP""那个＋NP"结构都可以表示定指性。当然，"这""那"以及其复数形式还保留有一定程度的直指属性。[2]除了指示词结构有定指功能以外，部分光杆名词也具有定指功能。董秀芳认为在古汉语中，处于主语位置或者宾语位置上的光杆名词可以是定指的，如例1、例2；[3]相应的用法在现代汉语中也存在，如例3、例4。

例1：昭子至自晋，<u>大夫</u>皆见。（《左传 昭公十年》）（定指，复数）

例2：齐侯见<u>使者</u>曰："鲁国恐乎？"（《国语 鲁语上》）（定指）

例3：<u>小花园</u>里种满了月季花。（定指）

例4：他给<u>儿子</u>买了一辆遥控汽车。（定指）

例1和例3是光杆名词作主语，是定指成分；例2和例4是光杆名词作宾语，也是定指成分。但是，如果与带有"这""那"的定指结构相比较，尽管都是定指成分，但是还是有差异的。这个差异就体现在对语境的依赖程度方面。"这""那"等定指结构对语境依赖性弱，由于有显性的表定指的语言形式，"这""那"结构几乎在任何语境中都能解释为是定指的；而光杆名词，如例1～例4，无论是作主语还是宾语，都要在特定语境条件下才能产生定指解释，如果脱离了特定的语境，就只能有类指或不定指的解释，如例5、例6。

例5：<u>儿女</u>成群。

例6：河里有<u>鱼</u>。

例5、例6中作主语的"儿女"和作宾语的"鱼"都是类指。由此可见，"这""那"结构是典型的定指结构，而光杆名词不是。

---

〔1〕 参见陈平："汉语定指范畴和语法化问题"，载《当代修辞学》2016年第4期。

〔2〕 参见陈平："汉语定指范畴和语法化问题"，载《当代修辞学》2016年第4期。

〔3〕 参见董秀芳："汉语光杆名词指称特性的历时演变"，载《语言研究》2010年第1期。

此外，除了上述两种可以表示定指的结构：指示词"这""那"结构和光杆名词之外。盛益民又区分了"准定冠词型定指量名结构"和"准指示词型量名结构"。[1]他认为上述两者都可以表示定指，在汉语方言中前者类似于"the+名词"，只能表定指，不能表直指；后者类似于"指+量+名"结构，可定指可直指。

根据上述几种分类归纳，汉语中可以起到定指作用的成分有"这"和"那"；"这/那个+NP"；"这些/那些（个）+NP"；光杆名词；以及量名结构。需要注意的是，前三者相当于英语中的"the+NP"，它们不受语境条件限制，在任何情况下都可以定指；而后两者则不然，它们都需要在不同程度上依靠语境以进行定指。这是两类定指成分最明显的区分。根据以上划分，我们将选取几篇较为典型的汉语法治新闻，从中提取出定指成分的用法，以考察其与英语定指成分的差异。汉语中"这"、"那"结构与英语定冠词"the"最为接近，将作重点比较；汉语中的光杆名词与名量结构，[2]在其作定指成分的情况下，也将列入表3-5，作为辅助说明材料。

2. 汉语定指成分在法治新闻中的分布

依照表3-4的标准，我们将从国内以及境外媒体网站选取6篇典型的法治新闻报道，以考察其定指成分的分布和用法。根据我国刑法规定的八个犯罪类型，我们从中选取六类：第一篇为经济犯罪（见附录二十七，报道七），第二篇为侵犯公民人身权利罪（见附录二十八，报道八），第三篇为妨碍社会管理秩序罪（见附录二十九，报道九），第四篇为妨碍婚姻、家庭罪（见附录三十，报道十），第五篇为渎职罪（见附录三十一，报道十一），第六篇危害公共安全罪（见附录三十二，报道十二）。在此基础之上，仍作表3-4中类型一和类型二的划分，目的在于进一步比较不同叙事方式是否会带来定指成分使用上的差距。

---

〔1〕 参见盛益民："汉语方言定指'量名'结构的类型差异与共性表现"，载《当代语言学》2017年第2期。

〔2〕 名量结构一般指由数词、量词和名词组成的结构；量名结构指量词和名词组成的结构。

表 3 – 5

法治新闻报道来源	中国法治新闻网			中国法制网		人民网	总数
法治新闻报道类型	类型一	类型一	类型一	类型二	类型一	类型二	
犯罪类型	经济犯罪	侵犯公民人身权利罪	妨碍社会管理秩序罪	妨碍婚姻、家庭罪	渎职罪	危害公共安全罪	
指示词 篇章总字数	762	1350	791	1802	1172	667	6543
单数 这	0	0	0	1	0	0	1
单数 那	0	0	0	0	0	0	0
单数 这(个)+NP	2	0	0	7	2	0	11
单数 那(个)+NP	0	0	0	1	0	0	1
单数 该+NP	0	0	0	1	2	0	3
单数 人称代词	0	0	0	42	7	3	52
单数 光杆名词	1	9	#	23	20	13	66
单数 名量结构	0	5	1	15	6	4	31
单数 专名	8	45	30	32	40	18	173
复数 这些(个)	0	0	0	0	0	0	0
复数 那些(个)	0	0	0	0	0	0	0
复数 人称代词	0	0	0	0	0	0	0
复数 光杆名词	#	2	#	#	#	#	2
复数 名量结构	4	7	3	2	#	#	16
复数 专名	0	0	0	0	0	0	0

续表

法治新闻报道来源	中国法治新闻网		中国法制网		人民网	总数
法治新闻报道类型	类型一	类型一	类型一	类型二	类型一	类型二	
犯罪类型	经济犯罪	侵犯公民人身权利罪	妨碍社会管理秩序罪	妨碍婚姻、家庭罪	渎职罪	危害公共安全罪	
指示词 ╲ 篇章总字数	762	1349	791	1802	1172	667	6543
专名占总数比例	1.05%	3.34%	3.79%	1.78%	3.41%	2.70%	
"这""那"等指示词占总数比例	0.26%	0%	0%	0.50%	0.17%	0%	

依据表 3 - 5 中的数据进行分析，第一篇为经济犯罪类，该篇共有 762 字。其中，表示独指的"这""那"用例为零，这可能是因其具有较强的直指功能，因此在非对话体语篇中，如法治新闻这样的叙事类语篇中，"这""那"鲜少使用，"这/那个 + NP"是汉语中在功能上最接近英语定冠词"the + NP"的结构，但在这篇报道中只发现两例用例，"这个 + NP"的两个用例分别体现为"该类型 + NP"和"这套 + NP"。经分析，这两例使用的语境条件略有区别，"该类型 +（案件）"是回指上文提到的同类案件，它的指称要通过第一次提及的案件来实现，即如果上级案件有指称，则它就有指称，否则就没有；第 2 例是"这套 + NP（房屋）"，由于是真实发生过的案件，"这套房屋"可以确定是有指称的，这是它与第 1 个用例的区别，光杆名词在本报道中出现在多处，但是有定指解释的光杆名词只有 1 例，它出现在本报道所举的案件中，因此需要被解释为定指成分。另外，表复数的"这些 + NP（人）"也有 1 例，和之前的"这类型 + NP（案件）"用法一致。此外，还有 6 例定指，其中 5 例是"一些"和 1 例"有的"的结构归入了名量结构，在此处均表不定指。最后，本报道中用例最多的是专有名词的使用，共有 8 例，其中涉案嫌犯 1 人，重复使用 3 次；直接受害人 1 人，重复使用 2 次；间接受

害人 1 人，重复使用 2 次。由于专名可以直接指称，因此这些用例是指称性最明确的地方。但是，出于隐私保护，涉案人员一律都用×某这样的称谓，真实姓名被隐去了，这一点并不能影响其指称功能，因为该案件是真实发生过的事件，该案件中的各位当事人也是真实存在的，那么这些×某也就都是有指称的。

在第二篇法治新闻中，专有名词使用仍占据最高比例，共有 67 次，其中，作案人李某出现 33 次，受害人小陈出现 10 次，张某作为拟犯罪对象出现 5 次，王某为案件中间联系人出现 6 次，其他涉案情况如犯罪地点敦化市出现 6 次，案件审理法院敦化市人民法院出现 2 次，吉林市（罪犯出生地、逃逸地、落网地）出现 5 次，他（代指本案嫌犯）出现 3 次，她（代指本案受害人）出现 1 次。其次，使用频率位居第二位的是光杆名词，共有 2 次，案发地点出租房出现 7 次，屋内出现 5 次，大学生出现 3 次，学生们出现 1 次。另外，表直指的"这""那"等结构出现率为 0，故暂忽略不计。根据第二篇的统计数据，专名和光杆名词出现的频率最高，基本与第一篇吻合。

在第三篇报道中，专有名词使用仍稳居第一位，共计 30 次，其中犯案单位快播出现 13 次，嫌犯出现 9 次，地点北京出现 5 次，深圳出现 3 次，广东出现 4 次。表定指的"该 + NP（案）"出现 1 次，与"这/那个 + NP"的结构相比，"该 + NP"似乎更加接近英语定指结构"the + NP"，因为"该 + NP"不能如"这/那个 + NP"一样直指，只能表示定指。从第三篇的数据可以得出，专有名词的使用率仍占绝对优势，并未因为新闻报道主题不同而受影响。

在第四篇报道中，数据略微有些变化。代词用例达到 42 次，首次超过了专有名词用例（37 次），紧随其后的是光杆名词用例（23 次），名量结构 15 次，"这个 + NP"结构 7 次。经分析，代词用例之所以超过专有名词，主要原因有二。一是因为本次报道的叙事方式是类型二而不是类型一。类型二的特点是夹叙夹议，内含多处直接引用，在语篇形式上类似于会话体，会话体的典型特征之一就是代词"你、我、他/她"的使用比例远远高于专有名词，因为在会话交际中，人们多用代词进行指称，而非专有名词。比如在指称自己的时候，一般都用"我"进行指称，而不是用交际者的姓名，当然，这里说的是成人交际的特点，儿童使用姓名指称的情况暂时不予考虑，比如说

"豆豆不想吃饭饭"之类。二是法律报道通常是"她"或"他"的故事，尤其是在类型二的报道中，直接用代词指称更符合一般口语体表达。而光杆名词和名量结构用例的增加则和本篇报道的绝对长度有关，本篇报道的篇幅约是前面三篇报道的一倍，由此带来光杆名词和名量结构的增多。所以，这两种用例的增加不能说明太多问题。

在第五篇报道中，专有名词用例再次名列第一，名列第二的是光杆名词。值得注意的是，本篇中的光杆名词不是真正的光杆名词，经分析，它们是"（NP）+（的）+NP"的结构，"（）"表示有时可以省略，也就是说，在语音层面上以光杆名词形式出现的结构实际上是省略了一个"的"字的前置修饰语，如"广州一家咨询服务公司的执行董事""陈某波的证言""'唐伯虎'的老板"；或者是省略了一个前置名词修饰语，如"虫媒治理工程项目"，报道后续部分再次提及该项目时并没有用"该项目"一词，而是再次重复"虫媒治理工程项目"。这样措辞的好处是可以避免产生歧义，明确事件的基本信息。

在最后一篇报道中，专有名词的使用率仍高于光杆名词，其中，有一个值得注意的现象是"广州市白云区法院"在首次出现时是以全称形式，而随后再次被提及时使用的是"法院"这样的简称，即没有用"该法院"，也没有重复全称用法，这一点是汉语指称的特殊之处。

综上所述，汉语法治新闻报道中呈现出与英语法治新闻报道不一样的模式，最明显的区别是后者"the + NP"结构使用率最高，与之相比，前者是"专名"结构使用率最高，在此，英汉在定指成分的选用上出现了较大分歧。这个分歧的出现很可能和语言结构本身的特征有关，也可能与文化背景有关，还可能与微语境有关。

3. 汉语定指成分的法律修辞能动性

汉语法治新闻报道在指称时多用专有名词而不用"the + NP"结构的情况。如前所述，汉语中并没有定冠词"the"，也没有"the + NP"结构。汉语中的指示词曾被认为是定冠词的来源。[1]但经过考证，汉语中的"该 + NP"以及"NP 的 NP"结构比"这/那个 + NP"结构更接近于英语中的"the +

---

〔1〕 陈平："汉语定指范畴和语法化问题"，载《当代修辞学》2016 年第 4 期。

NP"结构。究其原因，首先，"该 + NP"和"the + NP"只能表示定指，均不能直指，在这方面，两者要更相近些。其次，两种语言的习惯使然，英语法治新闻报道多用"the + NP"结构，很可能是因为出于对前文中的不定指"a/an + NP"进行回指的需要，整个语篇形成首次出现使用"a/an + NP"，再次出现使用"the + NP"这样的循环模式。再次，英文法治新闻报道中很少会直接提及涉案人的姓名，一般是出于隐私保护的传统。当然，某些曝光率极高的大案要案除外，即便是在直接点名道姓的案件中，再次提及时也不会是重复姓名，而是使用相应的代词，以进行回指。而在汉语法治新闻报道中，惯例的做法是在首次提及时使用"李某""王某"这样的字眼，既保护了涉案人员的隐私，又能在最大限度上确认涉案人员的身份，之后再次提及时，汉语倾向于选择重复"李某""王某"这样的表达，而不是使用代词。究其原因，这可能和法治新闻报道的体裁有关。汉语法治新闻报道认为"李某""王某"这样的称谓比代词更能强调信息的真实性、准确性。也就是说，英文法治新闻报道中的"the + NP"结构和汉语法治新闻报道中的"专名"在信息流层面上是等同的，即两者传达的信息价值相等。最后，从修辞角度来看，由于"the + NP"和"李某"这样词语的高频率使用，等于是通过重复手段在语篇中强调突出了某类信息，这类信息通常都是对事件的描写，因此两者在客观上、被动型的重复使用反而增强了报道的事实感，这正是英语法治新闻报道和汉语法治新闻报道所共同追求的目标。

4. 普通汉语新闻报道中的定指成分

就汉语一般新闻中"专名"的使用情况，我们也做了些许调查。我们选取了 2 篇相关报道，它们均出自搜狐新闻网，一篇为国内报道，另一篇为国际报道。国内报道出自新闻联播的一则习主席对防汛抢险救灾的重要指示，其中"专名"一共只出现 11 次，在数量上明显低于法治新闻报道中"专名"的使用，且这些"专名"的重复出现率很低，大多数是地名、省份名称。"专名"没有被重复使用，也就不存在以重复作为修辞手段的说法。

另一篇为国际报道，内容是中国驻美大使发表的署名文章。本报道全文共计 503 词，其中"专名"用例达 16 次，比其他类型的用例如光杆名词等略高。经分析，在"专名"使用中，大使名字提及次数达 6 次，所占比例最高。这大概是出自两方面的原因。第一个原因是这是一则关于一篇署名文章的报道，报道目的在于阐明并强调该驻美大使在中美贸易问题上的立场和态度，因此会反复提及大使兼作者的姓名。并且，报道的每段内容都是以"崔天凯指出""崔天凯表示"这样的形式开始，如此，全文就形成了由"专名"构成的重复修辞，这也是事实类报道的典型特点，与法治新闻报道颇为相似。第二个原因是文中在回指时，并没有用"该大使""该国""我国"这样的"the + NP"结构进行回指，而是通过重复"专名"进行回指，这也说明汉语回指的特点，也间接证明了法治新闻报道中用重复"专名"进行回指是符合汉语语言表达习惯的，在这一点上与英文回指多用"the + NP"结构形成了鲜明的对比。

使用"专名"进行回指是汉语的一大特点。这一特点在法治新闻报道中被最大程度地发扬光大，并由此构成了法治新闻报道的最大修辞特征：在以事实性、准确性著称的法治新闻报道，通过重复"专名"进行回指不仅提高了报道内容的准确性，在最大程度上避免了歧义的产生，同时还由此形成了法治新闻报道的最大修辞特征，即"专名"的多次循环强化了事实信息，是法治新闻报道最有效的修辞手段。

（四）小结

法律修辞不仅是语言表达的方式方法，在深层次上更是一种对语用意义修改的过程。修辞是附加并作用于基础语义之上的操作，两者是方法与内容的关系，修辞和基本语义相互制约，共同探寻语用意义最适切、最优化的表达形式。两者相互塑形，在反复、持续、多次调配之后，最终达到预期的修辞效果和语用目的。在法治新闻中，定指成分较显著地体现了这种互动关系，并构成法律文体中不可获取的组成部分。本篇通过大量真实语料，有效地证明了法治新闻中的定指成分在语义、语用、修辞多个界面发挥作用，这种作用不是单向和独立的，而是呈现出多层次互动的复杂关系。另外，由于历史文化背景的差异，英汉定指成分对其适用的环境有不同要求，就英语中"the + NP"结构而言，汉语中是否有能与之完美匹配的结构存在疑问。如果现代汉语中没有这样的结构，那就需要去古代汉语语料中寻找，毕竟现代汉语和古代汉语在结构词汇等方面都发生了很大变化，这些都需要做更多的探索和研究。

第二部分 法治新闻节目的叙事修辞研究

——以《今日说法》为例

《今日说法》这个节目是中央电视台的明星节目，也是全国宣传法治，对民众进行法治教育的最为著名的节目。正如节目开始的第一句话"点滴记录中国法治进程"，节目以记录中国的法治进程、宣传法治为己任。节目的典型形式是把案件事实以讲故事的形式呈现给观众，并对故事进行相应的法律意义方面的评价，使观众在欣赏法治故事的同时，接受法治教育，感知我国法治进程，提高自我法律意识。节目所采取的形式是否有效实现了节目的初衷？或者在多大程度上实现了节目的初衷？本篇将从叙事修辞的角度分析《今日说法》的叙事修辞特色，以及这些特色在实现节目初衷的过程中起到了什么样的作用。

一、叙事修辞概念的确定

（一）叙事学的起源与发展

叙事学是作为文学理论发展起来的，最初被用于文学作品的研究。叙事学作为一门独立的学科，诞生于 1969 年。其时，法国当代著名符号学家、文艺理论家茨维坦·托多罗夫在《〈十日谈〉语法》里面，第一次提出"叙事学"（narratology）这个名词。在叙事学形成独立学科的四十多年间，研究范畴发生了重大变化。俄罗斯形式主义学将"故事"（fabula）和"情节"（sjuzet）进行了区分。这种将"故事"和"情节"区分开来的二分法的直接结果是结构主义叙事学研究范畴的转移。结构主义叙事学的研究范畴从 20 世纪 60 年代至 70 年代的关注故事或关注话语转向 70 年代之后的"融合性"叙事研究。

在 20 世纪 80 年代，受解构主义思潮的直接影响，叙事理论进入后现代叙事理论阶段。后现代叙事理论就是后现代叙事学。"叙事学发展到后现代，已经不仅仅是关于文学叙事作品里诸如叙述者，叙述视角、人物、情节等叙述手段的工作原理的学科，而是扩大为包括小说、神话、日记、游记、谈话、电影、广告、戏剧、档案、诉状等一切语篇中叙述者、叙述视角、作者、读者、人物、情节、声音、时间、空间等叙述手段与政治、经济、文化、法律、道德、伦理、阶级、种族、性别等社会要素之间的互动关系。"[1]

根据后现代叙事学，叙事无处不在。作为一种多学科研究方法，叙事学被广泛应用于各个领域。除用于文学作品研究外，叙事学理论还广泛应用于教育、心理、新闻、主持人、广告、医学、道德、教学、思想政治教育以及法律研究等方面。

我们将运用叙事学理论研究法治宣传节目《今日说法》的叙事特点，探讨其在宣传法治思想、培养民众法治思维方面所达到的实际效果。

（二）法律和叙事的关系

律师们向来对文学有浓厚的兴趣。在法律故事讲述运动繁荣的 1980 年代之前，律师对叙事一直有着浓厚的兴趣。在这个时代之前，辩护律师会以诉讼为背景撰写很多体裁广泛的法律故事。他们认为一个有成就的律师不应该仅仅拥有交叉举证的技术或其他类似的技术。以一个故事形式表达一个案件理论的能力也十分重要，这个能力和发现事实的能力是一致的，同样也是必要的。法律和文学运动的一个分支接受了这个命题，认为法律故事讲述是一个特别有力和有效的沟通战略。法律叙事中这一分支在两方面得到补充：一是法律故事的作用，法律故事可以作为事实证明和传统法律思维所忽略的经验；二是法律故事的定位，法律故事通常是对一个事件提出不同层次的看法，因此可以作为对法律中客观性概念的挑战。

人们传递思想的方式有很多种。为了说服他人接受自己的思想，一个人可以采取很多种形式：演讲、数学证明、逻辑演绎或推理，等等。法律和叙

---

〔1〕　余素青："判决书叙事修辞的可接受性分析"，载《当代修辞学》2013 第 3 期。

事运动认为说服别人的一个最有效的方法就是讲述一个故事。因为故事所运用的方式具体而直观，不像其他的方式那么抽象难懂，因此，讲故事的方式最容易引起人们情感上的共鸣。故事易懂的另外一个原因还在于故事是每一个人从小开始就熟悉的形式，且故事在每一个文化中都是广泛存在的。

在论证观点的时候，使用故事的形式可以使人接受看似奇怪的或不可信的观点。借助人们对故事这种形式的熟悉性，通过故事的直观性，讲故事的效果就是能够使不熟悉的信息变成可接受的信息。总之，故事讲述是一个特殊的、有力的沟通工具，这个工具具有强调观点的作用和极强的说服力。

《今日说法》的形式正是以讲故事的方式，来重现案件的全部或部分过程。我们将用叙事理论探讨这种方式传播法治理念的实际效果及其有待提高的方面。

二、《今日说法》的叙事修辞分析

（一）事实构建的叙事修辞方式

在解释事实建构过程之前，需要首先澄清以下概念：证据、事件和事实。

证据指的是案件发生之后留下的相对稳定的痕迹，例如案发现场、物证、书面证据、目击者回忆、当事人证言等。事件是直接从证据中显示出的历史情况以及对其内容的直观陈述，例如甲没有驾驶证，乙被取消驾驶资格等。事实是法庭据以做出裁判决定的案件经过。事实与事件不同，它是关于案件经过的一个戏剧化、情节化的全景叙事，有起始终结、情节推进、人物形象和命运，并被赋予法律上的意义。[1]

在这里需要指出的是，案件事实并非完全得自证据。案件事实是通过叙事的模式，以一定的修辞手段完成的故事。因此，在给定的证据和事件片段的基础上，可以叙述不同的故事，即不同的案件事实。并根据这些不同的叙事版本，可以作出不同的判决结果。由此可见，在法律中叙事修辞的重要性。在法庭上，叙事修辞影响着有时甚至是决定着裁判结果；在法治宣传节目中，

---

[1]　刘燕："案件事实，还是叙事修辞？——崔英杰案的再认识"，载《法制与社会发展》2007年第6期。

叙事修辞的选择可以直接决定展现给观众的案件的侧面，决定传递给观众的价值观和道德观，从而直接决定节目的价值取向和最终影响力。运用案件事实的最大好处在于，无论在法庭上还是在法治节目中，无须用论辩或推理去说服受众。它以事实本身的面目出现，因而，更具有直观性，说服力更强，也更容易为大众所接受。

在这里，我们分析的重点在于探讨在《今日说法》这个节目中，如何用已有的事件和证据进行叙事，串联成案件事实，达到了什么样的效果。在庭审中，诉讼可以运用不同的叙事技术、修辞手段诱导不同的判决结果。在这个过程中原告和被告各讲一个故事，然后由法官来选择和书写一个故事，它以真实唯一且没有异议的形式出现。《今日说法》这个节目虽非法庭，但其负责案件叙事的权力和对于公众价值观的引导的作用和法庭是相同的。因而，节目的叙事虽然不直接涉及到判决结果，但对于引导公众价值观、影响公众的法治思维至关重要。

无论在庭审中，还是在法治节目中，将零碎的证据和事件串联成情节化和戏剧化的故事，需要借助一定的修辞手段。常用的手段有两种：解释和挑选。解释是叙事者在已有的事件或证据的基础上，根据日常的生活经验或逻辑推理，进行想象发挥，将零碎的证据或事件串联成一个完整的事实的过程，即通过解释这种修辞手段进行叙事的过程。解释可以将那些断裂的证据或事件串联起来并进行情节化的处理。而在串联的过程中，不同的人会有不同的解释，或因为立场不同，或因为日常经验和逻辑推理的不同。[1]在法庭中这个不同的解释会导致不同的判决结果，在节目中，不同的解释会给观众不同的引导。

例如，在《粗心的"父母"》[2]这一期节目中，对于"父母"的心理和举动的描述，让观众自然而然地对这对"父母"是否是真正的父母，产生了怀疑，从而将观众的注意力成功地按照案件的本来面目的方向引导。

节目中相关文字稿内容如下：

---

[1] 参见武飞："事实建构的修辞方法"，载陈金钊、谢晖主编《法律方法》（第12卷），山东人民出版社2012年版，第85~94页。

[2] 《今日说法》20180722期节目《粗心的"父母"》。

旁白：这个女人当时抱着婴儿上了车。但在列车启动后不久，她**怪异**的行为，便引起了列车员和乘警的注意。携带这么小的孩子长途旅行，只是将孩子**简单**包裹，并且将其独自放在铺位的被子下面。这样的做法让乘警长王永建觉得**很不合常理**。

旁白：显然，在这样的长途旅行中，**婴儿没有被很好地照料**。

七大队乘警队长：她说我去安徽找我丈夫，我丈夫在安徽打工，我说你丈夫在安徽打工，在安徽具体什么地方，她说她不清楚，她说他手机又关机，她又不知道号，种种反正**越说，让我觉得她心里肯定越有鬼**。

旁白：由此，一条运输贩卖婴儿的黑色链条，浮出水面。并被郑州铁路警方成功斩断。而现在对待婴儿的**不正常行为**，再一次出现。那么这名婴儿的来历，会不会有问题呢。随即，K870 次列车的乘警长决定对李叶夫妇进行询问。

旁白：面对警方的质疑，身为丈夫的安军开始**推诿**。说孩子的事他不知情。只有他妻子李叶知道。而李叶则仍坚称孩子就是她自己的。

刑警队教导员：她表现很镇定，而且坚称这孩子是自己的。如果遇到她难以自圆其说的一些**借口**，就是谎话的时候，她要么沉默不语，要么就是告诉我，我忘了，我说错了，或者我记不清了。通过这种借口来**搪塞**。

需要上述文字稿中黑体字的表述："怪异""简单""很不合常理""婴儿没有被很好地照料""越说，让我觉得她心里肯定越有鬼""不正常行为""推诿""借口""搪塞"。所有这些表述都表明了，这对所谓的"父母"肯定不是孩子的亲生父母。这种解释性的描述部分地将真相传递给了观众。

另外，作为叙事修辞的解释策略，在最终完成的叙事文本中，往往是隐性的，受众无法分辨哪一部分是本来的证据或事件，哪一部分是叙事者的想象发挥。解释部分的隐性特征掩盖了证据和叙事之间的界限。这个特征一方面使受众更容易被说服，更容易认为判决结果就是法律规则的产物，而非叙事者的叙事后果，另一方面，也体现出解释的重要性。解释的正确与否，在法庭上左右甚至直接决定判决结果，在节目中直接影响或引导观众的价值判断，影响观众的认知和思维模式。

例如，仍然是在上述的例子中，其实我们看不出来，哪一部分是解释，哪一部分是客观的证据。我们会想当然地认为，这些描述就是事实本身。例如"她怪异的行为",面对这个描述,我们不会去想这是个描述,而是自然地认为她的行为就是怪异的。又如"越说,我越觉得她心里有鬼",她心里是否有鬼是个事实,是有待验证的,但是"我觉得她心里有鬼"是主观感受和解释。但是,一般情况下而言,观众不会再进一步地去质疑"她心里是否真的有鬼",而是认可她心里确实有鬼这个事实。这些例子证明了解释的重要性:解释是隐性的,正是通过隐性这个特征,掩盖了事实和叙事之间的证据,有效且有力地引导观众按照叙事者所设置的情况和价值导向思考。

再例如下面两个解释行为也很难跟事实证据分开:

列车长:我说你看需要不需要,如果我们有能力的话,看能不能,就是说方便的话,给你们调成下铺,因为下铺毕竟好照顾一些,当时他就很不愿意跟我们说那么多,就是很推搪我们,就是不需要,不需要,或者什么,就是不愿意理我们。

乘警长:这两个人呢,这个女的就是吃了睡,睡了就吃,就是醒了她就吃一点,然后吃完之后,她就又躺在那个地方睡,所以说,这个小孩,她几乎不怎么照顾她。这个男的只是照顾自己,他就是,也是吃完了之后躺在铺上,他睡不着,但是他睁着眼睛,他都不去看这个小孩。

挑选是叙事修辞的另一个手段。在证据和案件已经确定的情况下,挑选构建事实的部分至关重要。在法庭上,挑选不同的证据或案件部分,可以直接影响控辩双方的地位,进而直接影响最后的判决结果。[1] 在法治新闻节目中,挑选不同的案件部分,可以让观众对事实形成不同的判断,从而影响观众的判断和价值取向。

例如《粗心的"父母"》中,对父母身份的披露部分:

旁白:据四川会理方面的反馈,安军、李叶夫妇都是当地普通的农民,此前没有其他不良记录,刑警队六支队队长:平常他夫妻两口打工,就是挖山药,打谷子,就是稻谷,还有修房子,还有装菜,就是蔬菜,靠这为生,一天能挣一百多块钱。

乘警长:他们有三个孩子,最小的孩子8岁了,然后,第二个12了,第

---

[1] 参见王彬:"裁判事实的叙事建构",载《海南大学学报(人文社会科学版)》2013年第3期。

三个是 15。

旁白：另据了解，几年前，为了孩子上学方便，安军、李叶夫妇举家搬迁到攀枝花市米易县的一个镇，在那里租房生活。那么，离开户籍地后，李叶有没有再怀孕生孩子呢？随后，办案民警又与安军夫妇目前租住地的派出所取得了联系。

刑警队教导员：那边提供的信息说这个妇女，就是说她在家，就在她居住地，村民反映没有说她有怀孕，没见她有怀孕的迹象。突然说生了孩子，他们感觉也很奇怪，说没有听说村民反映，所以说加重了我们的怀疑。

旁白：调查情况显示，安军、李叶夫妇在撒谎。显然，他们想掩盖这个孩子的真实身份。

刑警队教导员：通过这个信息，而且直接告诉他我们在那边了解的情况是什么样的，直接告诉他。

……

旁白：安军说，直到他们夫妻俩被送进看守所，他才意识到事情的严重性。不光他们夫妻二人被抓，他们家的三个孩子也没人管了。

安军：当时，我过来的时候，家里的大孩子只给了 500 元钱。现在肯定家里没有吃的了。我也知道，但是没办法了，现在。

旁白：与安军一样被关进看守所的李叶，最惦念的是自己三个孩子的生活。为此，她吃不香，睡不着。

李叶：我们家里孩子小，孩子读书也没有钱了，大人没有了，孩子也不能读书了。

安军、李叶夫妇的身份不是案件的有机组成部分，理论上讲，这一部分在案件的介绍中是可有可无，或者可以一笔带过的，然而，节目选择了对这个情况的详细介绍。作用有两个：一是全面塑造犯罪嫌疑人的形象，使形象更加逼真，更加贴近普通人的生活，因而案件更加可信，更加接近现实生活；二是这样的介绍也给广大民众敲响了警钟，不能因为无奈或贫穷就去犯罪，结果只能是使情况更加糟糕。也不能铤而走险，否则后果不堪设想，走遵纪守法的致富之路才是首选。

解释的作用是将零碎的事件情节化，从而将断裂的事件串联起来。与解释这个修辞策略相比，挑选的立意更高，更具有全局性。它所关注的是事件综合之后的全景，及其带来的判决或宣传效果，以及挑选之后所形成的事实的意义所在。"这些问题与被视为一个完整故事的整组事件的结构有关，并且需要对某个特定故事与编年史中可能'发现'、'鉴别'或'揭示'出其他故事之间的关系做出大致判断。"[1] 由此可见，挑选更加关注的是全局和最终效果，而解释更加关注的是事件之间的关联性。

对于安军、李叶夫妇身份的介绍，是将其作为案件众多环节中的一环，着眼点是案件的完整性以及对广大民众的法治教育作用。而对其所有心理行为和举动的描述和解释，是串联夫妇两个怪异行为的链条。这样通过适当挑选和描述，在几乎不需要解释的情况下，安军、李叶夫妇的犯罪行为和犯罪动机跃然纸上。

在关注全局性的基础上，挑选更重要的作用就是在完整的故事情节中营造一种戏剧化的效果，从而在无形中影响受众的判断。例如在数年前的一个路边摊摊主杀死城管的著名案例中（崔英杰案），是单纯叙述崔英杰持刀杀人的事实，还是同时将崔英杰的个人背景、当时状况以及城管的态度这些因素包括在内，会造成完全不同的效果。单纯叙述前者会给受众一个纯粹的杀人犯的形象；同时叙述后者，包括其个人的悲惨经历、城管的蛮横以及不符合法律程序的执法，会让人更全面了解案件的实际情况，从而作出完全不一样的判断。在法庭中，这种完全不同的叙事当然会产生不同的判决。在法治宣传节目中，不同的叙事也会导致观众形成不同的结论，进而在不同方向上影响观众的价值观。我们对于法治节目运用挑选这个叙事修辞的建议是：让观众全面认清事实，做出全面的而不是片面的判断，做出理性的批判的分析，而不是简单的公式似的推论，这样才能从实际上起到正确引导公众价值观，培养法治思维的作用。原因在于生活本身不是法律法规到判决结果的直线式推导，每个人也不是纯善或纯恶的化身，生活和人物都是多面的，是复杂的。单纯的公式似的介绍和引导在现实生活中缺乏现实意义。

例如，在《快钱》[2]这期节目中，对于那些受害司机身份的揭露对于影

---

〔1〕 ［美］海登·怀特：《元史学：19世纪欧洲的历史想象》，陈新译，译林出版社2004年版，第98页。

〔2〕 《今日说法》20180724期节目《快钱》。

响公众的价值观具有十分重要的意义。如果不揭露这些受害司机实际上是因为交通违规被罚满了 12 分而被吊销了驾驶执照，从而成为犯罪分子，反而只是介绍他们是普普通通的、遵纪守法的公民，那么一方面，节目的悬疑效果要大打折扣，另一方面对于民众的教育意义和警示作用远远不如这种将其存在侥幸心理，而后被人利用、坑害，最后只能自食恶果的情节更加吸引人、更加能够教育人。

另外，挑选不仅仅指对于事件的挑选，同时也指对于措辞的挑选，同样的时间，使用不同的措辞，其效果也会大相径庭。

例如《粗心的"父母"》中对于这对父母的描述：

旁白：这个女人当时抱着婴儿上了车。但在列车启动后不久，她怪异的行为，便引起了列车员和乘警的注意。

列车员：包里，我说你背的是什么。她说是个小孩子，刚满两个月。然后，上车，上车了。她就（把孩子）放在她睡觉的脚头。从主观意识上，我觉得小孩子不满一两个月，她不会放在那里不管。

旁白：当工作人员掀开这个女人所在铺位的被褥时，发现一个婴儿正露出饥饿的神态。

乘警：这个小孩身上只穿了这个秋衣和秋裤。外面都是毯子。就没有说咱们给小孩穿那种厚一点的衣服，就没有。

旁白：携带这么小的孩子长途旅行，只是将孩子简单包裹，并且将其独自放在铺位的被子下面。这样的做法让乘警长王永建觉得很不合常理。于是，他进一步向那名女子了解情况。

这些贬义的描述性的词语和用语，将一对假父母的形象呈现在观众面前。如果使用中性或者甚至褒义的词语，就会收到截然不同的效果。

叙事者通过解释将零碎的、断裂的事件串联起来，通过挑选，即有选择地强调、弱化或省略某些事实以及使用不同的措辞，使整个事件达到了戏剧化的效果。这个效果可以产生不同的判决，也可以引导观众的价值判断。同样的事件，因解释和挑选的不同，可以产生截然不同的效果。"一个叙事性陈述可以将一组事件再现为具有史诗或悲剧的形式和意义。而另一个陈述可能将同一组事件——以相同的合理性，也不违反任何事实记载地——再现为闹剧。"[1]由此可见解释和挑选的重要性所在和叙事者的责任之重大。在不可能也没有必要将案件经过的所有细节在法庭上、判决书中或节目中都展示出来的前提下，叙事者必须本着公正、公平和客观的原则谨慎使用这两个策略，以求达到审判和裁决的公正以及节目导向的正确。

（二）人物塑造的方式

零碎的证据、断裂的事件并不能自动形成案件事实，需要经过解释和挑选等叙事修辞手段将之连接起来，才能形成对于最后判决有意义的案件事实。与此同时，从相同的证据、事件中，运用叙事修辞手段，有可能构建出不同的案件事实，从而给受众不同的印象，进而导致完全不同的判决结果。那么在通过叙事修辞构建案件事实的过程中，以及最后所构建的案件事实中，什么因素最重要，或者说什么因素直接导致了最终形成受众的不同印象，或导致最后不同的裁判结果呢？这个因素就是人物的形象构建。

人物的形象构建是指按照一般正剧效果的故事模式，根据社会教化语境下的善恶标准将主要人物进行划分和定位。[2]具体到法律中的做法是，以已有的证据或事件为基础，用一定的叙事修辞手段，将其编织到案件事实中，通过情节，编织出人物形象，并给予价值定位。最终运用所塑造的人物形象或所定位的价值，影响受众（法官、当事人、观众），使其接受司法决定，或使其按照叙事者所期望的价值观和思维模式进行思考。

与案情叙事建构过程一样，人物形象的塑造也是处于隐性的状态。单纯从所构建的案件事实，受众无法得知叙事者进行了有意图的人物形象塑造。"法实际上明明知道与叙事纠缠不清——但却对叙事报以不安和怀疑，所以，忽略叙事作为法律的一个范畴就可能是一个压制行为，即努力把法的叙事性隐藏起来的行为。"[3]本部分的目的就是要把这些隐藏起来的过程展示出来，揭示出相同的证据和相同的事件会产生不同的判决结果，在公众中引起不同

---

〔1〕 ［美］海登·怀特：《后现代历史叙事学》，陈永国、张万娟译，中国社会科学出版社2003年版，第46页。

〔2〕 ［美］海登·怀特：《后现代历史叙事学》，陈永国、张万娟译，中国社会科学出版社2003年版，第64页。

〔3〕 ［美］彼得·布鲁克斯："法内叙事与法叙事"，陈永国译，载 ［美］James Phelan, Peter J. Rabinowitz 主编：《当代叙事理论指南》，申丹等译，北京大学出版社2007年版，第75页。

反响的根本所在。指出叙事修辞在司法审判和法治宣传节目中的重要性，以及如何正确有效地使用叙事修辞。

在大多数的情况下，受众对于同一案件的不同认识并不源于法律程序、法律自身的逻辑或对某些理论的争议，而是源于通过不同的案件事实对同一案件的不同认识。而这些不同的案件事实就是叙事者对于同一案件的不同叙事修辞造成的，其中最重要的便是对于当事人人物形象的塑造。因此单纯追求法律规范的完善、审判过程的严密和逻辑推理的正确无误，并不能完全消除受众对于同一案件的异议。对于法治宣传节目而言，也不能通过单纯展示法律规范的完善、执法人员的刚直不阿和审判推理的严密无误来宣传法治思维，而且这些方面的宣传也不能取得最佳效果。影响受众的最有效的模式，是通过恰当的叙事修辞，根据宣传的需求，塑造适当的人物形象。

对于人物形象的塑造，我们主要通过以下两种分类探讨人物形象塑造对于案件事实的重要性，及其在判决和法治宣传节目中的重要性：第一，好人与坏人的塑造；第二，扁型人物与圆型人物的塑造。

1. 好人与坏人的塑造

在证据已经确定的情况下，用以叙述案件经过的叙事策略决定着最后呈现给受众的事实文本，这种叙事策略的作用绝非传统法学的想象所能及。在证据相同的情况下，叙事和策略可以构建截然不同的案件事实，呈现截然不同的文本，这种不同，小而言之可以给受众造成完全不同的印象，大而言之可以引导受众不同的价值观，甚至可以导致截然不同的判决结果。在案件事实的构建过程中，是什么因素导致了这种根本的不同呢？

在构建案件事实的过程中，运用一定的叙事修辞策略，使案件情节化、戏剧化。然而，情节化、戏剧化并非叙事修辞的最终目的或核心策略。情节化和戏剧化的作用只是使受众能够有兴趣读完或看完事实文本或案件事实所构建的故事。叙事修辞的最终目的或核心策略是使受众能够接受故事所倡导的价值观，使受众能够按照叙事者融入于案件事实中的价值导向行事。这个最终目的或核心策略表现在法庭上，就是使法官能够按照叙事者的目的去做出最后的判决，人民群众能够接受相应的判决结果；表现在法治宣传节目中，就是观众能够按照叙事者心中的价值导向被影响和被引导。这个中心策略就是塑造适当的人物形象：按照通行的价值观去塑造人物形象。按通行的价值观塑造人物，不外乎好人和坏人两种人物类型，而这两种类型的塑造在引导受众对于判决结果的接受或对于叙事者价值观的接受方面起到至关重要的作用。

例如，在《粗心的"父母"》这一期节目中，对于孩子所受的极其不周到的照顾，甚至可以说是虐待，让人发指。具体描述如下：

旁白：当工作人员掀开这个女人所在铺位的被褥时，发现一个婴儿正露出饥饿的神态。

乘警：这个小孩身上只穿了这个秋衣和秋裤。外面都是毯子。就没有说咱们给小孩穿那种厚一点的衣服，就没有。

旁白：携带这么小的孩子长途旅行，只是将孩子简单包裹，并且将其独自放在铺位的被子下面。

乘警长：这两个人呢，这个女的就是吃了睡，睡了就吃，就是醒了她就吃一点，然后吃完之后，她就又躺在那个地方睡，所以说，这个小孩，她几乎不怎么照顾她。这个男的只是照顾自己，他就是，也是吃完了之后躺在铺上，他睡不着，但是他睁着眼睛，他都不去看这个小孩。

七大队乘警长：小孩那个身上呕吐的东西很多，包括那个奶渍都撒到衣服上，脏兮兮的那个衣服看着。把那个小孩翻身，看到小孩那个屁股已经烂了。两个屁股蛋儿已经烂了。就是那个尿不湿尿了之后，她不换，长时间不换。

这样的描述就将两个罪大恶极、良心丧尽的贩卖婴儿的形象植入了观众的脑海。尽管后面有对夫妇二人的真实生活情况的描述，也不能改变这个先入为主的恶人形象。他们自己的生活状况不佳，最惦记的也是自己的孩子，然而，却能做到对一个无辜的婴儿这样的虐待。看到这些情节之后，将其付诸法律严惩也不足以泄恨一定是绝大部分观众的第一反应。相反，如果不描写婴儿的悲惨境遇，在后面提到两个人的生活境况的时候，观众很容易会对其产生怜悯之心，这个先入为主的描述为整个节目奠定了基调。

涉及案情的一系列事件，经过挑选、解释等修辞策略形成一个情节化、戏剧化的文本。通过情节，涉案人员被塑造成不同的人物形象：以通行价值观为标准的好人和坏人。情节化、戏剧化的特色引导受众的好奇心，使其有耐心和兴趣读完相关文本，并在头脑中对相应事实形成完整的印象。对人物形象的塑造，旨在引导受众按照叙事者的价值观对案件事实进行判断：接受判决结果或按其价值导向思维行事。

　　然而，现实生活中很少存在纯粹的坏人或纯粹的好人，因而，单纯的塑造好人或坏人并不能让受众无条件接受，或者说并不能收到预期的效果。由此，引出塑造人物形象的具体模式：扁型人物塑造和圆型人物塑造。要想收到叙事者预期的效果，不能塑造扁型的人物形象，因为扁型的人物形象一方面在大多数情况下不符合实际，另一方面随着受众审美水平的提高，扁型人物形象不具有足够的说服效果。只有圆型的人物形象才更加符合实际，也更加符合大部分受众的审美水准，因而更具有说服力。

　　2. 扁型人物与圆型人物的塑造

　　爱德华·摩根·福斯特在《小说面面观》中提出了扁型人物与圆型人物的概念，尽管毁誉参半，但是一直为人们所沿用，并扩大到小说以外的体裁中。

　　从亚里士多德开始，一直把情节作为戏剧的首要因素，直到文艺复兴，才开始了人的觉醒，在作品中人的地位提高了，作家们以写人的性格为自己的天职。如莫里哀认为"喜剧的责任既然是一般地表现人们的缺点，主要是本世纪人们的缺点，莫里哀随便写一个性格，就会在社会上遇到，而且也不可能不遇到"（《凡尔赛宫即兴》）。[1] 福斯特说："17 世纪时，扁平人物称为性格人物，而现在有时被称作类型人物或漫画人物。"（《小说面面观》）[2] 莫里哀笔下出现的男女老少，无论贵族官僚、教士学者，还是商人掮客、工匠听差，差不多都是这种"可以用一个句子表达出来"的漫画式人物。他们出现在剧里，只是为了"表现一个简单的意念或特性"，甚至简直就是为了某一个固定念头而生活在种种的矛盾冲突之中。[3] 圆型人物则相反，具有多个不同的特征，有些特征甚至是互相矛盾的。扁型人物在整个叙事中，表现始终

　　〔1〕 "扁型人物" 词条，载 360 百科网，https://baike. so. com/doc/6230405 - 6443737. html，最后访问日期：2019 年 2 月 19 日。

　　〔2〕 "扁型人物" 词条，载 360 百科网，https://baike. so. com/doc/6230405 - 6443737. html，最后访问日期：2019 年 2 月 19 日。

　　〔3〕 "扁型人物" 词条，载 360 百科网，https://baike. so. com/doc/6230405 - 6443737. html，最后访问日期：2019 年 2 月 19 日。

如一；圆型人物的特征比较复杂，人物的不同特征随着叙事的发展慢慢展现。扁型人物的特色是形象鲜明，可以给人留下深刻的印象，但是在很大程度上，扁型人物是从现实生活中提炼出来的结果，离我们现实生活比较远。圆型人物，虽然特征不是特别鲜明，但是更符合现实生活的实际情况，因而在案件事实的构建中，更具有说服力。

例如，《粗心的"父母"》中，对于安军、李叶夫妇的描述：

旁白：据四川会理方面的反馈，安军、李叶夫妇都是当地普通的农民，此前没有其他不良记录。

刑警队六支队队长：平常他夫妻两口打工，就是挖山药，打谷子，就是稻谷，还有修房子，还有装菜，就是蔬菜，靠这为生，一天能挣一百多块钱。

乘警长：他们有三个孩子，最小的孩子8岁了，然后，第二个12了，第三个是15。

旁白：另据了解，几年前，为了孩子上学方便，安军、李叶夫妇举家搬迁到攀枝花市米易县的一个镇，在那里租房生活。那么，离开户籍地后，李叶有没有再怀孕生孩子呢？随后，办案民警又与安军夫妇目前租住地的派出所取得了联系。

再如《快钱》中对于犯罪嫌疑人李某、李某男友和刘某的描述及其供词记录：

犯罪嫌疑人（李女）：我们不是想去做坏事的人，直到这次被关进来，自己也不知道怎么跟两个小孩解释，妈妈做了这种事情。

主持人旁白：李某是这次警方行动中被抓获的嫌疑人之一，因为做生意赔了钱，她在男朋友的提议之下，将自己的车拿出来给男朋友用来碰瓷。

嫌疑人（李女）：我借车给他们六七次。

警察（女）：他们一共给过你多少钱。

嫌疑人（李女）：3次。

主持人旁白：在不到一个月的时间里，李某跟她的男朋友，通过碰瓷获利3.8万元。李某因为提供了车辆，每次撞车成功，都可以分到钱。

警察：大概给了她多少钱？

李某男友：8000到9000元左右。

警察：其实你们俩都知道这个事情是违法的。

李某男友：是，其实当时她都叫我不要做了。

主持人旁白：在警方的行动中，嫌疑人刘某也让人印象深刻，今年24岁的刘某有稳定的工作，每个月有6000多元的收入。在刘某的计划中，他很快就要结婚了。

警察：没跟女朋友分手吧？

刘某：这个我进来了，我也不知道。

警察：你们是要准备结婚的吗？

刘某：是。

主持人旁白：这段画面中，就是刘某被朋友拉去做说客，他主要的工作，就是在碰瓷后劝说司机赔款。他当时在准备结婚，为了赚点快钱就答应了。

刘某：就是他收了一万八，给我一千八。其实我也说真的，后来我也不愿意去了，这个钱其实我分得也少，到时候有问题了，我也跑不掉。

这些人物都不是单纯的罪大恶极的坏人，相反，都是生活在我们身边的人，甚至有的人就是我们自己的影子。这样的描述让这些人更加贴近生活，因而更加逼真，他们的故事和经历也就更加具有说服力和警示作用。

圆型人物更容易为人所接受的原因之一在于，圆型人物在一定程度上还原了人物和故事的语境。圆型人物之所以能够还原语境在于两个方面。第一，圆型人物的多面的特色可以解释此人物出现在案件事实中的原因，相关情节构成案件事实的原因以及整个故事发生的原因等因素。从这一点而言，圆型人物是还原了叙事语境。第二，圆型人物更符合受众的生活经验和生活常识，从这一点而言，圆型人物还原了受众的生活语境。通过对两种语境的还原，圆型人物塑造迎合了受众的先在经验和价值判断。因而这样的人物塑造更容易被受众接受，也更有效地引导受众的价值观。

亚里士多德认为，悲剧应承载道德教化的责任，剧中人物往往"被用于体现'善'与'恶'这样的抽象道德概念"。[1] 同时，他还指出悲剧英雄不应是那种十全十美的人，而是介于十全十美的与完全邪恶之间的人之间，因为他们是与我们差不多的人，悲剧能够引发怜悯和恐惧正是因为使我们看到

---

〔1〕　申丹：《叙述学与小说文体学研究》，北京大学出版社2004年版，第67页。

这样的人遭受了他们不该遭受的不幸。[1]由此可见,圆型人物更具有说服力,更容易被受众接受。

3. 戏剧化效果的追求

《今日说法》是法治宣传节目,兼具电视法治新闻的特色,其题材以突发性、冲突性、矛盾性和破坏性为主要特色。为了吸引观众,追求戏剧化效果成为这个栏目的一大特色,主要表现在以下几个方面:

第一,从对案情的报道阶段来看,一般集中报道案件的侦破阶段。一方面,因为《今日说法》具有电视新闻的性质,讲究时效性,而案件从侦破阶段进入审判阶段需要较长的时间,因而,案件的报道一般集中在侦破阶段。另一方面,侦破阶段是警方不断解谜的过程,这个阶段的故事性和吸引力最强。

例如,《粗心的"父母"》这一期节目的开头导视部分:

节目旁白:行驶的列车上,一对男女的举动令人费解。

铁路警察旁白:吃完了之后躺在铺上,他睡不着,但他睁着眼睛。

铁路警察现身:他都不去看这个小孩。

节目旁白:夫妻俩口径不一,漏洞百出。

警察:几月几号出生的?

女:不记得了。

警察:你现在说谎瞒不过去了。我已经查证了。

旁白:长途跋涉的背后,什么人的黑手躲在幕后操控?

警察:说话,说实话,说假话你负责任。

再如《快钱》的导视部分:

主持人旁白:毫无知觉之时,他们成了别人的目标。

警察旁白:七八个人在这里边,专门负责"看水",车上的4个专门负责盯那些人出来,然后就打电话跟车上的人沟通。

警察现身:没介入调查的时候,也没想到,这帮人原来是这么专业的。

主持人旁白:他们在暗处守株待兔,高额获利。殊不知他们已经入了大数据的法眼。

---

〔1〕 参见〔古希腊〕亚里士多德:《诗学》,陈中梅译,商务印书馆1996年版,第103页。

警察现身：他在观察他们的对象，他已经是在我们的笼子里了。

这两期节目的导视部分都是截取了侦破阶段的片段，主要作用就是首先营造戏剧化的氛围和制造悬疑的效果。

这类新闻报道的来源主要是警方，所报道过程基本上就是警方侦破案件的过程，所设计的模式就是正义战胜邪恶的模式。这种报道模式的最大特色就是，在整个新闻报道中，所涉及人物分为两大类：正面人物（即警方）和反面人物（即犯罪嫌疑人）。同时，这两类人物始终处于二元对立的冲突之中。这种二元对立的模式最容易产生戏剧效果，吸引观众的兴趣。但是，由于纯粹的二元对立所带来的灰色地带的缺失，使复杂的现实被极具戏剧性的简单冲突代替，使法治宣传的意义被娱乐性的戏剧冲突消解。

例如，在《快钱》这期节目中，对于熊、刘等几位先生的采访，十分详细。将细致到这种程度的采访放到节目中的必要性值得思考。

另外，在所有节目中，由于审判阶段的缺失和专家点评的缺失或极其简化，使得案件的警示作用、司法对于社会治安的恢复作用以及案件的社会意义和司法意义的宣传都被过分地忽略。看完节目后，给观众留下印象最深刻的是极具戏剧效果的案件侦破过程，司法意义的宣传和司法对于社会治安的修补和恢复功能都没有得到充分的解释和体现。

4. 悬疑追求

德国学者卡尔·斯台尔克提出，一般意义上的"悬念"指的是对于"是什么"和"会发生什么"的求知欲望，它可以使观众始终处于一种兴奋和期待的状态。[1]根据上述分析，电视新闻报道一般报道的是案件的侦破阶段，这个阶段的悬念最多也是其中原因之一。在悬念的设置上，《今日说法》一般把最关键的信息，即"犯罪嫌疑人是谁"以及"为什么犯法"留到节目的最后再揭露事实的真相。故事的展开是依照层层解开悬念的模式，悬念的重要性越大，揭示的时间越晚。基本顺序为：介绍案件的基本情况、圈定嫌疑人范围、确定嫌疑人、寻找嫌疑人、抓捕嫌疑人，最后由犯罪嫌疑人自述犯罪动机。这样的模式跟一个完整的侦探模式基本吻合。

---

〔1〕　参见聂欣如："电影悬念的产生——以影片《精神病患者》和《化装杀人》为例"，载《世界电影》2004 年第 5 期。

例如，在《快钱》中对于悬疑情节的安排：

悬疑一

（警方提供资料）

警察旁白：大树底下打电话的这个是不是（看水的）？

警察女旁白：来了来了，黑色那个看到没有？过来了。我感觉他比较像（看水的）。他就紧挨着我后面坐着。

警察旁白：穿白色衣服，树底下那一个。

警察女旁白：两个人坐一起，有交流。

警察旁白：拍多一点（资料）回来。七八个人在这里边专门负责（看水），车上的4个专门负责盯那些人出来，然后就打电话跟车上的人沟通，分工合作很明确，很明确，有交流。

撞上了！撞上了！撞上了！咱们这个位置行不行？

行！

警察现身（同时有相关视频）：他们现在就是在协商了。你不拿钱，我报交警。

悬疑二

主持人旁白：事实上，熊先生的这段遭遇早已被佛山警方，在远处悄悄拍摄了下来。警察非常清楚熊先生当时的境遇，因为在他们的侦查中，除了这位熊先生，还有来佛山打工的刘先生，也在两天前遭遇了同样的事情。

悬疑三

主持人旁白：同样在警察的眼皮底下发生了交通事故的，还有从河南来佛山做生意的王先生。那天王先生也跟平常一样开车回家，行驶过程中也发生了交通事故。

悬疑四

主持人现身：现在，您肯定有疑问，这几位事主遇到的情况，这也太相似了！开车走在马路上，无缘无故就被人从后面给撞了，而且撞他们的车基本都是豪车，事后的这个协商也非常相似，要么马上赔钱，要么就报警处理……在这种困境当中，车主们会怎么选择呢？我们不太明白，他们的选择居然是一样的！

主持人旁白：给了钱，刘先生说，他虽然觉得事情不对劲，但是当时不打算报警。

主持人旁白：跟之前的两位司机如出一辙。河南的王先生，最终也在对方的要求下，将2万元钱打到了对方的账户上。

主持人旁白：在警方的调查取证中，警察发现，几乎所有的发生交通事故的车辆司机，都会选择私了，少则几千，多则几万，基本上都按对方司机的要求进行了赔偿。

警察现身（刑警支队队长）：那么在撞的过程中，可能作为事主来讲，感觉自己有些理亏吧？理亏在先，所以又怕其他一些麻烦，大多数都选择了妥协。

主持人旁白：他们说，自己开车，遭遇了蹊跷的交通事故，有理说不清。

主持人旁白：他们却不愿意报警，赔款又修车，一定要吃个哑巴亏。

主持人现身：有过驾驶经验的人应该都知道一个常识，给车辆买了保险之后，如果发生了交通事故，只要符合相应的保险条款，那不需要自己掏钱。警察介入处理也会帮着分清责任，由保险公司来进行赔偿。那这几位司机为什么放着买的保险不用，非要自己承担巨额的经济赔偿呢？

熊先生：那个没证驾驶，可能是保险公司不赔给你的。

悬疑解释：

主持人旁白：原来发生交通事故的几位事主，都有同一个情况，他们在车辆行驶中违章被扣满了12分，驾照已经被交警部分暂扣。按照规定，司机要去相应的学校，进行7天的交规学习，经过考试合格之后才能再开车。在学习期间，是不允许驾驶机动车辆的。

主持人现身（坐着 表情严肃）：看到这儿，您明白了吧？其实这些受害的司机遇到的，就是我们俗称的"撞车党"（重读），也就是开着车去碰瓷的人。那现在问题来了，这些碰瓷的犯罪嫌疑人，怎么就这么厉害？每次都能碰巧遇到这些违规的司机呢？说到这儿，我们就不得不提佛山公安调查这件案子的起源了。您相信吗？一开始的时候根本没有人去报案，那警方怎么就知道了这件事了呢？

警察刑警支队队长：最后就发现他们，原来是专门盯着那些违章处罚的那些人出来，故意碰瓷，进行敲诈勒索。

从以上分析可以看出，对于悬疑的追求无疑可以抓住观众的眼球，提高节目的收视率。但是与此同时，对于悬疑的过度追求导致了对节目初衷的忽略。节目把绝大部分的时间留给了悬疑，整个节目的过程就是提出悬疑、揭示悬疑的过程。节目中留给专家评论的时间极其短暂，甚至有的节目根本就没有专家点评的环节。节目主持人的作用也不是及时地对相应的环节进行法律意义的评价或正确价值观的引导，相反，主持人的主要作用就是介绍悬疑、串联悬疑和揭示悬疑。节目一般止于案件的侦破阶段，随后的司法审判一般缺失，由此导致案件的司法警示作用缺失。在这样的安排下，节目的效果往往是，观众记住了婆娑迷离的侦破过程，而在案件的司法价值和警示作用方面，因为节目的安排而得不到足够的信息，因而不能受到恰当的价值引导和思维模式培养。这样的节目安排必然离节目的初衷相差甚远。《今日说法》的片头说的是"点滴记录法治进程"，然而每一期节目中对相应案件的法律意义的解释和介绍极度缺乏甚至是缺失。

例如，在《快钱》这期节目中，只有主持人最后的简单总结，没有专家点评。

主持人现身：本案当中，参与碰瓷的犯罪嫌疑人，明显涉嫌犯罪，他们的行为自然会有法律来处理。那我们今天更想说的是，本案当中的司机们，如果他们可以做到遵纪守法，一开始就不给这些嫌疑人可乘之机，那么他们就不会是这帮人的作案目标，也不会受到经济上的损失。所以，今天的案例，再次给大家提了个醒。其实对每个人来说，尊重法律，遵守交通规则，在更多的时候保护的是我们自己。

在《粗心的"父母"》这期节目中，虽然有专家点评，但是所占比重极其微小。

主持人：好，我们今天演播室请来的嘉宾，是公安部刑侦局副局长陈士渠，陈局，您好！

陈局：你好！

主持人：您说这对夫妇，他们觉得这个孩子不是他们买来的，他们只是帮忙把这个孩子送到别人的手里，他觉得这不是什么大事。那像他们这样的行为是不是触犯了拐卖儿童罪？

陈局：按照《刑法》规定，以出卖为目的，实施拐骗，绑架，收买，贩卖，接送，中转妇女儿童行为之一的，就构成拐卖妇女儿童罪。本案中，这对夫妻已经触犯了拐卖妇女儿童罪。当然，他在犯罪中的作用，应该是属于从犯，主犯是组织幕后操纵这个犯罪分子。

主持人：陈局，这么多年来，您一直致力于打击这个拐卖儿童的犯罪，人贩子一般是从什么样的渠道去获得孩子？应该警惕什么样的人？您可以给大家说一说，提醒我们的电视观众。

陈局：拐卖儿童犯罪，笼统地来讲，可以分为两类，一类是违背父母意志，采取盗窃，抢夺，拐骗等方式实施。父母会报警。另外有一类犯罪，人贩子采取花言巧语等方式，从亲生父母手中，拿到这个孩子或买到这个孩子，然后实施贩卖。从本案中看，贩运的这个孩子，应该是父母卖给犯罪团伙，或者说被犯罪团伙以收养的名义骗走的。但其实他们不知道，这个孩子在长途贩运的过程中，是很容易受到伤害的。你比如说有些犯罪团伙，他怕孩子在长途贩运过程中哭闹，被人发觉，往往会给孩子喂服安眠药，严重伤害这个孩子的健康，会容易出现各种意外。所以，对这类犯罪，公安机关是按照刑法的有关规定，是采取严打的。

主持人：目前，该案件的嫌疑人安军、李叶因涉嫌拐卖妇女儿童罪，已经被检察机关提起公诉，法院已经对该案进行了审理，对于该贩婴案中的其他涉案人员，郑州铁路警方也正在进一步侦查当中。

孩子是家庭的希望，是社会的未来，任何涉嫌买卖孩子的行为，都是在挑战人伦的底线，更是在挑战法律的权威。

5. 个性化归因

考察《今日说法》及类似法治宣传类节目，发现对于案件的报道模式以个性化叙事为主。这种模式的特点是对案件报道单独进行，每一期节目报道一个案件，同时，将犯罪动因归因于个人，而没有去深刻挖掘犯罪分子犯罪的社会原因或深层次的文化原因。

例如，在《粗心的"父母"》这期节目中，安军、李叶夫妇的犯罪动机完全是出于个人原因：

刑警队六支队队长：平常他夫妻两口打工，就是挖山药，打谷子，就是稻谷，还有修房子，还有装菜，就是蔬菜，靠这为生，一天能挣一百多块钱。

旁白：就这样，在钱和良知之间，安军选择了钱。据安军回忆，29日当晚，那名男子驾着一辆黑色的轿车，把孩子带了过来。

李叶：我们家里孩子小，孩子读书也没有钱了，大人没有了，孩子也不能读书了。

在《快钱》这期节目中，犯罪嫌疑人的犯罪动机无一例外也都是出于个人原因：

主持人旁白：李某是这次警方行动中，被抓获的嫌疑人之一，因为做生意赔了钱，她在男朋友的提议之下，将自己的车拿出来，给男朋友用来碰瓷。

主持人旁白：这段画面中，就是刘某被朋友拉去做说客，他主要的工作，就是在碰瓷后，劝说司机赔款。他当时在准备结婚，为了赚点快钱，就答应了。

主持人现身：本案当中，参与碰瓷的犯罪嫌疑人，明显涉嫌犯罪，他们的行为自然会有法律来处理。那我们今天更想说的是，本案当中的司机们，如果他们可以做到遵纪守法，一开始就不给这些嫌疑人可乘之机，那么他们就不会是这帮人的作案目标，也不会受到经济上的损失。所以，今天的案例，再次给大家提了个醒。其实对每个人来说，尊重法律，遵守交通规则，在更多的时候保护的是我们自己。

案例和观点以个人为单位进行单独演绎，问题和冲突的原因都归咎于个人，这种做法无疑会使结论趋于简单化的就事论事，削弱甚至消解事件的普遍意义，进而削弱节目的法治宣传作用和对民众法治思维的培养作用。正确的做法，更具有法治教育意义的做法应该有两种。第一种是在单独详细报道单个案件的同时，关注同类案件的发生，并对同类案件进行深入透彻的分析，发现其深层次的心理原因、社会原因和文化原因。例如，可以在一期节目中详细报道一个案件的同时，对同类案件的特色进行总结，并分析同类案件的原因。这样的分析和报道才具有普遍意义，指出的问题才具有社会普遍性，因而才具有教育意义，否则单独的、孤立的报道，再加上故事式的叙事模式，除了给观众留下悬念式的情节之外，很难实现节目的初衷，即法治教育意义和法治宣传意义。第二种更有意义的做法应该是在报道案件的同时，要以寻求和分析同类案件的社会化归因和文化归因为主，而不是简单分析案件的个性化归因。这是因为，只有社会化归因才具有普遍意义，才更能引起人们的重视，因而也更具有教育意义。简单的个性化归因，对于教育民众的作用势必大打折扣。

个性化归因为何不如社会化归因更具有教育意义？比如，在《快钱》这期节目中，那些犯罪分子都是从监狱里放出来又重新犯罪的，那么是不是要考虑监狱的作用？是简单的惩罚拘留还是惩罚的同时还有教化？更重要的是教化，犯罪分子在什么样的情况下可以放出来？是简单的刑期到期，还是已经真正的被教化？当然，笔者在此的意思并不是说，监狱必须负责每一个刑满释放的人员，而是说，要以这类案件反思司法部门的作用、监狱的作用。另外，在同一案例中，还有身为白领的办公室人员，这类人员选择违法犯罪行为的个人动机当然很简单，就是赚钱。但是这样的归因对于公众的教育意义似乎十分有限，如果能够挖掘其选择犯罪的深层次原因，比如社会环境、教育背景、价值观等，对于公众的教育意义会更加深远。

6. 可接受性分析

电视节目的受众是广大民众，法治宣传新闻节目的内容是宣传法治，培养民众法治思维的习惯和能力，因此，电视节目是否能够被大众接受对于电视节目达到预期目的至关重要。《现代汉语大词典》对接受的解释为"对事物容纳而不拒绝"。可接受性就是指可被容纳而不被拒绝的属性。法治宣传节目（《今日说法》）可接受性包括节目形式的可接受性和节目内容的可接受性。本部分的研究视角是叙事修辞，因此，将集中分析节目在叙事修辞方面的可接受性。主要包括：措辞可接受性、逻辑推理可接受性和最后结果可接受性。最后结果的可接受性不是指最后的判决结果能否被接受，而是指节目结束时所给出的结果能否接受，或是否达到观众预期，是否起到宣传法治和培养法治思维的作用。

（1）逻辑的可接受性

在法庭审判中，法官按照三段论的逻辑过程进行推理和判案：先从案件事实中提炼出法律事实作为小前提，然后寻找应该适用的法律规范作为大前提，最后在大小前提的基础上按照推理规则进行推理得出结论。小前提、大前提、结论，这三部分中少了其中的任何一部分，都不能正确判决。[1]

前面提到，《今日说法》对于案件的报道集中在案件的侦破阶段，在法律意义上讲，这个阶段的作用主要是发现案件中具有法律意义的案件事实。然

〔1〕　参见梁慧星：《裁判的方法》，法律出版社2003年版，第65页。

后，以此阶段所发现的法律事实为基础，根据相应的法律法规，决定其最后的判决。因此，逻辑推理在法治节目中也起着至关重要的作用。《今日说法》在关注节目的趣味性和吸引力，利用案件事实和侦破过程设置悬念的时候，一定要注意保持逻辑链条的连贯性。断裂的逻辑链条势必不能说服观众，进而起不到法治宣传和教育的作用。

逻辑链条的连贯性是故事吸引人和具有说服力的关键。例如，《快钱》这一期节目的逻辑链条就是：犯罪分子利用被吊销驾驶执照的司机的这个致命的弱点，故意碰瓷，趁机勒索受害人钱财。具体做法是：在驾校门口发现被吊销执照同时又开车的人，锁定目标，追踪目标，趁机碰瓷，敲诈勒索。虽然出于制造悬疑效果和戏剧性的需要，在节目的过程中，这个顺序是被颠倒的，即首先介绍的是碰瓷并勒索受害人钱财的情况，然后再提出问题，寻求犯罪团伙实施犯罪所依赖的条件和具体做法，但是没有改变原本的逻辑链条，其始终是清晰而有条理的。

在《粗心的"父母"》这一期节目中，逻辑链条是：安军、李叶夫妇因为缺钱，再加上偶然的机会，参与到了贩卖婴儿的黑色链条中，负责婴儿的运输。因为婴儿并非亲生，在运输的列车上被乘警发现了破绽，通过审讯，步步落网的过程。同样，因为节目制造悬疑效果和戏剧化效果的需要，对于这个案例的播出过程也是始于侦破阶段，即安军、李叶夫妇在火车上的怪异行为引起乘警注意的阶段，然后再一步步挖出事实的真相。

《今日说法》这个栏目能够保持持久的吸引力，除了情节的设置引人入胜，悬念叠出外，连续的逻辑性是其成功的另外一个原因。

在保证逻辑链条连续性的同时，还要注意逻辑链条的完整性。在这里，主要是指最后的判决结果不要总是处于缺席的状态，不能总是始于侦查终于侦破。缺乏判决结果的案件必定导致法治意义的缺失和警示作用的不到位。另外，完整的逻辑链条，还能增强这个案件的说服力，从而增强其整体上的法治宣传意义。

《今日说法》这个节目很少给出相关案件的判决结果及其判决所依据的法律，这也是节目的最大缺憾之一。节目的模式基本上始于侦查阶段，终于侦破阶段。最后的判决结果是什么，所依据的法律法规是哪条，往往没有提及。这样一方面使整个案件事实的逻辑性不够完整，最后结果的缺失也使得案件事实的法律教育和法律警示作用和意义大打折扣。当然，因为此节目在本质上属于法治新闻类节目，节目的及时性和时效性也决定了节目只能集中在侦查阶段，而进入司法程序的判决阶段需要较长的时间，这一点和法治新闻类节目的特色又相违背。这是节目的无奈之举，但是这个问题不是没有解决之道。可以采取追踪报道的方式，在案件有了审理结果的时候，在节目中追踪报道相应案件的判决结果，并进行评论。

（2）措辞的可接受性

修辞的概念有广义和狭义之分，这里所谓的措辞就是指狭义的修辞。狭义的修辞指的是对语言的加工，指根据表达的需要，选择、配置最佳的语言表达形式，以求达到最佳的表达效果。《今日说法》是法治宣传类节目，其内容具有一定的法律专业性，涉及到一些相关的法律术语和法律知识，但面临的观众又是法律专业层次和知识水平参差不齐的广大民众。这就对《今日说法》的措辞提出了较高的要求，这个较高的要求不是指语言的专业水平要高，而是指要迎合不同层次的观众的水平和需求，具备一定的专业性的同时又要为广大民众所理解、所接受。

节目的性质和受众的特点决定了《今日说法》这个节目的言语措辞要具有以下特点：兼具专业性和大众化特色；语言简要概括；价值导向明确。

因为节目面对的是广大民众，所以节目一定要能被广大民众理解。因此，在介绍案件的时候，不能使用过于专业的术语，要使用能被广大民众接受的偏普通化的语言。这种语言应主要用于介绍案情本身，包括案件事实、侦破的过程，以及中间环节的逻辑分析等部分。然而，本节目的目的又是宣传法治，培养民众的法治思维能力和法治思维习惯，因此，专业性的分析必不可少，否则节目就将沦为单纯的悬疑故事或侦破故事，而失去了宣传法治和培养民众法治思维能力和习惯的作用。专业性分析这一部分应该主要集中在专家点评分析这一部分，从比较专业、深入的层面上，指出所涉案件的法律意义、社会根源等因素。

一般而言，《今日说法》栏目包括四个不同角色的发言：主持人、警察、当事人和法律点评专家。这四个角色分别担任不同的任务，主持人、警察和当事人共同完成故事的讲述，主持人、警察和专家共同完成对案件的专业性评价，其中以专家点评部分的专业性为最高。从措辞上而言，故事讲述部分的措辞应该尽量地通俗化，运用能让不同层次的观众理解的语言。对于案件的评述部分的语言应具有一定的专业性，以提高民众的法律意识和法治思维水平。但这里涉及到一个程度的问题，过于通俗化的点评起不到宣传法治思维的作用，过分专业化的解读又会导致绝大部分的观众听不懂的结果。在这种情况下，主持人和专家的配合十分重要。专家点评应该尽可能专业，为了迎合不同层次观众的水平，主持人应在专家专业点评的基础上进行尽可能通俗化的解读。这样才能做到兼顾通俗化和专业性，达到节目的最初目的。

因为节目时间的限制，所以对于故事的介绍和概括总结，语言要简单明了。这部分应该主要由主持人来完成。主持人的讲解对于案件讲述起着至关重要的作用，所以，主持人在讲解和串联故事的过程中，要注意语言的简洁凝练，不要追求面面俱到，要着重介绍具有法律意义的事实，不要过多追求全面介绍或制造悬疑效果，以便使观众能够从整体上和关键处把握案件事实，而不是被悬疑环节过多地吸引，以致节目达不到最初的法治教育目的。

由于节目时间的限制，在介绍案例的情节方面，语言要尽可能简洁凝练，不要过分追求悬疑效果，也不要对情节的介绍过分详细，否则就会占去专业性解读和点评的时间，导致法治节目最后变成了悬疑故事节目。同时在时间的安排上，应该保持故事情节介绍和专业性点评两者之间的平衡，不要顾此失彼。就目前来看，《今日说法》这个节目，绝大部分的节目特色是，追求悬疑效果，对于故事情节介绍有余，而对于专业性介绍不足。

例如，在《快钱》这期节目中，共有熊、刘、王三位当事人讲述了自己基本相同的经历，而且讲述的过程极为详细。这样的讲述完全可以用一个人的经历作为代表，其他两个人的经历一笔带过即可。同时，这期节目根本没有专家点评，主持人在最后的点评也是蜻蜓点水式的，对于这个案件法律意义的挖掘可以说是微乎其微。这种情况下，完全可以简化对于故事情节的描述，其中不但可以省略同类案件的重述，而且对于犯罪嫌疑人的某些介绍也可以简化，然后再从纵深方向增加对本类案件法律意义的评述，以达到故事讲述和法律评价的平衡，并最终达到利用案件事实进行法治教育的目的。

（3）措辞的价值导向要明确

因为节目的初衷就是宣传法治，培养民众法治思维的能力和习惯，所以，在讲述故事和分析故事的基础上，节目的价值导向一定要明确，不能含糊其辞。如上文所言，节目的受众层次参差不齐，专业背景千差万别，这就决定了节目与价值导向有关的表述必须清晰明了，而不能通过暗示的方式传达，也不能指望观众从故事本身自己得出相关结论，或实现价值导向自动化实现。这部分的任务要由专家和主持人共同完成，明确指出案件的意义所在和正确以及错误的价值观或选择是什么。

一般而言，《今日说法》的价值导向是明确的，但是有时候也不免有顾此失彼的情况。这种情况就需要特别注意。例如，在《粗心的"父母"》这一期节目中，安军和李叶夫妇提及自己选择接受运输贩卖婴儿这个任务的原因，是他们有三个孩子，孩子上学没有钱了，希望能赚点钱。这并不能成为其贩卖婴儿的借口，而且也容易引起观众的同情心，认为他们的这种行为情有可原。从某种程度上说，夫妇两个人的经济状况在案件的过程中是必须提及的，但是，在提出来之后，必须进行评价，进行正确的引导，指出其解决自己孩子上学问题的初衷并不能成为贩卖婴儿的借口，法律不会因为初衷的合理性而减轻对犯罪行为的惩罚，而且他们这种无视婴儿权益，无视法律的行为，不仅解决不了自己孩子的上学问题，还会让他们无法照顾自己的孩子，因而境况变得更加糟糕。一言蔽之，就是这种违法犯罪行为害人害己，任何侥幸心理都不会得逞，任何借口都不会得到法律的谅解和原谅。但是该期节目没有对这个环节进行适当的评价和引导，因此十分有可能有一部分观众会受这个环节的影响，同情他们的行为。与此同时，节目中也没有指出，这个初衷并不会减轻法律对他们的惩罚，否则很可能有一部分人会猜测，这个初衷有可能成为减轻量刑的因素。因此，节目很有必要对这个环节进行必要的引导和评价。

三、达到的效果及改善建议

我国著名的语言学家陈望道将修辞分为消极修辞和积极修辞两种方式。消极修辞是抽象的、概念的，必须处处同事理符合。说事实必须合乎事情的实际，说理论又须合乎理论的联系。其着眼于言语的平稳使用，对于语辞和语言文字的情趣毫不关心。与之相反，积极修辞则是具体的、体验的。在陈望道看来，只要能够体现生活的真理，反映生活的取向，在积极修辞中，即便是现实世界所不曾经见的现象也可以出现，逻辑所未能推定的意境也可以存在。[1]叙事是修辞的一种手段，通过构建事实达到一定的修辞效果是常用的修辞手段。

综上所述，《今日说法》通过解释和挑选两种修辞方式，构建节目所介绍的案件事实，通过故事讲述和还原案件经过的方式，将案件事实以貌似客观的方式呈现给观众，实际上在这样的事实构建过程中，可以以隐性的形式，植入自己的价值观和评判。在人物的塑造上，在塑造好人和坏人形象的同时，对圆型人物的塑造重视不够。虽然节目也努力做到了对人物进行多面分析，但人物形象以扁型人物形象为主。在戏剧化效果和悬疑效果的追求上，节目做到了极致，但同时又在一定程度上因为对于戏剧化效果和悬疑效果的过度追求，而忽略了节目宣传法治和培养民众法治思维习惯和能力的初衷。在绝大部分情况下，节目将犯罪的原因归咎于犯罪分子本人，而较少分析犯罪的社会根源、人性根源等深层次原因，这就使节目评论和分析限于就事论事的狭小空间，不能纵深拓展，进而使其法治教育意义不能有效实现。为了使节目能够为广大观众所理解、所接受，从而达到节目最初的宣传法治和实施法治教育的目的，节目要保证在逻辑推理和措辞上能够为广大观众所理解和接受。

鉴于《今日说法》节目的上述特点，我们对节目的实际效果总结如下：

（1）警示作用有余，教化作用不足。因为，节目的介绍一般集中在案件的侦破阶段，犯罪分子如何被公安机关擒获，如何法网恢恢疏而不漏，这些情节都可以很好地给世人以警示作用。但是，由于对于案件法律意义的挖掘不够，主持人的作用主要是串联起案件事实的各个环节，而不是对案件事实进行法律意义上的点拨和分析，专家评论犹如蜻蜓点水，所占时长短而又短。这些都不利于实现宣传法治和培养民众法治思维习惯和能力的目的。

（2）节目的趣味性消解了节目的教育初衷。节目开头的解说词是"点滴记录中国法治进程"，但是，实际上在每一期节目中，对于案件法律意义的介绍简单、粗浅、一带而过，有的节目甚至没有对法律意义的介绍和分析这一环节。这样的模式使得观众看完节目后，留在头脑中最深刻的印象是悬念百

---

〔1〕 参见陈望道：《修辞学发凡》，复旦大学出版社 2008 年版，第 37 页。

出、环环相扣的破案环节，而不是案件本身的法治意义和司法价值。毫不夸张地说，每一期节目可以算是一个悬疑片，趣味性和吸引力极大，但是节目最初的法治教育目的实现的程度是较低的。

因为节目的初衷是宣传法治，培养法治思维，而不是以娱乐为主，所以，对节目提出以下建议：

（1）在保持趣味性以便吸引广大观众的基础上，把更多的精力和更大的比重放到法治宣传和法治思维的培养上来。

（2）主持人的作用，不应该以串联情节为全部，更应该是站在一定的高度对案件事实进行法律意义方面的分析和评价。

（3）增加专家点评和分析的比重，使得案件本身的法律意义和司法价值得到透彻的分析和充分的挖掘，使专家点评和分析成为节目的重点和亮点，而不是像现在这样，是一种可有可无的补充说明似的角色。

（4）在条件允许的情况下，尽可能地报道案件最终的判决结果，如果尚无判决结果，也可以在专家分析部分中加入对于最后审判结果的推测，以便使观众明确知晓结果的严重性。

《今日说法》栏目是中央电视台明星级节目，在宣传法治和培养民众法治思维习惯和能力方面起到了重要的作用。我们对于《今日说法》的分析批判并不是对节目的全盘否定，而是指出节目做法中偏离节目初衷的部分，并给出粗浅的建议。希望所有的法治节目能够真正起到法治宣传的作用，提高我国民众法治思维的水平。

参考文献

一、著作

［1］Abbott, B. , "Definiteness and Indefiniteness", *The Handbook of Pragmatics*, Oxford: Blackwell Publishing, 2004.

［2］Atkinson, J. M. and Drew, P. , *Order in the Court: The Organization of Verbal Interactions in Judicial Settings*, London: Macmillan, 1979.

［3］Conley, J. M. & William M. O'Barr, *Just Words: Law, Language, and Power*, Chicago: the University of Chicago Press, 1998.

［4］Corwin, Edward S. , *The Constitution and What it Means Today*, Princeton Press, 1969. 转引自樊崇义主编:《诉讼原理》, 法律出版社 2003 年版。

［5］Cotterill J. , *Language and Power in Court: A Linguistic Analysis of the O. J. Simpson Trial.* New York: Palgrave Macmillan, 2003.

［6］Duszak A. (ed.), *Us and Others: Social Identities across Languages, Discourses and Cultures*, Amsterdam & Philadelphia: John Benjamins, 2002.

［7］Garfinkel, H. , *Studies in Ethnomethodology*, Englewood Cliffs, NJ: Prentice Hall, 1967.

［8］George, Joyce J. , *Judicial Opinion Writing Handbook (Fifth Edition)*, Buffalo: William S. Hein & Co. , 2007.

［9］Gibbons, John, *Forensic Linguistics: An Introduction to Language in the Justice System*, Oxford: Blackwell Publishing Ltd. , 2003.

［10］Heffer C. , *The Language of Jury Trial: A Corpus-Aided Analysis of Legal-Lay Discourse*, Basingstoke: Palgrave Macmillan, 2005.

［11］Heim, I. , *The Semantics of Definite and Indefinite Noun Phrases*, New York & London: Garland Publishing Inc, 1988.

［12］Holmes, O. W. , *The Common Law*, London: Macmillan & Co, 1882.

[13] Leech，G.，*Semantics*，Harmondsworth：Penguin，1974.

[14] Loftus，E.，*Eyewitness Testimony*，Cambridge，MA：Harvard University Press，1979.

[15] Mailhot，Louise，and James Carnwath，*Decisions*，*Decisions. . . A Handbook for Judicial Writing*，Yvon Blais INC.，1998.

[16] Mauet，T. A.，*Fundamentals of Trial Techniques*，Boston. MA：Little，Brown，1980.

[17] O'Barr，W. M.，*Linguistic Evidence：Language*，*Power*，*and Strategy in the Courtroom*，New York：Academic Press，1982.

[18] Renkema，J.，*Discourse Studies：An Introductory Textbook*，Amsterdam & Philadelphia：John Benjamins Publishing Company，1993.

[19] Sacks，H.，*Lectures on Conversation*，Oxford：Blackwell，1992.

[20] Salzman，P. C. F. G. BAILEY，Strategems and Spoils：A Social Anthropology of Politics，New York：Schocken Books，1969.

[21] Thompson. G.，*Reporting*，Harper Collins Publishers Ltd.，1994.

[22] 俞荣根：《儒家法思想通论》，广西人民出版社 1998 年版。

[23] ［美］H. W. 埃尔曼：《比较法律文化》，贺卫方、高鸿钧译，清华大学出版社 2002 年版。

[24] ［美］艾伦·法恩思沃斯：《美国法律体系》，李明倩译，上海人民出版社 2018 年版。

[25] ［美］本杰明·卡多佐：《司法过程的性质》，苏力译，商务印书馆 1998 年版。

[26] ［美］彼得·古德里奇：《法律话语》，赵洪芳、毛凤凡译，法律出版社 2007 年版。

[27] ［美］E. 博登海默：《法理学：法律哲学与法律方法》，邓正来译，中国政法大学出版社 2004 年版。

[28] ［美］伯尔曼：《法律与宗教》，梁治平译，生活·读书·新知三联书店 1991 年版。

[29] ［美］理查德·A·波斯纳：《超越法律》，苏力译，中国政法大学出版社 2001 年版。

[30] ［美］理查德·A·波斯纳：《法律与文学》，李国庆译，中国政法大学出版社 2002 年版。

[31] 蔡琳：《裁判合理性理论研究》，法律出版社 2009 年版。

[32] 陈林林：《裁判的进路与方法——司法论证理论导论》，中国政法大学出版社 2007 年版。

[33] 陈瑞华：《看得见的正义》，北京大学出版社 2013 年版。

[34] 陈望道：《修辞学发凡》，复旦大学出版社 2008 年版。

[35] 储槐植：《美国刑法》，北京大学出版社 1987 年版。

［36］丛莱庭、徐鲁亚：《西方修辞学》，上海外语教育出版社 2007 年版。

［37］［美］戴卫·赫尔曼主编：《新叙事学》，马海良译，北京大学出版社 2002 年版。

［38］董晖：《司法解释论》，中国政法大学出版社 1999 年版。

［39］董世忠、赵建主编：《法律英语》，复旦大学出版社 1997 年版。

［40］杜金榜：《法律语言学》，上海外语教育出版社 2004 年版。

［41］费孝通：《乡土中国》，人民出版社 2015 年版。

［42］付有龙、庄会彬：《转换生成语法诠释》，山东大学出版社 2009 年版。

［43］［日］谷口安平：《程序的正义与诉讼》，王亚新、刘荣军译，中国政法大学出版社 2002 年版。

［44］郭熙：《中国社会语言学 》，浙江大学出版社 2004 年版。

［45］［德］哈贝马斯：《在事实与规范之间：关于法律和民主法治国的商谈理论》，童世骏译，生活·读书·新知三联书店 2003 年版。

［46］［美］海登·怀特：《后现代历史叙事学》，陈永国、张万娟译，中国社会科学出版社 2003 年版。

［47］［美］汉密尔顿等：《联邦党人文集》，程逢如等译，商务印书馆 1980 年版。

［48］季卫东：《法律程序的意义》，中国法制出版社 2006 年版。

［49］焦宝乾等：《法律修辞学导论——司法视角的探讨》，山东人民出版社 2012 年版。

［50］焦宝乾等：《法律修辞学：理论与应用研究》，法律出版社 2015 年版。

［51］［美］杰罗姆·布鲁纳：《故事的形成：法律、文学、生活》，孙玫璐译，教育科学出版社 2006 年版。

［52］［德］K. 茨威格特、H. 克茨：《比较法总论》，潘汉典等译，贵州人民出版社 1992 年版。

［53］李德顺：《法治文化论——创造理性文明的生活方式》，黑龙江教育出版社 2019 年版。

［54］李金玉、金博编：《英美法律制度》，西北工业大学出版社 2014 年版。

［55］梁治平：《法律的文化解释》，生活·读书·新知三联书店 1994 年版。

［56］梁治平：《法律解释问题》，法律出版社 1998 年版。

［57］廖美珍：《法庭问答及其互动研究》，法律出版社 2003 年版。

［58］廖义铭：《佩雷尔曼之新修辞学》，唐山出版社 1997 年版。

［59］刘红婴：《法律语言学》，北京大学出版社 2003 年版。

［60］刘立华主编：《评价理论研究》，外语教学与研究出版社 2010 年版。

［61］［德］罗伯特·阿列克西：《法律论证理论——作为法律证立理论的理性论辩理论》，舒国滢译，中国法制出版社 2002 年版。

［62］［美］罗斯科·庞德：《普通法的精神》，唐前宏等译，法律出版社 2001 年版。

［63］吕叔湘：《中国文法要略》，辽宁教育出版社 2002 年版。

［64］吕叔湘：《近代汉语指代词》，商务印书馆 2017 年版。

［65］吕煦：《实用英语修辞》，清华大学出版社 2004 年版。

［66］［英］麦考密克、［澳］魏因贝格尔：《制度法论》，周叶谦译，中国政法大学出版社 2004 年版。

［67］美国联邦司法中心编：《法官裁判文书写作指南》，何帆译，中国民主法制出版 2016 年版。

［68］苗力田主编：《亚里士多德全集》，中国人民大学出版社 1994 年版。

［69］彭榆琴：《法律会话推理及其有效性研究》，中国政法大学出版社 2014 年版。

［70］齐建英：《语用学视域中的法律推理研究》，中国政法大学出版社 2015 年版。

［71］瞿同祖：《中国法律与中国社会》，商务印书馆 2010 年版。

［72］《人民司法》编辑部：《中国司法改革十个热点问题》，人民法院出版社 2003 年版。

［73］沈志先主编：《裁判文书制作》，法律出版社 2010 年版。

［74］沈宗灵：《现代西方法理学》，北京大学出版社 1992 年版。

［75］［美］史蒂文·J·伯顿：《法律和法律推理导论》，张志铭、解兴权译，中国政法大学出版社 2000 年版。

［76］舒国滢等：《法学方法论问题研究》，中国政法大学出版社 2007 年版。

［77］宋冰：《程序、正义与现代化——外国法学家在华演讲录》，中国政法大学出版社 1998 年版。

［78］孙华璞等主编：《裁判文书如何说理：以判决说理促司法公开、公正和公信》，北京大学出版社 2016 年版。

［79］谭红：《司法的理论与实务若干问题研究》，山东人民出版社 2010 年版。

［80］王德春、陈晨：《现代修辞学》，上海外语教育出版社 2001 年版。

［81］王洪：《制定法推理与判例法推理》，中国政法大学出版社 2016 年版。

［82］王利明：《迈向法治：从法律体系到法治体系》，中国人民大学出版社 2016 年版。

［83］王亚新：《对抗与判定：日本民事诉讼的基本结构》，清华大学出版社 2010 年版。

［84］王运声、易孟林主编：《中国法治文化概论》，群众出版社 2015 年版。

［85］王泽鉴主编：《英美法导论》，北京大学出版社 2012 年版。

［86］夏征农主编：《大辞海·法学卷》，上海辞书出版社 2003 年版。

［87］谢怀栻译：《德意志联邦共和国民事诉讼法》，中国法制出版社 2001 年版。

［88］徐烈炯：《语义学》，语文出版社 1995 年版。

[89] 薛波主编:《元照英美法词典》,法律出版社 2003 年版。

[90] [古希腊] 亚里士多德:《政治学》,吴寿彭译,商务印书馆 1965 年版。

[91] [古希腊] 亚里士多德:《亚里士多德〈诗学〉〈修辞学〉》,罗念生译,上海人民出版社 2007 年版。

[92] 余立三:《英汉修辞比较与翻译》,商务印书馆 1985 年版。

[93] [美] 约翰·罗尔斯:《正义论》,何怀宏、何包钢、廖申白译,中国社会科学出版社 2009 年版。

[94] 张斌峰:《法律的语用分析:法学方法论的语用学转向》,中国政法大学出版社 2014 年版。

[95] 张斌峰等:《法律推理新探:语用学与语用逻辑的视角》,中国政法大学出版社 2014 年版。

[96] 张涤华等主编:《汉语语法修辞词典》,安徽教育出版社 1988 年版。

[97] 张法连:《中西法律语言与文化对比研究》,北京大学出版社 2017 年版。

[98] 张志铭:《法律解释操作分析》,中国政法大学出版社 1999 年版。

[99] 赵小锁:《中国法官制度构架:法官职业化建设若干问题》,人民法院出版社 2003 年版。

[100] 中国社会科学院语言研究所词典编辑室:《现代汉语词典》,商务印书馆 2012 年版。

[101] 周道鸾:《民事裁判文书改革与实例评析》,人民法院出版社 2003 年版。

[102] 祝畹瑾:《社会语言学概论》,湖南教育出版社 1992 年版。

[103] 宗廷虎等:《修辞新论》,上海教育出版社第 1988 年版。

二、论文

[1] Barker, S. J. , "E-Type Pronouns, DRT, Dynamic Semantics and the Quantifier/Variable-Binding Model", *Linguistics and Philosophy*, Vol. 20, No. 2, 1997.

[2] Braithwaite, J. , "Shame and Criminal Justice", *Canadian Journal of Criminology*, Vol. 42, Issue 3, 2000.

[3] Brown R, Gilman A. , "The Pronouns of Power and Solidarity", *American Anthropologist*, 4 (6) (1960).

[4] Burke W, Poulson R and Brondino M. , "Fact or Fiction: The Effect of the Opening Statement", *Journal of Contemporary Law* Vol. 18, Issue 1, 1992.

[5] Chang, Yanrong, "Courtroom Questioning as a Culturally Situated Persuasive Genre of Talk", *Discourse & Society*, Vol. 15, Issue 6, 2004.

[6] Cotterill J. , "Domestic Discord, Rocky Relationships: Semantic Prosodies in Representations of Marital Violence in the O. J. Simpson Trial", *Discourse & Society*, Vol. 12, Issue 3, 2001.

[7] Crain, S. & Luo, Q. P. , "Identity and Definiteness in Chinese Wh-conditionals", *Proceedings of Sinn & Bedeutung*, Vol. 15, 2011.

[8] Danet, B. and Kermish, N. , "Courtroom Questioning: A Sociolinguistic Perspective", in Louis N. Massert II (ed.), *Psychology and Persuasion in Advocacy*, Washington, DC: The Association of Trial Lawyers of America, 1978.

[9] Danet, et al. "An Ethnography of Questioning in the Courtroom", in Roger Shuy and Anna Shnukai (eds.) Language Use and the uses of Language; Papers from the Fifth Ammua*Colloquium on New Ways of Analyzing Variation in English*, Washington, DC: Georgetown University Press, 1980.

[10] Drew, P. , "Strategies in the Contest Between Lawyer and Witness in Cross-Examination", in Levi J. N. , Walker A. G (eds) *Language in the Judicial Process*, New York: Plenum Press, 1990.

[11] Drew, P. , "Contested Evidence in Courtroom Cross-Examination: the Case of a Trial for Rape", in Paul Drew, John Heritage (eds) *Talk at Work: Interaction in Institutional Settings*, Cambridge: Cambridge University Press, 1992.

[12] Dunstan, R. , "Context for Coercion: Analyzing Properties of Courtroom 'Questions'", *British Journal of Law and Society*, Vol. 7, No. 1. , 1980.

[13] Evans, G. , "Pronouns", *Linguistic Inquiry*, Vol. 11, No. 2, 1980.

[14] Fuller, J. , "Hearing Between the Lines: Style Switching in a Courtroom Setting", *Pragmatics*, Vol. 3, No. 1. , 1993.

[15] Garvey, S. P. , "Can Shaming Punishments Educate?", *University of Chicago Law Review*, Vol. 65, No. 3. , 1998.

[16] Gronbeck, B. , "On Classes of Inference and Force", in Scott (ed) *Explorations in Rhetoric: Studies in Honor of Douglas Ehninger*, Glenview, IL: Scott, Foresman, 1982.

[17] Harris, S. , "Questions as a Mode of Control in Magistrates' Courts", *International Journal of the Sociology of Language*, Vol. 1984, Issue 49, 1984.

[18] Hu, H. C. , "The Chinese Concepts of 'face'", *American Anthropology*, Vol. 46, No. 1, 1944.

[19] Hyland K. , "Stance and Engagement: A Model of Interaction in Academic Discourse",

Discourse Studies, Vol. 7, Issue 2, 2005.

[20] Kadmon, N. , "Uniqueness", *Linguistics and Philosophy*, Vol. 13 No. 3. , 1990.

[21] Kahan, D. M. , Posner, E. , "Shaming White-Collar Criminals: A Proposal for Reform of the Federal Sentencing Guidelines", The *Journal of Law and Economics*, Vol. 42, 1999.

[22] Karp, D. R. , "The Judicial and Judicious Use of Shame Penalties", *Crime and Delinquency*, Vol. 44, Issue 2, 1998.

[23] Krisda Chaemsaithong, "Interactive Patterns of the Opening Statement in Criminal Trials: A Historical Perspective", *Discourse Studies*, Vol. 16, Issue 3, 2014.

[24] Lakoff, R. , "Questionable Answers and Answerable Questions", in Karl V. Teeter (ed), *Issues in Linguistics: Papers in Honor of Henry and Renee Kahane*, Urbana: University of Illinois Press, 1973.

[25] Lindquist W. , "Advocacy in opening arguments", *Litigation* 8 (3) (1982).

[26] Maley, Yon, "The Language of the Law", in John Gibbons (ed.), *Language and the Law*, New York: Longman Publishing, 1994.

[27] Matoesian, G. , "Intertextuality, Affect, and Ideology in Legal Discourse", *Text*, Vol. 19, 1999.

[28] Messner, B. A. and Buckrop, J. J. , "Restoring Order: Interpreting Suicide Through a Burkean Lens", *Communication Quarterly*, Vol. 48, 2000.

[29] Miller, P. , Fung, H. and Mintz, J. , "Self-Construction Through Narrative Practices: A Chinese and American Comparison of Early Socialization", *Ethos*, Vol. 24, No. 2. , 1996.

[30] Miller, P. et al"Personal Storytelling as a Medium of Socialization in Chinese and American Families", *Child Development*, Vol. 68, 1997.

[31] Philips, S. U. , "The Social Organization of Questions and Answers in Courtroom Discourse: A Study of Changes of Plea in an Arizona Court", Vol. 4, 1984.

[32] Planalp, S. , Hafen, S. and Adkins, D. , "Messages of Shame and Guilt", *Communication Yearbook*, Vol. 23, Issue 1, 2000.

[33] Roberts. C. , "Uniqueness in Definite Noun Phrases", *Linguistics and Philosophy*, Vol. 26, 2003.

[34] Schegloff, E. A. , "On the Organization of Sequences as a Source of 'Coherence' in Talk-in-Interaction", *Conversational Organization and its Development*, Vol. 38, 1990.

[35] Thompson, G. and P Thetela, "The Sound of One Hand Clapping: The Management of Interaction in Written Discourse", *Text*, Vol. 15, 1995.

［36］Tiersma, P., et al"Linguistic Issues in the Law", *Language*, Vol. 69, 1993.

［37］Walsh, Michael, "International Styles in the Courtroom: an Example from Northern Australia", in John Gibbons（ed）, *Language and the Law*, New York: Longman Publishing, New York, 1994.

［38］Wetlaufer, G. B., "Rhetoric and its Denial in Legal Discourse", *Virginia Law Review*, Vol. 76, 1990.

［39］Woodbury, H., "The Strategic Use of Questions in Court", *Semiotica* Vol. 48, 1984.

［40］Zupnik Y., "A Pragmatic Analysis of the Use of Person Deixis in Political Discourse", *Journal of Pragmatics*, Vol. 21, 1994.

［41］［德］彼得·哥特瓦尔德："德国司法判决书中的说理：实践与学说"，曹志勋译，载《苏州大学学报（法学版）》2015 年第 4 期。

［42］蔡斐："略论法制新闻编辑的基本原则"，载《编辑之友》2012 年第 10 期。

［43］陈金钊："法律修辞（学）与法律方法论"，载《西部法学评论》2010 年第 1 期。

［44］陈金钊："法治时代的中国法理学——政治修辞下的法理学解放"，载《学习与探索》2011 年第 3 期。

［45］陈金钊："把法律作为修辞——认真对待法律话语"，载《山东大学学报（哲学社会科学版)》2012 年第 1 期。

［46］陈金钊："把法律作为修辞——讲法说理的意义及其艺术"，载《扬州大学学报（人文社会科学版)》2012 年第 2 期。

［47］陈金钊："把法律作为修辞——法治时代的思维特征"，载《求是学刊》2012 年第 3 期。

［48］陈金钊："把法律作为修辞——我要给你讲法治"，载《深圳大学学报（人文社会科学版)》2013 年第 6 期。

［49］陈平："汉语定指范畴和语法化问题"，载《当代修辞学》2016 年第 4 期。

［50］陈晓明："论事务性文体的修辞"，载《中南民族学院学报（人文社会科学版)》2000 年第 4 期。

［51］崔雪丽："法律修辞（学）的特征"，载《沈阳大学学报》2010 年第 4 期。

［52］戴津伟："修辞与近代法治理念"，载《西部法学评论》2010 年第 1 期。

［53］戴津伟："法律修辞的功能及隐患"，载《求是学刊》2012 年第 3 期。

［54］董秀芳："汉语光杆名词指称特性的历时演变"，载《语言研究》2010 年第 1 期。

［55］杜金榜："论法律修辞的基本要素及其关系"，载《修辞学习》2006 年第 4 期。

［56］方乐："超越'东西方'法律文化的司法——法制现代性中的中国司法"，载《政法

论坛（中国政法大学学报）》2007年第3期。

[57] 方梅："单音指示词与双音指示词的功能差异——'这'与'这个'、'那'与'那个'"，载《世界汉语教学》2016年第2期。

[58] 高恩光、苏陶："语篇分析述评：从语篇描述到体裁解释"，载《外国语（上海外国语大学学报）》1997年第2期。

[59] 葛文："具有说服力裁判文书的形式构成"，载《人民司法》（应用）2016年第22期。

[60] 管伟："略论中国传统司法裁判中的事实判断及其方法"，载《政法论丛》2010年第1期。

[61] 管伟："中国古代判决修辞的发展脉络及其目的性追求"，载焦宝乾主编：《法律修辞学：理论与应用研究》，法律出版社2015年版。

[62] 郭成伟、马志刚："近代中西文化启蒙及法制建设之比较"，载《比较法研究》2001年第2期。

[63] 郝瑞丽："央视《今日说法》的叙事修辞学分析——以主持人的作用为中心"，载《中国政法大学学报》2020年第1期。

[64] 贺小荣等："'《关于人民法院在互联网公布裁判文书的规定》的理解与适用"，载《人民司法》2014年第1期。

[65] 何兆熊、蒋艳梅："语境的动态研究"，载《外国语（上海外国语大学学报）》1997年第6期。

[66] 侯学勇："佩雷尔曼修辞论证理论研究"，载《法律方法》2004年第001期。

[67] 侯学勇："司法修辞方法在社会正义实现中的作用"，载《法律科学（西北政法大学学报）》2012年第1期。

[68] 侯学勇："法律修辞如何在司法中发挥作用?"，载《浙江社会科学》2012年第8期。

[69] 侯学勇："解决纠纷还是培养规则意识——法律修辞在司法中的作用定位"，载《法商研究》2013年第2期。

[70] 侯学勇、杨颖："法律修辞在中国兴起的背景及其在司法审判中的作用"，载《政法论丛》2012年第4期。

[71] 胡范铸："基于'言语行为分析'的法律语言研究"，载《华东师范大学学报（哲学社会科学版）》2005年第1期。

[72] 胡海娟："法庭话语研究综论"，载《广东外语外贸大学学报》2004第1期。

[73] 胡学军、涂书田："司法裁判中的隐性知识论纲"，载《现代法学》2010年第5期。

[74] 胡壮麟："九十年代的语篇分析"，载《北京大学学报（英语语言文学专刊）》1992

年第 2 期。

[75] 黄现清："裁判文书说理的法理分析"，载《政法论丛》2016 年第 1 期。

[76] 黄震："中华法系与世界主要法律体系——从法系到法律样式的学术史考察"，载《法学杂志》2012 年第 9 期。

[77] 焦宝乾："法律中的修辞论证方法"，载《浙江社会科学》2009 年第 1 期。

[78] 焦宝乾："逻辑与修辞：一对法学研究范式的中西考察"，载《中国法学》2014 年第 6 期。

[79] 康黎："量刑说理初探"，载《中国刑事法杂志》2008 年第 6 期。

[80] 李安："证据感知与案情叙事——以诉讼心理学为考察视角"，载《中国刑事法杂志》2009 年第 2 期。

[81] 李晟："社会变迁中的法律修辞变化"，载《法学家》2013 年第 1 期。

[82] 李德顺："法治文化论纲"，载《中国政法大学学报》2007 年第 1 期。

[83] 李琦："法的确定性及其相对性——从人类生活的基本事实出发"，载《法学研究》2002 年第 5 期。

[84] 廖美珍："目的原则与法庭互动话语合作问题研究"，载《外语学刊》，2004 年第 5 期。

[85] 廖美珍："目的原则与语篇连贯分析"，载《外语教学与研究》2005 年第 5 期。

[86] 廖美珍："目的原则与交际模式研究"，载《外语学刊》2009 年第 4 期。

[87] 廖美珍："目的原则和语境动态性研究"，载《解放军外国语学院学报》2010 年第 4 期。

[88] 廖美珍："法庭审判话语框架分析"，载《当代修辞学》2012 年第 6 期。

[89] 陆洲："通过法律修辞的司法正义"，载《法律方法》2013 年第 13 卷第 1 期。

[90] 罗小萍："法制新闻报道的发展与存在的问题"，载《西南政法大学学报》2003 年第 5 期。

[91] 刘桂玲："庭审语篇中情感劝说的实现手段"，载《社会科学战线》2014 年第 9 期。

[92] 刘莉、孙晋琪："两大法系裁判文书说理的比较与借鉴"，载《法律适用》2002 年第 3 期。

[93] 刘燕："案件事实，还是叙事修辞？——崔英杰案的再认识"，载《法制与社会发展》2007 年第 6 期。

[94] 刘燕："案件事实的人物建构——崔英杰案叙事分析"，载《法制与社会发展》2009 年第 2 期。

[95] 陆文耀："消极修辞和积极修辞之'对立统一辩'"，载《修辞学习》，1994 年第 2 期。

［96］罗灿："美国裁判文书说理的微观察——从费尔南德斯案的司法意见书切入"，载《人民司法（应用）》2015 年第 7 期。

［97］慕明春："法制新闻的法制属性与原则"，载《当代传播》2006 年第 2 期。

［98］牛洁珍、王素英："法律英语的文体特征与翻译策略"，载《河北法学》2010 年第 3 期。

［99］欧黎明："法治：国家治理现代化的必由之路"，载《时事报告》2014 年第 11 期。

［100］［比利时］Ch. 佩雷尔曼："法律与修辞学"，朱庆育译，载《法律方法》2003 年版第 2 卷。

［101］［比利时］海姆·佩雷尔曼："旧修辞学与新修辞学"，杨贝译，载郑永流主编：《法哲学与法社会学论丛》2008 年版第 8 卷。

［102］任海棠、冯宁霞："称谓语的选用与社会身份关系之表达"，载《西安文理学院学报（社会科学版）》2005 年第 5 期。

［103］沈寨："问题与立场：中国法律修辞（学）研究之反思"，载《前沿》2011 年第 21 期。

［104］盛益民："汉语方言定指'量名'结构的类型差异与共性表现"，载《当代语言学》2017 年第 2 期。

［105］宋北平："裁判文书说理的基本问题"，载《人民法治》2015 年第 10 期。

［106］宋庆永："关于中国借鉴判例法的几点思考"，载《池州师专学报》2003 年第 2 期。

［107］苏力："判决书的背后"，载《法学研究》2001 年第 3 期。

［108］孙光宁："从社会听众的视角看简约判决文书的力量"，载《政法论丛》2006 年第 5 期。

［109］孙光宁："司法中的修辞因素及其意义"，载《内蒙古社会科学（汉文版）》2011 年第 2 期。

［110］孙光宁："判决书写作中的消极修辞与积极修辞"，载《法制与社会发展》2011 年第 3 期。

［111］孙光宁："法律修辞的两种层次及其启示"，载《法学论坛》2011 年第 6 期。

［112］孙海龙："在每一篇裁判文书中体现公平正义——如何提高裁判文书质量"，载《人民司法（应用）》2013 年第 23 期。

［113］王彬："庭审中的修辞"，载《法制日报》2012 年 2 月 18 日，第 7 版。

［114］王彬："裁判事实的叙事建构"，载《海南大学学报（人文社会科学版）》2013 年第 3 期。

［115］王春枝："美国法律新闻报道经验与运作特色"，载《中国记者》2008 年第 3 期。

［116］王贵东："判决书受众研究"，载《人民论坛》2010 年第 32 期。

［117］魏胜强："法律修辞：展示法治思维的晴雨表"，载《郑州大学学报（哲学社会科学版）》2014 年第 4 期。

［118］武飞："论修辞论证的适用场景"，载《法律方法》2011 年第 11 卷。

［119］武飞："事实建构的修辞方法"，载《法律方法》2012 年第 12 卷。

［120］武飞："法律修辞：司法民主的职业化进路"，载《深圳大学学报（人文社会科学版）》2014 年第 1 期。

［121］武飞、王利香："法律修辞与人民陪审员制度的功能衔接——基于民主视角的探讨"，载《安徽大学学报（哲学社会科学版）》2017 年第 1 期。

［122］吴杰："我国裁判文书说理存在的问题与改革对策"，载《新东方》2015 年第 4 期。

［123］吴玉玲："电视法治新闻的叙事模式分析"，载《新闻爱好者》2012 年第 2 期。

［124］谢庆立："口译动态交际中的多元语境要素研究"，载《西安外国语大学学报》2011 年第 4 期。

［125］熊岭："论从类到例转换的'有定'范畴认知解释"，载《求索》2012 年第 2 期。

［126］熊明辉、卢俐利："法律修辞的论证视角"，载《东南大学学报（哲学社会科学版）》2015 年第 2 期。

［127］徐爱国："契约精神与现代法治"，载《民主与科学》2015 年第 5 期。

［128］许国鹏："发挥判例机能的路径探析——从改革裁判文书考察"，载《河北法学》2001 年第 3 期。

［129］徐亚文、伍德志："法律修辞、语言游戏与判决合法化———对'判决书上网'的法理思考"，载《河南省政法管理干部学院学报》2011 年第 1 期。

［130］杨昌宇："当代中国法治进程中的文化阻滞力"，载《北方法学》2011 年第 5 期。

［131］姚广宜："法制新闻报道应注意的问题"，载《当代传播》2005 年第 2 期。

［132］殷越："论新闻报道的客观性原则"，载《新闻战线》2015 年第 14 期。

［133］余素青："判决书叙事修辞的可接受性分析"，载《当代修辞学》2013 年第 3 期。

［134］曾娇艳："简论减刑、假释裁判文书的基本要素"，载《人民司法》（应用）2015 年第 5 期。

［135］张传军："我国法官助理制度之探析"，载《法律适用》2005 年第 1 期。

［136］张帆、卫学莉："新形势下法制新闻的现状与发展"，载《新闻战线》2016 年第 4 期。

［137］张晋藩："解读中华法系的本土性"，载《政法论坛》2010 年第 5 期。

［138］张清、宫明玉："中美刑事判决书情态对比研究"，载《山西大学学报（哲学社会

科学版）》2013 年第 1 期。

［139］张清、麻君颖："中美刑事判决书的比较研究——基于判决理由的对比分析"，载《中国法学教育研究》2015 年第 1 期。

［140］张瑞嵘："法律英语中的模糊语言及其翻译策略研究"，载《理论月刊》2013 年第 12 期。

［141］张西恒："论法律修辞及其特性"，载《西北师大学报（社会科学版）》2019 年第 1 期。

［142］张霞："判决书中的法律论证"，载《政法论丛》2005 年第 5 期。

［143］张云秀："论法律修辞运用的范围与限制"，载《西部法学评论》2010 年第 1 期。

［144］赵军峰："法庭言语行为与言语策略"，载《广东外语外贸大学学报》2007 年第 2 期。

［145］周翠："民事指导性案例——质与量的考察"，载《清华法学》2016 年第 4 期。

［146］周瑞琪："称谓语的模糊性及其语用功能"，载《广东外语外贸大学学报》2006 年第 3 期。

［147］竹玛："英语法制新闻与语篇体裁结构潜势阅读"，载《中国报业》2016 年第 24 期。

［148］朱涛、张金花："我国法学本科'语言教育'的缺失——从裁判文书加强说理谈起"，载《陕西学前师范学院学报》2016 年第 2 期。

［149］朱晓文："称谓语的多角度研究"，载《修辞学习》2005 年第 4 期。

［150］庄绪龙："裁判文书'说理难'的现实语境及制度理性"，载《法律适用》2015 年第 11 期。

［151］［日］滋贺秀三："清代诉讼制度之民事法源的概括性考察——情、理、法"，范愉译，载王亚新、梁治平主编：《明清时期的民事审判与民间契约》，法律出版社 1998 年版。

三、其它

［1］"里格斯诉帕尔默案判决书（中英文对照）"，载 http://www.xhfm.com/2006/1101/1397.html.

［2］薛朝凤："法制新闻话语叙事研究"，上海外国语大学 2010 年博士学位论文。

［3］《中华人民共和国最高人民法院公报》1999 年第 2 期。

［4］"周强：坚决杜绝关系案、人情案、金钱案"，载 http://legal.people.com.cn/n/2013/0705/c42510-22087449.html.

附 录

附录一：

公诉词——张君等持枪抢劫故意杀人案公诉人公诉意见[1]

审判长，审判员，旁听公民们：

震惊全国的渝湘鄂持枪抢劫、故意杀人、非法买卖枪支弹药案，今天在这里公开审理。

暴戾十载、施虐千里、血债累累、罪恶滔天的杀人狂魔张君及其同案被告人被押上了庄严的人民法庭，接受正义对邪恶的审判。在庭审中所揭露的一件件一桩桩令人发指、触目惊心、残不忍睹的罪恶行径，不能不让人为之愤怒，引得群情激昂，义愤填膺！

为了严罚严重刑事犯罪分子，保护人民群众生命财产安全，维护社会治安秩序，维护法律的尊严，根据《中华人民共和国刑事诉讼法》第 153 条之规定，我们受本院检察长的指派，以国家公诉人的身份出席法庭支持公诉，并履行法律监督职责。

在以上的法庭调查中，公诉人针对起诉书中指控所列被告人的犯罪事实，逐笔进行了举证、示证。经过庭审控辩双方的质证与论证。充分证实所举证的证据与证据之间、证据与所证实的事实之间关联，互相印证，形成证据锁链，证据收集程序合法，内容真实可靠，且已被法庭当庭采纳，有力地证明了本院起诉书指控的被告人的犯罪事实成立。尽管有些心存侥幸的被告人无视和歪曲证据事实，对所犯罪行推托狡辩、避重就轻。但铁证如山，法网恢

---

[1] "优秀公诉词展读"，载 https://wenku.baidu.com/view/15779a22ccbff121dd3683d2.html，最后访问时间：2020 年 8 月 22 日。

恢，在数十名无辜的被害人用血和泪筑成的事实证据面前，凶手已插翅难飞，被牢牢地钉在了死刑柱上。

为进一步揭露犯罪、鞭笞邪恶、匡扶正义、弘扬法治，本公诉人发表如下公诉意见，供法庭合议时参考。

一、被告人张君纠合秦直碧、全泓燕、李泽军、陈世清，赵正洪等为共同实施抢劫、故意杀人而组成的犯罪组织是一个严重危害社会的抢劫、故意杀人犯罪集团。根据《中华人民共和国刑法》第 26 条第 2 款之规定，"三人以上共同实施犯罪而且较为固定的犯罪组织，是犯罪集团"。该犯罪集团的主要犯罪特点如下：

（一）人数众多，成员较为固定

被告人张君为首纠合的持枪抢劫、故意杀人犯罪组织其形成有一个从单独犯罪、一般共同犯罪逐步发展为犯罪组织、犯罪集团的演化过程。秦直碧、严若明入伙并共同实施犯罪后就初步形成犯罪组织，李泽军、陈世清、赵正红的加入使该犯罪组织形成了稳定的犯罪中坚势力，而王雨、全泓燕、李金生的相继入伙，巩固了犯罪组织，进一步扩大了犯罪组织的规模。

（二）有预谋地实施犯罪，且有严明的纪律性

纵观"渝湘鄂"系列抢劫、故意杀人案件，无不体现了该犯罪组织作案的预谋性。张君等人为实施犯罪，策划、预谋十分周密，多次踩点、反复观察，精选作案路线和逃跑路线及其方法，其过程有的长达数年以上，张君为实施抢劫安乡县农行金库，整个策划预谋过程长达一年多。最后还是认为时机不成熟，而暂时放弃。即使确定了作案目标，也要作案人到现场踩点、观察熟悉周围地形，并统一组织抢劫作案的各种演练和训练。作案中人员的安排也是既有分工又有配合。该犯罪组织具有严明的纪律性，惩奖分明。赵正洪因购买霰弹枪有功，张君奖给了几万元的物质奖励。而李泽军没有按要求在指定地点购买布袋、撬杠被处罚款。严若明因私藏黄金饰品被张君殴打。陈世清因私自用车造成碰撞被张君勒令剁掉一个脚趾。

（三）犯罪手段狡猾、诡密，逃避侦察能力极强

张君等人犯罪除具备一般的犯罪的隐蔽性特点以外，其最大的特点在于，一是充分利用女性犯罪作案，这是该抢劫、故意杀人犯罪组织区别于其他一般犯罪组织犯罪手段的一个显著的特点，因此更具有隐蔽性。这些女性犯罪

分子一旦入伙，便死心塌地地为其卖命，直接参与作案的有之，提供犯罪窝点为其窝藏、窝赃、销赃、毁灭证据的有之，为其运输枪支弹药、私藏枪支弹药的也有之。二是用入伙沾血杀人的方法控制组织成员。让犯罪组织成员都有命案在身，使其死心塌地地不敢背叛，也不易被渗透和瓦解。三是对枪支、弹药的控制极为严格。全部枪支、弹药均由张君一人保管，作案时发放，作案后立即收回。在什么地方作案和用哪支枪、哪批弹都由张君事前经过精细安排决定。张君一伙为逃避侦察甚至精细到连作案用的布袋、撬杠都要到几百里乃至上千公里以外的地方购置。

（四）以实施抢劫犯罪为常业

被告人张君流窜作案，以抢劫为业，逐步形成条件反射的抢劫犯罪习惯，并纠合成员形成抢劫、故意杀人犯罪组织。他们以抢劫为其职业，时常纠集一起预谋、策划一起又一起惊天劫案，寻求、物色一个又一个抢劫作案目标和对象。在短短的几年内抢劫作案数十起，劫得财物总价值人民币近600万元。他们还购买了大量的枪支弹药，以便劫得更多的财物以满足他们物质享受的贪婪欲望。张君为此还恬不知耻地炫耀自己是职业土匪，职业劫犯，真是不以为耻，反以为荣，犯罪气焰猖狂至极。

二、被告人张君系该犯罪集团的首要分子，被告人秦直碧、全泓燕系该犯罪集团的主犯

被告人张君为实施抢劫、故意杀人犯罪活动，先后在重庆、湖南纠合被告人秦直碧、全泓燕以及李泽军、陈世清、赵正洪、严若明、王雨、李金生形成抢劫、故意杀人为其职业的犯罪集团。张君为了强化该犯罪集团成员的犯罪技能，不惜时间、不惜物质代价，多次组织犯罪集团成员采取各种形式进行抢劫、故意杀人的各种技能训练。为武装该犯罪集团，张君不惜百万元之巨，先后在云南、湖南等地购买大量的枪支、弹药，使该犯罪集团的军火装备武装到了牙齿。为了确保作案的成功率，几乎每一个作案的目标，都是由被告人张君踩点选择、预谋策划、确定实施。为让该犯罪集团成员作案中拼命效力，张君直接参与实施了该犯罪集团的每一起案件。因此，被告人张君是集该抢劫、故意杀人犯罪集团成员罪恶活动之大成的罪魁祸首。

被告人秦直碧利欲熏心、胆大妄为，自1995年涉足该犯罪集团后，就一直死心塌地跟随张君，走南闯北，言听计从，为张君、更为钱财冲锋陷阵已

有五年有余。五年间，被告人秦直碧参与犯罪集团抢劫作案 3 次，劫得财物价值人民币 3,229,600 余元和赃款 90,000 元。抢劫中致 4 人死亡、10 人受伤；1995 年 12 月 22 日在抢劫重庆友谊金店沙平坝分店中，被告人秦直碧与张君事预谋策划，女扮男装，毫不逊色。1999 年 1 月 4 日在抢劫武汉广场中被告人秦直碧与张君事前通谋、黑店相随、窝匪窝赃；2000 年 6 月 19 日在抢劫重庆商业银行陕西路支行朝东路储蓄所中，被告人秦直碧与张君事前通谋、遥相响应、半道接脏。被告人秦直碧还先后三次为该犯罪集团非法运输枪支弹药，不愧为"女干将"的称号。

被告人全泓燕在张君的引诱、熏陶下对张君五体投地、言听计从。张君为拉其入伙，多次教全泓燕练习手枪的拆卸及射击，并安排其杀人沾血、负命案入伙。被告人全泓燕为加入犯罪集团，竟对活生生的、无冤无仇的无辜青年连开两枪，伙同张君一起将其杀害。身为出租车司机的全泓燕应该说对出租车司机挣钱的艰辛体会尤深，但其竟然与杀人恶魔张君共谋策划意图在重庆市区内杀害出租车司机、抢劫出租车用于堵截运钞车。同出一行，相煎何急，其凶残歹毒比"女干将"秦直碧有过之而无不及。被告人全红燕还两次为该犯罪集团非法运输弹药，并在其家中为该犯罪集团私藏大量枪支弹药。

三、被告人张君、秦直碧、全泓燕等人组成了犯罪集团猖狂地进行持枪抢劫、故意杀人等犯罪活动，具有极大的人身危险性和社会危害性。

被告人张君等人本是一伙厌恶劳动、精神空虚、在贪婪物欲的刺激下不惜铤而走险的不法之徒，一经纠合就成为严重危害社会治安秩序、严重危害人民群众生命财产安全的犯罪集团，主要表现在：

（一）犯罪活动十分嚣张。该抢劫、故意杀人犯罪集团在其首要分子张君的指挥、操纵下，短短的几年间，以重庆、湖南常德为其据点，在渝、湘、鄂等地实施持枪抢劫、故意杀人等重、特大刑事案犯罪达 14 起之多。持枪抢劫作案 9 起，故意杀人作案 5 起。1998 年 12 月 19 日晚至次日凌晨仅仅几个小时之内竟持枪抢劫、故意杀人作案 4 起。2000 年 8 月 15 日到 9 月 1 日在仅半个月时间内，张君等在常德竟连续持枪抢劫、故意杀人作案四起，制造了骇人听闻的常德"9.1"大劫案在内的多起严重的恶性重、特大刑事案件，其作案频率之高实属罕见。

（二）犯罪气焰十分嚣张。以张君为其首要分子的持枪抢劫、故意杀人犯罪集团，竟毫无顾忌，窜入人口密集的大中城市，肆无忌惮，大肆作案，并选择商店市区繁华地段的银行、大中型商场作为抢劫的目标，他们在光天化日、众目睽睽之下，竟敢明火执仗、持枪抢劫、故意杀人，其犯罪气焰何等嚣张。

（三）犯罪手段特别残忍。首要分子张君崇尚暴力，酷爱枪械。常德"9.1"抢劫案，劫得2支微型冲锋枪，当晚张君爱不释手，竟用舌头舔遍整个枪身，他的逻辑就是有枪就有了一切。其犯罪集团成员个个效仿，他们为了抢劫、杀人，非法地购买了大量的枪支弹药。实施抢劫时，张君等人丧心病狂，肆意开枪滥杀无辜，少则一枪，多则数枪，按张君要求对经警、民警专打头部，还要补枪。常德"9.1"抢劫案中，李泽军朝押钞经警王建国头部连开7枪，出纳员李敬身中8弹，经警肖卫东身中5弹，仅常德"9.1"抢劫案就7死5伤。类似惨不忍睹的血腥场面案案可见、历历在目，其手段真可谓残忍至极。

（四）犯罪后果特别严重。被告人张君为首组织领导持枪抢劫、故意杀人犯罪集团大肆进行抢劫、故意杀人犯罪活动，致28人死亡、5人重伤、11人轻伤、2人轻微伤，抢劫现金人民币188 800余元，抢劫黄金、铂金饰品41 680余克，价值人民币5 092 000余元，抢劫"79式"微型冲锋枪2支、子弹20发，抢劫桑塔纳、富康、奥拓出租轿车5辆。

审判长、审判员、旁听公民们，在这里特别要指出的是，常德"9.1"大劫案中张君等人劫得2支"79式"微型冲锋枪后，他们如鱼得水，已经开始着手策划以下实施抢劫的目标：常德安乡县农业银行金库、昆明市珠宝店、上海市城隍庙黄金市场。如果不是我们公安机关及时破案，不知又有多少条人命将惨遭杀害。为此，在这特定的时刻，我们作为国家公诉人，向侦破"渝湘鄂"系列案件的全体参战干警，说一声"谢谢"，道一声"你们辛苦了"。

四、被告人严敏、莫金英、纳波、朱加武、陈世星、王俊、杨明燕、杨明军的行为已分别构成抢劫罪、非法买卖枪支弹药罪、非法运输枪支弹药罪，其后果特别严重。

在庭审调查中，我们通过多媒体充分展示了以张君为其首要分子的抢劫、故意杀人犯罪集团的"军火库"，其中"五四式"手枪13支、"79式"微型冲锋枪2支、"54式"和"64式"手枪子弹2000余发、霰弹枪23支、霰弹2000余发，这几乎可以装备一个连的军火，绝大部分就是上列被告人非法买卖、非法运输的。被告人严敏明知系被告人张君非法买卖了"54式"手枪1

支、子弹110发、手雷2枚,而非法从昆明运输回重庆,造成4人死亡、3人重伤、7人轻伤的严重后果;被告人严敏还伙同张君持枪在重庆高渝中区和平路抢劫作案,劫得人民币5万元,抢劫中致一人重伤,后因枪伤复发死亡。

被告人莫金英,1996年至2000年7月,先后12次卖给张君"54式"手枪13支、子弹2000多发、"54式"手枪弹匣13个,造成15人死亡、5人重伤、11人轻伤、2人轻微伤的严重后果。

被告人纳波、朱加武1994年7月左右卖给被告人张君"54式"手枪一支,纳波还单独卖给张君子弹30发、手榴弹1枚。该枪支造成17人死亡、3人重伤、12人轻伤、2人轻微伤的严重后果。

被告人王俊、陈世星1995年卖给张君"54式"手枪一支,陈世星还单独卖给张君"54式"手枪子弹110发、手雷2枚。该枪支造成4人死亡、3人重伤、7人轻伤的严重后果。

被告人杨明燕明知张君系持枪抢劫的劫匪,还非法将藏匿于家中的七支"54式"手枪、3盒子弹、7支霰弹枪运输到湖南省常德交给被告人张君,造成7人死亡、4人轻伤、1人轻微伤的严重后果。

被告人杨明军身为公安科干部,负有保管枪弹之职责,竟非法卖给张君"64式"手枪子弹400余发。

上列所述被告人明知国家三令五申,严禁非法买卖、非法运输枪支弹药,且均具有行为能力和刑事责任能力,也明知所卖、所运输的枪弹一旦流入社会,会造成非死即伤的严重后果;他们竟敢目无国法、胆大妄为,大肆进行非法买卖、运输枪支弹药,其行为已分别构成非法买卖枪支弹药罪、非法运输枪支弹药罪,且对其造成的严重后果有不可推卸的责任。

五、本案各被告人犯罪情节、后果特别严重,均应受到法律最严厉的惩处。

以张君为首要分子的持枪抢劫、故意杀人犯罪集团及其非法买卖、非法运输枪支弹药的各被告人所犯下的一桩桩罪行、制造的一起起血案,给被害人家庭和亲属带来无法弥合的巨大创痛,给人民的生命财产造成极大损失,严重地破坏了社会治安秩序。广大人民群众对这帮穷凶极恶的劫匪早已深恶痛绝,几年间与劫匪的斗争一刻也没有停止过。面对罪恶的枪口,人民群众硬是用鲜血和生命与劫匪进行殊死搏斗,正是这些为了正义而牺牲、受伤的民警、经警、营业员、驾驶员及广大人民群众使犯罪分子处处留下犯罪痕迹,为公安机关破获此案提供了宝贵的线索。在此，我们向所有在"渝湘鄂"系列案件中被害的死难者致以深切的哀悼，向他们的亲属致以关切慰问和深表痛惜之情。

多行不义必自毙，在这帮劫匪最终一一落入法网、被押上审判台接受人民制裁的时刻，广大人民群众无不感到大快人心，被害人的亲属在得知杀害亲人的凶手被抓获归案时，更是悲喜交加。"6.19"抢劫案中被害人张劲的父母，在女儿出事后天天盼着公安机关抓获凶手，当听说张君等劫匪落网后，悲喜交集，反复念叨着"一定要让我们受害者家属旁听审判，决不轻饶这个杀不眨眼的恶魔"；江北"11.23"抢劫案中被害人王礼明的妻子杨兴凤当得知杀害自己丈夫的凶手张君落网后，泪如泉涌，6 年的愤怒与悲伤，对亡夫的无尽思念与牵挂顿时化作股股热泪，哭喊着"礼明啊，杀你的凶手抓到了，6 年了，我们终于等到这一天。你若在九泉之下有知的话，就闭眼安息吧……"。

审判长、审判员，鉴于本案各被告人犯罪情节、后果特别严重，实属罪大恶极，必须依法予以严惩，不严惩不足以平民愤；不严惩不足以告慰 28 位被害死者在天之灵；不严惩不足以抚平 20 位伤者及受害者家属心灵之创伤；不严惩不足以鞭挞邪恶、以儆效尤；不严惩不足以匡扶正义、弘扬法治；不严惩不足以维护法律之尊严；不严惩不足以充分显示我司法机关严厉打击刑事犯罪之威力；不严惩不足以维护正常之社会治安秩序；不严惩不足以鼓舞"严打"整治斗争之士气。

附录二：

"史上最牛刑事判决书"[1]
广东省惠州市惠阳区人民法院
刑 事 判 决 书

(2014) 惠阳法刑二初字第 83 号

公诉机关惠州市惠阳区人民检察院。

被告人于某水，男，1988 年 8 月 17 日出生，汉族，初中文化，户籍地湖

---

[1]　http://www.360doc.com/content/18/0501/18/542605_750279058.html，最后访问时间：2020 年 8 月 22 日。

北省襄樊市（现襄阳市）樊城区。因本案于2013年12月12日被羁押，同日被刑事拘留，同年12月26日被逮捕，2014年7月31日被本院取保候审。

辩护人黄旭辉，广东力臣律师事务所律师。

惠州市惠阳区人民检察院以惠阳检公诉刑诉（2014）119号起诉书指控被告人于某水犯诈骗罪，于2014年3月12日向本院提起公诉。本院依法组成合议庭进行审理。应惠阳区人民检察院的建议，本院依法分别于同年6月6日、7月23日对本案延期审理。同年6月4日、8月22日，惠阳区人民检察院先后向本院移交补充侦查的证据，并于同年8月22日向本院移送惠阳检公诉刑变诉（2014）4号变更起诉决定书，对认定事实作出变更，并将指控于某水的罪名变更为盗窃罪。本院依法于同年4月1日、9月11日、9月28日先后公开开庭审理了本案。惠阳区人民检察院指派检察员万春杨、代理检察员高明首出庭支持公诉，被告人于某水及其辩护人黄旭辉到庭参加诉讼。现已审理终结。

惠阳区人民检察院指控，2013年10月30日20时30分许，被告人于某水用其邮政储蓄银行卡（卡号为6210……7728）到惠阳区新圩镇塘吓创亿商场旁邮政储蓄银行惠州市惠阳支行ATM柜员机存款时，于某水先后几次存入300元，均遇到现金退回的情况，经多次在柜员机查询，发现账户余额相应增加。发现这一情况后，于某水尝试从该网点旁边的农业银行跨取2000元和1000元，获得成功，遂产生了恶意存款并窃取银行资金的念头。于是返回邮政储蓄柜员机，连续10次存款3300元，马上到附近银行柜员机跨取1.5万元，并转账5000元，再次返回，连续存款5000元1次、9900元3次、10 000元3次，至2013年10月30日21时58分59秒，于某水共恶意存款17次，恶意存入人民币97 700元，后被告人于某水到深圳市龙岗区其他网点陆续跨取和转账，到2013年10月31日6时28分10秒，于某水共窃取人民币90 000元。中国邮政储蓄银行惠州市惠阳支行工作人员发现后，于2013年11月3日联系于某水无果后报警。2013年12月12日于某水被公安机关抓获。至2013年12月15日于某水共退还人民币92 800元。认定上述犯罪事实的证据如下：被告人供述、现场勘查笔录、抓获经过、扣押决定书及书证等。被告人于某水采取秘密手段窃取他人人民币90 000元，数额巨大，其行为已触犯《中华人民共和国刑法》第264条的规定，应当以盗窃罪追究其刑事责任。

提请依法判处。

被告人于某水辩称：我不是盗窃，而是侵占。

辩护人辩护称：于某水的行为并非"秘密窃取公私财物"，不管其当晚存了多少次钱，最后是和银行形成了9万多元不当得利的债权债务关系，其存钱取钱行为均为合法，其行为如果构成犯罪的话，也只能构成侵占罪。于某水刚开始对柜员机故障并不知情，屡次存款存不进去，其在知道柜员机出故障前的这部分金额，不应计入盗窃金额里。同样情形的其他客户经银行通知退清款项不构成犯罪、于某水未及时退款构成犯罪，这不可能是盗窃罪的法律特征，而是侵占罪的法律特征。于某水的犯罪行为在特定条件下才能实施，柜员机存在故障，银行方存在过错在先，诱发了犯罪，望法院对其减轻处罚乃至宣告缓刑。于某水归案后次日就将所有赃款归还了银行，银行方也明确表示不追究他的责任，请法院量刑时充分考虑。

经审理查明，2013年10月30日20时30分许，被告人于某水用其于2013年9月19日开设的邮政储蓄银行卡（卡号为6210……7728），到惠阳区新圩镇塘吓宜之佳（原创亿）商场旁的中国邮政储蓄银行惠州市惠阳支行（下称惠阳支行）ATM机存款时，连续6次操作存款300元，现金均被柜员机退回，于某水发现ATM机屏幕显示"系统故障"，且其手机信息显示每次所存的钱已到账，账户余额相应增加，于是其尝试从该ATM机旁边的农业银行ATM机支取该邮政储蓄账户的2000元和1000元，获得成功，其确认上述所存的款已到账后，遂产生了恶意存款以窃取银行资金的念头。于是于某水返回上述邮政储蓄银行ATM机，连续10次存款3300元，并到附近银行ATM机分三次支取15000元和转账5000元后再次返回上述邮政储蓄银行ATM机，连续存款5000元1次、9900元3次、10 000元3次，至2013年10月30日21时58分59秒，于某水共恶意存款17次，存入人民币97 700元，接着于某水到深圳市龙岗区其他网点对该账户内的存款进行支取和转账，至次日6时28分10秒共将存款90 000元转移并非法占有。2013年11月1日，惠阳支行工作人员清查核算数据时，发现账实不符，后查明系该行位于惠阳区新圩镇塘吓宜之佳（原创亿）商场旁的ATM机发生故障，客户于某水利用ATM机故障多次恶意存款，获取该行资金所致。同月4日该行联系于某水无果后报警。同年12月12日于某水在湖北省襄阳市樊城区太平店镇其家中被公安机关抓获。至同年 12 月 15 日止，于某水及其亲属通过转账和汇款方式将人民币 92800 元转入其卡号为 6210……7728 的账户，退还给惠阳支行。

另查明，惠阳支行位于新圩塘吓宜之佳（原创亿）商场旁的 ATM 机因设备故障，于 2013 年 10 月 30 日 19：55：48 至 31 日凌晨出现异常情况，用户在该 ATM 机上进行存款交易时，用户确认存款信息后，系统入账成功，用户账户余额增加，而自动存取款机却没有将用户递交的现金收入钞箱，而是直接退回给了用户。

证明上述事实的证据有：

1. 证人证言：

（1）郭某来（惠阳支行 ATM 机维护员）的证言：2013 年 11 月 1 日，我银行进行清查核算数据，发现账实不符。经查，证实系我行位于惠阳区新圩镇塘吓创亿商场旁的 ATM 机发生故障，存款入账成功却将现金退回给用户，客户于某水在同年 10 月 30 日恶意多次（共交易 18 次）进行大额存入，共非法获得 94150 元，并于当天将此款转移。同年 11 月 6 日，我行工作人员即按于某水的开户信息去联系，无法找到其本人，即报警。郭某来还出庭证实于某水的行为是经省行发现后，把账单报给其所在单位，其所在单位发现 ATM 机发生故障后，采取撤掉钞箱、停机等措施。

（2）刘某燕（惠阳支行综合管理员）出庭作证证实：我单位发现于某水占有银行资金后，我打过于某水的三个电话号码，其中二个关机、一个说打错了，该三个电话号码是省行给我们的，是于某水开户时留的。当天，也有其他客户占有银行资金的情况，最多是一笔两笔，最多一到两万，他们知道后都主动联系我们，不知道的经催收后都退了钱，没有取很多笔的。

（3）古某标（惠阳支行综合管理部经理）出庭作证证实：我单位发现这个案子后即协调业务部门追逃、催收，当时派刘某燕打电话，但没找到于某水，派人去找他发现地址不符。我们发现有 20 多个客户有被告这种情况，普遍是一笔两笔，都主动或催收后退款了。

（4）刘某斌、陈甲伟（惠阳支行信贷部工作人员）出庭作证证实：本案发生后，我两人与陈乙伟一起受行长指派，于 11 月 7 日按上级交给我们的地址到深圳坪地去找于某水，但发现没有地址上的门牌号，就在现场拍照。

2. 惠阳支行出具的一本通/绿卡通交易明细（司法）、银信通查询结果、循环机流水阅读，证实被告人于某水的卡号为 6210……7728 的邮政储蓄银行卡从 2013 年 10 月 30 日，6 次连续存款 300 元、10 次连续存款 3300 元、接着连续存款 5000 元、10 000 元、9900 元、10 000 元、10 000 元、9900 元、9900 元，存款均已入账，存款时柜员机均退回钞票后被用户取走，期间多次查询交易。同日至 31 日，该账户取款 38 000 元，转账 55 300 元（其中 300 元转账为开始存款前操作，取款 3000 元为在连续 17 次存款前操作）。

3. 柜员机的监控录像截图，证实被告人于某水分别于 2013 年 10 月 30 日 20 时 57 分、20 时 58 分、21 时，在惠阳区新圩镇塘吓创亿商场旁的邮政储蓄银行 ATM 机前等待办理业务和办理存取款时的情况。经辨认，被告人于某水确认上述截图的相片是其本人。

4. 惠阳支行出具的《关于我行离行自助终端发生异常的情况说明》，证实该行位于新圩塘吓创亿购物广场一楼的离行自动存取款机因设备故障，于 2013 年 10 月 30 日 19 时 55 分 48 秒至 31 日凌晨出现异常情况，用户在设备上进行存款交易时，用户确认存款信息后，系统入账成功，用户账户余额增加，而自动存取款机却没有将用户递交的现金收入钞箱，而是直接退回给了用户的情况。在具体存款流程中，异常情况出现在当用户"确认存款"后，终端设备向后台服务"发送请求报文"，系统"应答失败"时，本应返回"非退钞指令"却返回了"退钞指令"，因此将钞票退回给了用户。

5. 个人账户开户申请书、手续费收据等，证实被告人于某水于 2013 年 9 月 19 日开设账号为 6210……7728 的邮政储蓄银行绿卡通账户。

6. 惠阳支行出具的《关于客户于某水案发前后账户余额情况说明》，证实于某水的账户 6210……7728 截止至 2013 年 10 月 30 日 20 时 31 分 28 秒，余额为 1211.05 元，案发后在其通过多种途径转移资金后，截止至 2013 年 10 月 31 日 06 时 28 分 10 秒，余额为 7927.05 元。

7. 惠阳支行出具的《关于客户于某水退还资金情况说明》，证实于某水被公安机关抓获后，二次通知其亲属分别往其本人账户 6210……7728 汇入 58 000 元、28 000 元，公安干警在押解于某水途经深圳坪地时，由于某水操作从其他账户转账 6800 元到其账户 6210……7728，三次主动返回款项共计 92 800 元。

8. 惠阳支行出具的《关于我行对用户于某水追讨非法所得的情况说明》

及追讨人员到追讨现场的照片资料等，证实该行得知客户于某水存在非法获取该行资金的异常行为后，于 2013 年 11 月 4 日多次拨打其联系电话，但无法联系到客户，该行于 11 月 7 日派出办事人员根据于某水的联系地址（深圳市坪地坪西吉祥路 XX 号 X 栋 XXX）前去追查，但发现其所留地址不存在，无法联系到客户。

9. 现场勘查记录，证实存取款、转账的现场分别位于惠州市惠阳区新圩镇塘吓宜之佳（原创亿）商场旁的中国邮政储蓄银行柜员机、中国农业银行柜员机、惠州市惠阳区新圩镇中国建设银行内柜员机、深圳市龙岗区龙平路 116 号中国邮政柜员机、深圳市龙岗区长兴路中国农业银行内柜员机。

10. 扣押决定书及扣押清单，证实公安机关从被告人于某水身上缴获 1 张卡号为 6210……7728 的邮政储蓄银行绿卡通（借记卡）。经辨认，于某水确认该借记卡是其在塘吓创亿商场旁的邮政储蓄银行 ATM 柜员机作案用的工具。

11. 被告人于某水的供述：我于 2013 年 9 月 19 日在邮政储蓄银行新圩营业室开了一张邮政银行卡，卡号：6210……7728，开户时留的联系手机号是 131……6760，留的暂住地为龙岗区坪西市场。同年 10 月 30 日 21 时许，我想给我弟弟于某剑的银行卡转 300 元，我当时记得我卡上还有 2500 元，因不想动卡上的钱，就跟朋友借了 300 元，然后来到塘吓创亿商场旁的邮政储蓄银行柜员机，用邮政银行卡先转了 300 元过我弟弟的银行卡上，接着，我才把现金 300 元存到我银行卡上，存进后钱却吐了出来，我再存一次还是吐了出来，柜员机显示系统故障，我继续操作存款，还是吐出来，此时我发现手机上信息显示钱到账了（到账显示每次 300 元，手机显示我卡上有 4000 多元），我觉得奇怪，想取钱出来但操作不了，于是到旁边农业银行柜员机取了 3000 元，发现我卡上的钱确实是到账了，即起贪心，就将取到的钱和之前要存的 300 元共 3300 元拿到柜员机再次存入邮政银行卡上，柜员机还是显示系统故障，但我手机短信显示钱到账了，于是我重复操作存入这 3300 元，存入多少次我记不起了，我想多存点钱，就搭乘摩托车到新圩建设银行柜员机取了 15 000 元，另外转了 5000 元给于某剑，取钱后返回塘吓创亿商场旁的邮政储蓄银行柜员机，往我卡上多次存入 10 000 元，我手机短信显示有 9 万多元，我马上搭乘出租车到龙岗双龙地铁站前面邮政储蓄银行柜员机取款 2 万元

（到龙岗是 23 时多），24 时后我又到附近农业银行柜员机取款 2 万元，再给于某剑转了 15 000 元，又往我女友许某婷的农村信用社卡转了 3 万多，这样我邮政银行卡剩下 7000 多元，存到许某婷卡上的钱被我在龙岗农行取了 2 万出来，剩下的钱后来也在龙岗全部取出来，我取钱后在龙岗住了 10 多天，发现没有银行的人来找我，即回到湖北襄阳老家。作案后，我因害怕关了二天手机（131……6760），后来有开机，但我没有带在身上使用。同年 12 月 12 日，我在家中被公安抓获。至被抓时钱被我花了 1 万多元，有些钱放我亲戚处，被抓后我通知他们退回给银行了。

上述证据均依法经法庭质证，本院予以确认。

本院认为，本案（惠阳于某水案）因与广州许霆案非常类似引起社会的广泛关注。本案审理过程中，控辩双方也针对被告人的行为是否构成犯罪？构成盗窃罪还是侵占罪展开了激烈辩论。根据双方的争论焦点及本案的所有证据，本院综合分析评判如下：

一、罪与非罪

（一）关于 ATM 机与银行的关系。ATM 是英文 Automatic Teller Machine 的缩写。中文一般称为自动柜员机，因大部分用于取款，又称自动取款机。它是一种高度精密的机电一体化装置，利用磁性代码卡或智能卡实现金融交易的自助服务，代替银行柜台人员工作，可以完成存入或提取现金、查询存款额、进行账户之间的资金划拨等工作。它是银行运用高科技进行自助交易的终端形式，也是目前银行与公众都认可的交易方式。它意味着通过 ATM 进行交易的行为一经结束，就某一个交易行为而言就已经具有了法律意义上的终端完成形式。所以，ATM 机与存款人之间的关系应该确定为 ATM 机的管理使用者（银行）与存款人的关系，而不是 ATM 机与存款者的关系，更不是 ATM 机的技术维护人与存款者的关系。如果 ATM 机发生故障，造成损害的后果，银行作为机器的管理人，其责任是不能免除的。

在广州许霆案中，许多法律专家认为许霆不构成犯罪的主要理由也在于此。首先，ATM 机被视为银行的延伸，ATM 机所发出的指令代表银行的意志，那么许霆在 ATM 机上进行的符合规则的操作行为，以及 ATM 机对许霆所作的回应行为，都应被看作储户与银行的民事交易行为，这种交易由于银行方面的错误而支付了超出储户存款限额的钱款，这只能说明银行发出了错误指令，提供了不真实的意思表示，只是一种无效交易行为，而不具有盗窃犯罪的基本行为属性。其次，没有银行的配合和互动，许霆恶意取款是无法完成的。ATM 机支付了许霆所申请的取款数额，只扣除了极少数额，这说明银行同意将这些所有权转移给许霆，而许霆并没有采取任何欺骗、暴力、敲诈等非法行为。不仅如此，作为银行意志的代表，ATM 机一旦发现故障，既可能向储户多付款，也同样可能向储户少付款，这都代表银行表达了错误的意思表示，取款人只要是符合规范地进行取款操作，就属于无效交易情形，而不是盗窃行为。

我们认为，专家意见的立论前提很明显，就是不管 ATM 机是否正常都代表银行行为，不管是民事交易还是刑事罪案，其过错全部由银行负责或承担。对此，本院持不同意见，我们尤其不认可机器故障对操作人的刑事犯罪行为构成过错。理由是，ATM 机并不是由银行设计生产，而是有专门的公司生产和维护，银行一般只是购买或租赁使用，机器是否发生故障，银行并不能控制甚至纠正，（经过法庭调查及证人出庭作证证明，银行人员没有人懂得 ATM 机的运行和维修技术）。即使 ATM 机作为银行服务延伸具有拟人人格，这种故障也不是银行所希望发生或故意造成的，所以，如果把机器故障导致的错误指令等同于银行的正常意志，是不合理的，对银行也是不公平的；其次，机器虽然能替代人完成一些工作，但机器本身是无意识的，人有意识机器无意识，这是人与机器的本质区别，也就是说，银行柜台员工一旦发现错误时会及时纠错，但机器在没有被发现并排除故障之前，它不会自动修复故障，它会一直错下去，所以机器故障不能等同于银行的过错，即使机器故障产生的民事后果可能要由银行或机器的生产和维护者承担。二者的关系放到刑事罪案中，更应该将责任进行明确的区分。本案中，我们只能说，机器故障是操作人产生犯意的前提之一，但绝不是操作人产生犯意的原因，银行管理即使有过错也不是被告人恶意存款的必然原因，也即，不能说银行对被告人的犯意存在过错，更不能说机器故障是银行在诱导被告人犯罪。因为物质前提不能等同于犯罪的因果关系，故障只是犯罪行为实施的前提，但与犯罪本身没有因果关系。所以，把机器自身故障视为银行对操作人恶意取款的配合和互动，显然有失偏颇。

（二）控辩双方的意见。在 ATM 机正常的情况下，被告人于某水拿着银行借记卡前往 ATM 机存钱，与其本人拿着现金前往银行柜台存钱完全一样，这是一种公开合法、为银行所允许和欢迎的交易方式。这种情况下，将 ATM 机接受指令的交易等同于银行柜台交易，交易双方及普通公众都会认可，没有疑问。所以，控辩双方对于某水开始不知情的存款行为的性质不持异议，均认为不构成犯罪。双方争论焦点是在于某水发现 ATM 机发生故障以后继续反复存钱这一后续行为上。

辩方认为，ATM 机因发生故障造成存款入账成功但吐出现金，如同银行柜员发生差错，多付给客户钱款一样。于某水存款于 ATM 机后，手机短信提示存款成功，即说明于某水与银行之间的交易已经完成。交易完成后，ATM 机又将于某水存入的现金原封不动地吐出来，这时候现金的性质已经发生变化，属于银行的遗失物，于某水不取其他人也会取走，所以于某水是在保管银行的遗失物。ATM 机存款入账之后，又将现金吐回，这是银行的过错，于某水没有纠正银行过错的法律义务。于某水反复存款，与 ATM 机（银行）之间都是合法交易，最后将钱款从其它银行取走，也是处理遗失物，涉及是民法中的不当得利问题，而不是犯罪。道德的评价不能等同于法律的评价，刑法关注的是人们的底线行为。

控方认为，被告的后续行为绝对是非法的。于某水前往 ATM 存钱开始的目的是为了存 300 元，但因 ATM 机发生故障，存几次钱均被退回，于某水在准备放弃存钱时，发现手机来信息表明存款已经入账，他继而从旁边的农业银行跨行取款两次（分别是 2000 元和 1000 元）获得成功，被告人在此之前的行为不是犯罪。但此后于某水已经证实其存款时虽然现金被退回但存款已经入账，存款交易完成但没收现金。又返回邮政储蓄 ATM 机连续操作十次 3300 元，后又到附近银行 ATM 机取现金 15 000 元，转账 5000 元，再次回到邮政储蓄这台故障 ATM 机反复存款，共 17 次，存入人民币 97 700 元，并于当晚到深圳市龙岗区其它银行网点跨行提取现金和转账，得款人民币 90 000 元。这时其与 ATM 机的一系列交易，完全是以非法占有为目的的行为，已经不具有合法性。

我们认同控方的观点，理由是，于某水通过取款方式验证，确认邮政储蓄这台 ATM 机已经发生故障，他此后 17 次交易的目的很明显，通过这种方式获取银行现金，而且，被告人于某水的所有行为也证实其内心非常清楚，这些钱不是他的，所以其行为构成非法占有。

被告人后续交易不构成民法中的不当得利。《民法通则》第 92 条规定，没有合法依据，取得不当利益，造成他人损失的，应当将取得的不当利益返还受损失的人。尽管发生不当得利的原因有事件也有行为，但本质上，不当得利属于事件，作为事件，应当与获利人的意志无关，不以获利人有行为或识别能力为前提，不是由获利人的意志决定而取得。本案中，既然后来的 17 次交易都是被告人故意为之，说明被告人已经由意外受益的心理转变为非法占有的意图，其先前不当得利的性质也已经发生变化，由意外被动获得转变为主动故意侵权，严重的侵权行为即可构成犯罪。所以被告后来的 17 次交易行为显然不再构成不当得利。同理，辩方称，被告人行为构成对银行遗忘物的占有或保管，也是不成立的，因为，如果说银行遗忘物是通过被告人故意、反复的行为而"制造"出来的，那么认定后续 17 次交易吐回的钱款是遗忘物，显然违背基本逻辑和常理。

综上，我们认为，被告人的后续行为是非法的，存在明显的非法占有的故意，并且具有社会危害性，应当进入刑法规范的领域。

二、此罪与彼罪

既然被告行为应当进入刑法规范的领域，那么他构成什么罪？控方认为，被告于某水的行为构成盗窃罪，辩方认为构成侵占罪。

（一）我们认为，被告人的行为构成盗窃罪。理由如下：首先犯罪的主客体不存在问题。被告人达到法定责任年龄，也具有刑事责任能力，侵犯的客体是银行财产权。

从主观方面来讲，被告人于某水具有非法占有的目的。责任主义原则要求，责任与行为同存，也即行为人必须在实施盗窃行为时已经具有非法占有的目的，本案中，被告人后面 17 次存款的目的非常明显，其明知 ATM 机发生故障，积极追求多存款不扣现金的后果，明显具有非法占有公私财产的故意。

本案的关键在于犯罪的客观方面，被告人的行为是否符合盗窃罪中秘密窃取的特征？本案及许霆案的争议集中于此，许多人认为，被告人以真实银行卡，到有监控录像的 ATM 机操作，银行可以根据真实账号查到，被告人的行为具有公开性，是"公开"窃取，不是秘密窃取，也就不构成盗窃罪。我国刑法理论认为，秘密窃取是指行为人采取自认为不使他人发觉的方法占有他人财物，只要行为主观意图是秘密窃取，即使客观上已经被人发觉或者注意，也不影响盗窃的认定。本案中，被告人利用机器故障，通过存款方式占有银行资金时，银行并不知晓其非法占有的目的，也不知道存款最后被非法占有的情况，即构成秘密窃取。身份的公开性并不能否定其行为的秘密性，不能将盗窃罪要求行为的秘密性等同于身份的秘密性，混淆两者的区别。退一步说，即使银行当时知晓情况，但只要被告人行为时自认为银行不知晓，也构成秘密窃取。从被告人后来连夜转移资金的行为来看，他就是希望在银行未知晓或将 ATM 机维修正常之前占有银行资金。因而，其行为符合秘密窃取的特征。

最后，辩方还认为，盗窃罪作为一种最原始最古老的犯罪，被赋予了约定俗成的含义，国民在日常生活中对什么是盗窃有明确的认识和界定，被告人以合法形式取得钱财，认定其构成盗窃罪很难让公众信服和认可，因为法律制度的正当性，必须使基本规则为民众所认可。我们认为，认定任何犯罪都需要主客观相统一。本案中，案件事实和被告的行为过程都显示，被告人于某水由于主观意图发生的变化，导致先前合法行为后来转化成了非法行为，所以被告人的合法形式并不能掩盖其非法目的。同时，本案也是因 ATM 机故障让被告临时起意的犯罪，发生的概率较小，在盗窃方式上具有特殊性，但概率小和特殊性都不影响对被告人犯罪构成的分析。被告人于某水后来的多次操作行为，主观上具有非法占有银行资金的故意，客观上实施了窃取银行资金的行为，已经构成盗窃罪。

（二）被告人的行为不构成侵占罪。我国刑法规定，侵占罪是指以非法占有为目的，将代为保管的他人财物，或者将他人的遗忘物、埋藏物非法据为己有，数额较大，拒不退还或拒不交出的行为。分析侵占罪的客观要件，侵占的突出特点是"变合法持有为非法所有"，这也是侵占和盗窃的本质区别，即行为人已经合法持有他人财物，是构成侵占的前提条件。《中华人民共和国刑法》第 270 条规定，合法持有他人财物包括两种情形：一是以合法方式代为保管他人的财物，是典型意义的侵占，二是合法占有他人的遗忘物或者埋藏物，即对于脱离占有物的侵占。本案不能认定是侵占的关键在于，银行没有同意或授权，所以不构成典型侵占；同时，被告人于某水对银行资金的占有是通过恶意存款取得，不是合法持有，也不构成脱离占有物的侵占。

其次，前面已经分析过，如果在被告人未采取任何主动行为时，ATM 机吐钱，被告人得到，可以认定为遗忘物。但本案是被告人通过故意行为，ATM 机"被操纵"而吐出现金，那么这些现金肯定不是银行的遗忘物，被告人也不是替银行保管钱财，因为从立法本意来说，遗忘物、保管物、不当得利都不是获得者通过主动行为来获得。如果说某人通过自己故意的、主动的行为获得他人的遗忘物，显然违反法律关于遗忘物的定义，违反基本逻辑。本案中，被告人通过故意行为取得的财物，显然与遗失物、不当得利的法律含义不一致。既然银行资金不能认定为遗忘物，那么被告的行为更不可能是替银行保管，因而其行为也不构成侵占罪。

三、刑罚的衡量

综观本案前行为合法后行为违法的全过程，我们认为，被告人犯意的基础动因在于一念之间的贪欲。欲望人人都有，眼耳鼻舌身意，人有感知就会有欲望，所以欲望是人的本性，它来自于基因和遗传，改变不了，因而是正常的。欲望本身也是有益于人类的，没有欲望人类可能早已灭绝。与此同时，人作为社会中的存在，欲望必须得到控制，必须被控制在合理范围之内。我们知道，许多犯罪尤其是财产犯罪的最初（甚至是唯一）动因就是贪欲，当然在极端情况下，如严重冻饿、危及生命时，可能还有其它动因，但是属于例外或极少数，这里不予以展开。对财产犯罪科以刑罚，目的就是通过报应和预防两种方式，将人的欲望控制在一个合理范围，不让欲望演变为贪欲而危及他人利益，以维持社会的正常交易秩序和人类正常的生活秩序。所以，从这个层面来说，必须对被告人处以刑罚，通过惩罚和警示，将被告人以及有类似想法和行为的人的贪欲限制在一个正常合理的范围之内，以防止犯罪行为的发生。

另一方面，我们同时认为，应当对被告人科以较轻的处罚。理由是：

第一，从主观来说，被告人的主观恶性是较轻的，在知道 ATM 机发生故障之前，被告人就是去存钱，是一个合法行为，没有任何犯罪意图。他是在取钱过程中，发现 ATM 机故障并且这一故障可以给他带来巨大利益的时候，因为贪欲而产生的犯意。也就是说，没有 ATM 机故障作为前提，被告人不会产生盗窃的犯意，因此，其主观恶性有限。同时，银行作为 ATM 机的管理者和拥有者，其对机器故障（错误吐钱）应当承担过错责任，这一过错虽然与被告人的犯罪行为不构成因果关系，但可以作为对被告人从轻处罚的情节予以考虑。

第二，从被告人的行为方式来看，其获取钱财的方式是平和的，他没有通过其他手段如破坏机器、修改电磁信息、蒙骗他人或通过电脑技术侵入故意改变 ATM 指令而窃取钱款，他只是利用了 ATM 机的故障，通过"规范"的方式获取钱款。被告人利用机器故障进行盗窃，与那些典型的盗窃罪案中，受害人因财物损失产生的痛苦和报复欲望，以及毫无民事救济的可能性，必须依赖刑法保护的情形截然不同，这在量刑上必须予以考虑。

第三，从被告人的行为后果来看，因为银行 ATM 机总体事故发生率很低，利用 ATM 机的故障进行盗窃，其发生概率更低；既然银行资金受损与其ATM 机故障有直接关联，此后，银行必会在机器的运行精度以及失窃保险上完善制度，那么，将来这类案件发生率应该更低。另外，据银行方面称，当晚机器故障涉及存款错误的有二十多人，仅有被告一人利用机器故障进行盗窃。可以说，这一盗窃案是否发生，几乎产生于公民贪欲是否膨胀的一念之间。面对这种罪案，普通公民关注的应该是自己面对这种情况会怎么选择，而不会因这一特殊形式的盗窃对自己的财物产生失窃的恐惧感。所以，这一犯罪对社会秩序和公民的人身财产安全感并不会产生恶劣影响，本案的社会危害性比常态化的盗窃犯罪要小得多。

第四，对被告人个人生活状况等其它方面的考虑。被告人于某水的父母早已病亡，其与几个姊妹相依为命，生活困苦，不然，他也不会早早辍学外出打工谋生，以他的初小学历和人生经历，可以肯定，他对法律及其行为后果不会有高度清楚的认识，更不可能对这一法律界都存在争议的案件会自认为是盗窃犯罪。既然他不可能明确辨认自己的行为及其后果，我们也可以想象，对于一个穷孩子来说，几乎是从天而降的钱财对他意味着什么?！我们不能苛求每一个公民都具有同等的道德水平和觉悟。同时，被告人取了钱带回老家，除了给弟弟一些钱，剩下的也一直不敢乱花，这说明他对社会管理秩序还是心存畏惧，被抓获之后，被告人随即全部退清所有款项，我们觉得，这孩子仍心存良知。

基于上述事实和理由，本院认为，对被告人判处刑罚并宣告缓刑的量刑幅度，是适当的，能够达到刑罚报应与教育预防的目的。

四、最后的说明

在作出本案判决之前，我们对与本案类似的著名许霆案作了详细的研究和对比，许霆案犯罪金额是十几万元，终审判决确定的刑期是五年。我们知道，法学理论界对许霆案的判决分歧非常大，国内多位顶尖刑法学教授也各自发表了论证严密但结论完全不同的法律意见。这既说明本案作为一个新类型案件有其自身的特殊性，另外也说明正义本身具有多面性，从不同的角度观察和认识会得出不同的结论。众多争论也说明，对复杂的新类型案件作出正确的司法判断是件非常困难的事，对法官的各项能力甚至抗压能力要求都非常高，因为法律毕竟是一门应对社会的科学，司法判断面临的是纷繁复杂、日新月异的世界，面临的是利益交织、千差万别的社会矛盾和价值取向，面临的是当事人、公众、媒体、专业人士等的挑剔眼光和评价。因而法律专家也好，法官、检察官也好，即使法律观念一致，但也存在不同的伦理观、道德观、世界观，存在不同的思维方式和行为路径，因此，在追求正义的过程中，司法官对案件的判断经常是不一致的但同时也是正常的。检察和审判机关之间，以及不同层级的审判机关之间对同一案件存在不同的认识和答案是正常的，希望得到社会各界的理解和尊重。

就本案而言，判词虽然已经详细阐明理由，但因本案被告在犯罪手段上非常特殊，合法形式与非法目的交织在一起，理论界对案件的定性争议也比较大，那么本判决结果可能难以让所有人肯定或认可。因此，我们也不能确认和保证本判决是唯一正确的，我们唯一能保证的是，合议庭三名法官作出的这一细致和认真的判断是基于我们的良知和独立判断，是基于我们对全案事实的整体把握和分析，是基于我们对法律以及法律精神的理解，是基于我们对实现看得见的司法正义的追求。

综上所述，并经本院审判委员会讨论决定，依照《中华人民共和国刑法》第二百六十四条、第六十七条第三款、第七十二条第一款、第三款、第七十三条第二款、第三款、第五十二条、第五十三条的规定，判决如下：

被告人于某水犯盗窃罪，判处有期徒刑三年，缓刑三年，并处罚金人民币一万元。

（缓刑考验期限，从判决确定之日起计算。罚金自判决生效之日起一个月内付清。）

如不服本判决，可在接到判决书的第二日起十日内，通过本院或者直接向惠州市中级人民法院提出上诉。书面上诉的，应当提交上诉状正本一份，副本二份。

审判长　万　翔

审判员　余志浓

审判员　汪惠强

二零一四年十月十六日

书记员　黄子阳

附相关法律条文：

《中华人民共和国刑法》

第二百六十四条盗窃公私财物，数额较大的，或者多次盗窃、入户盗窃、携带凶器盗窃、扒窃的，处三年以下有期徒刑、拘役或者管制，并处或者单处罚金；数额巨大或者有其他严重情节的，处三年以上十年以下有期徒刑，并处罚金；……

第六十七条

……

犯罪嫌疑人虽不具有前两款规定的自首情节，但是如实供述自己罪行的，可以从轻处罚；因其如实供述自己罪行，避免特别严重后果发生的，可以减轻处罚。

第七十二条对于被判处拘役、三年以下有期徒刑的犯罪分子，同时符合下列条件的，可以宣告缓刑，对其中不满十八周岁的人、怀孕的妇女和已满七十五周岁的人，应当宣告缓刑：

（一）犯罪情节较轻；

（二）有悔罪表现；

（三）没有再犯罪的危险；

（四）宣告缓刑对所居住社区没有重大不良影响。

……

被宣告缓刑的犯罪分子，如果被判处附加刑，附加刑仍须执行。

第七十三条……有期徒刑的缓刑考验期限为原判刑期以上五年以下，但是不能少于一年。

缓刑考验期限，从判决确定之日起计算。

第五十二条判处罚金，应当根据犯罪情节决定罚金数额。

第五十三条罚金在判决指定的期限内一次或者分期缴纳。期满不缴纳的，强制缴纳。对于不能全部缴纳罚金的，人民法院在任何时候发现被执行人有可以执行的财产，应当随时追缴。如果由于遭遇不能抗拒的灾祸缴纳确实有困难的，可以酌情减少或者免除。

评论：该判决书号称"史上最牛刑事判决书"。之所以被称为"史上最牛刑事判决书"，是因为该判决书进行了详尽的说理，其令人信服的地方在于其说理的方式。整份判决书共 24 页，除去事实和证据部分占了 10 页，法官用了将近 14 页来阐明自己的见解和观点。对于 ATM 机与银行的关系、对于罪与非罪的不同、此罪（盗窃罪）与彼罪（侵占罪）的不同、刑罚的衡量等都做出了详细的说理，整篇判决书说理清晰、逻辑严密。更为难得的是，法官在诸多专家意见中做出了自己的判断，给出了自己的判决理由，令人心悦诚服。

附录三：

里格斯诉帕尔默案判决书（中英文对照）[1]
RIGGS V. PALMER Court of Appeals of New York, 1889
里格斯诉帕尔默案，纽约上诉法院，1889 年
Rights of Legatees-Murder of Testator
有关继承人杀害遗嘱人有无继承权的问题

The law of New York relating to the probate of wills and the distributions of estates will not be construed so as to secure the benefit of a will to a legatee who has killed the testator in order to prevent a revocation of the will. GRAY and DANFORTH, JJ., dissenting.

纽约州关于公证遗嘱和分割遗产的法律，不能被解释成继承人为阻止遗

---

〔1〕　赵玉增译："里格斯诉帕尔默案判决书（中英文对照）"，载民间法与法律方法网：http://www.xhfm.com/2006/1101/1397.html，最后访问时间：2020 年 8 月 22 日。

嘱人撤销遗嘱，可以通过杀害遗嘱人的方式来获得遗嘱利益。——格雷和丹佛斯法官有不同的法律意见。

Appeal from supreme court, general term, third department.

上诉来自纽约州最高法院，普通审期，第三法庭。

Leslie W Russell, for appellants. W. M. Hawkins for respondents.

莱斯里·W·茹塞尔为上诉人辩护；W·M·豪肯斯为被上诉人辩护。

EARL, J. on the 13th day of August 1880, Francis B. Palmer made his last will and testament, in which he gave small legacies to his two daughters, Mrs. Riggs and Mrs. Preston, the plaintiffs in this action, and the remainder of his estate to his grandson, the defendant Elmer E. Palmer, subject to the support of Susan Palmer, his mother, with a gift over to the two daughters, subject to the support of Mrs. Palmer in case Elmer should survive him and die under age, unmarried, and without any issue. The testator, at the date of his will, owned a farm, and considerable personal property. He was a widower, and thereafter, in March, 1882, he was married to Mrs. Bresee, with whom, before his marriage, he entered into an antenuptial contract, in which it was agreed that in lieu of dower and all other claims upon his estate in case she survived him she should have her support upon his farm during her life, and such support was expressly charged upon the farm. At the date of the will, and subsequently to the death of the testator, Elmer lived with him as a member of his family, and at his death was 16 years old. He knew of the provisions made in his favor in the will, and, that he might prevent his grandfather from revoking such provisions, which he had manifested some intention to do, and to obtain the speedy enjoyment and immediate possession of his property, he willfully murdered him by poisoning him. He now claims the property, and the sole question for our determination is, can he have it?

厄尔法官：1880 年 8 月 13 日，富朗西斯·帕尔默立下一份遗嘱，遗嘱约定他的两个女儿——里格斯和普瑞斯顿，即该案的原告，只能继承其遗产中很少的一部分；剩余大部分遗产由其孙子——即该案的被告埃尔默·帕尔默继承，但若被告埃尔默·帕尔默先于祖父富朗西斯·帕尔默死去且未结婚，又不存在其他问题，被告帕尔默的母亲——苏珊·帕尔默必须将遗产转予富朗西斯·帕尔默的两位女儿所有。富朗西斯·帕尔默在立遗嘱时，拥有一座农场和一笔可观的财产，他是一个鳏夫，在 1882 年 3 月与伯瑞斯夫人结婚，婚前签署了一份协议，约定一旦伯瑞斯夫人后于富朗西斯·帕尔默去世，则由伯瑞斯夫人照管农场、管理财产直至其去世。被告埃尔默自订立遗嘱时起，一直作为家庭中的一员与富朗西斯·帕尔默一家生活在一起直到其去世，时年埃尔默 16 岁。被告埃尔默知道遗嘱的内容，推测祖父有可能改变遗嘱，且有迹象表明祖父也正在试图改变遗嘱，为了阻止祖父改变遗嘱，尽快获得遗产，埃尔默毒死了祖父。现被告埃尔默主张获得遗产，需要我们确定的问题是——他能获得遗产吗？

The defendants say that the testator is dead; that his will was made in due form, and has been admitted to probate; and that therefore it must have effect according to the letter of the law. It is quite true that statutes regulating the making, proof, and effect of wills and the devolution of property, if literally construed, and if their force and effect can in no way and under no circumstances be controlled or modified, give this property to the murderer. The purpose of those statutes was to enable testators to dispose of their estates to the objects of their county at death, and to carry into effect their final wishes legally ex pressed; and in considering and giving effect to them this purpose must be kept in view. It was the intention of the law-makers that the donees in a will should have the property given to them. But it never could have been their intention that a donee who murdered the testator to make the will operative should have any benefit under it. If such a case had been present to their minds, and it had been supposed necessary to make some provision of law to meet it, it cannot be doubted that they would have provided for it. It is a familiar canon of construction that a thing which is within the intention of the makers of a statute is as much within the statute as if it were within the letter; and a thing which is within the letter of the statute is not within the statute unless it be within the intention of the makers. The writers of laws do not always express their intention perfectly, but either exceed it or fall short of it, so that judges are to collect it from probable or rational conjectures only, and this is called "rational interpretation"; and Rutherford, in his Institutes, (page 420) says: "Where we make use of rational interpretation, sometimes we restrain the meaning of the writer so as to take in less, and some times we extend or enlarge his meaning so as to take in more, than his words express. " Such a construction ought to be put upon a statute as will best answer the intention which the makers had in view···. Many cases are mentioned where it was held that matters embraced in the general words of statutes nevertheless were not within the statutes, because it could not have been the intention of the law-makers that they should be included. They were taken out of the statutes by an equitable construction; and it is said in Bacon: "By an equitable construction a case not within the letter of a statute is sometimes holden to be within the meaning, because it is within the mischief for which a remedy is provided. The reason for such construction is that the law-makers could not set down every case in express terms. In order to form a right judgment whether a case be within the equity of a statute, it is a good way to suppose the law-maker present, and that you have asked him this question: Did you intend to comprehend this case? Then you must give yourself such answer as you imagine he, being an upright and reasonable man, would have given. If this be that he did mean to comprehend it, you may safely hold the case to be within the equity of the statute; for while you do no more than he would have done, you do not act contrary to the statute, hut in conformity thereto. " 9 Bac. Abr. 248. In some cases the letter of a legislative act is restrained by an equitable construction; in others, it is enlarged; in others, the construction is contrary to the letter···. If the law makers could, as to this case, be consulted, would they say that they intended by their general language that the property of a testator or of an ancestor should pass to one who had taken his life for the express purpose of getting his property? In 1 Bl Comm. 91, the learned author, speaking of the construction of statutes, says: "If there arise out of them collaterally any absurd consequences manifestly contradictory to common reason, they are with regard to those collateral consequences void. Where some collateral matter arises out of the general words, and happens to be unreasonable, there the judges are in decency to conclude that this consequence was not foreseen by the parliament, and therefore they are at liberty to ex pound the statute by equity, and only quoad hoc disregard it; " and he gives as an illustration, if an act of parliament gives a man power to try all causes that arise within his manor of Dale, yet, if a cause should arise in which he himself is party, the act is construed not to extend to that, because it is unreasonable that any man should determine his own quarrel. There was a statute in Bologna that whoever drew blood in the streets should be severely punished, and yet it was held not to apply to the case of a barber who opened a vein in the street. It is commanded in the decalogue that no work shall be done upon the Sabbath, and yet giving the command a rational interpretation founded upon its design the Infallible Judge held that it did not prohibit works of necessity, charity, or benevolence on that day.

被告辩称，遗嘱人所立遗嘱形式合法且经过公证，现遗嘱人已经去世，根据法律规定遗嘱应当得到执行。依据文义解释，在没有外力影响和左右的情况下，事态按其自然进程发展，不被控制也没有改变的话，那么根据调整遗嘱订立、证明、效力以及财产转移等遗嘱法的规定，把遗产转给谋杀者，这是千真万确的。制定遗嘱法就是为了让遗嘱人，能够处置其去世时依各州规定可继承的遗产，也是为了让遗嘱人最后合法律表达出的意愿产生实际效果，在考虑和判定遗嘱效力时，这些立法目的必须被考量。立法者的目的就是让遗嘱受赠人获得其应该继承的遗产。但受赠人为使遗嘱生效而谋杀遗嘱人，从中获取遗嘱利益，这绝不会是立法者的目的。立法者如果能想到这种情况，并认为有必要制定相应的法律规定，那么立法者会毫不犹豫地作出规定。一般说来，立法者的目的就是法律条文字面所表达出的目的；但法律条文所能表达出的目的却不限于法律条文本身，除非严格限定立法者的目的于法律条文之内，这是人们所熟知的一个解释原则。立法者并不总能精确地表达他们的目的，而是有时会超出，有时又受到限制，为此，就需要法官从可能或合理的推断中修正立法者的目的，这被称为"合理性解释"。卢瑟福在其法学著作中曾说（420页），"当我们运用合理性解释时，我们有时会为限制作者的意义表达而对文本作限缩解释，有时会为扩展或增加作者的意义表达而对文本作扩张解释。"所以对制定法的解释应致力于有根据地探寻立法者的目的……很多这样的案例被提及，即虽然事项被包括在法律字面的通常意义之内，但由于不可能是立法者的目的，从而被衡平解释拒之于制定法之外。正如培根所言，"通过衡平解释，一个不包括在制定法字面含义之内的情形有时可能被认定包括在制定法之内，比如为损害提供救济就在制定法之内。这种解释的根据在于，立法者不可能用明确的语言为每个案件立法。为了正确判定当下案件是否在制定法规定之内，你可以假定立法者在场，并向他提出如下问题：你打算怎样处理这一案件？然后站在正直的、理性人的角度给出你自己的答案，这是一个好的方法。如果你感到立法者会包括在内，你就可以确信该案包括在制定法之内，因为你所作的也就是立法者所作的，你没有违反制定法，而是遵循了制定法。根据衡平解释，制定法的字面含义在某些案件中会受到限制；在另外一些案件中可能会扩张，甚至是作出相反地解释……就该案而言，如果咨询立法者，根据语言的通常意义，他们能说遗嘱人或被继承人的财产应该转移给为获得遗产而杀害遗嘱人或被继承人的人的手中吗？布莱克斯通在讲到制定法解释时说："如果制定法解释产生了与普遍理性相悖的荒谬结论，我们必须考虑这些结论的无效性。如果有些结论溢出语言的通常意义，且是不合理的，那么，法官可以合情理地得出该结论不是议会所预见的，因此，法官享有事后衡平解释制定法的自由，甚至就此而言，法官可以无视制定法"。布莱克斯通举例作了说明：如果议会法案授予法官可以审理发生在其管辖范围内的所有案件，但其中一个案件法官就是案件一方当事人的话，那么就不能对法案作扩张解释，因为任何人都不能作自己案件的法官。还有波罗格纳有一部法案，任何人在大街上流血都将受到严惩，但法案不适用于理发师在大街上割破血管。《圣经》十诫规定安息日不能工作，但万能的法官给出了合理的解释，坚持认为这一天，那些必需的、乐善好施的工作不在禁止之列。

What could be more unreasonable than to suppose that it was the legislative intention in the general laws passed for the orderly peaceable, and just devolution of property that they should have operation in favor of one Who murdered his ancestor that he might speedily come into the possession of his estate? Such an intention is inconceivable. We need not, therefore, be much troubled by the general language contained in the laws. Besides, all laws, as well as all contracts, maybe controlled in their operation and effect by general fundamental maxims of the common law. No one shall be permitted to profit by his own fraud, or to take advantage of his own wrong, or to found any claim upon his own iniquity, or to acquire property by his own crime. These maxims are dictated by public policy, have their foundation in universal law administered in all civilized countries, and have nowhere been superseded by statutes. They were applied in the decision of the case of Insurance Co. v. Armstrong, 117 U. S. 599, 6 Sup. Ct. Rep. 877. There it was held that the person who procured a policy upon the life of another, payable at his death, and then murdered the assured to make the policy payable, could not recover thereon. Mr. Justice FIELD, writing the opinion, said: "Independently of any proof of the motives of Hunter in obtaining the policy, and even assuming that they were just and proper, he forfeited all rights under it when, to secure its immediate payment, he murdered the assured. It would be a reproach to the jurisprudence of the country if one could recover insurance money payable on the death of a party whose life he had feloniously taken. As well might he recover insurance money upon a building that he had willfully fired. " These maxims, without any statute giving them force or operation, frequently control the effect and nullify the language of wills. A will procured by fraud and deception, like any other instrument, may be decreed void, and set aside; and so a particular portion of a will may be excluded from probate, or held in operative, if induced by the fraud or undue influence of the person in whose favor it is····. So a will may contain provisions which are immoral, irreligious, or against public policy, and they will be held void.

立法者为和平、秩序和公正地转移财产而制定的普遍法律，如果产生赞同或支持人们为快速占有遗产而杀害被继承人的结果，并将其视为立法者的目的，没有比这更为不合理的了，这样的立法目的是不可思议的。因此，我们不能被法律中的一般性语言所困扰。另外，所有法律和合同在其执行和效果上都受普通法所确立的普遍基本原则的规制。诸如任何人都不得通过欺诈行为而获利，不得通过自己的错误行为而获利，不得依据自己的不义行为主张权利，更不得通过犯罪行为而获得财产等，这些原则由公共政策所支配，在所有文明国家普遍性的法律中都有其基础，即使是制定法也不能超越它们。在"保险公司诉阿姆斯特朗案"中这些原则得到体现。该案是说投保人为他人（被保险人）订立了一份死亡保险合同，约定在被保险人死亡时投保人为保险金受益人，投保人为获得保险金而谋杀了被保险人，则投保人不能获得保险金。菲尔德大法官在其撰写的法律意见中说："无需探寻和证明亨特在订立保险合同时的动机，即使假定其动机是正当和恰当的，但当他为立即获取保险金而谋杀被保险人时，他就丧失了保险合同下的所有权利。如果投保人能够通过杀害被保险人的犯罪行为而获得保险金的话，那么他同样能够通过蓄意烧毁一幢建筑而获得保险金，这将是一个国家法学的耻辱。"这些原则无需制定法赋予其效力或执行力，却能常常规制遗嘱的有效与无效。通过欺诈、欺骗订立的遗嘱，同其他法律文书一样，可以被宣告无效或撤销。如果欺诈或不正当地对遗嘱人施加影响，那么遗嘱的某些内容可能被排除在认证之外或仅是部分地得到执行……所以，遗嘱可能包含不道德、违反宗教或公共政策的内容，这些内容是无效的。

Here there was no certainty that this murderer would survive the testator, or that the testator would not change his will, and there was no certainty that he would get this property if nature was allowed to take its course. He therefore murdered the testator expressly to vest himself with an estate. Under such circumstances what law, human or divine, will allow him to take the estate and enjoy the fruits of his crime? The will spoke and became operative at the death of the testator. He caused that death, and thus by his crime made it speak and have operation. Shall it speak and operate in his favor? If he had met the testator, and taken his property by force, he would have had no title to it. Shall he acquire title by murdering him? If he had gone to the testator's house, and by force compelled him, or by fraud or undue influence had induced him, to will him his property, the law would not allow him to hold it. But can he give effect and operation to a will by murder, and yet take the property? To answer these questions in the affirmative it seems to me would be a reproach to the jurisprudence of our state, and an offense against public policy. Under the civil law, evolved from the general principles of natural law and justice by many generations of juris consults, philosophers, and statesmen, one cannot take property by inheritance or will from an ancestor or benefactor whom he has murdered···. In the Civil Code of Lower Canada the provisions on the subject in the Code Napoleon have been substantially copied. But, so far as I can find, in no country where the common law prevails has it been deemed important to enact a law to provide for such a case. Our revisers and law-makers were familiar with the civil law, and they did not deem it important to incorporate into our statutes its provisions upon this subject. This is not a casus omissus. It was evidently supposed that the maxims of the common law were sufficient to regulate such a case, and that a specific enactment for that purpose was not needed. For the same reasons the defendant Palmer cannot take any of this property as heir. Just before the murder he was not an heir, and it was not certain that he ever would be. He might have died before his grandfather, or might have been disinherited by him. He made himself an heir by the murder, and he seeks to take property as the fruit of his crime. What has before been said to him as legatee applies to him with equal force as an heir. He cannot vest himself with title by crime. My view of this case does not inflict upon Elmer any greater or other punishment for his crime than the law specifies. It takes from him no property, but simply holds that he shall not acquire property by his crime, and thus be rewarded for its commission.

不能确定谋杀者活得比遗嘱人长，也不能确定遗嘱人不改变遗嘱，同样不能确定，即使事态按照其自然进程发展，谋杀者一定会获得遗产。而谋杀者谋杀立遗嘱人，显然是为了获得遗产，在这种情形下，会有法律、人或神灵允许谋杀者获得遗产，享受其犯罪成果吗？遗嘱在遗嘱人死亡时宣读并生效。谋杀者导致了遗嘱人死亡，谋杀者因其犯罪行为而使遗嘱被宣读并生效，遗嘱能够如其所愿地被宣读和生效吗？如果谋杀者与遗嘱人相遇并用暴力夺取其财产，则谋杀者没有权利获得该财产，那么他能通过谋杀行为来获得该权利吗？如果他闯入遗嘱人住宅，并以暴力胁迫遗嘱人，或者通过欺诈、不正当影响诱导遗嘱人，法律也不会认可、支持他。法律怎么会支持谋杀者通过谋杀行为而使遗嘱生效并获得遗产呢？在我看来，对这些问题给出肯定的回答将是我国法学的耻辱，也违背公共政策。由许多法学家、哲学家和政治家所阐述的正义与自然法的一般原则发展而来的民法认为，一个人不能因其谋杀行为而从被继承人或遗嘱人那里获得遗产，加拿大下议院制定的民法典就照抄了拿破仑法典的这项规定。但据我所知，没有一个普通法居于支配地位的国家认为制定法对此作出规定是重要的。立法者和修改者对民法是熟悉的，他们也不认为把该事项写进制定法是重要的，这并不是偶然的疏忽，而是因为人们认为普通法的法律原则足以调整这类案件，没有必要对此作出规定。同理，被告帕尔默不能作为继承人获得遗产，在谋杀之前，他不是继承人，他能否成为继承人也是不确定的。他可能死于祖父之前，也可能被祖父剥夺继承权。他通过谋杀使自己成为继承人，并想通过占有犯罪成果而获得遗产。前面提到的对继承人有效的法律原则同样适用于受赠人，他不能通过犯罪行为而获得遗产。在我看来，这样判决没有给埃尔默的犯罪行为施加比法律规定更多的或额外的惩罚，判决没有剥夺他的任何财产，而只是判定他不能通过犯罪行为而获得财产，这是他因其犯罪行为应得的报应。

Our attention is called to Owens v. Owens, 100 N. C. 240, 6 S. E. Rep. 794, as a case quite like this. There a wife had been convicted of being an accessory before the fact to the murder of her husband, and it was held that she was nevertheless entitled to dower. I am unwilling to assent to the doctrine of that case. The statutes provide dower for a wife who has the misfortune to survive her husband, and thus lose his support and protection. It is clear beyond their purpose to make provision for a wife who by her own crime makes herself a widow, and willfully and intentionally deprives herself of the support and protection of her husband. As she might have died before him, and thus never have been his widow, she cannot by her crime vest herself with an estate. The principle which lies at the bottom of the maxim volenti non fit injuria should be applied to such a case, and a widow should not, for the purpose of acquiring, as such, property rights, be permitted to allege a widowhood which she has wickedly and intentionally created.

我们注意到《欧文斯诉欧文斯》一案与该案类似，妻子作为从犯因协助谋杀丈夫而犯罪，妻子不能因此获得寡妇资格。我很不情愿地赞同该案所揭示出的法律原则。制定法规定妻子不幸失去丈夫，会失去支持和保护，法律因此赋予妻子以寡妇资格。但若妻子通过犯罪行为故意使自己失去丈夫的保护和支持，从而使自己成为寡妇，这明显不符合法律规定的目的。正如妻子可能死在丈夫之前，永远不会成为寡妇一样，妻子不能通过犯罪行为而获得利益。根植于"自愿招致损害者不得主张所受损害"（Volenti non fit injuria）的原则应该适用于该案，妻子以获得财产权利为目的，出于邪恶用心并蓄意造就自己的寡妇资格，不得享有寡妇资格。

The facts found entitled the plaintiffs to the relief they sought. The error of the referee was in his conclusion of law. Instead of granting a new trial, therefore, I think the proper judgment upon the facts found should be ordered here. The facts have been passed upon twice with the same result, first upon the trial of Palmer for murder, and then by the referee in this action. We are therefore of opinion that the ends of justice do not require that they should again come in question. The judgment of the general term and that entered upon the report of the referee should therefore be reversed, and judgment should be entered as follows: That Elmer E. Palmer and the administrator be enjoined from using any of the personalty or real estate left by the testator for Elmer's benefit; that the devise and bequest in the will to Elmer be declared ineffective to pass the title to him; that by reason of the crime of murder committed upon the grandfather he is deprived of any interest in the estate left by him; that the plaintiffs are the true owners of the real and personal estate left by the testator, subject to the charge in favor of Elmer's mother and the widow of the testator, under the antenuptial agreement, and that the plaintiffs have costs in all the courts against Elmer.

已发现的案件事实应当赋予两名原告获得救济的权利。原审法官的错误在于其法律结论。我个人认为，如果能够重新审理此案，正义的法官应当对已发现的案件事实进行梳理。两次判决所认定的案件事实是相同的——即第一次审判帕尔默认定的案件事实和此次审判认定的案件事实。我们坚持认为正义不能要求他们（犯罪嫌疑人）接受两次审判。原审普通法院的判决以及法官的审判报告应当被撤销，作出如下判决：埃尔默·帕尔默和遗产管理人不能动用遗嘱人为埃尔默遗赠的任何财产；遗嘱中赠与埃尔默的动产和不动产不发生有效转移；谋杀者埃尔默因其犯罪行为被剥夺获得遗产的权利；两名原告是遗嘱人动产和不动产的真正继承人，但应由埃尔默的母亲和遗嘱人的遗孀依据婚前协议来照管，埃尔默承担两原告已支付的所有诉讼费。

All concur, except GRAY, J., who reads dissenting opinion, and DAN-FORTH, J., concurs.

除格雷法官提出不同的法律意见，丹佛斯法官支持该法律意见外，其余法官一致同意该判决。

GRAY, J., (dissenting.) This appeal represents an extraordinary state of facts, and the case, in respect to them, I believe, is without precedent in this state. The respondent, a lad of 16 years of age, being aware of the provisions in his grandfather's will, which constituted him the residuary legatee of the testator's estate, caused his death by poison, in 1882. For this crime he was tried, and was convicted of murder in the second degree, and at the time of the commencement of this action he was serving out his sentence in the state reformatory. This action was brought by two of the children of the testator for the purpose of having those provisions of the will in the respondent's favor canceled and annulled. The appellants' argument for a reversal of the judgment, which dismissed their complaint, is that the respondent unlawfully prevented a revocation of the existing will, or a new will from being made, by his crime; and that he terminated the enjoyment by the testator of his property, and effected his own succession to it, by the same crime. They say that to permit the respondent to take the property willed to him would be to permit him to take advantage of his own wrong. To sustain their position the appellants' counsel has submitted an able and elaborate brief, and, if I believed that the decision of the question could be effected by considerations of an equitable nature, I should not hesitate to assent to views which commend themselves to the conscience . But the matter does not lie within the domain of conscience. We are bound by the rigid rules of law, which have been established by the legislature, and within the limits of which the determination of this question is confined. The question we are dealing with is whether a testamentary disposition can be altered, or a will revoked, after the testator's death, through an appeal to the courts, when the legislature has by its enactments prescribed exactly when and how wills may be made, altered, and revoked, and apparently, as it seems to me, when they have been fully complied with, has left no room for the exercise of an equitable jurisdiction by courts over such matters. Modern juris prudence, in recognizing the right of the individual, under more or less restrictions, to dispose of his property after his death, subjects it to legislative control, both as to extent and as to mode of exercise. Complete freedom of testamentary disposition of one's property has not been and is not the universal rule, as we see from the provisions of the Napoleonic Code, from the systems of jurisprudence in countries which are modeled upon the Roman law, and from the statutes of many of our states. To the statutory restraints which are imposed upon the disposition of one's property by will are added strict and systematic statutory rules for the execution, alteration, and revocation of the will, which must be, at least substantially, if not exactly, followed to insure validity and performance. The reason for the establishment of such rules, we may naturally assume, consists in the purpose to create those safeguards about these grave and important acts which experience has demonstrated to be the wisest and surest. That freedom which is permitted to be exercised in the testamentary disposition of one's estate by the laws of the state is subject to its being exercised in conformity with the regulations of the statutes. The capacity and the power of the individual to dispose of his property after death, and the mode by which that power can be exercised, are matters of which the legislature has assumed the entire control, and has undertaken to regulate with comprehensive particularity.

格雷法官：该上诉案揭示出的案件事实是典型的，我相信该上诉案也没有先例可循。被上诉人是一位 16 岁少年，得知祖父在遗嘱中将大部分剩余遗产指定由被上诉人继承，这导致被上诉人在 1882 年毒死了遗嘱人。被上诉人因此受到审判，被判构成二级谋杀罪，该上诉案提起时，被上诉人还在州少年犯管教所服刑。该上诉案由遗嘱人的两位女儿提起，要求宣告遗嘱中指定被上诉人继承遗产的条款无效并撤销。上诉人要求撤销原审判决，原审判决驳回了上诉人的诉讼请求，因为在上诉人看来，被上诉人因其犯罪行为不仅非法阻止了现存遗嘱的撤销或新遗嘱的订立，而且也丧失了通过遗嘱继承获得遗产的权利。上诉人认为，如果允许被上诉人获得遗产，就等于承认被上诉人可以通过错误行为而获利。为支持其主张，上诉人律师向法院递交了一宗详实而有力的证明材料，我相信如果考虑衡平的自然法对案件作出判决，我也会毫不犹豫地赞同符合道德良心的观点，但问题是判决不能基于良心而作出。我们必须严格遵循立法者所确立的法律规则，必须在法律规定之内处理这一问题。需要我们处理的问题是：在立法机关已经对何时以及如何订立、修改或撤销遗嘱做出明确规定的情况下，可否在遗嘱人去世后通过诉讼来改变或撤销遗嘱。我个人认为，在严格遵循法律规定的情况下，法院没有根据衡平法理裁判类似案件的自由。现代法学理论认为，在或多或少受到限制的情况下，个人有处置自己死后遗产的自由或权利，当然要遵守立法对遗产范围和遗嘱订立程序的规定。正如我们从拿破仑法典，从依据罗马法原则建立起来的各国法学理论体系，从很多州制定法中所看到的，个人没有处置自己遗产的绝对自由。制定法对通过遗嘱处置遗产有严格而又系统的规定，包括遗嘱的执行、修改和撤销等，即使这些规定不精确，也必须得到严格遵循。之所以确立这些法律规则，目的就是为那些严肃而又重大的行为提供安全保障，这被证明是可靠明智之举。遗嘱人在遵守国家制定法规定的情况下，有处置遗产的自由。个人处置死后遗产的权利和方式，应当符合国家制定法的规定，并受到各种特定条件的限制。

The appellants' argument is not helped by reference to those rules of the civil law, or to those laws of other governments, by which the heir, or legatee, is excluded from benefit under the testament if he has been convicted of killing, or attempting to kill, the testator. In the absence of such legislation here, the courts are not empowered to institute such a system of remedial justice. The deprivation of the heir of his testamentary succession by the Roman law, when guilty of such a crime, plainly was intended to be in the nature of a punishment imposed upon him. The succession in such a case of guilt, escheated to the exchequer···. I concede that rules of law which annul testamentary provisions made for the benefit of those who have become unworthy of them may be based on principles of equity and of natural justice. It is quite reasonable to suppose that a testator would revoke or alter his will, where his mind has been so angered and changed as to make him unwilling to have his will executed as it stood. But these principles only suggest sufficient reasons for the enactment of laws to meet such cases.

上诉人主张继承人或受赠人谋杀或试图谋杀遗嘱人不能得到遗嘱中的财产利益，这得不到我国民事法律的支持，也得不到其他国家法律的支持。在立法缺席的情况下，法院没有权利制定修正正义的规则体系。根据罗马法的规定，如果继承人违法犯罪，自然应当受到处罚，并应当返还遗产给国家……我承认基于公平和自然正义，法律应当宣布遗嘱中有关违法犯罪人获得遗产的条款无效。假定遗嘱人非常气愤，不愿再执行原来的遗嘱，而撤销或修改遗嘱，也是合理的。

The statutes of this state have prescribed various ways in which a will may be altered or revoked; but the very provision defining the modes of alterations and revoca-

tion implies a prohibition of alteration or revocation in any other way. The words of
the section of the statute are: "No will in writing, except in the cases hereinafter
mentioned, nor any part thereof, shall be revoked or altered otherwise,"
etc. Where, therefore, none of the cases mentioned are met by the facts, and the
revocation is not in the way described in the section, the will of the testator is unal-
terable. I think that a valid will must continue as a will always, unless revoked in the
manner provided by the statutes. Mere intention to revoke a will does not have the
effect of revocation. The intention to revoke is necessary to constitute the effective
revocation of a will, but it must be demonstrated by one of the acts contemplated by
the statute. As WOODWORTH, J., said inDan v. Brown, 4 Cow. 490; "Revocation
is an act of the mind, which must be demonstrated by some outward and visible sign
of relation." The same learned judge said in that case: The rule is that if the testator
lets the will stand until he dies, it is his will; if he does not suffer it to do so, it is
not his will." …The finding of fact of the referee that presumably the testator would
have altered his will had he known of his grandson's murderous intent cannot affect
the question. We may concede it to the fullest extent; but still the cardinal objection
is undisposed of—that the making and the revocation of a will are purely matters of
statutory regulation, by which the court is bound in the determination of questions re-
lating to these acts.

　　州的制定法规定了修改或撤销遗嘱的各种情形，对修改或撤销遗嘱方
式的规定，同时就意味着禁止在其他任何情况下修改或撤销遗嘱。州的制
定法是这样规定的："除了遗嘱已经写明的，任何遗嘱以及遗嘱中的任何部
分，都不得被撤销或修改"。该案认定的案件事实不能满足要求，撤销遗嘱
也不符合法律规定，遗嘱人所立遗嘱不能被该修改。我认为有效遗嘱必须
得到继续执行，除非按制定法的规定撤销该遗嘱。仅仅有撤销遗嘱的意图
并不能产生撤销遗嘱的结果，撤销遗嘱由意图变为现实，案件事实必须得
到求证，必须依据制定法仔细考量。正如沃兹沃思法官在《丹恩诉布朗》
案判决中所言，"撤销行为必须得到某些外在的、可见的相关佐证的证明。"
该案同样博学的法官也说："规则是如果遗嘱人生前不改变遗嘱，那就是他
的遗嘱；如果他不愿按遗嘱处理，他会改变遗嘱……"法官假定如果遗嘱

人知道孙子有谋害他的企图，会改变遗嘱的案件事实，不会对问题产生任何影响。我们可以最大限度的承认这一点，但客观事实是遗嘱人没有这样做——重新订立或撤销遗嘱，这才是与制定法规定直接相关的，法院必须根据这些案件事实来裁判案件。

Two cases, in this state and in Kentucky, at an early day, seem to me to be much in point. Gains v. Gains, 2 A. K. Marsh 190, was decided by the Kentucky court of appeals in 1820. It was there urged that the testator intended to have destroyed his will, and that he was forcibly prevented from doing so by the defendant in error or devisee; and it was insisted that the will, though not expressly, was thereby virtually, revoked. The court held, as the act concerning wills prescribed that manner in which a will might be revoked, that, as none of the acts evidencing revocation were done, the intention could not be substituted for the act. In that case the will was snatched away, and forcibly retained. In 854, Surrogate BRADFORD, whose opinions are entitled to the highest consideration, decided the case of Leaycraft v. Simmons, 3 Bradf. Sur. 35. In that case the testator, a man of 89 years of age, desired to make a codicil to his will, in order to enlarge the provisions for his daughter. His son, having custody of the instrument, and the one to be prejudiced by the change, refused to produce the will at the testator's request, for the purpose of alteration. The learned surrogate refers to the provisions of the civil law for such and other cases of unworthy conduct in the heir or legatee, and says: "Our statute has undertaken to prescribe the mode in which wills can be revoked eliciting the statutory provision. This is the law by which I am governed in passing upon questions touching the revocation of wills. The whole of this subject is now regulated by statute; and a mere intention to revoke, however well authenticated, or how ever defeated, is not sufficient. " And he held that the will must be admitted to probate. I may refer also to a case in the Pennsylvania courts. In that state the statute prescribed the mode for repealing or altering a will, and in Clingan v. Micheltree, 31 Pa. St. 25, the supreme court of the state held, where a will was kept from destruction by the fraud and misrepresentation of the devisee, that to declare it canceled as against the fraudulent party would be to enlarge the statute.

　　纽约州和肯塔基州早些时候的两个案件，可以支持我的观点。一个案件是 1820 年肯塔基州上诉法院判决的《盖恩斯诉盖恩斯》案，该案说遗嘱人试图撕毁所立遗嘱，但被告或受赠人恶意阻止其撕毁遗嘱，遗嘱最终得到支持，没有被撤销。法院认为遗嘱本身表明遗嘱没有被撤销，也没有相关的证据证明遗嘱已被撤销，意图不能否定事实。另一个是保存并强行扣留遗嘱的案件——《立基福特诉希蒙斯案》，法官布雷德福的观点（案卷 854 页）被充分考虑，并决定了该案的判决。遗嘱人是一位 89 岁的老人，打算在遗嘱中增加分给女儿财产的内容，但遗嘱在其儿子手中，儿子对这一修改抱有成见，不答应遗嘱人的修改要求。博学的布雷德福法官，根据民法对这种或类似的继承人或受赠人行为无效的相关规定说："我们的制定法对如何撤销遗嘱有相关规定，要撤销遗嘱就应该遵守制定法的规定。该案应该接受制定法的规制，仅有撤销意图，不论多么真实，如何没能实现，都是不充分的。"他坚持认为必须承认公证遗嘱的效力。我还可以引用宾夕法尼亚州法院的一个案例，该州制定法规定了撤销或修改遗嘱的方式，在《克林根诉米切尔特里》案中，该州最高法院坚持认为，如果遗嘱没有因受赠人的欺诈和不实陈述而改变，仅仅为了反对欺诈一方当事人而撤销遗嘱，这是在扩张制定法。

　　I cannot find any support for the argument that the respondent's succession to the property should be avoided because of his criminal act, when the laws are silent. Public policy does not demand it; for the demands of public policy are satisfied by the proper execution of the laws and the punishment of the crime. There has been no convention between the testator and his legatee; nor is there any such contractual element, in such a disposition of property by a testator, as to impose or imply conditions in the legatee. The appellants' argument practically amounts to this: that, as the legatee has been guilty of a crime, by the commission of which he is placed in a position to sooner receive the benefits of the testamentary provision, his rights to the property should he forfeited, and he should be divested of his estate. To allow their argument to prevail would involve the diversion by the court of the testator's estate into the hands of persons whom, possibly enough, for all we know, the testator might not have chosen or desired as its recipients. Practically the court is asked to make another will for the testator. The laws do not warrant this judicial action, and mere presumption would not be strong enough to sustain it. But, more than this, to concede the appellants' views would involve the imposition of an additional punishment or penalty upon the respondent. What power or warrant have the courts to add to the respondent's penalties by depriving him of property? The law has punished him for his crime, and we may not say that it was an insufficient punishment. In the trial and punishment of the respondent the law has vindicated itself for the outrage which he committed, and further judicial utterance upon the subject of punishment or deprivation of rights is barred. We may not, in the language of the court in People v. Thornton, 25 Hun. 456, "enhance the pains, penalties, and forfeitures provided by law for the punishment of crime. " The judgment should be affirmed, with costs.

　　法律是沉默的，我找不到支持被上诉人因犯罪行为而丧失遗产继承权的任何法律根据。公共政策也不能这样要求，公共政策的要求需要通过恰当执行法律和惩罚犯罪来实现。没有任何惯例可循，遗嘱人和受赠人之间也没有契约，遗嘱人处置遗产时，也没有提出或暗含着对受赠人的条件要求。上诉人的主张实际上是基于如下考虑：作为犯罪人的受赠人，因其是通过犯罪行为而使自己获得遗嘱利益的，则其获得遗产的权利应当被剥夺，不应当获得遗产。如果这样的主张占据主导地位，则处理遗嘱继承案件的法院将会出现分歧。正如我们所知道的，遗嘱人或许不选择或愿意接受这样的结果，上诉人的主张实际上是要求法院另立一份遗嘱。法律不为司法判决提供保证，仅仅是为判决提供支持，不能被充分怀疑。更为重要的是，如果承认上诉人的观点，就会对被上诉人施加额外的惩罚。难道法院能通过剥夺被上诉人的继承权对其施加额外的惩罚吗？法律已对其犯罪行为规定了惩罚，我们不能说惩罚还不够充分。法律已对被上诉人的犯罪行为进行审判并作出惩罚，再对其施加惩罚或剥夺权利都是无根据的。我们或许没有忘记裴颇尔诉桑顿案中法院的判决："对犯罪施加痛苦、惩罚和没收财产，都必须依据法律的规定。"这付出代价的判决必须得到坚持。

附录四：

法发〔2018〕10 号

最高人民法院印发

《关于加强和规范裁判文书释法说理的指导意见》的通知[1]

各省、自治区、直辖市高级人民法院，解放军军事法院，新疆维吾尔自治区
高级人民法院生产建设兵团分院：

现将《最高人民法院关于加强和规范裁判文书释法说理的指导意见》印
发给你们，请遵照执行。

最高人民法院

2018 年 6 月 1 日

最高人民法院关于加强和规范裁判文书释法说理的指导意见

为进一步加强和规范人民法院裁判文书释法说理工作，提高释法说理水
平和裁判文书质量，结合审判工作实际，提出如下指导意见。

一、裁判文书释法说理的目的是通过阐明裁判结论的形成过程和正当性
理由，提高裁判的可接受性，实现法律效果和社会效果的有机统一；其主要
价值体现在增强裁判行为公正度、透明度，规范审判权行使，提升司法公信
力和司法权威，发挥裁判的定纷止争和价值引领作用，弘扬社会主义核心价
值观，努力让人民群众在每一个司法案件中感受到公平正义，切实维护诉讼
当事人合法权益，促进社会和谐稳定。

二、裁判文书释法说理，要阐明事理，说明裁判所认定的案件事实及其
根据和理由，展示案件事实认定的客观性、公正性和准确性；要释明法理，
说明裁判所依据的法律规范以及适用法律规范的理由；要讲明情理，体现法
理情相协调，符合社会主流价值观；要讲究文理，语言规范，表达准确，逻
辑清晰，合理运用说理技巧，增强说理效果。

三、裁判文书释法说理，要立场正确、内容合法、程序正当，符合社会主

---

［1］ "最高人民法院关于加强和规范裁判文书释法说理的指导意见"，载 http://www.court.gov.
cn/fabu-xiangqing-101552.html，最后访问时间：2020 年 8 月 22 日。

义核心价值观的精神和要求；要围绕证据审查判断、事实认定、法律适用进行说理，反映推理过程，做到层次分明；要针对诉讼主张和诉讼争点、结合庭审情况进行说理，做到有的放矢；要根据案件社会影响、审判程序、诉讼阶段等不同情况进行繁简适度的说理，简案略说，繁案精说，力求恰到好处。

四、裁判文书中对证据的认定，应当结合诉讼各方举证质证以及法庭调查核实证据等情况，根据证据规则，运用逻辑推理和经验法则，必要时使用推定和司法认知等方法，围绕证据的关联性、合法性和真实性进行全面、客观、公正的审查判断，阐明证据采纳和采信的理由。

五、刑事被告人及其辩护人提出排除非法证据申请的，裁判文书应当说明是否对证据收集的合法性进行调查、证据是否排除及其理由。民事、行政案件涉及举证责任分配或者证明标准争议的，裁判文书应当说明理由。

六、裁判文书应当结合庭审举证、质证、法庭辩论以及法庭调查核实证据等情况，重点针对裁判认定的事实或者事实争点进行释法说理。依据间接证据认定事实时，应当围绕间接证据之间是否存在印证关系、是否能够形成完整的证明体系等进行说理。采用推定方法认定事实时，应当说明推定启动的原因、反驳的事实和理由，阐释裁断的形成过程。

七、诉讼各方对案件法律适用无争议且法律含义不需要阐明的，裁判文书应当集中围绕裁判内容和尺度进行释法说理。诉讼各方对案件法律适用存有争议或者法律含义需要阐明的，法官应当逐项回应法律争议焦点并说明理由。法律适用存在法律规范竞合或者冲突的，裁判文书应当说明选择的理由。民事案件没有明确的法律规定作为裁判直接依据的，法官应当首先寻找最相类似的法律规定作出裁判；如果没有最相类似的法律规定，法官可以依据习惯、法律原则、立法目的等作出裁判，并合理运用法律方法对裁判依据进行充分论证和说理。法官行使自由裁量权处理案件时，应当坚持合法、合理、公正和审慎的原则，充分论证运用自由裁量权的依据，并阐明自由裁量所考虑的相关因素。

八、下列案件裁判文书，应当强化释法说理：疑难、复杂案件；诉讼各方争议较大的案件；社会关注度较高、影响较大的案件；宣告无罪、判处法定刑以下刑罚、判处死刑的案件；行政诉讼中对被诉行政行为所依据的规范性文件一并进行审查的案件；判决变更行政行为的案件；新类型或者可能成为指导性案例的案件；抗诉案件；二审改判或者发回重审的案件；重审案件；

再审案件；其他需要强化说理的案件。

九、下列案件裁判文书，可以简化释法说理：适用民事简易程序、小额诉讼程序审理的案件；适用民事特别程序、督促程序及公示催告程序审理的案件；适用刑事速裁程序、简易程序审理的案件；当事人达成和解协议的轻微刑事案件；适用行政简易程序审理的案件；适用普通程序审理但是诉讼各方争议不大的案件；其他适宜简化说理的案件。

十、二审或者再审裁判文书应当针对上诉、抗诉、申请再审的主张和理由强化释法说理。二审或者再审裁判文书认定的事实与一审或者原审不同的，或者认为一审、原审认定事实不清、适用法律错误的，应当在查清事实、纠正法律适用错误的基础上进行有针对性的说理；针对一审或者原审已经详尽阐述理由且诉讼各方无争议或者无新证据、新理由的事项，可以简化释法说理。

十一、制作裁判文书应当遵循《人民法院民事裁判文书制作规范》《民事申请再审诉讼文书样式》《涉外商事海事裁判文书写作规范》《人民法院破产程序法律文书样式（试行）》《民事简易程序诉讼文书样式（试行）》《人民法院刑事诉讼文书样式》《行政诉讼文书样式（试行）》《人民法院国家赔偿案件文书样式》等规定的技术规范标准，但是可以根据案件情况合理调整事实认定和说理部分的体例结构。

十二、裁判文书引用规范性法律文件进行释法说理，应当适用《最高人民法院关于裁判文书引用法律、法规等规范性法律文件的规定》等相关规定，准确、完整地写明规范性法律文件的名称、条款项序号；需要加注引号引用条文内容的，应当表述准确和完整。

十三、除依据法律法规、司法解释的规定外，法官可以运用下列论据论证裁判理由，以提高裁判结论的正当性和可接受性：最高人民法院发布的指导性案例；最高人民法院发布的非司法解释类审判业务规范性文件；公理、情理、经验法则、交易惯例、民间规约、职业伦理；立法说明等立法材料；采取历史、体系、比较等法律解释方法时使用的材料；法理及通行学术观点；与法律、司法解释等规范性法律文件不相冲突的其他论据。

十四、为便于释法说理，裁判文书可以选择采用下列适当的表达方式：案情复杂的，采用列明裁判要点的方式；案件事实或数额计算复杂的，采用附表的方式；裁判内容用附图的方式更容易表达清楚的，采用附图的方式；

证据过多的，采用附录的方式呈现构成证据链的全案证据或证据目录；采用其他附件方式。

十五、裁判文书行文应当规范、准确、清楚、朴实、庄重、凝练，一般不得使用方言、俚语、土语、生僻词语、古旧词语、外语；特殊情形必须使用的，应当注明实际含义。裁判文书释法说理应当避免使用主观臆断的表达方式、不恰当的修辞方法和学术化的写作风格，不得使用贬损人格尊严、具有强烈感情色彩、明显有违常识常理常情的用语，不能未经分析论证而直接使用"没有事实及法律依据，本院不予支持"之类的表述作为结论性论断。

十六、各级人民法院应当定期收集、整理和汇编辖区内法院具有指导意义的优秀裁判文书，充分发挥典型案例释法说理的引导、规范和教育功能。

十七、人民法院应当将裁判文书的制作和释法说理作为考核法官业务能力和审判质效的必备内容，确立为法官业绩考核的重要指标，纳入法官业绩档案。

十八、最高人民法院建立符合裁判文书释法说理规律的统一裁判文书质量评估体系和评价机制，定期组织裁判文书释法说理评查活动，评选发布全国性的优秀裁判文书，通报批评瑕疵裁判文书，并作为监督指导地方各级人民法院审判工作的重要内容。

十九、地方各级人民法院应当将裁判文书释法说理作为裁判文书质量评查的重要内容，纳入年度常规性工作之中，推动建立第三方开展裁判文书质量评价活动。

二十、各级人民法院可以根据本指导意见，结合实际制定刑事、民事、行政、国家赔偿、执行等裁判文书释法说理的实施细则。

二十一、本指导意见自 2018 年 6 月 13 日起施行。

附录五：案件一

Teen Gets Decades In Prison For 'Murder' Of Someone Killed By A Cop[1]

A judge on Thursday sentenced an Alabama teenager to 65 years in prison for a

---

[1] https://www.yahoo.com/news/teen-gets-decades-prison-murder-172008377.html，最后访问时间：2018 年 7 月 30 日。

series of crimes, including murder, even though a police officer was the one who actually killed the victim.

Lakeith Smith, now 18, was convicted under the state's accomplice liability law in March. Based on that law, a person can be convicted of felony murder if they were committing a crime with the deceased that led to the other person's death, according to the Montgomery Advertiser. Most U. S. states have similar laws.

In Smith's case, he was involved in burglaries alongside A'Donte Washington, 16, when a police officer shot and killed Washington in 2015.

In February 2015, both Smith and Washington were part of a group of five who broke into two houses in Millbrook, Alabama, the Advertiser reports. When police responded to the scene, the two sides exchanged gunfire. Body camera footage played in court showed Washington running towards an officer pointing a gun at him. The officer then shot and killed Washington.

Circuit Judge Sibley Reynolds sentenced Smith to 65 years in prison on Thursday — 30 years for a felony murder, 15 for burglary and two 10-year sentences for theft. "The officer shot A'donte, not Lakeith Smith," said Smith's attorney Jennifer Holton during the trial, as per USA Today. "Lakeith was a 15-year-old child, scared to death. He did not participate in the act that caused the death of A'donte. He never shot anybody."

Though Smith was a minor when the incident took place, he was tried as an adult.

In March, Smith declined a plea deal that would have sentenced him to 25 years in prison; he was convicted later that month.

The other three defendants involved in the burglaries have all entered guilty pleas, Fox 8 Live reports. One has been sentenced to 28 years in prison, while the other two have not yet been sentenced.

And as for the Millbrook police officer who actually killed Washington? A grand jury cleared him of any wrongdoing back in 2016, saying he was justified in fatally shooting Washington, WSFA reported at the time.

This article has been updated to clarify that most U. S. states have laws similar to Alabama's. This article originally appeared on HuffPost.

附录六：案件二

Nine charts on the rise of knife crime in England and Wales[1]

There is nothing new about knife crime: sharp objects, blades and knives have been used as weapons for thousands of years.

But after falling for several years, knife crime in England and Wales is rising again. So what is happening?

Total knife offences in England and Wales
Offences involving a knife or sharp instrument, England and Wales

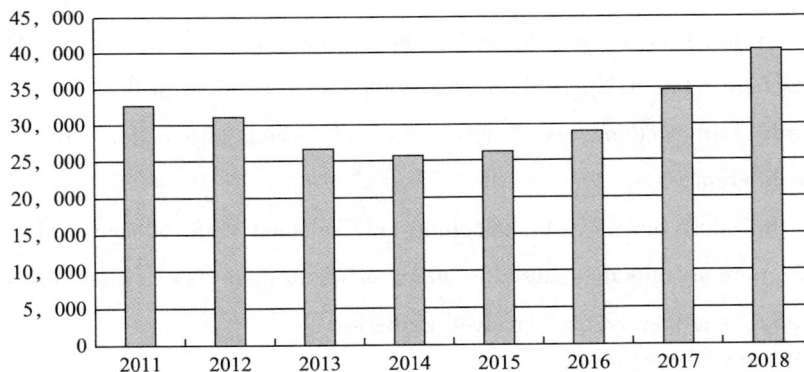

Source: Home Office, year ending March
B|B|C

There were 40,147 offences in the 12 months ending in March 2018, a 16% increase on the previous year and the highest number since 2011, the earliest point for which comparable data is available.

Out of the 44 police forces, 38 recorded a rise in knife crime since 2011.

Police figures are prone to changes in counting rules and methods, but data for NHS hospitals in England over a similar period showed a 7% increase in admissions for assault by a sharp object, leading the Office for National Statistics (ONS) to con-

---

〔1〕　http://www.bbc.com/news/uk-42749089，最后访问时间：2018 年 7 月 30 日。

What kind of crimes are knives used for?
% of knife crime by offence type，England and Wales，year ending March 2017

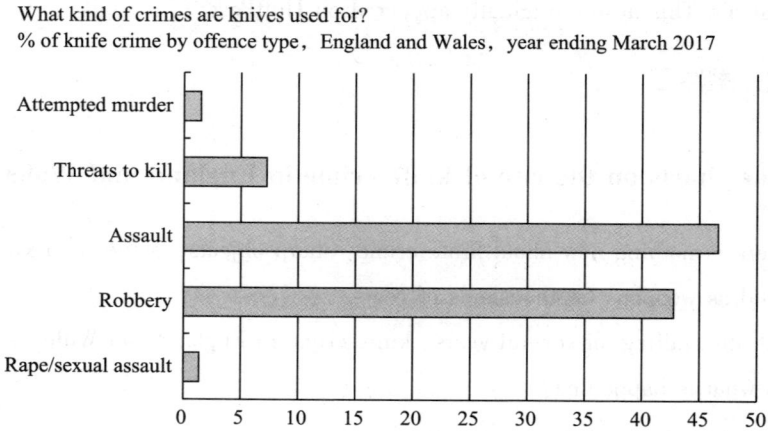

Source：Home Office

clude there had been a "real change" to the downward trend in knife crime. All of the statistics here relate to England and Wales. Policing, criminal justice and sentencing are devolved in Scotland and Northern Ireland, which also collect crime data in slightly different ways.

In the latest figures, which include only selected knife offences, about half, 18,787, were assaults that caused an injury or where there was an intent to cause serious harm; a further 17,207 involved robberies.

Weapons used in homicides
% of total homicides，England and Wales，year ending March 2017

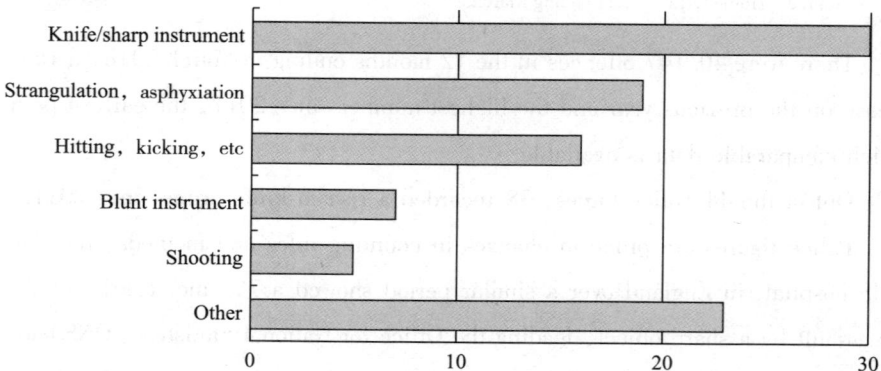

Source：Home Office

These figures focus on homicides, or killings, a category comprising cases of murder, manslaughter and infanticide. In about two out of every five killings, the victim is fatally assaulted with a sharp object or stabbed to death.

The proportion of homicides that are knife-related has remained broadly the same over the past decade, though the overall number is lower. Most of the victims are men. The "Other" category includes poisoning, burning, shaking, being struck by a vehicle, negligence, neglect, explosions and cases where the cause isn't known.

Most violent attacks involve no weapons
Use of weapons in violent incidents, England and Wales, year ending March 2017

☐ No weapon　　　☐ Kinfe/stabbing implement
☐ Hitting ipmlement　☐ Glass/bottle

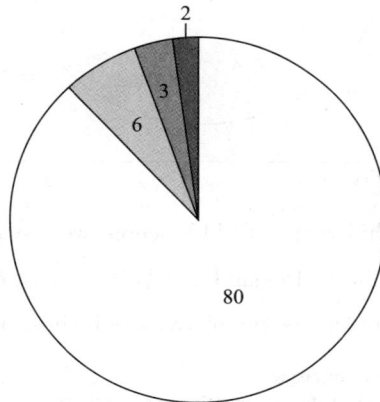

Source: ONS

BBC

Although knife crime is on the increase, it should be seen in context. It's relatively unusual for a violent incident to involve a knife, and rarer still for someone to need hospital treatment.

Most violence is caused by people hitting, kicking, shoving or slapping someone, sometimes during a fight and often when they're drunk; the police figures on violence also include crimes of harassment and stalking.

The Crime Survey for England and Wales, which includes offences that aren't reported to police, indicates that overall levels of violence have fallen by 25% since 2013.

Reality Check: Are England and Wales experiencing a crime wave?

However, the police-recorded statistics-which tend to pick up more "high harm" crimes-have indicated that the most serious violent crime is increasing.

Most Perpetrators of knife crime are over 18
Knife possession offences by age, England and Wales, year ending June 2018

□ Age 18 and over   □ Age 10 to 17

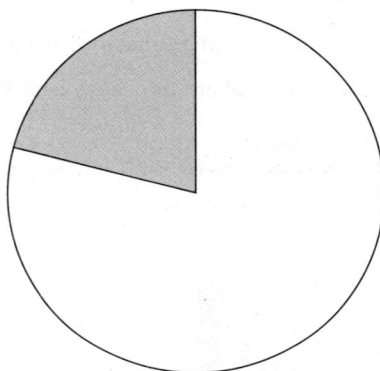

Source: Ministry of Justice   BBC

In the year to June this year, 20, 113 people were cautioned, reprimanded or convicted for carrying a knife in England and Wales, most of whom were adults. But one in five, 4, 291, was under the age of 18, the highest number for eight years.

Regional variation in knife crime offences
Knife offences per 100, 000 people by region, England and Wales, year ending March 2017

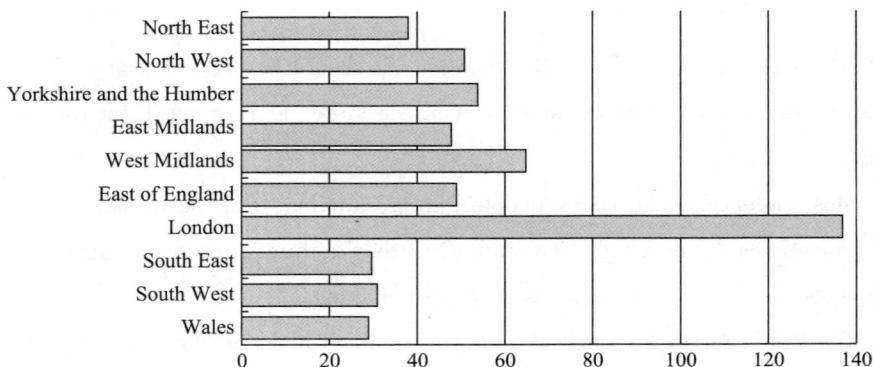

Source: Home Office   BBC

Knife crime tends to be more prevalent in large cities, particularly in London.

For every 100,000 people in the capital, there were 137 knife offences in 2017-18, with separate figures, from the mayor's office, showing that young black and minority ethnic teenage boys and men were disproportionately affected, as both victims and perpetrators.

Next highest was the West Midlands, with 65 knife offences per 100,000 population, and Yorkshire and the Humber, 54.

Number of stop and searches
Stop and searches in England and Wales
——— Number of stop and searches

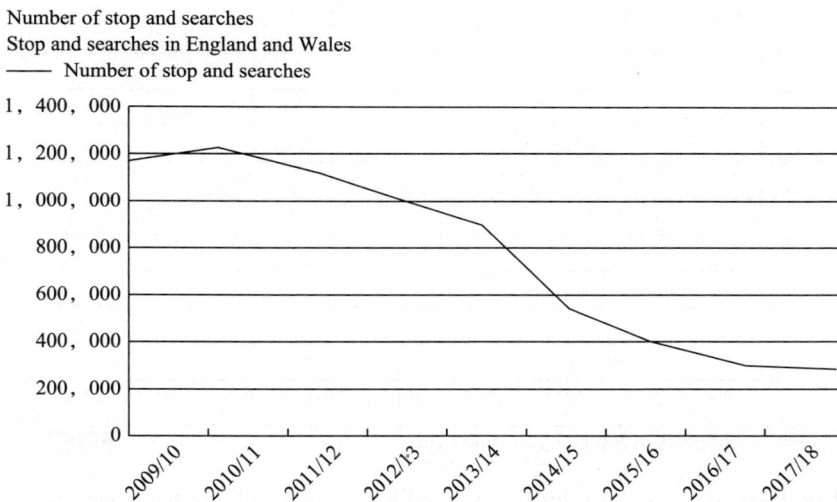

Source:Home Office

The explanations for rising knife crime have ranged from police budget cuts, to gang violence and disputes between drug dealers.

Some have also cited the steep decline in the use by police of stop and search.

The powers enable officers to search people on the street if they have reasonable grounds to suspect they may be carrying weapons, illegal drugs, stolen property or items to be used to commit a crime. People can also be searched without reasonable grounds if a senior officer believes there's a risk of serious violence in a particular area.

From 2009, the number of stops has been falling across England and Wales, especially in London, primarily because of concerns that the measures unfairly targeted young black men, wasted police resources and were ineffective at catching criminals.

Theresa May, as home secretary, led efforts to drive down the number of stops, but there's anecdotal evidence from police that young people are now more inclined to carry knives because of growing confidence they won't be stopped.

The statistical basis for that is far from clear-but Scotland Yard and the mayor of London are now preparing to increase the use of stop and search again.

Total sentences for knife offences have been rising
Immediate custodial sentences for knife offences, England and Wales
——— UP to and including three months   ------ Three to six months
——-- Over six months

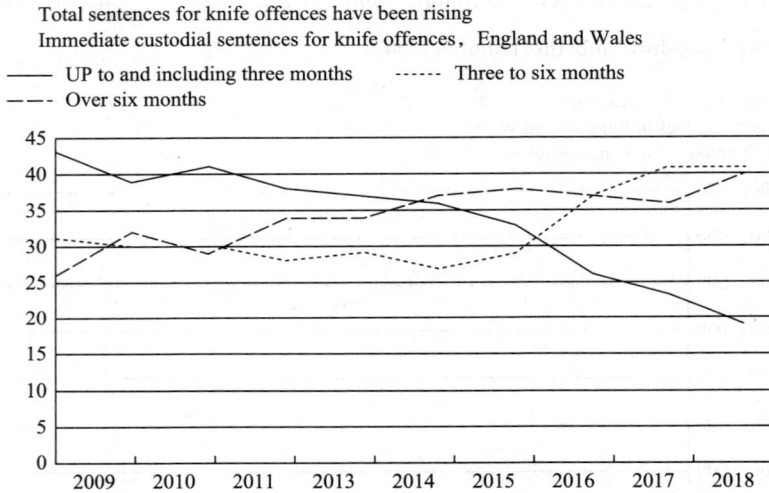

Source: Ministry of Justice, year ending June   B B C

The average prison term for those jailed for carrying a knife has gone up from almost five months to well over seven months, with 81% serving at least three months, compared with 57% only 10 years ago.

Sentences for all kinds of violent crime have been getting tougher, particularly for knife crime. The Ministry of Justice tracks the penalties imposed for those caught carrying knives and other offensive weapons in England and Wales.

In the year ending June 2018, 33% were jailed and a further 16% were given a suspended prison sentence. The figures for 2008, when the data was first compiled, were 18% and 8% respectively. Over the same period, there's been a steady decline in the use of community sentences, and a sharp drop in cautions, from 34% to 15%.

Public anxiety about knife crime, legislative changes and firmer guidance for judges and magistrates have led to the stiffer sentences, although offenders under 18 are still more likely to be cautioned than locked up.

Outcomes of knife possession offences
Emgland and Wales, year ending June（%）

—— Non–custodial ⋯⋯ Suspended or custodial sentence

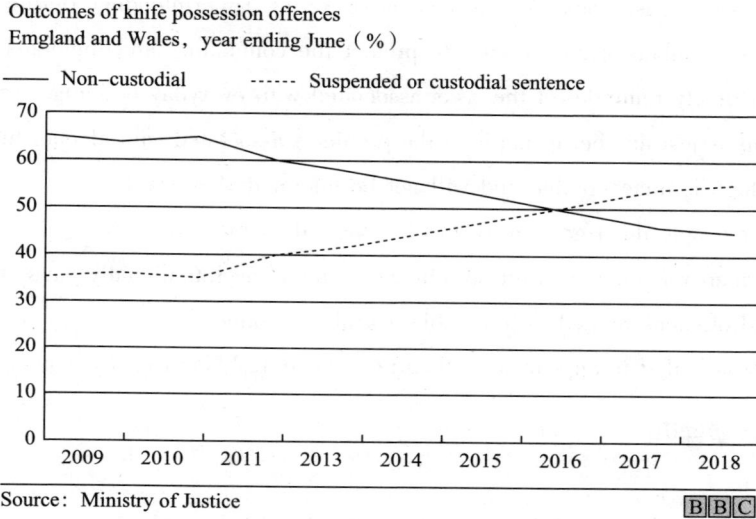

Source: Ministry of Justice BBC

附录七：案件三

NSW cop 'punched in face', man charged[1]

A MAN has been charged after he allegedly punched a police officer in the face in Melbourne's CBD this morning.

Two officers were arresting the 20-year-old Craigieburn man for being drunk in a public place when he assaulted one of the officers before fleeing on Lonsdale St just before 3am.

Despite suffering a broken nose and cheek, the injured constable gave chase with his colleague and caught him on Elizabeth St shortly after.

He was taken to the Royal Melbourne Hospital for treatment.

A Victoria Police spokeswoman said she was unaware of how many punches

〔1〕 https：//www. theaustralian. com. au/news/latest-news/nsw-cop-punched-in-face-man-charged/news-story/4bacbab4813602f3aef75221 cb5494cd，最后访问时间：2018 年 7 月 30 日。

were thrown.

Melbourne East Local Area Commander Acting Superintendent Bernie Jackson said police members come to work to protect the community and incidents such as this are a timely reminder of the risks associated with everyday policing.

"This is just another example of the problems associated with alcohol-fuelled violence which is unacceptable and will not be tolerated," he said.

"Our people don't go to work to be assaulted."

The man was charged with six offences, including intentionally causing serious injury and offences related to indictable assault on police.

He was bailed to appear at Melbourne Magistrates' Court on December 3.

附录八：案件四

'It's a joke': mum to son's killer uncle[1]

The heartbroken mother of a boy who died in a NSW car crash has collapsed screaming "It's a joke" after his drug-driving uncle was jailed for at least two years.

Robert Gawdat Shashati was high on ice and behind the wheel when his car hit an embankment in the Hunter region in January 2015, killing seven-year-old Marcus Shashati.

The 38-year-old was found guilty of aggravated dangerous driving causing death last year.

Shashati was sentenced to four-and-a-half years with a non-parole period of two years and three months in the NSW District Court on Friday.

A fight broke out in court between supporters of Marcus's mother, Claudia Boyagi Shashati, and those backing her former brother-in-law, prompting security to intervene.

Ms Boyagi Shashati left the court in tears, yelling "Shame" and then fell to the

---

〔1〕 https：//www. theaustralian. com. au/news/latest-news/its-a-joke-mum-to-drugdrivinguncle/news-story/b2f07d4683a5a8ce55d839ef9 9caf44，最后访问时间：2018 年 7 月 30 日。

ground wailing while companions wearing yellow "Marcus" wristbands ran to comfort her.

"Marcus received the death penalty, we received life, and the convicted gets bed-and-breakfast," the anguished mother said.

"How is that justice?"

Shashati, who had been praying under his breath in the dock, showed little emotion as Judge Peter Maiden told him he would be eligible for parole in July 2020.

The judge said no jail term could measure the life of a loved one.

"Punishment after the fact can only do so much," he said.

After the 2015 Williamtown crash, a witness saw Shashati shouting at the sky, "Take me, not the boy."

Shashati had a potentially fatal amount of methamphetamine in his system as he tried to overtake traffic by driving onto the shoulder of the road at 82km/h before hitting a ditch.

Three other children survived the smash but Marcus, who was sitting in the middle of the back seat, suffered a "severe whiplash injury" to his spine and brain. He died instantly.

"The boy's father had been lost less than two years earlier," Judge Maiden said.

The court heard Shashati had been using ice since 2013 at a time of family tragedy when his brother John died from a drug overdose.

The court previously heard the "broken man" has tried to take his own life 14 times since the accident.

Ms Boyagi Shashati thanked the people who tried to save Marcus's life and help her kids out of the wreckage.

"Please, I urge you all out there, if you're a drug user or addict, think twice before placing other lives in your hands," she said.

"Get help before it's too late."

Readers seeking support and information about suicide prevention can contact Lifeline on 13 11 14. Multicultural Mental Health Australia www. mmha. org. au.

附录九：案件五

绑架勒索潜逃20年犯罪嫌疑人终受审[1]

因催借款而怀恨在心，趁他人来琼旅游之际将人绑架，主要嫌疑人潜逃20年后落网。近日，海南省海口市中级人民法院公开开庭审理此案。

1998年初，温某（已判刑）因林某催其还款而怀恨在心，便找到袁某，让袁某找人趁台湾人林某来海口旅游时将其绑架勒索钱财，并将林的家庭情况告诉袁某。

袁某将此事告诉王某军等3人（均已判刑），并要他们帮忙。同年4月20日，温某电话告知袁某，次日林某乘飞机到海口，要袁某带人到机场辨认林，并约定温某帮拿行李之人为林某。

1998年4月21日，袁某纠集王某军3人到海口机场按事先约定辨认了绑架对象林某。4月25日，温某告诉袁某其晚上陪林某等人到新温泉歌舞厅玩。袁某便带一辆事先找好的出租车到新温泉大酒店门前等候。

当晚9时许，袁某打电话叫温某下楼，告知其出租车是为绑架林某而准备的，温某给袁某200元人民币后返回歌舞厅。袁某即安排王某军3人赶至滨海大道路段截车。当晚12时许，林某等人从歌舞厅出来，温某便安排林某及同行的两人上了袁某事先准备好的出租车。当该出租车驶至滨海大道临近海口文华酒店路段时，王某军3人拦截该出租车强行上车，给林某戴上墨镜，并戴上手铐，同时让其他两人不许乱动，将3人挟持到袁某事先租好的房间，分开看守。

此后，袁某多次对林某进行殴打、恐吓，索要400万新台币。林某被迫于1998年4月27日打手机回台湾家里，让家人把400万新台币打入袁某提供的账号里。27日下午3时许，王某以"吴中宝"的名义到该商场欲取钱时，被公安人员当场抓获，随即公安人员将3名人质解救。后民警又将王某军、温某等人抓获，袁某则以"王春林"的虚假身份潜逃至今。

---

[1] http://www.legaldaily.com.cn/legal_case/content/2018-04/08/content_7515472.htmlnode=33128，最后访问时间：2018年7月30日。

公诉机关认为，被告人袁某以勒索财物为目的绑架他人，勒索新台币400万元，犯罪事实清楚，证据确实充分，应当以绑架罪追究其刑事责任。法庭将择日宣判。（记者 邢东伟 翟小功 通讯员 胡坤坤）

附录十：案件六

捍卫英烈声誉 法治提供全方位保障[1]

人民英雄纪念碑基座上，8幅巨大的革命历史浮雕，镌刻了为争取民族独立和人民幸福而牺牲的人民英雄。

这是一份长长的名单，他们以鲜血浇灌理想，用生命捍卫信仰，构筑起一座座不朽的精神丰碑。

英烈精神，是民族精神的重要来源，是弥足珍贵的精神财富。然而，一段时间以来，社会上出现一种对英烈"污名化"的苗头，一些人侮辱、诽谤英烈，进而歪曲革命历史。

"一个没有英雄的民族是可悲的奴隶之邦，一个有英雄而不知尊重英雄的民族则是不可救药的生物之群。"郁达夫因纪念鲁迅而阐述的名言至今仍值得深思。

捍卫英烈声誉，不仅是对英雄的尊重，也是对英烈精神、民族精神的继承和发扬，更是为了在筑就中华民族伟大复兴中国梦的征程中坚定信念稳步前行。

从今日起，《法制日报》视点版推出"传承英烈精神特别报道"，全面剖析如何用法治方式捍卫英雄烈士名誉荣誉、保护烈士纪念设施。敬请关注。

4月2日，备受关注的方志敏烈士嫡孙方华清诉徐禄飞、余香艳名誉侵权案，在江西弋阳法院达成诉前调解协议并现场履行。两被告当场就损害方志敏烈士名誉一事诚恳道歉并作出书面致歉声明，原告同意谅解并放弃对两人精神抚慰金赔偿的请求。

有所收敛，但仍时有发生——这是中国人民大学教授吕景胜对侮辱、诽

---

〔1〕 http://society.people.com.cn/n1/2018/0409/c1008-29913033.html，最后访问时间：2018年7月30日。

谤英雄烈士现象的评价。

吕景胜曾对侮辱、诽谤英雄烈士问题作过深入研究，他在接受《法制日报》记者采访时说，只有进一步完善法律，提高违法成本和代价，才能有效惩治此类恶言丑行。

中国人民大学法学院教授杨立新也认为，加强对英烈姓名、名誉、荣誉等的法律保护，对于促进社会尊崇英烈、扬善抑恶、弘扬社会主义核心价值观意义重大。

尽快出台法律

英雄烈士的事迹和精神，是中华民族共同的历史记忆和宝贵的精神财富，是实现中华民族伟大复兴中国梦的强大精神动力。

近年来，社会各界对立法保护英雄烈士的呼声不断高涨。2017年全国两会，有251人次全国人大代表、全国政协委员和一些群众来信提出，建议通过立法加强英雄烈士保护。

2017年12月22日，《中华人民共和国英雄烈士保护法（草案）》提交第十二届全国人大常委会第三十一次会议审议。

该草案规定，公安、文化、新闻出版广电、网信、民政、工商等部门在监管中有保护英烈名誉荣誉职责；网络运营者发现侵害英烈名誉荣誉的网络信息时，负有及时处置义务。建立对侵害英烈名誉荣誉案件公益诉讼制度，检察机关可提起公益诉讼。

草案还规定，侵占、破坏、污损英雄烈士纪念设施，侮辱、诽谤英雄烈士，构成违反治安管理行为的，由公安机关依法给予治安管理处罚；构成犯罪的将依法追究刑事责任。

在吕景胜看来，当务之急是完善立法，尽快出台英雄烈士保护法。"英雄烈士保护法出台，对提高国民崇敬、缅怀、捍卫英雄烈士名誉荣誉的意识有积极意义，有助于公众在内心形成明确的法律预警认知、后果认知，有助于有关部门明确监管职责，有助于形成社会监督机制、形成法律威慑力，有助于形成对英雄烈士遗属的法律保护机制以及没有英雄烈士遗属情况下的国家介入机制"。

确保严格执法

"法者，治之端也"，而"徒法不能以自行"。

在业内人士看来，立法完成且颁布只是第一步，更重要的是落实。

"英雄烈士保护法出台后，重点在于实施，一定要做到执法必严、违法必究，让这部法律真正实现调整社会生活的功能效果。有关部门要依法履行保护英雄烈士名誉荣誉的职能，社会组织要积极配合，监管体系要落到实处，公民及组织要自觉守法，舆论要宣传新法，构建全社会崇尚英雄烈士的文化氛围，相关监管部门要敢于行政执法，检察院及法院对侵权行为要敢于提起公诉和立案"。吕景胜说。

在今年2月6日召开的山东省检察长会议上，山东省人民检察院党组书记、检察长陈勇表示，今年山东检察机关将探索对侵害英雄烈士名誉案提起公益诉讼。

吕景胜对《法制日报》记者说，英烈保护法草案规定了保护英雄烈士的国家公诉机制，被侵害英雄烈士没有近亲属、近亲属已不在世或者近亲属不提起诉讼的，检察机关可以对侵害英雄烈士的姓名、肖像、名誉、荣誉，损害社会公共利益的行为依法向人民法院提起诉讼。英雄烈士近亲属因无力提起诉讼的，法律援助机构应当提供法律援助服务，法院免收诉讼费用。这一规定弥补了法律空白，解决了如果英雄烈士无后人或后人无力提起诉讼维权的问题。

"对于侵犯英烈名誉权的案件，检察院提起公诉是必要且及时的。目前已发生的关于英雄烈士名誉权的民事诉讼，不足以承载价值观、宪法原则及精神的评判。"吕景胜说，宪法及检察院组织法都赋予检察院公诉权力。检察院介入英雄烈士保护具有极大的国家意义，彰显公权力对国家主流价值观的维护，起到良好的社会示范效应和警示作用。这一做法显然具有推广全国的示范意义。

此外，吕景胜认为，英雄烈士保护法出台后，社会各个方面都要落实好这部法律。比如，网络运营者应依法履行监管职责，"法律出台后，再对侵犯英雄烈士名誉的行为视而不见、坐视不管、消极无为甚至暗中纵容，将依法承担法律责任、受到处罚"。

"按照英烈保护法草案的规定，教育部门应将英雄烈士事迹、精神教育纳入国家文化发展战略和教育事业。各级各类学校应当将英雄烈士事迹纳入教学内容，加强对学生的爱国主义教育，应当让英雄烈士事迹和精神常驻后代心中。"吕景胜说。

培育价值观念

然而，立法只是给保护英烈名誉权画上了一条底线，底线之上该怎么办？

"英雄烈士名誉保护的底线是法律，底线之上是社会舆论、道德、文化的引导。学校教育、媒体、全社会都应认识到英雄烈士保护的重大意义，都有责任参与践行英雄烈士名誉的保护，这应是全社会最大公约数的共识。"吕景胜说。

在国防大学军队政治工作教研室教授公方彬看来，保护英烈名誉权也未见得完全从法律上来讲，因为解决这个问题需要从刚性和柔性两个方面着手。

"刚性就是法律，法律是底线。尊重崇尚英烈，不能只靠法来解决。我们制定法的目的不是惩治，而是用这个底线激励公众往哪儿走，是换一种引领方式。这样而言，无论是引导公众崇尚英烈，还是营造一个良好的社会氛围，都是以法治为底线。不过，我们推崇的，还是依靠价值观念、价值系统来树立以英烈精神为主的信仰信念。"公方彬对记者说，除了教育，还要营造一种比较优良的环境，"因为优良的环境会在不自觉中渗入人的灵魂。所以，从长效机制而言，要靠法的规范，但法不是目的，惩治不是目的，还是要营造一种氛围，进入内心深处"。（记者 赵丽 实习生 靳雪林 制图/李晓军）

附录十一：

China stabbings: Seven students killed in Shaanxi[1]

At least seven students have been stabbed to death and 12 injured in a knife attack outside a school in northern China, officials say.

The knife-wielding man attacked the students near Mizhi County Number Three secondary school in Shaanxi province as they were heading home for the day, officials said.

A suspect is in police custody.

---

〔1〕　http://www.bbc.com/news/world-asia-china-43921567#，最后访问时间：2018 年 8 月 15 日。

Chinese police have given his surname as Zhao and said he was a former student of the school.

They say he was motivated to take revenge because he was bullied when he studied there, the BBC's Stephen McDonnell reports.

Photos on social media showed several young students lying on the ground, surrounded by shocked onlookers.

A local government statement said the attack happened at the school at around 18: 10 local time (10: 10 GMT).

The injured children are receiving treatment, the propaganda department of Mizhi County said on social media.

Their exact ages have not been given, but reports suggest they may be middle school children, which would make them aged 12 to 15.

附录十二:

Suspect in 'Golden State Killer' case makes court appearance in wheelchair[1]

SACRAMENTO (Reuters) -An ex-policeman charged with murder in connection with a string of rapes and killings across California attributed to the "Golden State Killer" made a brief initial court appearance on Friday, sitting in a wheelchair and speaking in a hoarse voice.

Joseph James DeAngelo, 72, who was arrested this week at his home in the Sacramento suburb of Citrus Heights, was formally apprised of two of the eight murder counts against him and ordered back to court on May 14.

DeAngelo, wearing orange jail garb and shackled to a wheelchair, spoke only a few words to acknowledge that he understood the charges and that he was being represented by a public defender.

---

[1] https://www.yahoo.com/news/ex-cop-charged-golden-state-killer-case-due-100327690.html, 最后访问时间: 2018 年 8 月 15 日。

He was largely inexpressive during the brief hearing, appearing to squint to see the judge across the courtroom and speaking haltingly in a barely audible rasp.

The former police officer and divorced father of three has so far been charged with eight counts of murder blamed on the Golden State Killer, crimes that sprawled from Sacramento all the way to Southern California, including two in Sacramento County, two in Ventura County and four in Orange County.

He is suspected in a dozen slayings as well as 45 rapes and more than 120 burglaries in 10 California counties, a decade-long crime spree considered one of the most prolific in state history.

DeAngelo was in court on Friday only on the two murder charges filed against him in Sacramento County, for the Feb. 2, 1978 slayings of Brian Maggiore, 21, and his wife Katie, 20.

Investigators finally cracked the case, which has long haunted victims' families and law enforcement, by comparing crime scene DNA to genetic information on commercial genealogy websites that consumers use to explore their ancestry.

Detectives followed the family trees of close matches, seeking people who might be the killer. The process produced a promising lead a week ago, when the DNA of a relative pointed to DeAngelo based on his age and the fact that he lived near where the attacks occurred.

DeAngelo was identified as a suspect about two months after the case gained renewed attention in the book "I'll Be Gone in the Dark," by journalist Michelle McNamara, who died in 2016.

Investigators found DeAngelo, placed him under surveillance and obtained; DNA from a discarded object, finding a match to the crime scene samples.

In addition to being known as the Golden State Killer the unknown suspect was also dubbed the "East Area Rapist" and the "Original Night Stalker," at various times.

DeAngelo was a police officer in two small California communities-Exeter and Auburn-during the 1970s. He was fired from the Auburn force in 1979 after being accused of shoplifting.

(Writing by and additional reporting by Dan Whitcomb in Los Angeles; Editing by Leslie Adler and James Dalgleish)

附录十三：

Melbourne man jailed for two years for holding woman captive over six 'terrifying' days[1]

A man who held a woman prisoner and repeatedly beat her for almost a week at a house in Melbourne's outer-east has been sentenced to two y0ears in jail.

The Victorian County Court heard Steven Guy, 37, had been using the drug ice with the woman before he confined her to a room using scissors and knives in Lilydale in February 2016.

He hit, punched, kicked and poured urine on her during the six-day ordeal, leaving her covered in cuts and bruises.

She eventually managed to escape when Guy went to have a shower.

Guy pleaded guilty to false imprisonment and intentionally causing injury after putting the woman through what Judge Barbara Cotterell described as a "terrifying ordeal".

The court heard Guy had a psychotic disorder exacerbated by his drug use, but had expressed remorse and accepted the woman was traumatised by his behaviour.

After surgery for a broken eye socket in the past, Guy held the delusional belief police had inserted a camera behind his eyes.

Judge Cotterell sentenced Guy to two years in jail, but he will only spend a further three months in prison because of the time he has already spent in custody.

He will then be released on a three-year community corrections order.

---

〔1〕 http://www.abc.net.au/news/2018-04-27/man-jailed-for-imprisoning-woman-in-six-day-ordeal/9705074，最后访问时间：2018 年 8 月 15 日。

附录十四：

Mullaghbawn: Wanted men found 'tied up and covered in paint'[1]

Police have taken two wanted men back into custody after they were found tied up on a bench in a County Armagh village.

James White and Alexis Guesto were wanted for offences including breach of licence and warrants.

Images shared on social media appear to show them tied up and covered in paint.

The police said both men had sustained injuries and have been taken to hospital for treatment.

Det Ch Insp Jill Duffie, from the PSNI's Public Protection Branch, said the police would be investigating the assaults and "working to identify anyone involved".

"I understand that feelings in the area have been running high over the search for these men, however, there can never be an excuse for violence or people taking the law into their own hands," she said.

Sinn Féin councillor Mickey Larkin said he believed the men had been covered in paint and that it was "unfortunate but understandable considering the distress the community had been under".

"Feelings were running high. It's unfortunate that's happened but thankfully these two individuals are in police custody," he said.

He praised the "vigilance of the south Armagh community in relation to these two individuals" and said the "cooperation between our community and the PSNI over the past few days is worthy of praise".

Earlier on Saturday, the police said it was believed the two men had travelled to Northern Ireland from the Republic.

---

〔1〕 http://www.bbc.com/news/uk-northern-ireland-43933800，最后访问时间：2018 年 8 月 15 日。

There have been a number of reported sightings of them in south Armagh and Newry, County Down.

On Thursday afternoon, police seized a car from a car park on the Chancellors Road in Mullaghbawn after a member of the public expressed concern.

附录十五：

Waffle House shooting victim died singing gospel songs, CEO says (CNN)[1]

A young woman killed in the attack at a Tennessee Waffle House died singing gospel songs, the restaurant chain's CEO said Saturday.

Speaking at the funeral for 21-year-old DeEbony Groves, Walt Ehmer recounted what a survivor told him happened before the attack early in the morning of April 22. Groves and her friend were singing gospel songs, the survivor told Ehmer.

"We went and visited with the survivors, and they talked about the people who were in that restaurant before what happened happened, and specifically remembered your daughter," Ehmer told mourners.

"And (they) spoke of your daughter and her friend, and said they were singing gospel songs. And everybody was singing and enjoying each other and she said, 'The last thing I remember her saying was, singing Jesus Loves Me.'"

His words were met with applause and hallelujahs.

Ehmer also offered words of support and comfort to friends and family at the funeral.

"You will get through this because I know by watching this is a very strong, faith-filled community," he told them.

Victim's brother: I'm still processing this 02: 41

Groves, a senior at Belmont University, was out on the town with her Delta Sig-

〔1〕 https://edition.cnn.com/2018/04/28/us/waffle-house-victim-gospel-songs-trnd /index.html，最后访问时间：2018 年 8 月 15 日。

ma Theta sorority sisters before going to Waffle House, according to CNN affiliate WKRN-TV. She and 23-year-old Akilah DaSilva were killed inside the restaurant after the gunman drew an assault-style rifle.

"All I can tell you is that our Waffle House family is hurting for you, and with you," Ehmer said.

Waffle House employee Taurean C. Sanderlin and customer Joe R. Perez were shot and killed outside the restaurant.

Accused shooter Travis Reinking has been charged with four counts of criminal homicide. He also faces four counts of attempted murder and one count of unlawful gun possession in the commission of a violent felony.

附录十六:

Police officers who pulled Canberra man from car found guilty of assault[1]

An Australia Day scuffle in which a police officer threatened to search a man for "being a smart-arse" has ended with two Australian Federal Police members found guilty of assault in the ACT Magistrates Court.

Senior Constable Matthew McVicar, 35, and Constable James Head, 29, were charged after complaints from the victim, who was a backseat passenger in a car stopped by the pair in Canberra's city area in January 2017.

Key evidence in the case came from a mobile phone video, taken by the victim's girlfriend, who was also in the car.

The two police officers, working for ACT Policing, had followed the car after it took a wrong turn into the city's bus interchange, which is blocked to regular traffic.

The driver said he realised his mistake and moved to get out of the street as soon as possible, but could not find a place to stop for some distance, after the police of-

---

〔1〕 https://www. yahoo. com/news/ex-cop-charged-golden-state-killer-case-due-100327690. html, 最后访问时间: 2018 年 8 月 15 日。

ficers indicated he should pull over.

During discussions with the driver, the pair turned their attention to the back-seat passenger, setting off the exchange.

Constable Head threatened to arrest the victim after accusing him of interrupting their conversation with the driver.

"If you do not shut up your mouth I'll pull you out and arrest you," he said.

"I'll be searching you for being a smart-arse."

And then he ordered the victim to "get the f * * * out of the car right now".

The court heard the two officers then grabbed the man by the arm and the head and propelled him to the ground before handcuffing him.

After watching the video, Magistrate Robert Cook found the man had not been given time to respond.

"The force is highly excessive," he said.

He also noted the man had not struggled in the way the officers had described.

"I am satisfied that there is no resistance on the part of [the victim]," he said.

The officers were originally charged with assault causing actual bodily harm.

Magistrate Cook found that injuries suffered by the victim were so short-lived they were trivial. But he found there was no lawful excuse for their actions, and found both guilty of common assault.

They will be sentenced in July.

附录十七:

男子嫌热打开飞机应急舱门致悬梯受损被拘 15 天[1]

据四川省绵阳民航管理局官方微博消息，一名男子日前在飞机下客过程中，觉得机舱闷热，顺手打开飞机应急舱门，导致飞机悬梯滑出受损，因违反相关法律法规被行拘 15 天。

---

〔1〕 http://www.xinhuanet.com/legal/2018-04/29/c_11227633 84.html，最后访问时间：2018 年 8 月 15 日。

绵阳民航管理局通报称，4 月 27 日，8L9720 三亚至绵阳航班到达绵阳机场后，在下客过程中，一名陈姓男子觉得机舱闷热，顺手打开了飞机左侧应急舱门，导致飞机悬梯滑出受损，其行为已违反相关法律法规，目前该男子已被绵阳机场公安分局依法行政拘留 15 天，航空公司正在研究对该旅客追讨赔偿的相关事宜。

该局强调，旅客擅自打开飞机应急舱门是一种违法行为。根据《民用航空安全保卫条例》第 25 条第一款第（四）项规定："航空器内禁止下列行为：盗窃、故意损坏或者擅自移动救生物品和设备"。

根据《治安管理处罚法》第 34 条规定"盗窃、损坏、擅自移动使用中的航空设施，或者强行进入航空器驾驶舱的，处十日以上十五日以下拘留"。

该局微博消息说，千万不要以为误放逃生滑梯是小事，由它引起的航班延误、人工费用、设备损耗费用，金额十分巨大，费用往往超过十万元人民币，万一充气滑梯释放过程中遭到损坏破损，那损失金额就会高达几十万元。

附录十八：

男子盗窃 1.7 万余元逃亡 20 年　年近古稀自首[1]

每日甘肃网 9 月 5 日讯（西部商报记者樊丽通讯员张国蕊）盗窃 1.7 万余元财物，逃亡 20 年的 69 岁老人赵某某，因出逃时未带身份证、户口本而变成一个"黑人"。20 年间，赵某某一直在偏僻的乡镇给人放羊喂鸡，几乎没进过城。为了让自己能在有生之年有个身份，赵某某投案自首。2016 年 8 月 23 日，酒泉市瓜州县法院公布该案一审判决，法院以盗窃罪判处赵某某有期徒刑十个月，并处罚金 8000 元。

"法官，起诉书上指控的那 11 次盗窃，都是我干的。逃了这么多年，躲了这些年，该来的还是会来的"。2016 年 8 月 4 日，头发花白、身材伛偻的 69 岁老人赵某某，在逃亡二十年后，还是站在了被告席上受审。经查，赵某某于 1995 年至 1996 年间，其伙同他人多次实施盗窃，被盗物品价值共计

---

〔1〕　http：//police.news.sohu.com/20160905/n4 67691022. html，最后访问时间：2018 年 8 月 15 日。

17 107.87元。同案的二人于 1997 年分别被判处无期徒刑及有期徒刑十二年，而他却踏上了长达 20 年的逃亡之路。

在庭审后，这位老人向记者讲述了这 20 年的逃亡经历。"当年，因为害怕，逃跑的时候身份证、户口本什么都没带，久而久之我就成了一个'黑人'，这 20 年我一直都在比较偏僻的乡镇给人家放羊，给养鸡场喂鸡，给矿山上看场子，除了两次病得严重被人带到县城买了两次药，几乎没有再进过城。今年 3 月份，养鸡场的一个工人说，像我这样的人，国家现在有好多好政策呢，我这么大年纪了，就不用这么辛苦讨饭吃了。但是我没有身份证和户口了，所以这次我决定到公安机关自首，承认我以前干的坏事，希望能恢复我的身份，让我将来不至于死了都没个去处"。这位老人就这样轻描淡写叙述了 20 年的逃亡经历，但这其中的苦楚只有他自己知道。

鉴于案发后赵某某主动投案，能如实供述犯罪事实，当庭自愿认罪，构成自首，且被盗大部分财物当年已追回并发还失主，依据现行法律规定，对被告人赵某某判处有期徒刑十个月，并处罚金 8000 元。在拿到判决书的那一刻，赵某某坦然地说道："我终于可以睡个安心觉了。"

附录十九：

電動滑板車「司機」挨撞兼被捕[1]

電動滑板車、平衡車等「代步工具」近年大熱，但「潮玩」的同時暗藏危機！一名男子昨日凌晨「駕駛」電動滑板車，在荃灣過馬路時遭的士撞傷，禍不單行，警員到場後揭發他涉嫌酒後駕駛、無牌駕駛等六宗罪，將他拘捕。《大公報》去年曾專題報導，探討電動滑板車的隱患與法律問題，記者昨再追蹤調查，發現深水埗一帶玩具店有售賣該類產品，其中一部時速更可達 40 公里，一旦發生意外，隨時釀成傷亡。/大公報突發專題組

昨日的意外發生於凌晨一時許，姓劉（44 歲）男子「駕駛」電動滑板車，在荃灣怡樂街海濱花園橫過馬路時，遭一輛的士撞倒，劉被撞飛上的士

---

〔1〕 http://www.takungpao.com.hk/hongkong/text/2018/0429/162185.html，最后访问时间：2018 年 8 月 15 日。

「大銀幕」，再反彈落地，頭及手部受傷。警員到場後，驗出劉酒精含量「超標」，以涉嫌危險駕駛、無牌駕駛及酒後駕駛等六宗罪將他被捕。有人事後辯稱不知道駕駛電動滑板車要領牌。

記者訪查 貴價貨時速達 40 公里

據瞭解，涉事電動滑板車屬可摺疊設計、輕巧，設有雙重煞車系統，續航力達 30 公里，根據內地官網顯示，售價約 1999 元人民幣（折合約 2500 港元）。

本港時有市民在街上違法「駕駛」電動滑板車，由於電動滑板車與一般滑板車外貌相似，玩家較易避過警方法眼。玩家除可上網購買，坊間亦有售賣。大公報記者昨到深水埗一帶追訪，發現有店鋪擺放現貨，售價由 1800 元至 3000 元不等，較貴的款式甚至設有座位。有男職員介紹，其中一款售價 3000 元有座位，車速可達 40 公里，強調「上斜好力，可負重 200 磅」，不過他表明：「啲車在街踩犯法！」但又指在私家路使用就無人理，着記者自行判斷。

電動滑板車與俗稱「風火輪」的單輪平衡車近年流入本港後，屢有自炒、撞人、撞車的驚險場面或意外。去年 12 月，一名 33 歲清潔男工在內地網購一輛電動滑板車後，在清水灣道試玩，卻失控撞及一輛在燈位停車的私家車車尾，清潔工承認不小心駕駛、駕駛時無駕駛執照及沒有第三者保險而使用車輛三罪，被罰款 5000 元及停牌一年。

附录二十：

"六进宫" 男子盗窃成瘾再被抓：隔几天不偷手就痒[1]

星岛环球网消息："只要隔几天不偷东西，身体就不舒服。""无论到了哪个人家，我都要偷点东西，不打空手。"安徽宿松县千岭乡"六进宫"男子刘某林，去年从监狱释放回家后，重操旧业，针对农村空巢家庭疯狂作案，且不择手段、无所不偷，给不少受害人蒙受较大的经济损失。

近日，宿松县公安局刑侦大队经过四个月的大量工作，成功将屡教不改

---

[1] http://news.stnn.cc/shwx/2018/0429/543460.html，最后访问时间：2018 年 8 月 15 日。

的刘某林抓获，破获入室盗窃案件12起，涉案金额达数万元。

2017年12月，在外面打工的田某利用元旦假期，回到居住在宿松县华阳河农场的老家。因住宅长时间没人居住，门锁都上了锈，好不容易打开门锁才进入家中，却发现家里的墙壁被人砸开了一个大窟窿，卧室窗户上的3根铁栏也被人撬掉，存放在家里的两袋化肥、一把电锯、一把电钻和一袋电缆都不见了，损失约5000多元。

宿松县公安局刑侦大队接到田某报警后，迅速展开侦查。民警通过勘查现场和走访调查，很快锁定系该县千岭乡盗窃前科人员刘某林所为。随即，民警上门实施抓捕，但刘某林不知所踪。今年3月，该局将刘某林上网追逃。4月26日，办案民警在千岭派出所的协助下，通过架网布控，将潜回家中的刘某林抓获归案。

据刘某林交代，去年8月从监狱释放回家后，当地村委会考虑他孤身一人生活，家庭困难，又没工作，便将他安置在村里就业，一个月发给他2000元的工资，而过惯游手好闲日子的他，干了四个月之后，放弃好好的工作不干，流窜该县洲头、华阳河农场、河塌等地，选择无人居住的住宅实施盗窃。为能够进入这些住宅实施作案，他想尽了各种办法，无法通过撬门撬窗进入的，就用工具砸墙，从墙壁上砸开窟窿后进入。进入到住宅后，只要能够卖到钱的物品，他就偷，偷窃的财物大到电视、化肥、电饭煲，小到饮料、食用油、金银首饰等。如果实在找不到值钱的物品，他就偷窃屋里的书本、铁器之类，然后将其当废品卖掉。总之，见什么偷什么，无所不偷。

"因为盗窃，你已被法院判过5次刑，况且你快50岁了，不能再这么执迷不悟下去！""我现在自己都控制不住自己了，只要隔几天不去偷东西，手就痒，心里就不舒服。"在接受办案民警审讯时，刘某林对他的犯罪动机作出如此解释。

目前，犯罪嫌疑人刘某林因涉嫌盗窃罪被警方依法刑事拘留。

附录二十一：报道一

Ride-by moped thefts on shoppers rise in London[1]

Ride-by moped thefts and robberies on London's main shopping streets have increased six-fold over the last two years.

Met Police data shows Oxford Street is the worst hit with 291 offences in one year-up from 13 in 2014-15.

A criminology expert said moped-enabled theft is the "crime of the moment" as it is "ridiculously easy" to do.

Oxford Street's crowds give thieves cover and there are plenty of "rich pickings" to choose from, he added.

Regent Street saw the number of thefts jump from three to 91 between 2015 and 2017, while Bond Street went from one to 14.

Supt Mark Payne, from the Met, said "intensive operations" in the West End have led to a decrease in moped-enabled crime since October 2017.

Oxford, Regent and Bond Street combined have 200 million visitors a year.

Upper Street, Kings Road and Marylebone High Street were the other central shopping destinations most affected.

Many offenders travel in pairs on one moped so the passenger can grab items out of the victims' hands as they drive past.

Dr Simon Harding, associate professor of criminology at the University of West London, said the rise in these crimes could be because phones are more valuable than they used to be, and are an easy item to steal because people use them so much.

"If you look at mobile phones five years ago, they were pretty much in our pockets unless we got a phone call," he said.

---

〔1〕 https://www.bbc.com/news/uk-england-london-42987896，最后访问时间：2018 年 8 月 20 日。

"Nowadays people are phone zombies. They are on their phone walking along the street, bumping into people, not knowing where they are going."

Offenders are also motivated by the fact they will not have to pay to get the phone unlocked if they can grab it while it is in use, he said.

A victim's story

Gloria Matuba, a 23-year-old charity worker, was targeted on her way to catch a bus home from work near Old Street, in Islington, in December 2016.

"I was on the phone to my friend, having a chit-chat as you do, and not really paying attention," she said.

"The way it happened, it was so quick. They came up behind me, they mounted the pavement."

"I thought someone was nudging into me but actually they'd taken my phone."

Ms Matuba said she was left "paranoid and hysterical" after the theft, which did not lead to any convictions-and that the increase in the crimes "doesn't make me feel safe at all".

"Fair enough, I lost my phone, but we've seen that they actually hurt people," she said.

Thousands of people in London have been victims of these crimes, including former chancellor George Osborne.

Of the 848 moped-enabled thefts, robberies and burglaries recorded in 14 major retail spots in the capital since November 2014, 79% were theft or attempted theft of perso.

Dr Harding said the "culture" that moped offenders are a part of means they will be armed.

"You'd be a fool to think they weren't," he added.

Earlier this month a 22-year-old man was stabbed after he chased down a moped passenger who snatched his phone out of his hand on Oxford Street.

Police are developing tactics to tackle the crime surge, such as using remote controlled spikes to puncture suspects' tyres.

Supt Payne added: "Offenders rely on the unwariness of the public to snatch their phones while they make calls so it is important [to be aware] at all times, particularly when emerging from a train or underground station. "

Deputy Mayor for Policing and Crime, Sophie Linden, said she plans to "stamp out" the "reckless and intimidating" offences, with help from the Met.

Jace Tyrrell, chief executive of the New West End Company-which represents high-end traders on Regent Street, Bond Street and Oxford Street-added: "We will continue to work with public services to investigate these incidents and ensure our district remains secure for everyone. "

附录二十二：报道二[1]

SUSPECT NAMED Police searching for missing British toddler Katrice Lee receive name of potential suspect.

THE name of a potential suspect in the search for missing toddler Katrice Lee has been handed to police.

An informant identified a former RAF colleague from a Royal Military Police photo-fit giving new hope to the family of the girl who vanished in 1981.

Age progression e-fit of suspect wanted in connection with Katrice's disappearance

Katrice, from Hartlepool, was last seen in a German supermarket with her mum Sharon, aunt Wendy and dad Richard who was a sergeant major at a base in the country.

The suspect was seen putting a child, who disappeared on her second birthday, similar to the British tot into a green car.

After talking to authorities, the informant told the Mirror: "I trained for the RAF with a guy who looks exactly like the picture of the man with the green car.

"We went our separate ways in 1980 and I don't know where he was posted to but the police seemed interested in what I had to say. "

---

[1] https://www.thesun.com.uk/news/6269402/police-searching-for-missing-british-toddler-katrice-lee-receive-name-of-potential-suspect/, 最后访问时间：2018 年 8 月 20 日。

Katrice Lee, 2, before she went missing in Germany

E-fit of what Katrice may look like now

The photo-fit, based on a witness account, was released last year after a review into the unsolved case.

Based on a witness account, the photo-fit was made after Katrice's disappearance but only released during a review of the investigation last year.

Last week, the picture was reissued as the Royal Military Police began a five-week search of a river bank near the Paderborn military base in Germany.

The Royal Military Police and German cops worked on the assumption the little girl — wearing red wellies, a turquoise duffle coat and tartan dress — wandered off, fell into another nearby river, the flooded Lippe, and drowned. But a hunt proved fruitless.

Statements from shop staff were not taken for six weeks and details of an eye condition Katrice had were not released.

Mum Sharon said the toddler was gone in a matter of seconds

The case was reopened in 2000 and led to the arrest of a former soldier. But he was released without charge and the case closed again after three years. There were further inquiries in 2012.

Sharon, of Gosport, Hants, now divorced from Richard, is convinced Katrice was abducted.

She said: "It's my belief she left the NAAFI shop that morning, but she didn't leave alone.

"I can't believe — the NAAFI was so busy that morning — that a two-year-old walked out and disappeared off the face of the Earth and no one saw what happened.

"I still have to go out and face the world and go about a daily routine but this situation never leaves you.

"You can't live with it 24/7. You have to push it to the back of your mind.

"But first thing in the morning and last thing at night, those are the times it gets to you."

Thanks to the family's campaigning, Defence Secretary Gavin Williamson ordered extra resources for Operation Bute — the cold case probe run by a 28-strong RMP task force.

Dad Richard, now 68, had criticised the RMP handling of the case, but felt his voice had "finally been heard" at a summit with Mr Williamson this year.

He said: "Hopefully, we can resolve issues and find out where my daughter is."

附录二十三：报道三[1]

Video shows cop beating up his teen daughter in school office. Witnesses did nothing.

New video has surfaced of a police officer beating up his 14-year-old daughter inside her school's main office.

The March 19 incident — which led to Miami-Dade police officer Raymond Rosario's arrest — happened after his daughter "disrespected her teacher" at Pinecrest Cove Preparatory Academy, according to an arrest report.

The silent footage shows Rosario slapping the girl across the face, aggressively pulling her by the hair and whipping her with a belt on her legs as school employees sit a few feet away.

Nobody flinched.

The arrest report noted that the teen "stated she did not sustain any visible injuries and/or bruises."

Rosario ultimately surrendered to police and was booked into Turner Guilford Knight Correctional Center on a felony child abuse charge. He was "relieved of duty with pay" pending an investigation, Miami-Dade police said.

His plea hearing is set for Tuesday.

附录二十四：报道四

2018 - 8 - 20 获取网址：

---

〔1〕 http://www.miamiherald.com/news/local/community/miami-dade/article210999129.html，最后访问时间：2018 年 8 月 20 日。

Texas woman who ran over cheating husband released from prison[1]

(CNN) A Texas woman who killed her cheating husband by repeatedly running him over with her car has been released from prison.

Clara Harris served 15 years for the murder, which made headlines worldwide and was featured in a made-for-television movie.

The 60-year-old walked out of prison on Friday.

In 2002, Harris had hired a private investigator to follow her husband, David Harris. She suspected he was having an affair with a former employee.

She confronted her husband and his lover in the lobby of a Hilton hotel in the Houston area. The fight moved outside to the parking lot, where she hit him with her Mercedes-Benz, then drove over him again and again.

Her husband's daughter from a previous marriage was in the car with her at the time of the killing, and testified against her in her 2003 trial.

During the trial, Harris' attorney argued that the crime happened moments after an emotional and volatile confrontation at the same hotel where the couple had gotten married.

The crime was caught on tape by the private investigator Harris had hired to document her husband's affair.

Harris worked as a dentist and her husband as an orthodontist. After her conviction, the state of Texas revoked Harris' license to practice dentistry, CNN affiliate KPRC reported.

She was initially sentenced to a 20-year prison sentence but was granted parole last year, according to KPRC reporting.

As part of her parole conditions, Harris must wear an ankle monitor, remain employed and stay in the Houston area.

She would not be allowed to contact her former husband's family or his former

---

〔1〕 https://edition. cnn. com/2018/05/12/us/texas-clara- harris-released -prison/ index. html, 最后访问时间: 2018 年 8 月 20 日。

mistress. She will also be regularly tested for drugs and alcohol.

附录二十五：报道五

Margaret River murder-suicide：Police confirm firearms belonged to grandfather Peter Miles[1]

Three "longarm" firearms licensed to Peter Miles, who was found dead — along with six others — in a suspected murder-suicide near Margaret River, have been recovered at the crime scene, police said.

West Australian Police Commissioner Chris Dawson would not confirm if police believed the 61-year-old was the shooter, only saying the investigation at the scene would take several more days.

"This is a complex criminal investigation ⋯ clearly six people are subject of a homicide crime scene. There is a 7th person deceased," he said.

"It's far too premature for me to come to any conclusive statement about that."

Police were called to the small community of Osmington early on Friday morning after getting a phone call from a man who officers said was connected to the property.

At the scene they found the bodies of seven people. The three adults and four children had all been shot dead.

Katrina Miles, 35, and her four children Taye, 13, Rylan, 12, Ayre, 10, and 8-year-old Kayden Cockman, were among the victims, along with Peter Miles' 58-year-old wife Cynda.

Commissioner Dawson said a female adult was found inside the main house and five people were found dead in a shed, which had been converted into living quarters.

He said only one person was located outside of the buildings.

Commissioner Dawson confirmed the firearms were licensed to Mr Miles.

---

〔1〕 http：//www. abc. net. au/news/2018-05-12/margaret-river-osmington-murder-suicide-saturday/ 9754 446，最后访问时间：2018 年 8 月 20 日。

Family 'stunned' by shocking event

The Miles family were active members of the local community, with Cynda Miles hosting sewing bees at the Osmington Road property.

He said the children's father had been notified of the tragedy.

"Police have spoken to the children's father, he's understandably grieving and we're providing as much support as we can," he said.

Family members released a statement through police.

"We are devastated by this shocking event. We are stunned and still trying to understand how this could happen," the family said.

"We respectfully ask that the community refrain from speculating on the circumstances surrounding this tragic incident. "

"We thank the community for their support and ask that our privacy is respected as we grieve. "

People have been using social media to express their shock and sadness.

"I have to believe you are all together in a better place and there is some sense to this [tragedy]," Nadine Henderson Merrett posted on Cynda Miles' Facebook page.

"You and your beautiful four angels rest in peace dear lady," wrote Menka Jankovic.

'Even seeing a policeman here is unusual'

Local resident Richard Dossor said he spoke to Mr Miles on Thursday night about hiring him to do some farm maintenance.

They arranged to catch up on Saturday morning to discuss the work, but the meeting was not to be.

"It is scary to think I was probably one of the last people outside of the family to speak with Peter Miles," Mr Dossor said.

"The whole incident is scary, that it happened so close to where I live in an otherwise beautiful and exceptionally quiet part of the world. "

"Even seeing a policeman here is unusual"

It's hard to believe it happened down here ⋯ but we could say the same of Port Arthur. "

Incident 'terribly distressing': Premier

Augusta-Margaret River Shire president Pam Townshend said counselling sessions were being set up in the town's community resource centre for anyone who needed help.

"We're providing this area, which is a place where the community can reflect and offer their condolences," she said.

"There'll be skilled volunteers, along with a range of agencies, who will be there available to assist with community support services."

WA Police also made a number of services available to the officers dealing with the incident.

The police chaplain has been supporting officers through what Commissioner Dawson described as one of the most confronting cases police have had to deal with.

It is the worst mass shooting in Australia since the Port Arthur massacre in 1996, in which 35 people were killed and another 23 seriously injured by lone gunman Martin Bryant.

WA Premier Mark McGowan described the incident as shocking.

"Four young children, a mother and a grandmother being killed in this way is just a terribly distressing and sad thing, and I think we all felt it keenly," he said.

附录二十六：报道六

Boy 'abducted' on Gold Coast has been found: police[1]

Police say a large sum of money was involved in the alleged abduction of a 12-year-old boy from outside his Gold Coast home yesterday.

The boy was found in northern NSW about 12.30pm on Saturday, after he was last seen being pulled into a dark blue Jeep Compass SUV about 3.45pm on Friday on Clover Hill Drive in Mudgeeraba.

---

〔1〕 https://www.theaustralian.com.au/news/nation/boy- abducted-on-gold-coast-named-as-oliver-yang-police/news-story/0b7083031b1db638 dccbd744c213b972，最后访问时间：2018 年 8 月 20 日。

Detective Inspector Marc Hogan said Queensland Police had a man in custody and were looking to charge him with kidnapping for ransom.

"In the lead up to the abduction, we will allege that requests were made for money and of course that led us pretty quickly to who we should be looking at in the initial stages (of the investigation)," Det Insp Hogan said this afternoon.

The sum of money involved was said to be "significant" and the family of the boy and the man in custody were known to each other. He could not approximate the amount because some of it involved "international currency transfers and personal loans" as part of an alleged dispute. The parties involved are believed to be Australian citizens of Chinese heritage, he said.

@ QldPolice Detective Inspector Marc Hogan: We will be looking to charge the man with kidnapping for ransom, it's the case that both parties are known to each other and there are financial issues involved.

MORE: https://t. co/cgoBFQru6E #WeekendLive pic. twitter. com/xm0a7j5b9J

Sky News Australia (@ SkyNewsAust) May 12, 2018 . The child was found inside the Jeep with a 53 year-old man in a street in South Grafton. He suffered only minor scratches, though Det Insp Hogan said it was too early to fully assess the impact on him.

"The boy is healthy (but) the long term effect …I imagine it would have been pretty traumatic.

"Thankfully we don't see this sort of thing much because it is high-end serious stuff. "

The boy was allegedly driven across the NSW-Queensland border last night and the vehicle spotted on CCTV, which police obtained this morning.

They will now seek extradition orders for the 53 year-old man from NSW.

"It's the case that both parties were known to each other and there were financial issues involved in the lead-up to the abduction of the child," Det Insp Hogan said.

It's thought the dispute involved "substantial" personal loans, Det Insp Hogan said.

Police will allege that in the months before the kidnapping "requests were made for money" and that others may have been involved in the lead-up to the alleged ab-duction.

#AmberAlert #Mudgeeraba 12-year-old boy taken, Mudgeeraba. Dark coloured SUV poss reg 760 TNH.

Call 131 564 to provide information about this abduction. Call 000 for life threatening information about this abduction. pic. twitter. com/HLL1H9Ou1z

Queensland Police (@ QldPolice) May 11, 2018

Officers launched a major operation after being alerted by witnesses who saw the 12-year-old being pulled into the car. There were fears he faced a "significant risk".

"He'd been at school and on returning home it appears that within a very short time frame the abduction occurred," Det Insp Hogan said.

附录二十七：报道七

揭租房诈骗新花样"高进低出"骗钱财[1]

近年来，江苏省盱眙县法院在审判中发现，房屋出租领域出现另类诈骗现象：犯罪人主要采取"高进低出"的手段，骗取受害人租金，从而达到诈骗目的。2015年以来，盱眙县法院共受理该类型案件23件。

抓住被害人贪图便宜心理，形式上达成"高进低出"的"赔本生意"。犯罪嫌疑人往往从房主或中介处短租房屋，随后伪造房屋所有权证、房主身份证、委托书等证件材料，冒充房主或谎称受房主委托将房屋进行转租。由于其出租房屋的价格低于市场价格，受害人很容易落入"陷阱"。例如，在戚某某诈骗案中，戚某某先租下陈某名下的房屋，约定按季支付每月租金1000元；随后将这套房屋以每月750元的价格"转租"给刘某，约定按年支付租金。戚某某向刘某收取1年租金9000元，向房主陈某支付6个月租金及1个月押金7000元后便"逃之夭夭"。

中介公司对客户信息保管不到位，一些员工为牟利将资料外泄。一些中

---

[1] http://www.fzxww.net/news/，最后访问时间：2018年8月20日。

介公司的工作人员为了赚取额外收入，将自己工作中所掌握的房源信息违法提供给他人。另外，房屋中介从业人员流动性高，公司内部管理不到位，给房产经纪人留下违规操作的空间。在审结的房屋出租"高进低出"型诈骗犯罪案件中，犯罪嫌疑人基本上都具有中介公司从业背景。这些人正在或曾经从事房屋中介行业，熟悉房屋租售业务，掌握一些客户或者房源信息，为其实施不法行为提供了便利条件。

房屋租赁网站对房源真实性把关不严，为虚假信息传播提供了便利。目前，房屋租售信息网站为显示房源的真实性，会有一些"认证房东"，然而网站并没有对此进行核实和严格把关。与过去张贴广告、中介居间介绍等传统信息传播方式相比，互联网传播信息的门槛低、成本少、监管难，受众范围更广，同时这些网络平台难以对进入平台的人员身份信息真伪进行核实，有的网站基本不会对发布的房源信息进行事前审查，仅通过电话询问辨别，就把一些房源信息标注为"100%真实房源"，误导了消费者。

附录二十八：报道八

"90后"男子盗窃抢劫强奸杀人 最终伏法获刑十九年[1]

本网讯【车彦霖 报道】家住吉林市的"90后"男子李某，来敦化市约见网友期间，竟犯下盗窃、抢劫、强奸、故意杀人四项罪名。近日，敦化市人民法院审理了该起案件。

年仅22岁的被告人李某，出生在吉林市永吉县的普通人家，他天生叛逆，不爱学习，初中便辍学在家。正值花季年龄的李某，平日里游手好闲，不思进取。社会道德的缺失以及法律意识的淡薄，让他走上了犯罪的不归路。

来敦约见网友心生邪念　盗窃钱财又起色心

2012年1月，被告人李某通过QQ聊天，结识了敦化市女子王某。王某40多岁，在和龙市某饭店上班。二人聊了一段时间后，就失去了联系。2013年7月，没有工作的李某想离家找工作，便联系王某帮助自己。2013年8月

---

[1] http://www.fzxww.net/news/2440.html，最后访问时间：2018年8月20日。

上旬，王某帮助李某在和龙市找到了一个酒吧服务生的工作，李某从永吉县来到敦化市和王某见面。见面后，王某将李某带到其女儿的出租房内休息。李某得知该出租房内住的都是学生，还有一名补习班老师。熟悉了出租屋环境的李某，心生邪念产生了盗窃的想法。

2013 年 8 月下旬，李某因没有钱花，便来到该出租房内。李某发现阳台的窗户没有上锁，趁出租房里没有人从窗户跳进屋内。李某四处翻找，可是屋内并没有值钱物品。李某只找到一个钱包，钱包内只有几元钱和几张银行卡。李某要离开时，发现了补习班老师张某的照片，看见该女子长得漂亮，李某的欲望再次升级。

抢劫强奸罪行败露欲杀人　花季大学生险遇害

李某此次作案后，心中感受到了前所未有的刺激，并且对照片中的女子张某念念不忘。而出租房内的学生们发现被盗后，因损失不大并没有及时报警，不想竟为李某再次作案提供了机会。

2013 年 10 月 13 日，李某决定再次潜入出租房内盗窃钱财，同时产生了强奸照片中女子的想法。李某在延吉市某商店内买了一把刀，随后乘火车来到敦化。次日，李某来到出租房进行踩点。18 时许，李某看见屋内灯亮了，以为是张某回来了，便从窗户跳进屋内。可是屋内的并不是张某，而是大学生小陈（化名）。箭在弦上不能不发，李某并没有因目标不对而中止犯罪。李某抢了小陈 80 元钱后，以暴力手段强行欲与小陈发生性关系。小陈极力反抗，李某没有得手。为了防止罪行败露，李某竟对小陈痛下杀手，他用刀向小陈颈部刺杀两刀后仓皇逃跑。

女大学生及时求助获救　凶手吉林市被擒

李某逃跑后，由于刀刺得不深，小陈渐渐苏醒。她发现行凶男子已经逃走，便立即拿着手机，出门求助。好心人及时拨打电话报警，并将小陈送往医院救治。公安机关询问后得知，小陈是某医科大学的学生，是在返校前在张某处借住的，不想竟发生了意外。

李某作案后，由于害怕立即打车到火车站附近的旅店内，李某清洗身上血迹后，买了一张火车票，于当晚乘火车逃回吉林市。回到家后，李某将沾有血迹的衣服全部烧毁，并四处躲藏。警方根据小陈提供的行凶男子体貌特征，以及在案发现场细致勘查，迅速锁定了犯罪嫌疑人。一个星期后，李某在吉林市双集镇某旅店内落网。

法院审理认为，被告人李某以非法占有为目的，入户盗窃、入户抢劫，且违背妇女意志，以暴力手段强奸妇女，故意非法剥夺他人生命，其行为分别构成盗窃罪、抢劫罪、强奸罪和故意杀人罪。法院依法作出判决：被告人李某犯故意杀人罪，判处有期徒刑十二年；犯抢劫罪，判处有期徒刑十一年，并处罚金人民币 5000 元；犯强奸罪，判处有期徒刑三年六个月；犯盗窃罪，判处有期徒刑六个月，并处罚金人民币 1000 元，决定执行有期徒刑十九年，并处罚金人民币 6000 元。

附录二十九：报道九

快播涉传播淫秽物品牟利罪案开审：淫秽视频超 2 万个[1]

北京市海淀区人民法院今日开庭审理被告单位深圳市快播科技有限公司，被告人王欣、吴铭、张克东、牛文举涉嫌传播淫秽物品牟利罪一案。

公诉机关指控，被告单位深圳市快播科技有限公司自 2007 年 12 月成立以来，基于流媒体播放技术，通过向国际互联网发布免费的 QVOD 媒体服务器安装程序（简称 QSI）和快播播放器软件的方式，为网络用户提供网络视频服务。期间，被告单位快播公司及其直接负责的主管人员被告人王欣、吴铭、张克东、牛文举以牟利为目的，在明知上述 QVOD 媒体服务器安装程序及快播播放器被网络用户用于发布、搜索、下载、播放淫秽视频的情况下，仍予以放任，导致大量淫秽视频在国际互联网上传播。2013 年 11 月 18 日，北京市海淀区文化委员会从位于本市海淀区的北京某技术有限公司查获快播公司托管的服务器四台。后北京市公安局从上述服务器中的三台服务器里提取了 29841 个视频文件进行鉴定，认定其中属于淫秽视频的文件为 21251 个。公诉机关认为，上述被告单位及四名被告人的行为构成传播淫秽物品牟利罪。

该案是全国"扫黄打非"办公室 2014 年重点挂牌督办案件之一。自 2014 年 4 月以来，全国"扫黄打非"办公室协调公安部、工信部和北京市公安局、

[1] http://www.cnfazhi.net/aljj/2016/0107/53667.html，最后访问时间：2018 年 8 月 20 日。

广东省"扫黄打非"办、广东省公安厅、广东省通信管理局联合对快播公司传播淫秽色情视频行为进行查处。

2014 年 4 月 16 日,快播公司发布公告称将清理涉及盗版与低俗内容,停止基于快播技术的视频点播和下载,关闭 Qvod 服务器。

2014 年 5 月 15 日,全国"扫黄打非"工作小组办公室通报,快播公司存在传播淫秽色情内容信息的行为且情节严重,根据相关规定,广东省通信管理局拟对其处以吊销增值电信业务经营许可证的行政处罚。同时,快播公司传播淫秽色情信息的行为涉嫌构成犯罪,公安部门已立案侦查,刑拘了多名犯罪嫌疑人。

2014 年 8 月 8 日,深圳快播科技公司总经理王欣在逃离出境至韩国 110 天后被捕。2014 年 9 月 24 日,快播公司及其 4 名高管被北京市海淀区检察院起诉,罪名是"涉嫌传播淫秽物品牟利罪"。

附录三十:报道十

甘肃乡村女教师遭家庭暴力 8 年 不堪忍受终于报警[1]

3 天一小打,半月一痛打,就这样,她竟然承受了 8 年……

8 年来,轻者脸上扇耳光,重者被打的体无完肤,每次被打,她的精神都几乎陷入崩溃,但为了孩子,她一再忍让,受尽了折磨。

近日,陇西县通安驿镇的祁红再次被打,来到兰州住院,她再也忍受不下去了,并痛下决心,准备用法律武器来维护自己的权益。但恨与爱如何割舍?让她再次陷入迷茫……

甘肃金轮盛律师事务所律师刘正霞:

"家暴对孩子的危害是不可估量的,甚至造成一生无法挽回的伤痛。因为父母是孩子的老师,家庭暴力让孩子从小就学会了用暴力解决问题,而不会寻求其他的方法。"

兰州交通大学法学院教授刘慧明:

---

〔1〕 http://www.cnfazhi.net/msxz/2014/0305/13599.html,最后访问时间:2018 年 8 月 20 日。

　　农村家庭暴力主要受害者是弱势群体妇女和孩子，然而很多遭受过家庭暴力人群都没有到基层妇联寻找帮助或到当地派出所报案。

8年来，她活在"人间地狱"

　　"我醒来时发现自己躺在公路边约两米高的土坡下面，头部剧烈疼痛，脖子也疼得无法转动。"来自陇西县通安驿镇的乡村女教师祁红说，丈夫的这次殴打使她的头部、颈部多处软组织受伤，造成轻微脑震荡。

　　据祁红介绍，2月3日，她带着五岁的儿子准备回娘家，但丈夫张宽无论如何也不允许她去，于是她偷偷带着儿子步行赶往邻村的娘家。离家半小时后，被丈夫发现了并驾车追上了她。张宽一边抢走孩子，一边对她拳打脚踢，直至她晕倒在路旁，临走时，还将她一脚踢下路边约两米高的土台阶。

　　祁红和丈夫张宽结婚8年来挨了多少次打，祁红自己都无法记清楚了。而且说打就打，从来不问原因。"有一次，我和一位男同事一起下班回家，在路上遇到张宽，回家后他就将我痛打一顿，说我与同事有染。"祁红说，张宽好像疯了，打她时从来不顾死活。不仅如此，丈夫还控制了她的工资卡，将她视为赚钱的工具。

为了孩子，她一次次忍让

　　在长达8年多的家庭暴力之后，祁红有了明显的精神分裂症状，一谈起被丈夫殴打，祁红脸上充满了恐惧。这样被丈夫反复的殴打受虐，只因舍不得两个孩子，祁红一次次原谅了丈夫。

　　这次她下定决心要离婚。"再不离，我肯定要被他打死。"祁红说，她选择离婚的另一个原因就是为了让孩子在没有阴影的环境里快乐成长。说起给孩子造成的阴影时，祁红哽咽了。她的孩子在日记里写道："我爸在我小的时候就打我妈，妈妈每次被打的头破血流时，我很心痛，但我没办法保护她，而且我又那么软弱，我到现在还是怕我爸怕到要死。"不堪忍受丈夫的折磨，这次祁红向派出所报了案。"这是我遭受丈夫8年殴打后的第一次报案。"祁红说，她最近一直感到头疼，晚上无法入眠，也不知道自己以后的路该怎么走。

律师：家暴阴影影响不可估量

　　"家暴对孩子的危害是不可估量的，甚至造成一生无法挽回的伤痛。因为父母是孩子的老师，家庭暴力让孩子从小就学会了用暴力解决问题，而不会寻求其他的方法。"甘肃金轮盛律师事务所律师刘正霞说，对生长在家庭暴力之下的孩子来说，长大后的择偶、婚姻生活等多方面都会有不自信和自卑感。

"目前农村妇女遭受的家庭暴力形式主要包括：侮辱谩骂、殴打、限制人身自由、经济控制、强迫性生活等形式。"刘正霞说，即使街坊邻居看到邻居殴打妻子、孩子，很多人将此理解为家庭琐事，清官难断家务事，即使看到了也无人过问。

"近年来家庭暴力事件屡屡出现，由于暴力家庭的孩子得不到应有的温暖，造成孩子性格孤僻、内向，见人不说话等畸形心理，由于长期得不到父母的关爱，一些孩子只能通过虚拟的网络游戏寻找刺激和快乐，甚至出现早恋、抢劫、强奸等不良行为，在这个过程中，幸运的孩子会渡过难关，逐步走上正道，而不幸运的孩子就会走上犯罪道路，毁了一生的幸福。"

在农村，妇女维权更艰辛

还有多少农村妇女生活在家庭暴力的阴霾下？据记者了解，家庭暴力在农村多有发生，而一些单亲、继亲家庭妇女更容易受暴力侵害。

"事实上，生活在农村，像祁红这样常年忍受家庭暴力的妇女为数不少，越是落后的地区，家庭暴力发生的几率越高。"兰州交通大学法学院教授刘慧明做过一次调查，结果令他很失望：甘肃农村家庭暴力主要受害者是弱势群体妇女和孩子，然而很多遭受过家庭暴力人群都没有到基层妇联寻找帮助或到当地派出所报案。

刘慧明认为，目前甘肃大部分农村地区由于公安、派出所，妇联等机构离村里很远造成报案与求助困难，同时，农村传统观念陈旧、自我保护意识缺乏、法律不健全、农村妇女维权机构缺失等因素，都让预防、制止家庭暴力存在很多难题。家庭暴力应该有专门的法规来约束，现行法律政策也应加强针对性、系统性和实施性来进一步保护妇女权益。

附录三十一：报道十一

一审获刑 5 年原局长终审改判无罪 律师：可官复原职[1]

陈某波是广州一家咨询服务公司的执行董事。2011 年 9 月下旬，他从网

---

[1] http://legal.people.com.cn/n/2015/06 26/c188502-27214258.html，最后访问时间：2018 年 8 月 20 日。

上看到从化市畜牧兽医渔业局（简称"从化市畜牧局"）招标虫媒治理工程项目，便想参与该工程。

陈某波在证言中说，其通过同学江某文认识了从化市畜牧局副局长邓国斌。后来他的公司在2011年10月25日中标了该局的虫媒治理项目，并在11月签订了合同。

据陈某波的证言，当时他和邓国斌商定在工程完成后会给邓10万元好处费。2012年1月，他将5万元交由江某文转交给邓国斌。

然而，另据陈某波在证言说，2011年底，即曾在从化市"唐伯虎"饭店吃饭喝醉酒时，他一时口快透露了在承接从化市畜牧局发包的虫媒治理项目中送10万元给邓国斌的事给"唐伯虎"的老板知道。"但实际因为工程没有全部完工，所以到现在为止只给了邓国斌5万元。"陈某波在证言中说。

邓国斌原任从化市畜牧局副局长、从化市政协委员。2012年8月15日，他被刑事拘留。之后，广州市海珠区检察院以邓国斌犯受贿罪、放纵制售伪劣商品犯罪行为罪向法院提起公诉。2012年12月，一审法院对邓国斌作出了有罪判决。邓国斌上诉。2013年10月，广州中院裁定撤销原判，将案件发回重审。

重审后，广州市海珠区法院于2014年12月作出刑事判决，以受贿罪对邓国斌判处有期徒刑5年，并处没收财产人民币1万元，同时追缴非法所得人民币5万元。

邓国斌又一次上诉了。他坚称从未收过上述5万元，称一审认定的证据存在很多疑点，饭局上的证言都是听来的，不能作为证据使用，请求改判无罪。

广州中院综合评判认为：第一，虽然证人陈某波称其通过江某文贿送给邓国斌5万元，证人江某文陈述其转交了5万元给邓国斌，但邓国斌归案后从未供认收受过这一款项；第二，江某文的证言中关于其送钱给邓国斌的时间的说法前后多次反复，且部分陈述与邓国斌使用的车辆行驶记录所载明的时间不能相互印证；第三，参加饭局的一些人的证言，均属于传来（传闻）证据，且存在一定程度的指代不明的情况，尚不足以印证陈某波、江某文的证言，也不足以对这两人证言的真实性程度形成补强。因而，现有证据尚不足以证实陈某波将5万元通过江某文贿送给邓国斌的事实。

广州中院据此判决撤销重审判决，宣告邓国斌无罪。

律师说法：公职人员涉受贿判无罪可官复原职

律师丁一元 25 日受访时表示，被指控犯受贿罪最终被判决无罪的案例很少。"就整个刑事案件来讲，无罪判决的比例本身就不高，具体到职务犯罪中的受贿罪，判无罪的就更少了。"

丁一元分析说，行贿受贿犯罪不像暴力犯罪必须得有其他物证书证来佐证，行受贿行为往往是"一对一"进行，很少有物证可以印证，一般来说，只要行贿人跟受贿人的口供、证言能"对得上"，基本上就能认定罪名。正因为这一特点，受贿案中有时也会出现冤假错案，而冤假错案一旦出现，"翻案"相对也比较困难。

丁一元表示，如果没有其他行政违纪行为，被指控犯受贿罪最终被判决无罪的公职人员可以恢复公职、官复原职，同时还可以申请国家赔偿。（记者董柳 实习生黎耀）

附录三十二：报道十二

15 岁放火拍视频"熊孩子"获刑[1]

"熊孩子"一时无聊，多次在住所附近旧楼处放火发朋友圈，没想到却受到了法律的制裁。近日，广州市白云区法院审理了一起放火案，15 周岁的阿杰被判处有期徒刑十个月，缓刑一年。缴获的作案工具打火机 1 个，依法予以没收。

2017 年 3 月，阿杰在凌晨时分先后 4 次在白云区江高镇一带，以打火机点燃泡沫纸皮箱、房屋围蔽布等方式放火。同月 30 日，阿杰在去往网吧的路上被便衣抓获。

据阿杰交代，他自小与姑姑居住，第一次放火是在 2017 年 3 月 26 日零时许，当时他在姑姑家附近的旧房子处，用随身携带的打火机，点着了放在地面的散成块状的泡沫箱，点着火后阿杰立即跑开，用手机拍下起火现场，并将起火现场的视频发到朋友圈。阿杰觉得放火好玩，又没有烧到人，就多次在住所附近的旧楼处放火，直至案发被抓。

---

[1] http://legal.people.com.cn/n1/2018/0403/c42510-29904865.html，最后访问时间：2018 年 8 月 20 日。

记者了解到，虽然阿杰的父母长期不在身边，但阿杰的姑姑非常关心他，也非常愿意照顾阿杰的生活。姑姑希望，阿杰能够有机会重回学校学习。

2017 年 8 月 13 日，阿杰的家属向被害人龙某赔偿了经济损失 800 元，并向龙某表示歉意，龙某对阿杰的放火行为予以谅解，也表示希望对阿杰从轻处罚，使其尽早重返学校。

法院认为，阿杰多次放火，尚未造成严重后果，其行为已构成放火罪。阿杰犯罪时已满 15 周岁不满 16 周岁，应当从轻或者减轻处罚。综合全案的性质、情节、危害后果及被告人的认罪态度、悔罪表现，法院决定对被告人阿杰减轻处罚。

法官提醒，放火罪是危害公共安全罪的具体罪名之一，是指故意放火焚烧公私财物，危害公共安全的行为。燃烧财物时，不管财物是他人所有还是自己所有，只要足以危害公共安全，就属于放火。火并不是玩具，千万别做放火的"熊孩子"。（记者 尚黎阳 通讯员 云法宣）

附录三十三：

《粗心的"父母"》[1]

片头：点滴记录中国法治进程。

节目旁白：行驶的列车上，一对男女的举动令人费解。

铁路警察旁白：吃完了之后躺在铺上，他睡不着，但他睁着眼睛。

铁路警察现身：他都不去看这个小孩。

节目旁白：夫妻俩口径不一，漏洞百出。

视频：

警察：几月几号出生的？

女：不记得了。

警察：你现在说谎瞒不过去了。我已经查证了。

旁白：长途跋涉的背后，什么人的黑手躲在幕后操控？

---

[1] 转写自《今日说法》20180722 期节目《粗心的"父母"》。

警察：说话，说实话，说假话你负责任。

（题目出现：粗心的"父母"）

旁白：在行使的 K870 次列车上，乘警正在盘问一位旅客。

乘警：到郑州以后你去哪里？

女嫌犯：去（山东）平邑。

乘警：（山东）平邑？

女嫌犯：嗯。

乘警：去（山东）平邑干吗呢？

女嫌犯：杀鸡。

乘警：什么？

女嫌犯：杀鸡。

乘警：去（山东）平邑杀鸡。（去平邑的）车票买了没有？

女嫌犯：没有。

乘警：还没买。

旁白：这个女人当时抱着婴儿上了车。但在列车启动后不久，她怪异的行为，便引起了列车员和乘警的注意。

列车员：包里，我说你背的是什么。她说是个小孩子，刚满两个月。然后，上车，上车了。她就（把孩子）放在她睡觉的脚头。从主观意识上，我觉得小孩子不满一两个月，她不会放在那里不管。

旁白：当工作人员掀开这个女人所在铺位的被褥时，发现一个婴儿正露出饥饿的神态。

乘警：这个小孩身上只穿了这个秋衣和秋裤。外面都是毯子。就没有说咱们给小孩穿那种厚一点的衣服，就没有。

旁白：携带这么小的孩子长途旅行，只是将孩子简单包裹，并且将其独自放在铺位的被子下面。这样的做法让乘警长王永建觉得很不合常理。于是，他进一步向那名女子了解情况。

乘警：我问你，孩子多大了？

女嫌犯：一个月 14 天。

乘警：几月几号出生的？

女嫌犯：哎呀，不记得了。

乘警：不记得？

女嫌犯：她是 7 个月就出生了。

乘警：什么？不记得了？

女嫌犯：不记得。

主持人现身：各位好，这里是《今日说法》。根据身份证上的信息，这个女人名叫李叶，38 岁。四川省，会理县人。李叶声称孩子是她亲生的，但她却说不出孩子的出生日期。李叶说是抱着孩子出门打工，但她随身携带的东西，除了一盒奶粉之外，再也没有其他婴儿使用的物品。这些不合常理的迹象，让随车的乘警长高度警觉。这个孩子真的是李叶的吗？

旁白：根据车票信息，李叶是在始发站成都上的火车，同行的还有她的丈夫。

列车长：我说你看需要不需要，如果我们有能力的话，看能不能，就是说方便的话，给你们调成下铺，因为下铺毕竟好照顾一些，当时他就很不愿意跟我们说那么多，就是很推搪我们，就是不需要，不需要，或者什么，就是不愿意理我们。

旁白：因为李叶夫妇带着婴儿，列车工作人员会格外注意，但在列车行进的过程中，工作人员却看到一些不太正常的现象。

乘警长：这两个人呢，这个女的就是吃了睡，睡了就吃，就是醒了她就吃一点，然后吃完之后，她就又躺在那个地方睡，所以说，这个小孩，她几乎不怎么照顾她。这个男的只是照顾自己，他就是，也是吃完了之后躺在铺上，他睡不着，但是他睁着眼睛，他都不去看这个小孩。

列车长：23 点多，到晚上熄灯了，我们晚上 10 点熄灯，都一直没有看到，她的父母在喂这个婴儿的奶，或者给她换尿布什么的，一直都没有。

旁白：显然，在这样的长途旅行中，婴儿没有被很好的照料。

刑警侦查员：从各方面细节来看，并不像是他们的孩子。因为咱们的乘警年纪也比较大，都有孩子，是不是亲生的，像这些细节方面问题，他们注意的比较多，

旁白：那么，是做父母的太粗心，还是有别的原因呢？这样的情况，让乘警长想起不久前发生在车上的一件事。当时，同样是一名妇女怀抱着一个刚出生不久的婴儿。从成都乘 K870 次列车前往郑州。旅途中，这些妇女的一

些举动，引起列车工作人员的高度警觉。

列车员：扫地的时候，快到渭南的时候，她喂孩子喝奶的那个奶瓶，倒点奶粉，她用凉水给她沏。

旁白：面对乘警的询问，那名妇女一口咬定，怀里的孩子就是自己亲生的。

女嫌犯以前：本来就是我自己抱我自己的孩子，你们这样子说干吗呢？我做错啥子事了吗？

列车员：你把你当地派出所的证明给我拿出来，如果是，我马上让你走。你当地派出所的电话告诉我，我跟你当地派出所联系，如果确实证明是你的孩子，你现在就可以回去。

女嫌犯以前：我当地派出所号码我又不晓得。

列车员：你给家里打电话，让家里去找当地派出所，如果联系上了，我现在就让你走。

女嫌犯以前：我这个小孩是在外面生的。

列车员：在哪儿生的都有准生证。

女嫌犯以前：准生证没有？

女列车员：又不是没人管你的孩子，你就坐这儿吧。

女嫌犯以前：没有准生证的。

七大队乘警队长：她说我去安徽找我丈夫，我丈夫在安徽打工，我说你丈夫在安徽打工，在安徽具体什么地方，她说她不清楚，她说他手机又关机，她又不知道号，种种反正越说，让我觉得她心里肯定越有鬼。

旁白：随后，郑州铁路警方对该女子展开调查，并很快就证实，这个孩子的确是被拐卖的。

七大队乘警队长：是你的孩子不是？

女嫌犯以前：不是。

七大队乘警队长：你抱小孩准备到哪里去？

女嫌犯2：山东平邑。

七大队乘警队长：干什么？

女嫌犯2：那介绍人介绍给我的，这个小孩不是我自己去抱的。

七大队乘警队长：这是谁的孩子？

女嫌犯2：这是谁的孩子，我也不清楚，是别家的孩子。

七大队乘警队长：抱到山东干什么去？

女嫌犯2：我上面有介绍人在那里。

七大队乘警队长：是不是让你去……？

女嫌犯2：让我去带这个，他给我7500。

七大队乘警队长：给你7500？

女嫌犯2：嗯。

旁白：由此，一条运输贩卖婴儿的黑色链条，浮出水面。并被郑州铁路警方成功斩断。而现在对待婴儿的不正常行为，再一次出现。那么这名婴儿的来历，会不会有问题呢。随机，K870次列车的乘警长决定对李叶夫妇进行询问。

乘警长：我问你她什么时候，哪一天出生的。

女嫌犯：（沉默……）

乘警长：我告诉你啊，看着我，看着我。我告诉你，抬头！看着我！你现在所说的每一句话，这里都有录音，录像。说话，说实话，说假话你负责任。

女嫌犯：我说实话了。

乘警长：我问你孩子哪一天出生的。

女嫌犯：孩子。

乘警长：想。

旁白：面对列车警长的一再询问，李叶都不能准确说出孩子的出生日期。随后，乘警又找到正在其他车厢闲逛的李叶的丈夫安军，并将他带到餐车进行询问。

乘警长：情况都给你摸清楚了，现在你就争取你们的态度，法律上都有规定，坦白从宽。能在法律上，到时候处理你的时候，可以宽大处理。你要是这种态度，不主动跟公安机关配合，这要从严处理，知道吗？

刑警队队长：后来就问这个男的，她丈夫，问那个男的的时候，这个男的连小孩多大都不知道。一个说一个多月，一个说快两个月了，刚出生几天，不确定小孩的出生时间。我们就初步判定，乘警说这个小孩，有可能涉嫌拐卖儿童。

旁白：抽丝剥茧，真相已然无法掩盖。

警察：起来检查，好不好？能听懂啊？

旁白：被竭力隐藏的黑衣人，却出现在车站监控的视频里。粗心的"父母"，今日说法继续播出。

旁白：夫妻二人互为矛盾的说法，让他们的嫌疑急剧上升，随后乘警又将李叶以及孩子，带到餐车进一步查证。

乘警：走吧，把你的东西都收收，把你的东西全部都收一收，全部收了。

旁白：李叶长时间不给婴儿喂奶，也不给婴儿更换尿布，乘警长安排工作人员，帮忙照料一下孩子。

警察：来吧，我抱着，然后让你起来检查，先站起来。起来检查，好吧？能听懂啊。来来来，我帮你抱。没关系，没关系。慢点儿，慢点儿。慢点儿啊慢点。把身上东西。

旁白：而当包婴儿的毯子被打开后，发现这是一名女婴，婴儿的状况让所有人都心疼不已。

七大队乘警长：小孩那个身上呕吐的东西很多，包括那个奶渍都撒到衣服上，脏兮兮的那个衣服看着。把那个小孩翻身，看到小孩那个屁股已经烂了。两个屁股蛋儿已经烂了。就是那个尿不湿尿了之后，她不换，长时间不换。

旁白：2017年8月31日下午，郑州铁路公安局刑警支队的刑警登上了K870次列车，对安军，李叶夫妇展开调查。

安军：我就不知道，你问我妻子。

刑警：你媳妇知道，是吧？

安军：对，你问她吧。

刑警：你别再跟我说问她，你们两个肯定得有一个知道，你们两个都不知道，孩子带到哪儿？谁交给你们？你做善事呢？

安军：你问她吧，我都不知道这情况。

刑警：行，我现在跟你说，还是你们两个争取，看谁的态度好，希望你不要推，你老婆也推过来，你又给你老婆推过去，对你们一点益处都没有，听懂了没有？我现在跟你说，你抓紧时间，我们怎么问，你怎么如实回答。不要再说一点谎话。

旁白：面对警方的质疑，身为丈夫的安军开始推诿。说孩子的事他不知情。只有他妻子李叶知道。而李叶则仍坚称孩子就是她自己的。

列车工作人员：是你孩子吗？

李叶：是。

列车工作人员：是你的孩子，你出来几天了？孩子屁股烂成那样。

李叶：出来了三天了。

列车工作人员：三天孩子屁股就烂成那样？

刑警队教导员：她表现很镇定，而且坚称这孩子是自己的。如果遇到她难以自说的一些借口，就是谎话的时候，她要么沉默不语，要么就是告诉我，我忘了，我说错了，或者我记不清了。通过这种借口来搪塞。

旁白：随后，根据安军，李叶的身份证信息，办案民警和他们户籍所在地的派出所取得了联系。

刑警支队民警：喂，你好，我是郑州铁路公安处刑警支队，请问您那边是四川省会理县小黑箐派出所吗？

小黑箐派出所：对，我是小黑箐派出所。

刑警支队民警：您好，我这有一个案件，想了解一下咱辖区一个人的情况。

小黑箐派出所：好，可以，请讲。

刑警支队民警：这个人叫安军。

小黑箐派出所：等一下，我记一下啊。

刑警支队民警：好的，好的。我想了解一下他的家庭情况，还有近期的动态。

小黑箐派出所：行行行。

旁白：据四川会理方面的反馈，安军、李叶夫妇都是当地普通的农民，此前没有其他不良记录。

刑警队六支队队长：平常他夫妻两口打工，就是挖山药，打谷子，就是稻谷，还有修房子，还有装菜，就是蔬菜，靠这为生，一天能挣一百多块钱。

乘警长：他们有三个孩子，最小的孩子8岁了，然后，第二个12了，第三个是15。

旁白：另据了解，几年前，为了孩子上学方便，安军、李叶夫妇举家搬迁到攀枝花市米易县的一个镇，在那里租房生活。那么，离开户籍地后，李叶有没有再怀孕生孩子呢？随后，办案民警又与安军夫妇目前租住地的派出所取得了联系。

刑警队教导员：那边提供的信息说这个妇女，就是说她在家，就在她居住地，村民反应没有说她有怀孕，没见她有怀孕的迹象。突然说生了孩子，他们感觉也很难奇怪，说没有听说村民反应，所以说加重了我们的怀疑。

旁白：调查情况显示，安军、李叶夫妇在撒谎。显然，他们想掩盖这个孩子的真实身份。

刑警队教导员：通过这个信息，而且直接告诉他我们在那边了解的情况是什么样的，直接告诉他。

刑警：因为你现在说谎瞒不过去了，我已经查证了，你们没生过孩子，刚才已经告诉你了，很容易调查清楚。再告诉你，我们到郑州以后，会带你去，包括你的老婆和孩子，做一个 DNA 检查，你肯定知道什么叫 DNA。

安军：不知道。

刑警：DNA 就是说就相当于抽血一样，把你老婆身上抽点血，孩子抽点血，做一个检查，就知道孩子和你妻子是不是亲母女关系。

旁白：面对警方的质疑，安军终于表示他愿意说实话，安军承认这孩子的确不是他们的。但他也不知道这孩子的来历。

刑警：那我问你，这个孩子是怎么到你家的？这孩子是你的孩子不是？

安军：你问我妻子。

刑警：我现在问你这个孩子是你的孩子不是？

安军：不是。

刑警：她抱回家的，是吧？

安军：不是，别人送给她的。

刑警：别人送给她的。

安军：他们说送过来，送到泰山。

刑警：送到泰山去，送到泰山去，你能得多少钱？

安军：我不是卖呀。

刑警：不是，我知道你不是卖，给你有报酬没有？你是跑腿吧？

安军：就跑腿。

刑警：就跑腿，你们夫妻两个跑一趟，给你多少钱？

安军：8000 块钱。

刑警：8000，是吧。那你到山东以后，把这个孩子给别人，是吧，给泰山这个人，对不对？

安军：对。

刑警六支队中队长：据安军交代，这孩子是 30 多岁的这个男的，就让他们送到山东泰山。

旁白：据安军交代，他们被人要求于当晚，将孩子送到山东泰山火车站。到时会有人前来接孩子，接孩子的人会把钱给他们。那时列车已经到了郑州车站，随即，郑州铁路警方决定，立即安排安军夫妇郑州转乘另一趟火车前往泰山，几组侦查人员也秘密跟随前往。

旁白：第二天凌晨两点多，列车驶入山东泰山站，化妆成旅客的侦查人员，和李叶夫妇一起走出车厢，他们有意放缓了脚步，等待可疑的身影出现。然而，两个多小时过去了，既没有可疑电话打来，也没有可疑人员前来接孩子。

（可疑人员没有出现，安军夫妇又被带回郑州。）

主持人：显然，接孩子的嫌疑人已经有所察觉，为逃避打击，放弃接手这个孩子，但警方的调查并没有因此中断，婴儿被送进了郑州福利院寄养。DNA 信息也已经被采集。希望能够找到她的亲生父母。那么这孩子为什么刚出生不久，就落到了人贩子的手里？在这个案件中，安军、李叶夫妇扮演着什么样的角色？他们又是如何进入到这个黑色链条的呢？

旁白：事情最初发生在 2017 年 8 月 29 日，那天安军在米易县租住地附近闲逛，他遇到了一个男人。

刑警队六支队中队长：就 30 多岁，穿着比较土，皮肤比较黑一点。

旁白：紧接着，貌似不经意的攀谈中，陌生男子透露出一个惊人的信息。

安军：他就问我了，他问我，你想挣钱吗？我问他挣什么钱？他说你把这个小孩带到山东泰山去。

旁白：陌生男子的意图，安军心知肚明。

安军：想挣他的那 8000 块钱。我当时想了一下，8000 块钱，扣了路费和我吃的，还有 5000 多块钱。我家里没有什么钱，小孩全是读书，我们在那里租了个房子住，最近也没有什么活儿干。

旁白：就这样，在钱和良知之间，安军选择了钱，据安军回忆，29 日当晚，那名男子驾着一辆黑色的轿车，把孩子带了过来。

刑警队六支队中队长：我是花了 19000 块钱买过来的，你们送过去，其他不用管，你们挣你们的运费。

旁白：在随后的调查中，安军的这一说法被证实。监控录像中的黑色轿车，便是涉案的可疑车辆。8 月 30 日一早，陌生男子交给安军 600 元钱，让他去买火车票。

安军：他跟我说，现在我身上没有钱了，给你 600 块钱的车费，不够的你们自己拿点去，还有 7400，一分钱不少，他们来接你了。

旁白：虽然只拿到了 600 元钱，但安军觉得孩子在他手里，他不担心拿不到其余的钱，随后，那名男子又提出了一个要求。

刑警队六支队中队长：你跟你老婆说，你老婆也到米易县，你一个人送小孩不行，你一个男的，送小孩不行。

刑警支队副支队长：只有你两口子在一起出现，抱个孩子，好像不会引起公安机关的怀疑。

旁白：于是，8 月 30 日一早，安军打电话给妻子李叶，要求李叶和他一起去山东送还孩子。

安军：我跟她说，我们的小孩，现在没有钱用了。他们都上学了，我们家里没有什么钱了。没办法了，她是听我的话。我们这样子才过来的。

旁白：本想着能轻松地挣笔钱，没想到安军夫妇两个，一踏上 K870 次列车，就被乘警长看出了破绽。那时，面对乘警长的追问，安军并不紧张。

安军：我是给别人送的，我也是不害怕，我一直进来，我都不害怕。

旁白：安军说，直到他们夫妻俩被送进看守所，他才意识到事情的严重性。不光他们夫妻二人被抓，他们家的三个孩子也没人管了。

安军：当时，我过来的时候，家里的大孩子只给了 500 元钱。现在肯定家里没有吃的了。我也知道，但是没办法了，现在。

旁白：与安军一样被关进看守所的李叶，最惦念的是自己三个孩子的生活。为此，她吃不香，睡不着。

李叶：我们家里孩子小，孩子读书也没有钱了，大人没有了，孩子也不能读书了。

旁白：和安军不同的是，李叶仍然坚称那名婴儿是她自己生的。并幻想借此逃脱法律的制裁。

李叶：那孩子是我们的。

警察：那孩子不是你生的吧？

李叶：是，我丈夫是骗人的，他骗你的。

刑警侦查员：下一步我们的工作，这个孩子和这些人的 DNA，我们会去作比对。

旁白：把孩子交给安军的那名男子，是什么人？这个孩子究竟是哪里来的？山东那边接孩子的又是什么人？

安军和李叶当初是从米易县出发的，郑州铁路公安处的侦查员，来到了米易县，调取了米易县火车站的监控录像，案发前两天，8 月 29 日上午 10 点多钟，一辆黑色越野车停在了火车站门口。随后，车上下来了一个男子，这个男子就是安军，下了车后，安军走进了火车站售票处，之后黑色越野车停到了不远处的停车场，大约一刻钟后，安军从火车站出来，走回到了越野车，接着他和一名女子从车上下来，这个女子就是李叶，李叶身后背着一个类似包裹的东西，应该就是那个婴儿。从车上一同下来的还有一个黑衣男子。安军和李叶往火车站方向走，黑衣男子跟在身后，一直到李军夫妇进了火车站，他才离开。回看监控录像，黑衣男子是从越野车的驾驶座上下来的。应该是司机，这个黑衣男子是谁？他跟这名被拐的婴儿有关系吗？

刑警队六支队中队长：有可能是不是他上家？

旁白：通过查询车辆登记的信息，黑色越野车车主名叫李林（化名），对比李林和监控录像中的男子图像，黑衣男子应该就是李林，警方再次提审了安军，安军承认这个李林，正式托他们运送婴儿的人。

警方：多少钱买的？

安军：他说 1.9 万。

警方：从哪里买的小孩，你知不知道？

安军：不知道。

旁白：郑州铁路警方，立即赶赴四川抓捕李林。可等警察赶到他家的时候，李林已经潜逃了。目前，犯罪嫌疑人李林已经被警方通缉，网上追逃。

刑警队六支队中队长：下一步我们是赶赴大凉山，去当地调查取证，包括这个小孩，和这个嫌疑人的 DNA 做亲子鉴定。

刑警支队副支队长：要加大一个查缉力度，最起码在我们的运输线上，中间的环节，我们要重重的插上一把刀。把他的整个链条斩断，所以这样呢，从各方面讲，保护妇女儿童的合法权益。

主持人：好，我们今天演播室请来的嘉宾，是公安部刑侦局副局长陈士渠，陈局，您好！

陈局：你好！

主持人：您说这对夫妇，他们觉得这个孩子不是他们买来的，他们只是帮忙把这个孩子送到别人的手里。他觉得这不是什么大事。那像他们这样的行为是不是触犯了拐卖儿童罪。

陈局：按照《刑法》规定，以出卖为目的，实施拐骗、绑架、收买、贩卖、接送、中转妇女儿童行为之一的，就构成拐卖妇女儿童罪。本案中，这对夫妻已经触犯了拐卖妇女儿童罪。当然，他在犯罪中的作用，应该是属于从犯，主犯是组织幕后操纵这个犯罪分子。

主持人：陈局，这么多年来，您一直致力于打击这个拐卖儿童的犯罪，人贩子一般是从什么样的渠道去获得孩子？应该警惕什么样的人？您可以给大家说一说，提醒我们的电视观众。

陈局：拐卖儿童犯罪，笼统的来讲，可以分为两类，一类是违背父母意志，采取盗窃，抢夺，拐骗等方式实施。父母会报警。另外有一类犯罪，人贩子采取花言巧语等方式，从亲生父母手中，拿到这个孩子或买到这个孩子，然后实施贩卖。从本案中看，贩运的这个孩子，应该是父母卖给犯罪团伙，或者说被犯罪团伙以收养的名义骗走的。但其实他们不知道，这个孩子在长途贩运的过程中，是很容易受到伤害的。你比如说有些犯罪团伙，他怕孩子在长途贩运过程中哭闹，被人发觉，往往会给孩子喂服安眠药，严重伤害这个孩子的健康。会容易出现各种意外。所以，对这类犯罪，公安机关是按照刑法的有关规定，是采取严打的。

主持人：目前，该案件的嫌疑人安军，李叶因涉嫌拐卖妇女儿童罪，已经被检察机关提起公诉，法院已经对该案进行了审理，对于该贩婴案中的其他涉案人员，郑州铁路警方也正在进一步侦查当中。

孩子是家庭的希望，是社会的未来，任何涉嫌买卖孩子的行为，都是在挑战人伦的底线，更是在挑战法律的…权威。感谢…

附录三十四：

《快钱》[1]

片头

点滴记录中国法治进程，《今日说法》。

本期导视：

主持人旁白：毫无知觉之时，他们成了别人的目标。

警察旁白：七八个人在这里边，专门负责"看水"，车上的 4 个专门负责盯那些人出来，然后就打电话跟车上的人沟通。

警察现身：没介入调查的时候，也没想到，这帮人原来是这么专业的。

主持人旁白：他们在暗处守株待兔，高额获利。殊不知他们已经入了大数据的法眼。

警察现身：他在观察他们的对象，他已经是在我们的笼子里了。

旁白：快钱（题目显示在屏幕上。）今日说法即将为您播出。

（警方提供资料）

警察旁白：大树底下打电话的这个是不是（看水的）。

警察女旁白：来了来了，黑色那个看到没有？过来了。我感觉他比较像（看水的）。他就紧挨着我后面坐着。

警察旁白：穿白色衣服，树底下那一个。

警察女旁白：两个人坐一起，有交流。

警察旁白：拍多一点（资料）回来。七八个人在这里边专门负责（看水），车上的 4 个专门负责盯那些人出来，然后就打电话跟车上的人沟通，分工合作很明确，很明确，有交流。撞上了！撞上了！撞上了！咱们这个位置行不行？行！

警察现身（同时又相关视频）：他们现在就是在协商了。你不拿钱，我报

---

[1]　转写自《今日说法》20180724 期节目《快钱》。

交警。

主持人：各位好，这里是《今日说法》。

刚才的这段画面，您看出什么门道了吗？我告诉您，这是广东佛山警方在今年3月拍摄到的一段侦查视频。他们花费了几个月的时间去追踪和调查，在一场场看似普通的交通事故的背后，发现了一个大案。我们来看今天的记者调查。

记者调查：

熊先生：我以为他也是跟我同一方向的，我没留意到他。

旁白：这就是刚才那段视频中的事主熊先生。按照熊先生的回忆，那天下午他开车回家，在路上他就觉得有些不对劲。

熊先生：反正我们两个是正常的开车，我一起油加速，他就加速，我就觉得奇怪。

旁白：熊先生记得，当时一辆白色的宝马轿车一直跟在自己的车后，他虽然觉得奇怪，但是也没太当回事，就在自己准备前方右转弯的时候，出事了。

熊先生：我肯定是看倒后镜的，它落我后面是没事，我变完线的时候，然后再开了几十米，我看到倒后镜，他那辆宝马车很快得撞上来。

旁白：没有任何心理准备，熊先生说，自己突然，就被后车撞到了车的右后侧。

熊先生：我跟你没怨没仇，你开那么快干啥，撞上来，我说是不是开斗气车，我还骂了他几句，他说我变线是我不对。

旁白：因为车被撞，熊先生说自己当时还有点生气，但是对方却说，因为熊先生变道的时候，不注意道路两侧有没有车辆，才导致了这场交通事故。对方要求熊先生马上赔钱，否则，就要打电话叫警察来处理此事。

熊先生：因为碰烂了他那个大灯，还有擦刮了一点，他打电话去宝马4S店，就把电话给我听，他说要两万多元（修车）。

旁白：熊先生说对方当着自己的面，打电话问过宝马维修店，张口就要两万元赔偿，他吃惊不小。

熊先生：我当时说我没那么多钱，然后就在这，就跟他们两个谈，谈了有一段时间，谈了之后，他另外一个朋友在那里说，要给我便宜一点，那个是他的朋友。

旁白：事实上 熊先生的这段遭遇，早已被佛山警方，在远处悄悄拍摄了下来，警察非常清楚熊先生当时的境遇，因为在他们的侦查中，除了这位熊先生，还有来佛山打工的刘先生，也在两天前遭遇了同样的事情。

刘先生：我发现后来就有一台宝马车，那个车老是跟着我，我就觉得麻烦了。

旁白：刘先生的遭遇与熊先生大致相同，事发那天，他开车的时候，已经有人开车在跟着自己。

刘先生：我是猜的，我是猜到他的车，会不会是碰瓷或者什么的。

旁白：刘先生说，虽然自己已经有了提前的防备，但是他根本没想到，在一个路口停车，等待绿灯的时候，对方居然开车直接朝他冲了过来。

刘先生：你看，打比方说，这台是我的车，这台是他的车，他在后面一直跟着我，前面是红绿灯，我就开始慢走了，慢走的时候，他就从这边，侧身撞到我这个后轮上面。

旁白：下车后，刘先生看到，对方驾驶的是一台宝马轿车，车上下来的两个人，上来就要求刘先生赔钱，说因为刘先生变道剐蹭了他们的车。

刘先生：我说我没变道，我一直没变道，我说我打开行车记录仪给你看，他说反正就是报交警了什么什么的，就是报交警。

旁白：同样在警察的眼皮底下，发生了交通事故的，还有从河南来佛山做生意的王先生，那天王先生也跟平常一样开车回家，行驶过程中也发生了交通事故。

王先生：第一次我变道变了一半以后，我看到后面有车，我就赶快打方向回来，还回到原来的路上，然后马上到出口，我还要变道出去，然后第二次我看到后面没车，但是我变道过去的时候，它就刚好撞到我的车上面。

旁白：王先生的车辆上装有行车记录仪，他回看了一下记录的画面，觉得这场交通事故，自己不应该负责任，但是对方不依不饶，坚持说是王先生并线造成的事故。

王先生：我说你说怎么办，他说要不报警吧，我说这点小事不用报警了吧。

旁白：尽管监控画面中，王先生可以确定自己是在正常行驶，但是对方一再要求他赔偿，并且说如果不赔就报警处理。

王先生：我说那赔多少，他说你看看要 3 万元，然后我说，哥，没那么多，能不能少一点，他说那你能给多少。

主持人现身：现在，您肯定有疑问，这几位事主遇到的情况，这也太相似了。开车走在马路上，无缘无故就被人从后面给撞了，而且撞他们的车基本都是豪车，事后的这个协商也非常相似，要么马上赔钱要么就报警处理。在这种困境当中，车主们会怎么选择呢？我们不太明白，他们的选择居然是一样的。

熊先生：我说我没那么多钱，我真的没那么多钱，然后他说要我一万八，我说行，我凑凑钱看看。

旁白：熊先生说，因为无法一下子拿出那么多钱，他通过手机先给对方转了一部分，然后开始四处筹钱了。

熊先生：我说只有一万四了，微信转给你，还有 4000 块的话，你跟我回家拿，当时他说行。

旁白：随后熊先生开车，带着宝马车上的一个人，回家拿了钱才算了事。

刘先生：我说不行，大哥，给我一次机会。你说多少钱什么什么的，刚开始的时候，然后他就要我 1.2 万元。

旁白：跟熊先生一样，刘先生经过讨价还价，也是按照对方的要求，用手机完成了转账。

刘先生：讨价还价就是 3000 块钱，3000 块钱的话给了他之后，他就很快走了，跑得非常的快。

旁白：给了钱，刘先生说，他虽然觉得事情不对劲，但是当时不打算报警。

刘先生：心里想一下，他们也是搞钱的，唉，给了钱就算了，这样子。

旁白：跟之前的两位司机如出一辙，河南的王先生，最终也在对方的要求下，将 2 万元钱打到了对方的账户上。

王先生：他说行，拿两万元也可以了，然后就给他转了 2 万元。

旁白：在警方的调查取证中，警察发现，几乎所有的，发生交通事故的车辆司机，都会选择私了。少则几千，多则几万，基本上都按对方司机的要求，进行了赔偿。

警察现身（刑警支队队长）：那么在撞的过程中，可能作为事主来讲，感觉自己有些理亏吧。理亏在先，所以又怕其他一些麻烦，大多数都选择了妥协。

旁白：他们说，自己开车，遭遇了蹊跷的交通事故，有理说不清。

刘先生：我说我没变道，我一直没变道，我说我打开行车记录仪给你看。

旁白：他们却不愿意报警，赔款又修车，一定要吃个哑巴亏。

王先生：我说那赔多少，他说你看看，要三万元。

旁白：《快钱》，今日说法正在播出。（中间段/过渡段）

主持人现身：有过驾驶经验的人，应该都知道一个常识，给车辆买了保险之后，如果发生了交通事故，只要符合相应的保险条款，那不需要自己掏钱。警察介入处理也会帮着分清责任，由保险公司来进行赔偿，那这几位司机，为什么放着买的保险不用，非要自己承担巨额的经济赔偿呢？

熊先生：那个没证驾驶，可能是保险公司不赔给你的。

警察/记者对王先生：对方提报警，你害怕吗？

王先生：是啊，害怕。

警察/记者对王先生：为什么呢？

王先生：没证不能开车，这是谁都知道的。

刘先生：（驾驶证被暂扣）满分学习的，你车被人家撞了也好，人家撞你也好，不好意思。按正常走程序的话，你要拘留15天，然后钱也是要你赔的。

旁白：原来发生交通事故的几位事主，都有同一个情况，他们在车辆行驶中，违章被扣满了12分，驾照已经被交警部分暂扣。按照规定，司机要去相应的学校进行7天的交规学习。经过考试合格之后，才能再开车，在学习期间是不允许驾驶机动车辆的。

熊先生：我自己又心虚，没有驾照，无证驾驶。我知道抓住了比那个还要麻烦，所以，我当时就没有选择报警。

警察队长：自己无证驾驶的情况下，理亏的情况下，吃了哑巴亏，只能是乖乖的赔款。

主持人旁白：事实上，在警方的调查中，除了驾照被扣满12分，暂时不能开车的这几位受害者遇到了同样的经历，还有一种司机，最近也频频发生交通事故。

小周：当时就是我们在大排档吃了宵夜，然后就抱着一个侥幸的心理，想着喝了一点点酒，也没事，可以开车，就开着车回去了。

旁白：小周来佛山已经很多年，因为自己经营了一家公司，平时少不了应酬。那天，他与朋友小聚，饭桌上大家都喝了点酒。

小周：然后，我把我一个朋友送回去之后，在等红绿灯的时候，我转过红绿灯之后，就感觉到后面有一个车撞了我一下。

旁白：因为感觉后车撞击的力度并不大，小周说当时自己也没有停车，打算回家再说。但他很快发现，后车紧追不放。

小周：因为当时喝了一点点酒，就感觉他撞了我，可能是他的责任，他应该不会去追究什么责任了。我走就走掉了，但是我走了之后，他就一直在后面追。

旁白：这种情况下，小周说他开始有点慌。因为自己喝了酒，他不想被对方发现，自己是酒驾，只有加快油门，甩掉后车了。

小周：追到有一个桥底下面，我转弯的时候，转得有点急了，就撞到花栏上面了，当时就停在那里了。

旁白：按照小周的回忆，他在驾车中剐蹭了路边的障碍物，对方很快追赶上来，要求赔偿他们的车。

小周：他说呀两万块钱，当时他一要两万块钱的时候，我就考虑到，他应该是有一点点碰瓷的现象，不然的话，他不会一下子狮子大开口，要两万块钱，然后我就说没有那么多。

旁白：看到小周不给钱，对方开始扬言，要求警察来现场处理事故，听到这样的说法，小周开始妥协。

小周：给6000块钱，你行的话，我们就私了，不行的话，你就报警吧，后面他就说，算了，6000块钱就算了。就这样吧，就拿了6000块钱，然后就是微信转账给他。

主持人旁白：经过一番讨价还价，小周最终拿出6000元给了对方，然而修车他却需要自己再掏三万。

小周：我们是做生意的，如果一旦出了问题，无论是拘留也好，或者扣分也好，吊销驾照也好，对我们来说就是一个很大的损失。

警察队长：喝酒驾车的，就是怎么碰你，也不敢吭声，因为他就抓住你（这种心理）。一旦报警了，你可能面临拘留，还有追究法律责任。

主持人现身（坐着，表情严肃）：看到这儿，您明白了吧，其实这些受害的司机遇到的就是我们俗称的"撞车党"（重读），也就是开着车去碰瓷的人。那现在问题来了，这些碰瓷的犯罪嫌疑人怎么就这么厉害，每次都能碰巧遇到这些违规的司机呢？说到这，我们就不得不提 佛山公安调查这件案子的起源了。您相信吗？一开始的时候根本没有人去报案，那警方怎么就知道了这件事了呢？

旁白：2018 年 1 月，负责警情大数据比对的警察们发现，因为开车碰瓷被处理过的一批人员集中出现在佛山的辖区，没有人报案，他们一时也不知道对方在做什么。

警察刑警支队队长：其实对于我们行内说，属于隐案，就是没人来报案，但是长期有一帮人在这转来转去。这是非常可疑的，他到底是干什么东西。

旁白：按照警方最开始的设想，如果对方，还是从事此前的违法犯罪活动，那么肯定会有受害者报警的，但是很长一段时间，他们并没有接到相关的报案。

警察队长：我们怀疑很多事主，被碰瓷了、敲诈了，但是苦于找不到案源，我们没办法对这帮人进行处理和打击。

旁白：在没有任何人报案的情况下，佛山公安局开始通过跟踪的手段，对这些有前科的嫌疑人做最初的调查。经过长时间耐心的调查，警方发现，他们面对的并非是简单的"撞车党"，而是分工明确、各司其职的专业碰瓷团伙。

警察队长：没介入调查的时候，也没想到这帮人原来是这么专业的。

警察刑警支队队长：最后就发现他们原来是专门盯着那些违章处罚的那些人出来，故意碰瓷，进行敲诈勒索。

旁白：2018 年 2 月，佛山市公安局的警察开始对嫌疑人跟踪拍摄。警方发现这些人的生活非常有规律，在周一到周五的时间内，基本都聚集在佛山的几个驾校附近。

警察副队长：就在我们学习点附近那里蹲点，然后看到每个学员培训完之后出来，出来之后 如果事主有开车离开的，那"看水"人员第一时间打电话给"车手"。

旁白：通过蹲守，警察发现，看似零散的几个人其实都在各司其职。他们中间有人在学校望风，有人则专门在车里等着消息。

警察叶：只要来这学习，他肯定是扣满12分了。只要他驾驶机动车的话，就肯定属于无证驾驶。

旁白：原来因为存有侥幸心理，很多驾照被暂扣的司机，在驾校学习期间依然在开车，为了方便，很多司机，都会直接把一张需要盖章签字的白色学习单拿在手里，这个白色的单子在嫌疑人的眼中就成了一个很明显的特征了。

警察支队队长：很明显的，一个纸他学习出来填好了，在那儿看，人家偷偷盯着你，出门口看到那个纸了，你就是我们的对象了。

旁白：经过长时间的调查，警察发现嫌疑人除了白天，在驾校寻找人群中的目标，也会在夜里出现在闹市，他们盯上的就是酒后驾驶的那些司机。

警察叶：就是侦查了一段时间，发现他们晚上车的活动规律也很频繁。就是有时深更半夜，到了凌晨一二点还有在活动。

旁白：按照警方的侦查，嫌疑人会事先观察。那些开车到餐厅的司机，如果他们饮酒后，拿着车钥匙离开，就会被嫌疑人盯上，成为他们的目标。

警察肖：比如说酒吧，再一个宵夜档，看着你喝完酒之后再出来的话，他再去对他进行跟踪，制造交通事故。

主持人现身：从警方介入调查，到摸清了"撞车党"的活动情况，大概有两个月的时间。在这期间，一直没有人来报案。这让佛山警方非常的郁闷，因为没人报案就不能继续深入调查，也不能对这些人采取行动。直到3月15号这一天，终于有人来到公安局说他怀疑自己是被碰瓷之后讹诈了。这成了本案重要的转折点。

旁白：来报案的人称，自己正常行驶，被一辆宝马追尾。宝马司机上来就要两万，因为自己的驾照被扣，当时不敢报警，只好认栽。事后越想越觉得不对劲，这才决定来报案的。

警察队长：碰巧就是"3.15"，这个案件一出来了，我们就有底气了，就有抓手了，所以，从"3.15"这个案件开始，我们就马上成立这个专案组。

警察（提供资料警察开会）：他们对每个案件，到底哪些人参与了这个案件，他们的团伙到底是怎样组成的，怎样分工，怎样合作，包括事后怎样分成这块，我们还要做进一步的了解分析。

旁白：为了侦查需要，警察将前期跟踪嫌疑人车辆的资料，分门别类进行了梳理，他们发现，这个专业的碰瓷团伙分为很多小组，大家相互认识，各自行动。

警察黄：拆分成四五个人一个小团伙这样，但是他们相互之间会有一些交叉作案，或者有一些经验交流，或者有一些情报互享，他们也有他们自己的（联络）。

追踪警察：奥迪 A6 两个小年轻"看水"的"看水"的已经上去了。

旁白：在警方接下来的调查中，加大了对嫌疑人跟踪的力度。

跟踪警察：3 个在打电话，那个灰衣服是不是就是那个拿雨伞的。

主持人旁白：在这段视频中，警方已经确定了几个在望风的嫌疑人。他们的任务是第一时间把驾照被扣的司机信息发给同伙。

追踪警察：1 点钟方向，J23 前面，在车头前面，你看，出来了，右边，他们也在找（目标）。

旁白：在接到望风人员的电话后，嫌疑人盯上了这个驾驶白色机动车的司机。

跟踪警察：唉，来迟了，撞了一辆宝马。

旁白：很快，受害司机，被后面的宝马车，撞了个正着。

跟踪警察（资料）：先停车，撞了，撞了，他们撞了。

警察肖：我们在跟踪过程中发现，他就是这样子，一看到事主要变线，本来他是落着事主很远的，一看到事主有打转向灯，或者说一有变线的倾向的时候，他的油门是嗖一下飞上去的。

跟踪警察：应该是跟着一部 6120 红色的比亚迪。

主持人旁白：在警方这段视频中，这台红色的汽车，也是从驾校就开始盯上的。

跟踪警察（资料）：他在等他变道，最好给我拍他撞的过程，有机会了，摩托车在那儿，真的是想撞过去了，是是是，那个摩托车刚好，摩托车晃了一下，他就有机会了，对，不要太近了，有机会，没事，没事，我在拍，没事，有机会，有机会，他又差一点点。

主持人旁白：画面中这辆宝马车，一直与红色汽车保持着一定的距离，伺机想要发生碰撞。

警察分析（资料）：这个就很明显了，你看他如果按照正常的行车来说，他会这样子走的，你看他直接就切过去，就是一直要跟他，对，一直要跟着他，很明显，刚才那里是实线，他就违反交通规则他都要切过去。

旁白：警方发现，嫌疑人每次作案之后，都会很快把车子开到他们固定的修理厂，在那里，他们可以花很短的时间把车辆翻新，再次开出来作案。

跟踪警察（资料）：利用中午吃饭的时间，上把车辆修好。

警察采访：基本上每天都会有案子，就是有交通事故发生，并且每一单交通事故，都是（勒索）1万元到几万元不等。

主持人现身：证据固定了，犯罪嫌疑人的作案行为也非常清楚了。2018年5月。专案组决定收网。因为涉案人数众多，佛山公安局组织警力近300人，在广州跟佛山几地同时行动 统一展开抓捕。

警察（资料）：市局统一组织的一次统一抓捕行动，代号是"3.15"专案，争取把我们的目标人物能够抓捕到位。

（抓捕场景）：别动！蹲下！手机拿出来！警察 蹲下！下车！不要说话！

主持人旁白：经过统一部署，2018年5月4日，警方一举抓获碰瓷团伙的62人，现场扣押了车辆21台。

犯罪嫌疑人（李女）：我们不是想去做坏事的人，直到这次被关进来，自己也不知道怎么跟两个小孩解释，妈妈做了这种事情。

旁白：李某是这次警方行动中，被抓获的嫌疑人之一，因为做生意赔了钱，她在男朋友的提议之下，将自己的车拿出来，给男朋友用来碰瓷。

嫌疑人（李女）：我借车给他们六七次。

警察（女）：他们一共给过你多少钱？

嫌疑人（李女）：3次。

旁白：在不到一个月的时间里，李某跟她的男朋友，通过碰瓷获利3.8万元。李某因为提供了车辆，每次撞车成功，都可以分到钱。

警察：大概给了她多少钱？

李某男友：8000到9000元左右。

警察：其实你们俩都知道这个事情是违法的。

李某男友：是，其实当时她都叫我不要做了。

旁白：在警方的行动中，嫌疑人刘某也让人印象深刻。今年24岁的刘某，有稳定的工作，每个月有6000多元的收入。在刘某的计划中，他很快就要结婚了。

警察：没跟女朋友分手吧？

刘某：这个我进来了，我也不知道。

警察：你们是要准备结婚的吗？

刘某：是。

主持人旁白：这段画面中，就是刘某被朋友拉去做说客，他主要的工作，就是在碰瓷后，劝说司机赔款，他当时在准备结婚，为了赚点快钱，就答应了。

刘某：就是他收了一万八，给我一千八，其实我也说真的，后来我也不愿意去了，这个钱其实我分得也少，到时候有问题了，我也跑不掉。

警察曾：我们现在已经抓了60多名犯罪嫌疑人，已经刑拘了有50多个然后我们通过微信转账金额跟嫌疑人交代，我们已经梳理了150多个事主。

警察向刑警支队队长：作为我们公安机关一定会追查到底。我们就是前几天讲的，隐案，显案，公安一定办。

主持人现身：本案当中，参与碰瓷的犯罪嫌疑人明显涉嫌犯罪，他们的行为自然会有法律来处理。我们今天更想说的是，本案当中的司机们，如果他们可以做到遵纪守法，一开始就不给这些嫌疑人可乘之机，那么他们就不会是这帮人的作案目标。也不会受到经济上的损失。所以，今天的案例再次给大家提了个醒。其实对每个人来说，尊重法律，遵守交通规则，在更多的时候保护的是我们自己。

后　记

　　作为北京市社科基金项目《法律修辞的能动性研究》的结项成果，著作《法律修辞能动性研究的理论与实践》的出版可谓"一波三折"。项目申请下来后虽然有团队一直在做着，但是这期间由于项目负责人个人身体原因及家庭的变故，使得项目不得不延期，直至2018年才渐渐恢复并走上正轨。2018年全体团队成员全力以赴，完成了本著作的写作，期望按照预定的时间结项，并将稿子在2019年初交给了出版社。然而突如其来的新冠病毒疫情又打断了所有的计划和安排，导致项目的结项不能如期进行。尽管著作的一校稿于2019年8月份返回给了项目负责人，但是按照北京市社科项目要求，未经结项不得出版，故直至等到现在，一年多的时间过去了，著作的出版仍然"停滞不前"。我感觉最对不起的是出版社的编辑们，他们为了我们的稿子认认真真地编辑、校对、审核，让我真正体会到了什么是敬业和专业，令我心生敬佩。同时，我觉得也对不起我的团队成员们，当初大家在我的"压迫"和催促下尽力赶着写作，但是却没能早日看到成果如期付梓。

　　当我再次审视这个稿子的时候，我发现还有很多"意犹未尽"的地方，有很多可以叙说、可以深说、可以研究的地方，但是鉴于稿子的版面限制，要做修改等于一稿的劳动付诸东流，也就作罢了，但这也为我们日后再继续深挖、做更深入全面的研究打下了基础。希望我们的稿子至少有一定的可读性，有一定的借鉴价值，那就说明我们的努力没有白费。还有一个需要说明的情况是，我们选取的一些语料，有些是从海外网址上获取的，经过两年多的时间，有些网址已经无法打开，在此很抱歉地做出声明。

　　在审读修改稿子的时候，不断地被编辑的专业、敬业所感动。有的时候作为作者的我们，在撰写稿子的时候难免在引用文献时没有进行严格核查，特别是在间接引用时，导致有些文献出处出现错误或者不准确。而本书的编辑却能逐一核对，真令我敬佩。感谢编辑们保证了此书的出版不是又增加了一个"学术垃圾"。同时也感谢我的团队成员们的默默付出和协同配合！

庚子年真是多灾多难，只希望所有的努力和付出都能有所收获，愿国昌民安。

特此作为后记。